東亞民俗學稀見文獻彙編
第二輯

民俗學

第五卷第一～四號

第八冊

民俗學

第五卷 第一號

昭和八年一月

民俗學會

民俗學會會則

第一條　本會を民俗學會と名づく

第二條　本會は民俗學に關する知識の普及並に研究者の交詢を目的とす

第三條　本會の目的を達成する爲めに左の事業を行ふ

イ　毎月一回雜誌「民俗學」を發行す

ロ　毎月一回例會として民俗學談話會を開す

　但春秋二回を大會とす

ハ　臨時講演會を開催することあるべし

第四條　本會の會員は本會の趣旨目的を賛成し（會費半年分參圓壹年分六圓）を前納するものとす

第五條　本會會員は例會並に大會に出席することを得るものとす講演會に就いても亦同じ

第六條　本會の會務を遂行する爲めに會員中より委員若干名を互選す

第七條　委員中より幹事一名、常務委員三名を互選し、幹事は事務を執行し、常務委員は編輯庶務會計の事を分擔す

第八條　本會の事務所を東京市神田區北甲賀町四番地に置く

附則

第一條　大會の決議によりて本會則を變更することを得

委員

石田幹之助　宇野圓空　折口信夫
金田一京助　小泉鐵　小山榮三
松村武雄　松本信廣（以上在京委員）
秋葉隆　移川子之藏　西田直二郎
（以上地方委員）

前號目次

餘り茶を飲んで孕んだ話と手孕村の故事……南方熊楠
餅の的……川野正雄
寄合咄
言語現象と神話現象……松村武雄
イチウラ……宮本勢助
資料・報告
若衆寄合と婚儀の追加……櫻田盛德
チヂンゴウとイボツチヤ……本山桂川
肥後國阿蘇郡勞働謠……八木三二　八木まさ子
若狹の勞働歌……中原悦磨
肥後國阿蘇郡相撲取唄……八木三二
茨城縣新沼郡上大津村神立のお手玉唄其他……中川さだ子
紀北地方の童謠（三）……與田左門
省公とお室婆さんとのはなし……宮武省三
「毒を感知する鳥」に添へる……淺田勇
歴史と民族學（リヴァース）（二）……米林富男
第七回民俗學大會公開講演會記……
學會消息
挿圖錄……チヂンゴウとイボツチヤの挿圖

昭和八年一月十日發行

民俗學

第五卷　第一號

民俗學

目次

中國民俗學運動的昨日和今日……婁子匡…（一）

露西亞に於ける最近の民族學の傾向……杉浦建一（二）

寄合咄

民俗學の効用……松本信廣…（一六）

寢正月……中山太郎…（一七）

資料・報告

信濃春駒唄二種……向山武男 原田清…（二二）

幸木……櫻田勝德…（二九）

淡路津名郡正月行事聽とり帳……中村浩…（三六）

湯河原のさいの神そのほか……伊藤良吉…（四〇）

富山附近の正月童謠……織田重慶…(一〇)
滋賀郡伊香之村に於ける田神祭の歌詞……中西祥男…(四四)
千葉縣印幡沼郡久住郡地方の俗信……伊東亮…(元)
「グラッチョ」と雀等……林魁一…(西)

民族學の方法としての原則……リヴァース 小泉鐵譯…(五五)

書評……
秋風帖……松本信廣…(六二)

支那の民俗學的雜誌目錄……東洋文庫

學會消息……

第四卷　總目錄……

中國民俗學運動的昨日和今日

婁子匡

——應 小山榮三氏而作

上 民俗學集團底史的演進

中國民俗學運動隊中的言論——民俗學傳播到中國已有十一個春秋——一九二二年北大歌謠研究會和風俗調查會的創始——歌謠研究會底宣示和功績——風俗調查會底影響——北地陸沒後南國重生的中大民俗學會——中大民俗學會 個年頭中的成績——南國沒落後各地集團對民俗學生命線的維護——西子湖濱中國民俗學會底創化

一

中國底採探民俗學的朋友們時常說自己的同工：致力於這種運動的朋友們，並不是完至從民俗學出發的，大多數是拿民俗做其他研究的參證而已。有些朋友說的不是如此，以爲中國對於民俗學三大部門的推進，不能並行的發展，而偏重於某一類。兩者都認爲是一種缺憾的事。

這兩種言論的散佈在中國民俗學運動的廣場內，並不是偶然的，是當運動的時候，一班動員自己看出了弱點的自供，但從此却可以看出中國民俗學運動推進中的動態。

我認爲先一說以致力於這種運動並不從本身出發，確實是發展中的病態：有的拿了民俗資料做其他研究的題材，果然免雖因專一與兼二而生了分離的惋惜；　有的却原來從這個本身出發，不久轉換了學術的方向，這是更加不幸了，從民俗學底本身說。至於後一說的顧慮到民俗學部門發展的畸形，我以為這是無庸的，本來一切事物的進展，照例是難免或先或後的，不使們相差大遠就得啦。

二

從一七二五年亨利彭（Henry Bourne）作「愚民舊俗」，（Antiquitates Vulgares）經「勃任德氏民間舊俗」，(Brand's "Popular Antiquities") 到一八四六年八月二十二日 The Athenaeum 雜誌上刊出陶姆斯（W. J. Thoms）創始的 Eolk-lore 這個字，中間經過一百二十一年，有了 Folk-lore 這個字，到現在却祇八十六個年頭，傳播到中國，差不多更祇有十一個春秋。

說到民俗學祇萠芽在中國，平情而論，自然要推到一九二二年北京大學研究所底歌謠研究會和風俗調查會，他們雖都不是專為民俗學研究而創設，但也不能說牠們和民俗學全沒有關係，祇要看那年出版的「歌謠週刊」底發刊詞，牠巳明白的宣示：

> 本會蒐集歌謠的目的有兩種；一是學術的一是文藝的。我們相信民俗學研究在現今的中國，確是一件很重要的事業，雖然沒有學者注意及此，只靠幾個有志未逮的人是做不出什麽來的；但也不能不各盡一分的力，至少去供給多少材料或引起一點興趣。歌謠是民俗學上一種重要的資料，我們把牠輯起來，以備專門的研究，這是第一目的。…………
>
> 「歌謠週刊」第一號第一版。

從之，也能夠憶念到當時初創的旨趣是什麽。主持這會的是周作人顧頡剛常惠諸氏。風俗調查會，是歌謠研究會底姊妹，是怕歌謠研究不能夠盡量的擔當民俗學工作而產生的，由張競生諸氏負責，牠底成績，雖和時間的短少一樣的短少，但是當時印發的風俗調查表，提示和刺激的功能，還是爲學者們所注意的。歌謠研究會的壽命，却也不能說有怎麽的悠久，差不多祇有三個年頭，牠曾經刊行過九十六期週刊，幾種小叢書，徵集到的歌謠和諺語竟有一萬首以上，顧頡剛氏底孟姜女故事的研究，就在此開端。此外像看見她歌謠的試探，婚姻儀式，臘八粥的記述，誰都認爲有特殊的意義和興趣。經過了這樣的一次有意義的宣傳以後，髣髴還棄着的俚歌俗曲，已擡高了一些低落的地位，但是因了人事的變遷，不多久歌謠研究會也隨着風俗調查會而隱沒了。

三

這隱沒却還彌留着潛在的大力，好像軀殼是已幻滅在北地，而精魂但又飃蹿到南國重生了，這就是廣州中山大學的民俗學會，於「考古」「歷史」「語言」的研究集團而產生了。牠是由民間文藝而演化成的，（參閱民俗週刊發刊引言）多少直接的或間接的受北大歌謠風俗兩會的影響和啓示，就是中大民俗學會主持的分子，如顧頡剛鐘敬文諸氏，大都是北地盡過力的友朋。

中大民俗學會的歷史，好像和北大歌謠研究會成了因果似的，也祇三個年頭，但是兩者工作的表現，却多不同的地方，譬如後者關係到其他學術的方面，比較前者要複雜；說到他底運動的成績：曾經揚遇民俗學傳習班，風俗陳列所，派員到韶關，雲南瓊州一帶作實地的考察，出版了叢書三十四種，我把牠提要的介紹於下：

顧頡剛編著、孟姜女故事研究集三册。第一册內含孟姜女故事轉變，孟姜女故事研究，論文二篇。第二册是討論這故事的論文十篇。第三册是顧氏和各地學者討論這故事的材料三十八次通訊。

中國民俗學運動的昨日和今日（婁子匡）

鍾敬文著、民間文藝叢話。內收中國蛋民文學一臠，客音的山歌，竹枝詞研究等十七篇。

崔載陽著、初民心理與各種社會制度的起源。內分初民心理和初民心理和各種社會制度的起源兩編。

容肇祖著、迷信與傳說。內含占卜的源流，妙峯山進香者的心理，二郎神考，等十三篇。

魏應麒編著、福建三神考。內述福建臨水夫人，郭聖王，天后三神的文字十篇。

鍾敬文著、楚辭中的神話和傳說。含自然力及自然現象的神，神異境地及異常動植物，等七章。

顧頡剛編著、妙峯山　述妙峯山香會的記載等文字二十六篇。

錢南揚著、謎史。記述謎的起源以及歷代謎的位置與盛衰。

姚逸之著、湖南唱本提要。湖南通則的唱本數十種，分體，類別，情節，作簡明的提要。

楊成志譯、民俗學問題格。是班妮底「民俗學概論」的附錄問題篇的迻譯。

鍾敬文等譯、印歐民間故事型表。也是迻譯於「民俗學概論」附錄的印歐民故型表。

劉萬章編、廣州兒歌甲集。廣州兒歌一百首。

王翼之編、吳歌乙集。蘇州兒歌五十首，民歌六十二曲。

婁子匡編、紹興歌謠。紹興最流行的歌謠一百曲。

謝雲聲編、閩歌甲集。福建東南西南部流傳的歌謠二五〇曲。

鍾敬文等譯、狼獞情歌。情儒李調元收集的狼民獞民情歌三十七曲的今譯。

葉德均編淮安、歌謠。流傳於江蘇淮安的民歌二十六曲，兒歌三十六曲。

黃詔年編、孩子們的歌聲。中國中部南部流傳的兒歌兩百多曲。

丘　峻編、情歌唱答。廣東客族情歌三百首。

魏應麒編、福州歌謠甲集。福州歌謠二二四曲。

張乾昌編、梅縣童歌。廣東梅縣兒歌八四曲。

謝雲聲編：臺灣情歌集。臺灣人情歌二百首。
白壽彝編：開封歌謠集。河南開封歌謠七〇首。
陳元桂編：臺山歌謠集。廣東臺山歌謠二百多曲。
清　水編：海龍王的女兒。廣東翁源流傳的故事十篇。
婁子匡編：紹興故事。浙江紹興流傳的故事十七篇。
劉萬章編：廣州民間故事。廣州民間故事五十篇。
吳藻汀編：泉州民間傳說。泉州民間傳說二十三篇。
蕭　漢編：揚州的傳說。揚州的傳說二十餘篇。
劉萬章編：廣州謎語。廣州謎語一百三十則。
白啓明編：河南謎語。河南謎語六百則。
王鞠侯編：寧波謎語。寧波謎語三二四則。
顧頡剛等述：蘇粵的婚喪。蘇州廣州婚喪禮俗的記述。
周振鶴述：蘇州風俗。蘇州風俗的記載。

刊物的出版，從一九二八年三月到一九三〇年四月刊行了一百一十期的民俗週刊，更有不少珍貴的論述和資料，幾個神，謎語，歌謠，傳說，檳榔，蛋民，中秋，新年，祝英臺故事，妙峯山進香……專號，都各有牠特具的價值，可惜流佈不很廣，讀到的人不十分多。

四

一方中大民俗學會在快將沒落中太息，另一方面有幾個受牠指引的各地的民俗學會，已在承接牠底未盡的聲息，於是抗州，甯波，厦門，福州，漳州，汕頭……內地和海岸線一帶，都現出民俗學運動熹微的光輝，聯接那中斷的時代，維護民俗學生命線底永續，這也是值得記錄的一頁。我且把牠們各個的概況，分述一下。

抗州的：這集團底壽命，雖祇出版週刊九期的那麽長，但是對於浣江民俗學運動的推進，並不是毫沒功績的。錢南揚鐘敬文兩氏當時主持這個會。

甯波的：出版過民俗旬刊五冊，歌謠，謎語，故事，的週刊十幾期，叢書「有甯波歌謠」一帙，由婁子匡獨人搧理。這一個集團，曾以中大民俗學會的沒落，大聲疾呼的求大衆的維護，所以在浙東方面，多少能夠得人們底同情，壽命也直到主持者離了甯波，才中斷，而後就和中國民俗學會合成了一體。

厦門的：謝雲聲蘇敬予諸氏主持，是閩南較早興起的一個集團，出刊的叢書，有「福建故事」「泉州民間傳說二集」，民俗週刊己出到四五十期，現在却不見牠和初創時的那樣活躍了。

福州的：這集團底週刊，出版到現在，從沒有中止，怕已出到百三十期以上，也是民俗學駐福州底一枝生力軍。魏應麒江目打伊諸氏負責着。

漳州的：也曾出版過三十多期的民俗週刊，「漳州民間故事集」兩小冊，翁國梁氏主持。

汕頭的：這集團聯合潮州，香港，陸豐，的同志幹得很起勁，粵南方面的空氣，似乎也曾鼓起幾次的洄浪，出版的週刊己到三十三期，最近是歸合到中國民俗學會，定名爲嶺東分會。由林培盧氏主持。

五

一九三〇年底夏，中國民俗學會便接着創立在荷風中的西子湖頭，發起的就是江紹原鍾敬文和作者，到今天牠已有兩個年頭的生命，行事上沒是有和北大中大民俗團體的人事變遷的牽制，但是物力的籌措，着實使主持的人苦掛心，因此就是有了宏偉的計劃和願望，事實上正多着種々的限止，所以牠底初步工作的表現，還自認是沒多量的貢獻。曾刊行「民俗學集鐫」兩大冊，全部是民俗學理論的總匯，也是中國民俗學同工們出力的述作，還能得歐美亞三洲同門的同情。月刊已出到第二卷第四號，週刊到七〇期，內容是理論和資料並重的。叢書已印待印的有。

中國新年風俗志、 婁子匡編著。
老虎外婆故事集、 鐘靜聞編。
故事的罈子、 劉大白編。
巧女和獃娘的故事、 婁子匡編。
中國民談型式表、 鐘文敬作。
民俗舊聞集、 錢南揚作。
人熊婆、 秋子女子編。
西藏戀歌、 婁子匡編。
民俗學論文集、 秋培盧編。（嶺東分會叢書）
湖洲歌謠集、 張之金編。（吳興分會叢書）
福建民俗概論、 翁國樑編。（紹興分會叢書）

同好分佈的地域，差不多各省都有，總數約二百七十餘人，嶺東，吳興，紹興……各都成立了分會。計劃在明年的春季出發到浙閩粵沿海一帶作畬民民俗的實地調查。

一羣有力的民俗學　動的同好，現正慢々地集中到中國民俗學會，共同努力着前進，希望把中國底民俗學研究向世界推進。

下　民俗學個人研究工作的述略

民俗學研究的苦難——周作人顧頡剛諸氏底提示和倡導——趙景深鍾敬文林蘭底搜羅民談和探討——顧頡剛氏底「孟姜女故事研究」——作者底「以月起興的歌謠」和「巧女獃娘故事」的大徵集——江紹原氏底髮鬚爪及其信仰則爲的考究——黃石氏底短篇論述——顧劉兩氏底蘇粤婚喪記述——作者底中國民俗史的開卷——法汪繼迺波「民俗學」底揚譯——英瑞愛德底「現代英吉利民俗」的江譯——班妮底「民俗學概論」的介紹——中國民俗研究疆土的新開闢。

一

次該說到中國民俗學研究的個人工作了。

民俗學傳播到中國，”上卷說過，”祇有十一個年頭，在那麼的一個時間界段中，應用到到偌大偌久的國土上，不但要感覺到採集的資料是會出下窮，怕在短々的時間之中也是搜集不齊全，就是蒐羅起來了去整理和研究，那更是門類紛繁，費了若干的精力怕還做不成，再加外力的摧毀駭得係痛心，像作者近來爲了探討「食物的禁忌」引用民談，初時引起回敎徒的誤會，繼者受法律的裁判，終至鬧成政治上宗敎上學術上的大爭端，其間我也到過生命危殆的境界，說起來痛心到萬分(容另文詳述)但是我們的同，犴們，既不會如此而潰退，又不致意淡而心悔，還是邊在廣深的像進虎穴般險難的努力蒐羅資料，邊又作顧東慮西的初步的探討，如分雖不見有若何驚動世界的著述，要是各人底採探都有耐苦的毅力，怕也有東亞獅吼的一天。

二

民俗學底園地本像一方廣漢無垠的戈壁，更加這園子的通路，又四通而八達，在中國，牠確和文學底廣場毘連得最近，交往也最密，因此更形成了民俗學三大部門中底第三部民間藝術和語言最豐盛了。這是目前的情景，看了誰都會聯念到周作人顧剛頡諸氏提倡的功績。周氏底蒐羅探究故事和歌謠，大家都知道他是發風氣之最先；顧氏底整理吳歌和研究孟姜女故事，在民俗學底園內又另闢了史學的蹊徑。繼續着的是趙景深林蘭諸氏的採探，到如今也有相當的收穫；可是他們多半是漢文學和兒童教育出發的。鐘敬文氏對於民談的探討和分型，也曾下過相當的氣力。作者七年來徵集「月光光」歌謠和巧女獃娘的故事，如今也已有大量的收穫，初步的整理，探求，也有若干的篇什，向學界公告。

其次便要說到信仰和行爲這一門研究的情況，我們就會想到一位從宗教學之途，跨腿進來的江紹原氏，他高呼着本來宗教學和民俗學有極密切的關係，何況宗教又是信仰的一部分。江氏底民俗學的著述有好些似乎可以拿「髮鬚爪」做他底代表作，他廣博的引證和述說中國古今關於髮鬚爪底民間信仰和行爲，處々隱證着茀來柔（J. G. Frazel）底「相似」「接觸」兩定律，確是一部精彩的難得的著作。顧頡剛氏底，妙峯山調查，東嶽廟探訪，也是同等可貴的撰述。還有一位從神學道上來歸的朋友——黃石，年來除在神話學有若干的貢獻以外，他研究這一門幾許重要的問題，也有過好些短篇論述的發表。

第三部門的習俗和制度，舊書中，中國儘多某一地的，特殊階級的，縱的，片段的記載，但是所謂「民」階級的，整個的，橫的錄述，因着過去士大夫和平民的分野，所以很少見這一種書冊，近時的似乎也不多，較滿意的記述，有顧頡剛劉萬章底「蘇粵的婚喪」，周振鶴底「蘇州風俗」，揚睿聰底「潮州風俗」，作者現在着手擬草一部「中國民俗志」，想眞純的記，述「民」階級的歲時，社會和政治制度，個人生活諸儀式，競技，運動，和嬉戲……最近開卷出版的是一部「中國新年風俗志」。

三

說到介紹國外著述方面，比較重要的有楊堃氏迻譯的法國汪繼廼波(Vau Ganap)底「民俗學」，(Foeklore)江紹原氏翻譯一九二七年英國民俗學會會長瑞愛德，(Arthur Robertson Wright)底「現代英吉利民俗」(English Folklo e)至於英國班妮(Miss Charlotte Sophia Burne)民俗學概論(Handbook of Folklore)介紹的同好正多，有鄭振鐸，陳錫襄，樂嗣炳，諸氏，其他篇章的關聯到別種學術的譯文，本文不說。

其他和民俗學有共通的學術底研討者，固然同工異曲的在民俗學園地尋求名種需求的資料，如史學，文學，教育，考古學社會學的學者們，都搜取民俗資料在不同方面進展。年來還有從事於合作運動的學者，對於搭會輪會的研究，更爲民俗學開拓了「習俗和制度」底新疆土。更有研究文化史的學者們 近來也宜言擬在文明史料以外編纂若干部「中國野蠻史」。東鱗西爪，驟看去像是分道各揚鑣，實際中却和民俗學攜着手前進共一道。

四

中國底民俗學研究，正新發於軔。

希望世界底同門，攜着手猛進。

一九三二，冬，於不自由之鬩中，

露西亞に於ける最近の民族學の傾向（一）

杉浦健一

海外に於ける輓近民俗學研究の傾向を概觀せんとするとき、民俗學よりもより廣い領域を持ち、それを包括するとさへ考へられてゐる民族學が關係して、民俗學のみを抽出して考へることが困難である。その上民族學に關する資料の方が容易に手にすることが出來るため、先づ民族學の新傾向を述べ、民俗學研究の傾向は後から述べることとする。

民族學は今世紀に入つて長大足の進歩をなし、各國何れも特色ある研究方法によつて、その成果をあげつゝある。就中佛蘭西に於けるデュルケム、モースを中心とする社會學派の研究、米國に於けるクルーバー、ゴールデンワイザー、ウイスラー、ロヰー等の文化輻輳論者等の研究、英國に於けるマリノフスキー一派の研究、獨墺に於けるグレープナー、シュミット等を中心とする文化史學派の研究等それ〴〵興味ある研究を進めてゐる。然しこれに對しては既に多くの先人によつて、適切な解說がなされてゐるからここには省略し、從來あまり紹介されてない露西亞の研究狀態を述べることとする。

露西亞に於ける民族學の歷史を見ると、十八世紀に於て既にパアラスの樣な民族研究家を出してゐる。然し謂所民族學の研究は西歐の影響を受けて、十九世紀の終りから盛んになつた。十九世紀の終りに於ては、中央アジャ並に東北アジャの民族研究は相當に進んだ。この時代の代表的な人々を二三あげれば、サモエド族研究家のカストレン、トルコ族研究家ラドローフ、トルコ・モンゴール族の研究家ボターニン等である。當時は未だ研究方法も整はず、旅行家、好事家の仕事と云ふ域を全く脱したものではなかつた。然し上述の人々の如き學問的な研究も相當にあつた。就中ポターニン氏婦人の著作 Iz putesestvii po vost. Sibiri, Mongolii, Tibetu i Kijatu, (シベリヤ蒙古、西藏、支那縱斷旅行記) Moskau 1895. の如きは精神文化と物質文化との相關關係を歷史的な立場から最もよく理解して報告した出色のものである。これ等研究の大部分は自國の領土であるシベリヤ及び北部アジヤを中心とする限られた地方の民族であつた。然しその範圍が自國領を主とするだけに、古い研究方法によつてゐるとはいへ、史前學、史學、民族學、言語學等相互に提携することが出來るため、確實な進歩をした。

これ等の學者によつて實地研究が進められ、多くの發表がされると同時に一八九〇年には舊露西亞帝國地理學會が設立され"Zivaja Starina"(生きたる古代)と云ふ雜誌が發行されるやうになつた。ここに民族學の一部門を與へられて公然と學問的研究を進めた。設立の當初は未だその學問的方向も明かならず、當時西歐に流行した進化論を基とする學說も信用されず、これに從ふ研究方法は控へ目にされてゐた樣である。この傾向は特に宗教研究に著しかつた。然し後になるに從つて、全世界を風靡しなければやまなかつた進化論は、この國の學界をも支配するやうになつた、斯くて露西亞に於ける民族文化の研究は、これによつて整頓され、問題はこれによつて解決される樣になつた。モスコオウが Ziuaja Starina 誌の第十卷(一九〇〇年發行)に發表した、ラッパの文化史的地位に關する論文、或はクロプカが同誌第十七卷(一九〇八年發行)に發表した、ウォルヒーニエ人とヘルヴエイ島人との間の關係等の論文は進化論を奉じた代表的なものである。斯くする間に露西亞でも民族學研究は進化論を採用することが一般傾向となり、"Zivaja Starina"誌もこれを以つて立つことを特色とするに至つた。當時は全歐羅巴に亘つて、進化論全盛時代であつたから、露西亞の青年學徒(今日は故人となり或は老大家となつてゐる)が西歐學者から學んだものは進化論であつた。これ等の傾向の中に發表された、代表的な著作としては、スエロスウスキーの「ヤクート族」(第一卷は一八九六年ペテルブルグで出版)をあげねばならん本書は進化論を考慮してヤクート人の家族を說明したものである。始めて新らしい研究方法を採用しただけに見逃すべからざる缺點もある。これと同じ頃進化論の立場からトルコ・モンゴール族の住居の研究をしたのがハルチンである。彼れの著書 Istorija razvitija žilišča u kočevych i polukočevych türskih i mongol'skih narodnostei Rossii（一八九六年モスコー發行）も適用不可能な所まで進化論を利用せんとして、これ等の地方個有の特色を見失つてしまつた。その後ボゴラッは「チユクチー人」と云ふ論文（一九〇九年）に於て、進化論に基いてチユクチー人の宗教を研究して人氣を博した。今世紀に入つては、ボゴラッ程度に實際の研究方法の整頓してゐない、哲學的な進化思想で民族學研究をしたものはカルテルスの論文 "Unknoun Mongolia" London. 1914 を初め相當にある。

斯くの如く "Živaja Starina" 誌を初めとし、進化論に基いて研究を進めんとする傾向は露西亞民族學界の一般的傾向となつた。然し進化論に反對して、歷史的研究を主張したヨヘルソンの樣な人もあつた。彼れの反進化論的態度は宗敎史研究の方面に最も明かにあらはれた。氏は英國の人類學者として名聲をあげた、アンドリウ、ラングの學說に賛成して、進化論による研究に反對した。ヨヘルソンはユカギール人の研究に於て「創始者或は至上者と云ふ唯一神の觀念を凡ての原始民族の神觀の中に見る。（唯一神觀は多神觀から進化したと云ふ思想に反對するもの）從つてアンドリウ、ラングの原始一神論は私には正當と思はれる。尠くとも私自身が觀察した、ヤクート族、ツングース族、コリヤツク族、ユカギール族、カムチヤカ人、及びアレウト人に於ては確かにさうである。」と云つてゐる。斯くの如く一九一四年と云ふ時代には、進化論に對する堂々たる反對論があらはれてゐる。この頃から文化史的研究が起らんとしてゐたのである。これを證明するものは露西亞の民族學研究に最も貢獻する所多かつた學會即ち一九一一年十月に開かれた露西亞帝國地理學會の民族學部第十二回會議に見える。（その報告は Živaja Starina 第二十卷（一九一一年）にあり）。この學會にチエカノフスキーは「民族學に於ける客觀的批判」と云ふ研究を發表した。彼れの發表は主としてアフリカの資料に就て論じ、アンカーマンの研究を論じてゐる。然しアンカーマンと同じ傾向のグレーブナーに就ては少しも述べてない。更に彼れの文化史的方法論に對する見解は缺點の多いものである。唯だこの傾向を採用せんとした先驅者と云ふ點で功績がある。然し當時の露西亞民族學者の大部分はチェカノフスキーの傾向に贊成したのでなく、寧ろ反對であつた。一般は皆進化思想を奉じてゐたが、餘り活氣ある研究をしてゐる人々がゐなかつたのか、この新らしい傾向に對して、短所を指摘し、その學說の根本的な駁論をしたものもなければ、又その長所を認めて、それを利用するのでもなく、唯だ新らしい學說に對して懷疑的な態度をとるのみであつた。

これ等の中にあつて、次第に文化史的研究に贊成をするものを生じて來た、ネクラソウ、ミユラー、シュテルンベルグエウスチフユー、ルネフスキー等これに屬す。就中ネクラソウ、エウスチフユーは文化的研究に心醉した。特に後者は他の學說の批難をして文化史的研究の優秀なことを力說した。斯くして進化論に基く舊人類學的研究に對して、歷史的研究が次第に露西亞の學者に採用されるやうになつた。特に帝政が崩壞して、サヴエート政府がこれに代ると、從來の民族學がブルジョア民族學として批難されるやうになつた。ここに於て謂所支配階級のためにのみ存在した文獻を主として、言語、科學、宗教等の上部建築を研究する史學とは全く別に、文獻によらず經濟並社會組織の如き下部建築は勿論道具等に至るまでの凡ての文化複合體から、新らしい歷史的研究を行はんとする傾向は一見マルクスーレーニン主義の史的唯物論に類似する如く見える節々がないでもない樣である。ここに文化史的研究が露西亞に盛んになつた原因がある樣に思はれる。(勿論後に明かにする通り、マルクスーレーニン主義の史的唯物論と文化史的研究とは全々違ふものである。)斯くて最近の露西亞民族學界に於ける大立物である、シュテルンベルグがこれに關心を見せ、更に近頃は純然たる文化史派に屬する學者として、北部アジャ文化史の根本的研究をしてゐるシロコゴローフの如きを出してゐる。(氏の最近の論文は Anthropos XXIII (1913) S, 217—227, にある New Contribution to the problem of the Origin of Chinese Cultrre である。)

扨サヴエート治下の民族學傾向を述べるに先つて、今少し文化史的研究狀態を明かにして、次に來るものとの關係を示すこととしやう。輓近の露西亞民族學を見るには、その代表的人物であり、最も多くの影響を殘したシュテルンベルグを明かにしなければならない。彼れの立場を最もよく示すものは一九二六年に「民族誌」に發表された論文「現代民族學、輓近の發達、學問的傾向並に方法」(„Etnografia" Maskau 1926. A. Byhan によつて獨譯されて 'Elnologische Studien" I s. 215—258 に所載されてゐる)である。氏はこの論文の終りに於て「この十年間と云ふものは民族學の學會は全く開かれなかつた」と嘆じてゐる。然しそのすぐあとで「然し劃期的な民族學會が兩三年を出ずして開かれるであらう」と近き將來に強い望みを掛けてゐた。私等が甚だ遺憾とするのは氏はこの論文を書いた翌年長逝して、これから紹介しやうとする一九二九年サヴエート治下に行なはれた、盛大な學會を見ずに終つたことである。この論文にあらはれた所よりすれば、シユテルンベルグの根本的立場は進化論を奉ずる民族學的研究にある樣にも思はれる。然かし他方氏が"Zivaja Starina" に出した「學士院の人類學並に民族學博物館」と云ふ論文に於ては民族學博物館の目的を次の如く述べてゐる。(1)地上の凡ての民族の文化形相を明かにすること、(2)それ等の相異なる文化の統合、整理、更に各々が相互に關係し合つた過程、卽ち傳播移動を明かにすること、(3)全人類の文化の發展の有樣をその現象形態によつて明かにすることと云ふ。この第二條に文化史的方法を認めることを明かにしてゐる。更に氏の研究を見ても、一九二四年ゲーテボルグに開かれた第二十一回アメリカ會議(第二十二回は一九二八年ニユーヨーク)に於て公演した "Deuine Election in primitiue, religion" に於て北部アジヤのシヤマニズムと南部アジヤ特に南部印度のこれに相應する現象との關係を文化史的に研究してゐること、更には彼れの最後の研究であるアイヌ研究の如きグレーブナー及びシユミツトの研究にも類比されるものであることよりして、氏が文化史的研究を重んじてゐたことは明かである。

文化史的研究の次に來て、最近勢力を得んとしてゐるものはサヴエート治下の社會に於ける民族學の地位と目的を再吟味して、史的唯物史觀の立場から民族學を研究せんとする企てである。サヴエート政府の下にある露西亞の社會狀態が如何なるものであるかは、ジヤーナリズムの好題目とまでなつた樣であるが、單なる好奇心を離れても、特殊な社會事情の下に於て民族學が如何なる意味で研究されやうとしてゐるかを明かにすることは興味あることである。(未完)

寄合咄

民俗學の效用

學問の效用と云ふものが必ずしも最初から問題にされる必要はないが、俗人の吾々は、自分の携れる仕事の社會的効用と云ふものを知りたい要求を感ずる。民俗學と云ふ學問に就ても矢張り同樣である。自分の民族の僞れざる本來の性質をまざ／＼に知りたいといふ欲求、これが民俗學の生れる出發點であると思はれるが、かくして知られる民族固有の姿と云ふものは、どの民族でも同樣、ごく素朴な原始的な生活史である。こういふ古俗を明るみに出すと云ふことがさて如何なる意味を持つてゐるであらうか。人種平等と云ふ標語の八釜敷く論ぜられた時代には、之によつて日本人と他の原始民族との共通性が立證されて弘く人種の普遍的一致を說く材料となり得ると主張された。然し民族としてその優越性を確信してをるものにこういふ說き方はあまり歡迎されそうもない。今一つ提唱され得る說き方は、フランス社會學派の考へをとりいれたものであるが、民俗學が、現代社會に存する社會的團結力の遺存を研究し、團體が現在よりも一層强制力を持ち、個人をその全體的利益に奉仕させてゐた時代を明かにさせ、之によつて個人的に分裂した現代人の目を再びこの集團の力に轉ぜしめ、これから新しい時代の生命の泉を汲みとらせる効果を持つてゐるといふ考へ方である。鄕土に存在する數々の祭祀が、古代の團體意識の顯現であつたことは云ふまでもない。こういふ祭祀を研究復活することによつて、現代社會の病弊である宗敎心の減少の問題などを幾分でも矯正する資料を發見することが出來るかも知れない。村の將來を案ずる者が村の過去に於ける習俗を明かにする必要のあることは云ふまでもない。若衆組合の研究が村の青年團のために必要であることなどはもう世人も心得てをる。歲末の贈答の樣な吾々の何の氣なしに義務として行つてをる習慣が、過去に於て重要な意味を持つてゐたこと、そういふ團體相互間の義務的交換習俗の上に現代の政治社會が發達し、打ち建てられて來たことなどを認識した時、吾人は、も一度吾人の社會に對する深いえにしと云ふものを考へしめられる。個々人の生活を通じての社會性の認識、傳承の中に存する往古の團體力の名殘り、こういふことを研究することに民俗學の効用の一半が存してをりはしないか。そして新しい社會の建設を夢みるものが此學問から大きな啓示を得ることを豫想し得る。自分はこういふ立場から民俗學の生育に大なる期待をかけてをる者である。（**松本信廣**）

寢正月

舊臘から風ノ神に見舞はれ、癸酉の歳旦から寢正月を送つてしまつた。五日の朝は熱も降り氣も晴れたので、枕頭に運ばれてゐる五六の雜誌を讀んだが、特に本誌十二號を始めから終りまで入念に眼を通した。いつも俗用やら執筆やらで思ふにまかせず、借錢ある酒屋の前を駈足で過ぎるやうに、ざつと目次を見るだけ位で濟ましたものを、風ノ神のために仔細に讀むことの出來たのは仕合せであつた。斯うなつて見ると、人間風ノ神に見舞はる又風流とも云つて見たくなる。そこで讀後感とも云ふべきものを書くとした。

一、子消えの里　南方熊楠先生の記事、非常に愉快に拜讀した。近江の泡子地藏に就いては、曩に私もくだらぬものを發表したことがあるので、殊に啓發するところが多かつた。病臥中誠に失禮ではあるが、かの「片手づゝ兩手あはせて勿體ないと、二人で拜がんだ窓の月」とあるやうに手を出したが、併し私の手は好色旅日記の手の如く、ヘンな所に置いてあつたのでないから御安心ねがひたい。とにかく厚く學恩を感謝する次第である。そこで先生の書き漏らされた我國の泡子の話を一二申上げて御禮に代へる。羽前國西村山郡西山村大字水澤の龍昌寺の緣起は、男を廻國の六十六部として泡子地藏と同じ話がある(日本傳說集)。武藏國入間郡水谷村大字水子の百姓勘右衞門の家に傳へた、弘法大師眞筆の水子觀音の畫幅の由來も、又これと寸分違はぬ話である(遊歷庵雜記四編三)。尾張國海東郡大森村の屬邑である子消えの里にも、弘法大師のことゝして同じ話が傳つてゐる(尾張名所圖繪卷七)。それから金田一京助氏から承つた話に、奧州盛岡にも同じ筋の話があり、それは都の公家が陸奧へ下る途で茶屋に憩ひ、飲み殘した滴を女が飲み姙娠し、男兒を產んだことまでは泡子地藏の話と少しも違はぬが、この方ではその兒が七歲まで成長し、父親が戀しさに母から事情を聽き「水子の父はゐないか」と呼ばりつゝ諸國を尋ねるうち父に出會ひ、一夜、その懷に寢ると元の茶の滴になつてしまつたと云ふのである。水を飲んで子を產んだ話のうちで有名なのは、飛驒匠の母が醜婦であつたゝめに男を得ず、產土神の池の水を飲んで懷胎すと、斐太後風土記に載せてある。コレ以上書くと、先生に尻ッ尾を摑まれるかも知れぬので、コレデおしまひ。

二、湯具の呪力　宮武省三氏の、菅公とお宗婆さんの湯具の話も、また頗る有益に拜見した。私にはよく分らぬが神樣と湯具との話は、石上社の布留の話以來かなり多くあるのは、何か譯があるのではないかと思ふ。下總銚子町附近の村の婆さんが河で洗濯してゐると、王神樣が流れ着いたので婆さんこれを湯具で取上げ、後に村の產土神に祀つた。その緣で後になつても例祭每に御神輿が婆さんの家へ寄つて休むが、時刻が來ると古ぼけた湯具を持出し、御神輿へかけて「王神様、お立ちやれ」と云うと、神輿が社殿へ歸るさうだ（利根川圖志）。それから湯具のために神威を失ひ佛力が無くなると云う話は、少し大束をきめるとウンザりするほどある。朧げな記憶で書く（臥床してゐるのでカードを取出すのが面倒ゆゑ失禮する）ので間違ひがあるかも知れぬが、三州鳳來寺の本尊である金銅佛を、盜人が盜み出さうとしても重くなるので始末に困ると云う話を婆きんが聽き、湯具を本尊にかけて持出せば苦もないと敎へられ、そのやうにして盜んだと云ふ（三河二葉松）。また汚れた湯具を洗つたゝめに、溫泉の噴出が止まつたと云う話も各地にあるが、此の話も足元の明るいうちにコレデおしまひ。

三、住所の選定法　宮武氏の記事を讀んで行くと、松村武雄博士から住所の境界を定めることに就き、嚢に私に註文があつたとのことを發見し、松村博士に對し飛んでも無い失禮したと、こゝに謹でお詫びを申上る次第である。いつも多忙にまぎれ駈足で雜誌を覗くので誠に相濟まぬことをしてしまつた。さて、動物の身ぶるひした所を住所とし境を定めると云う話だが、これは折角の註文ではあるが寡聞の私には持合せが無いので、勇敢に兜を脫いでしまう。併しこれに就いて想ひ出す話が一つ二つあるので、もしか御參考になるかと存じ書て見る。越中國城端町附近の村々では、新に住所（分家又は新宅を出す折などに）を選定するには、本家の戶主が心當りの場所へ往き、その中央で一夜ゴロ寢をする。そして惡夢を見たり寢苦しかつたりすると、そこは不適當の場所として他でゴロ寢をなし、安眠の出來た所に定めると云うことである（上銘三郎氏談）。全體、住所の選定に就いては、一般には常識として社の前、堂の後、本家の上方は禁じられてゐるのであるが、城端のは少し方法が異つてゐるので敢て記すことゝした。それから此の事は松村博士も夙に御承知と思うが、支那で墓地を定める際に、柏の鷄を一羽放して步ませ、鷄の鳴いた所へ穴を掘るとのことである（清俗紀聞）。我國の金鷄傳說の多くが墓地に交涉を有してゐるのは、何か斯うした事と關係がありはせぬか。此の點は私から松村博士に敎へを乞ひたいと思ふてゐる。話が土佐の尾長鷄の尾のやうに、それからそれへと徒らに長くなるが、酉年の寢正月のことゝて御免を蒙るとして、土佐で想ひ起すのは、長岡郡豐永鄕の墓所の選定法である。同地では死人があると、身近き者が死人の枕を蹴外し、その枕を持ちて墓地に行き、こゝぞと思ふ所へ枕を置き「地神様より七尺四方買取り申す」とて、錢四文を四方へ投げて定めることである（土佐群書類從）。鶏と枕、元より一つでは無いが、何となく通ずるところがあるやうに思ふ。モウ此の程度でおしまひにしても宜いのだが、肝腎の事を落したので書きつゞける。それは神樣が境界を定めるときには、双方の神樣が馬なり鹿なりに乘つて出かけ、出會つた所を境界とする話は、信州の諏訪神にもあつて（小谷口碑集）、これは松村博士も先刻御承知のことゝ思ふが、枕頭にある雜誌「設樂」の新年號を見ると、これと全く同じ話の三河國にあることが載つてゐる。そこで私案するに、馬、鹿、牛と云うやうな動物に神樣が乘つて境を定めると云う話の古い相は、何か松村博士がお示しになつた、羊が身ぶるひすると云うやうな話では無いかと考へたい。馬かけ屋敷とて、馬が自然と駈けとまつた所を境とする話もあるが、餘り長くなるとボロが出るからコレデおしまひ。

四、阿蘇の左京橋　阿蘇神社の左京橋が裁許橋であつて古くは琉球久高島のイザイホーと同じ、處女試驗の行はれた所だらうと數年前に私見を發表して置いたが、それが八木三二氏によつて裏附けられたことは會心事であつた。然も「おきよ一代くどき」まで知ることの出來たのは、更に一段と愉快であつた。たゞ慾を云へば、俚謠以外に習俗か傳承で、これに關するものがあるやうにも思はれるので、その採集を試みられて、私どものやうに九州へなど旅行できぬ者を悅ばしてもらひたいことである。曾て「阿蘇郡誌」を讀んだ折に『名に高き左京ケ橋へ來てみれば、誠いはう（硫黃）の心こそすれ』の歌を見て、何かこれに伴ふ習俗の無くてかなはぬと考へたことがある。同じ成人式でも女子は男子に比して少いので、今のうちに一つでも餘計に集めて置きたいと思ふ。格別の御配慮をお願ひする次第である。コレデおしまひ。

五、餅の的とハマ　高熱後の私の頭が惡かつたゝめか、川野氏の「餅の的」は繰返して披閱したが、遂に要領を得なかつたのは、自分ながら笑止千萬であつた。私は川野氏の前の「綱曳私考」も拜見してゐぬので、一段と要領を得るに骨が折れたのかも知れぬが、氏の「綱曳行事が蛇形の綱を曳く事に依つて、神を迎へる意味を有つ」と云はれたのは如何かと思ふ。全體、我國の綱曳は朝鮮から輸入されたもので、我國の固有のものだとは考へられぬ。そして、これを明確にするには、段々と說明を要することであるが、今の褥中の私には少し荷が勝つてゐるので他日に讓ることゝするが、綱曳はその勝負によつて年占をすると云うのが原義である。偶々我國二三の地方において、蛇の形した綱を曳く所があるとしても、それは綱の形より蛇を聯想したまでのことで、第二義的のものとしか思はれぬ。殊にこれを基調としてハマに閨座樣のやうの物を用ゐることにまで押進め、ハマは蛇なるべしとの結論は承服しかねる。もう少し私達のハゲ天窓にも入いるやうに說明してもらひたい。まだ言ひたいこともあるが、あんまり無駄口たゝくと憎まれるから、コレデおしまひ。

中平悅麿氏の「若狹の勞働歌」を讀んで、草取り歌の殆ど全部が、二百里を隔てゝゐる私の鄕里栃木縣足利市外の農村に傳つてゐるものと、少しづゝ文句を異にしたゞけであるに驚いた。誠に「歌と風は諸國を吹き廻る」の古き諺を今さら思ひ知つた。櫻田氏の「若衆寄合と婚儀の追加」のうちでは、結婚當夜新夫婦が語らひをせぬのを「荒神樣にあげる」と云う一句が私の注意を惹いた。三河の長篠邊では、此の事を「おゑびすさんにあげる」と云うてゐる。そして此の事が古く神々が初夜權を行使したことを示唆してゐるのは改めて申すまでもないが、それなれば何故に荒神樣（九州には他の地方にも斯う云うてゐる所がある）とかおゑびすさまとか云うたかゞ知りたいものである。尤も九州の婚儀には櫻田氏の記事にもある如く、鍋蓋被せの儀式があり、これは鍋蓋によつて竈ノ神――即ち荒神樣（古くは火ノ神）を象徵してゐるのであるから、荒神樣が宅神として深い信仰を捧げられた痕跡にも思はれぬでもないが、三州のおゑびすさんに至つては私の無學のためか見當がつかぬ。猶諸國の類例を集めて詳しく考へて見たいと思ふてゐる。

最後に有益なる記事を澤山にお集めくださつた、編輯者小山榮三先生に謝意を表す。コレデおしまひ。（中山太郎）

富山附近の正月童謠

織田重慶

正月樣ござつた
何處までござつた
くるくる山の
下までござつた
何お土產や
榧や乾栗
繭玉さいでござつた

賣藥行商人の三河の國に通ふ人の實談によると立山の山伏が冬から春にかけて三河の萬歲に多く混つてゐるといふ、越中の里に作る繭玉は木の枝に餅を付けたものである。これは山人の土產でないだらうか。

正月十二日には越中下新川郡の海岸地方ではふなだま（民俗學第壹卷第貳號折口先生の報告參照）といひ舟乘が祝ひする十五日には下新川郡魚津附近の村々では朝早くから子供達が「さげ帖」「さげ帖」と口々に呼ばはり合つて正月の書初を燃す。又當日は村の馬全部裸馬にして、農夫がこれに乘つて雪の往來を走らせる。而して馬は落馬した者を踏まぬといつてゐる。それが終ると繭玉をおろすのである。正月二十日のことを乞食の正月と呼ぶ。

資料・報告

信州春駒唄二種

向山武男
原田清

上伊那郡の春駒唄。棒の先へ馬の首のついたものを持つて片方に澤山附いた鈴をふり乍ら、春先家々を祝福して歩いた。彼らは人形を持つて來る歌もあつた。最初は他國者が來たが、その中に村に定住した者も出來た、人數は二人で、太鼓を打つ役と、舞ふ役とである。次の者は、私の祖父が幼い時に聞いて書きつけておいたものを、讀んで貰つて再錄した。

1 ボンボン、ボンボコボン（太鼓）
2 サッサ舞ひ込めまひこめ
3 春の初めに春駒なんぞ
4 夢に見てさえよいとや申す
5 年もよし世もよし
6 蠶飼ひもよし

信州下伊那郡神原村向方では正月年賀の酒宴や、祝言の席又は家の新築振舞の折など、はやし方は太皷をうち、唄手が歌へば舞子は駒頭を作り跨がり扇子鈴など持ち立ち出でて舞ふ、その時舞子の駒振りは元來女の舞ふもの故女裝をして男子が舞ふといふ、その歌詞を同地佐々木榮直より聽きとりたるもの。

1 奥州仙臺松前下りのお馬がご座りた
2 さあんさのりこめのりこめ
3 春の始めに春駒なんぞ
4 夢に見てさへよいとや申す
5 年よし世がよし世の中よし
6 世の中よければこがいもよし

信州春駒唄二種（向山・原田）

蠶飼ごては信濃の國よ
桑の郡や
村の山にてとめたる種は、さてよい種や見事の種や
越前蠶種
かひめの女郎衆にお渡しあれば
かいめの女郎衆はうけ喜んで
袴たけなるあつ綿なんぞ
手にかひ、きりりとしたためこんで
右の袂に三日三夜
左の袂に三日三夜
兩方合せて六日六夜
あたため申せばぬくとめ申す
三日水ひき
四日に青む
五日にざらりと出でたる蠶
何で掃くやら、掃くべき羽は
是より南の辰巳に當る吉祥殿とて小山が御座る。
小山の麓に小池が御座る
小池の中にそよめく鳥は
雉子のめん鳥大とや申す
鴨のおんどり小とや申す
大と小との一の羽やすめて二の羽飾り

こがいにとりては美濃の國や
尾張の國のおの山ぐちで
とめたる種はさてもよい種　結構な種や
このよな種なら買ひとめませう
買ひとめますればうけよろこんで
うけ喜こんではほめよろこんで

右のたもとに三日三夜（さんにちさんや）
左のたもとに三日三夜
兩方合せて六日六夜
六日六夜ぬくとめ申す
ぬくとめ申せば三日に水もち
四日に青む　五日にさらりと　いでたる種は

何ではくやらはく可き羽は
鳥は千鳥ちう飛ぶとりの

雉のめんどり左の肩の
八つの風きりを手にぬきもちて
將棋ごはんへはきやおろし

三なる羽で一羽はけば千枚蠶
二羽掃けば二千枚の蠶
三羽とはけば三千枚蠶
さらば蠶に進上物は

十七八なるあねさん方が
綾の前垂錦のたすき

銀の小びくをこ脇につけて
是より南の高桑原の
午の方へと向いた〃枝桑
そよりとたわめ
さらりとこいて

我家へ戻り
三條小鍛治で
うつたる庖丁で
じよき〱きざんで手でおしもんで
あのこにばらりと、此の子にばらり
ふりかけまくり、かけならして通る

23

信州春駒唄二種　（向山・原田）

はきや下せばもよめき渡る
もよめき渡れば青めき渡る
青めき渡ればそよめき渡る
さらばお蠶に何やら進んじよ
これより南はみな桑原で
しかもその日が午の日なれば
午の年なるねえさん達が
紺の前垂れ晒のたすき
八つのせき駄をちよろりとはいて
十二の目籠をこわきにつけて
さらば我家をちよろ〱いでて
午の方へとさいたる枝を
左のお手でしゆんなとよでて
右のお手でさらりとこいて
一とこきこいてはじようもん唱へ
二たこきこいては鬼門を唱へ
三こきこいては我家へかへる
京で名高いむねちか様の
打つたる出刄でざく〱きざみ
ざく〱きざんで手で押しもんで
あのこにばらり　このこにばらり

信州春駒唄二種（向山・原田）

さらば蠶の桑召す様は
物によくよく例へて見れば
昔源氏が馬屋を建てて
紅梅栗毛やかけかはらけや
連錢葦毛やさみだれ葦毛
朝日に向いてはうらそよそよと
夕日に向いてはもとそよ〳〵と
粟田穗草の穗に出でたるを
食ふにも似るや、はむにも似たり
さらば是からゐおきをなさる
新の起すりやしんからまさる．
ふなの起すりやふんだにまさる
庭の起すりや俄かにまさる
よくらの居起なんなくしのぎ
さらば蠶をしはいととめて
しばい上りて造りしまいは
鴫や川原や上總の川の
瀬に住む小石に堅さも似たり

あのこのこの桑召すやうを
ものによく〳〵たとへて見れば
昔源氏がこまやに立ちて
名馬の駒がようばへ下りて
朝日に向ひてもとぞり〳〵と
よふ日においてはうらぞり〳〵と
春のは草にはみつく如く
毛ごのおきよすりやけつこに召さる
たかのおきよすりやたつたとめさる
ふなのおきよすりやふんだにめさる
さらばお蠶が廣まり揃ふた
にわのおきよすりや　人間まさる
人間まさりて作りし繭は
こうもがわやかつらのかわや
かわご石かひきうず石にもよもさも似たりよもさも似たり
えもさも似たり　えもさもにたり

ちんまるまるまると
まひかきとりては、まひ山飾り
種まひ千貫糸まひ千貫
綿まひ千貫、三千貫を

さらば是から糸とりはじめ
十と二間の糸部屋建てゝ
十と二釜を皆塗りあげて
十と二かけの糸枠建てて

三七日に糸とりョあげて
あげた二夜さんにち、ことなく明けて
一七日に綿むきあげて
さらば是から機織りはじむ

25

信州春駒唄二種（向山・原田）

爺(ぢい)さの仕事にみしりて見よか
婆(ばゝ)さの仕事にはかりて見よか
婆さの仕事にはかりてみたら

糸繭千石に綿繭千石
種まゆ共に三千石よ
美濃の國での繭むき上手
尾張の國での糸ひき上手
信濃の國での幟おり上手
上手上手を三人よせて

繭むき上手に繭むかせましよ
糸ひき上手に糸ひかせましよ
はたおり上手にはた織せましよ
三日三夜に繭むき上げて

七日七夜に糸ごきあげて
春の吉日にはたごへあげて

信州春駒唄二種（向山・原田）

95 織り姫君を尋ねて見れば
96 りうぐうじようどのおとひめ様よ
97 綾が上手や錦が上手
98 月笠日笠、女笠にを笠
99 雪がけはしかすみ千鳥を織らせまして
100 もと三尺は御伊勢様へと御簾にあげて
101 中三尺は春日様へと御簾にあげて
102 うら三尺は、ところ當所のおぶつなさまいと御簾にあげて
104 殘りをさいては、この旦那や姫君さまへ
105 十三ひとへを着せべきおいて
106 あとに殘りし七十五反
107 さらばこれからあきなひはじめ
108 くらやじよひこや籠に
109 たゝみこんでは札折かけて
110 あい染めなんぞで中りん〳〵と
111 しめさせましては、都へ送り
112 伊那のちう馬（駄賃馬のこと）や上伊那の中馬に
113 荷主さし添へ都へ送る

94 秋吉日におりやくづす
100 もと三尺は熊野のおみす
101 うら三尺はお伊勢のおみす
102 中三尺はところ當所の氏神様へ
103 掛けて進んぜておみすにさげて
106 殘りし絹が三十五反
107 遠州境のあきんど様に

都あきうど受け喜んで
番頭衆を呼び集め
さらばこれから手渡しなさる

黄金千兩に小判千リョに又千兩
三千兩を

大八車に山程積んで
村の若い衆を御むしん申し
めづなをづなで丶こゝの屋敷へひき來るならば

信州春駒唄二種　（向山・原田）

お渡し申せばうけ喜んで
うけ喜んで　ほめよろこんで

さてもこの絹おりきた人は
あやに上手や錦に上手
あやに織がたにしきに日がた
春のことなら菜種に蝶々
夏のことならよむぎにとんぼ
秋のことなら稻穗に雀
冬のことなら御笹に霰
獅子にぼたんや竹には虎や
さてもこの絹おりきた人に
黄金千兩に小判が千兩
小つぼ共々三千兩よ
旦那樣へのいぬゐのすまへ
ぜに倉七つ金倉七つ
十四の御倉をゆらりとたてゝ
大八車へゆらりと積んで
えんやらやらさで引やこんで

信州春駒唄二種（向山・原田）

135 こゝのお庭の戌亥の隅に
136 錢くら七つ、金ぐら七つ
137 十四のおくらをゆらりと建てゝ
138 むなぎふんぞりや扉が開く
139 大黑舞ひ込み、ゑべすびしやもん辨天群勢よりて
140 彌宜や山伏御むしん申し
141 さらば是から蠶玉祭。
142 尾張の國では大福長者
143 信濃の國では蠶長者と
145 御家繁昌御祝ひ申す
146 めでたし、かしこ

（向山武男）

135
136
137
138
139
140
141
142 これより南の大福帳

（原田　清）

幸木

櫻田勝德

幸木の報告も六けしい。そのけぢめがどうもおぼろになつてしまふ。しかしまあ十二節の繩（よりつき年には十三節）を結び、それに魚その他のものを懸けて、正月に庭に飾る木の聞書を列記しませう。

飾りたてられた幸木を一度も見てゐぬのだから心細いが暗い土間に長さ五尺ばかりの太々しい木を下げてゐるのを見たのは、五島と土佐幡多郡の西南、柏島附近とであつた。見た所兩者とも丁度同じ位の大きさで、全で相談して造へたかのやうに見えた。

五島の宇久島では之をサヤギ、青方ではシャハンドン或はサヤギドン、奈良尾、日の島ではシャハンドン、嵯峨島ではシャギドン、サイギドンなどと云つてゐた。宇久島、青方では之を松の木で作るといふ事、さうして自在鍵同樣戸主が代るか家人が死なねば此木を代へぬといふ風は、まづ五島一般の事であるらしい。幸木をとりかへる時のやり方は、一向に聞かなかつた。唯奈良尾では新しい幸木を家の中に持ち込む時は、必ず木のうれの方から先に入れると云ふ事であつた。

幸木にかける懸魚（かけのいを）は大抵青い魚で、多くは鰤鰹鰯などを用ひるらしい。鰑昆布鳥などの噂をどうも五島では聞かなかつた。奈良尾では赤い魚で用ひるのはベンコ鯛だけだと云ふ。青方では青い魚でも鯵だけはどういふものか懸魚に使用せぬと云ふ。しかし宇久島では土用中に懸鯛を喰へば夏瘠せせぬと云つてゐたから、必らず鯛は用ひるのであらう。五月の田植がすんだ時の祝に、此懸魚を生臭として食ふといふ事を、青方と土佐幡多郡橋上（はしかみ）村で聞いた。青方では懸魚の出來が惡いと、その年の田植もよくないとさへ云つてゐた。此風は恐らく廣く行はれてゐたのであらう。かういふ土地では無鹽では五月まで保つまいから、それだけでも鹽魚を必要とした事であらう。まあ海に遠い所では鹽魚、濱邊では無鹽と鹽物を懸魚にしたのだらうと思ふ。話が脫線してしまふが、一體海邊では魚を燒くのも一種の貯

幸　木（櫻田）

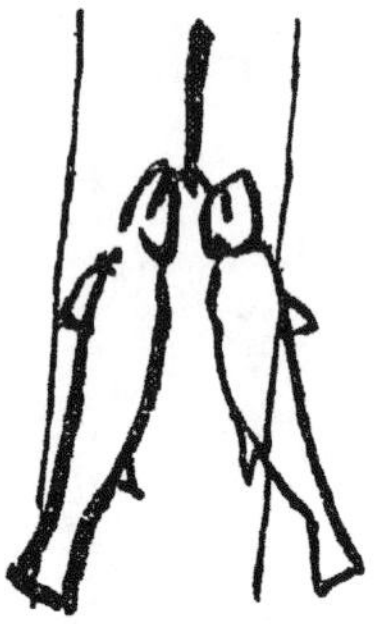

第一圖

藏法であらうと思ふ。普通直ぐ食つてしまふ折には、生でやつつけるか煮るかで、手數のかゝる燒魚はあまりやらぬやうだ。燒魚が汁の中に入つてゐる時には、大抵その魚は昨日か一昨日のものだと見てよいと思ふ。又何時までも保存してをく際に用ひた魚などには燒いたものがあるやうだ。

さて靑方では懸魚を一つの繩に（第一圖）の如く、二魚の腹を合はせるやうにかけると云ふ。それ故少くとも一對づゝにそろつた魚を、懸魚に用ひるといふ事である。伊豫の戸島には幸木はなかつたが、あすこの注連飾にも秋から鹽漬にして貯へてをいたサゴシや鯛が二尾づゝ前圖のやうに腹合せに下つてゐた。二魚が腹合に吊されたり置れたりする例は多いやうだ。他處でもこんな具合に懸魚をかける所もあらう。しかし鰤や鰹のやうな大魚をこんな風にかけるかどうかはしらぬ。宇久島では懸魚を家の中に魚が泳ぎ入るやうな形に吊すと云ふ。之は戸口の方に魚の背を一齊に向けるのだと聞いた。

奈良尾では幸木の眞中に白米昆布松鹽などを包んだものを結びつけ、その兩脇に前記の如き魚を吊し、兩端にはヘゴとモロムキとを結んだ大根をぶら下げるといふ事であつた。此大根は土佐幡多郡橋上村でワカミヅタイと呼ぶ松明と同じ心のものであらうなどゝ思ふが、此事は後まはしにする。小値賀の農家では、幸木の兩端に大根や蕪を下げ、漁家の方では幸木に苫薦を下げると云つてゐた。此薦のことは一向氣にもとめずにゐたが、五島の傍の平島へ行つてみると、此處がも昔はカケノイヲに菰を一枚ぶら下げて、その菰の前に魚を並べかけたといふ事である。しかし此地ば生憎眞宗でカケノイヲなんどは久しい前からはやらぬと云つてゐた。幸木の飾り方は同じ土地でも農と漁では違ふ所もあるらしいし、又魚ばかりかけたわけでもあるまいと思ふが、聞噛りでは一向判らぬ。

今度は幸木の大きさのよく五島と似た四國の西南に話が飛ぶ。柏島や沖島では之をウデギといふ。柏島から一里ばかり山越した一切でば十二フシ、それから安滿地ではターラノキ（之は或は聞きちがひかもしれぬ）、伊豫に近い橋上村や伊豫南宇和郡外海村では、カケノイヲといふ。しかしイヲは在る事はあるが、土佐のカケノイヲとは大分趣を異にして、どう聞いても幸木なんどはなく、その代り筑紫附近の嫁御鰤に非常に事が似てくるやうに聞いた。

柏島や沖の島ではウデギを毎年取交へるらしい。柏島ではよくも聞かなかつたが、沖島では毎年煠はきに舊いものをとり、新しいのを飾るやうである。昔伊豫領であつた母島(もじま)では多く松を使用するらしいが、土佐領の弘瀬ではタブノキをウデギにする。何故タブノキを用ひるかといふと、昔此地を拓いた落人の三浦大助は、家來をつれて島内を轉住してゐたが、遂に此弘瀬に下りて來た。當時此灣内には澤山の魚がゐた。大助が偶々火をともして漁を試みてみると、ムロといふ魚が大變に捕れた。そこで大助はタブノキを伐つて丸木舟を造り、かづらで網を作つて魚をとり、世を過したといふ。さういふわけで弘瀬ではタブノキを以てウデギを造るといふ。それ故ウデギは丸木舟の心であるから、その先を少し持上げ元の方を下げ氣味に船の如く吊すのだと云ふが、私が見てはどつちが上つてゐるか判らぬ位のものであつた。しかしタブノキの使用は弘瀬に限つてゐるわけではない。遠くかけ離れた筑前地島でもヨロヅカケ（幸木）に此木を用ひてゐる。沖島ではウデキに無鹽の魚干魚昆布大根牛蒡など、海山の幸を下げるといふ。柏島では中に魚、兩端に大根蕪をかけるといふのば、小値賀とその話が似てゐる。

橋上村へ行くと此木は餘程小さく細くなるが、或は大きいのもあるかもしれぬ。此處では懸魚に小鯛を用ひる由で之を田植後にくふ事は前記した。

幸　木　（櫻田）

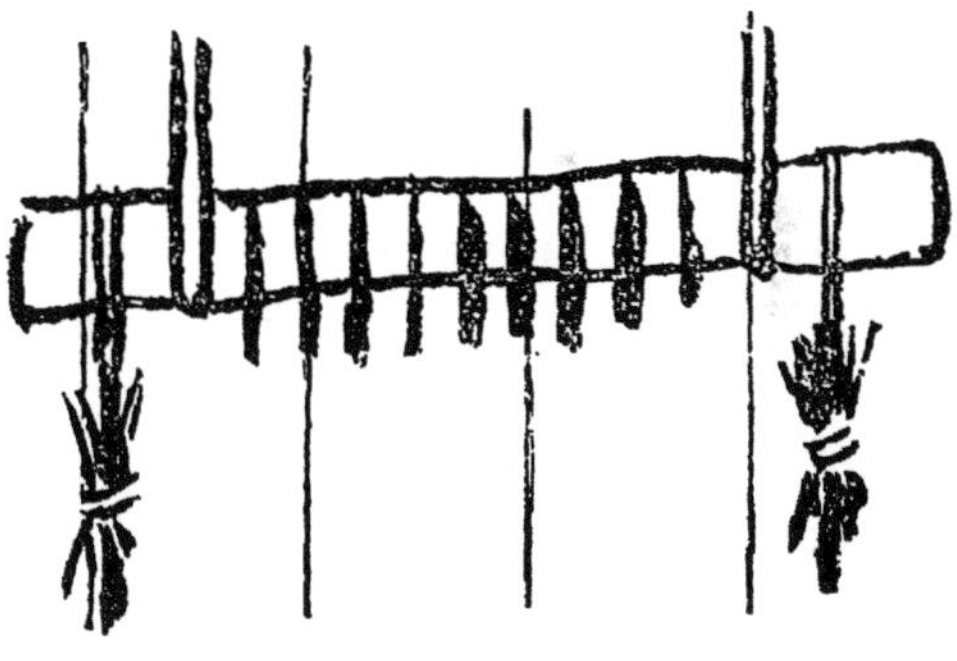

第二圖

橋上村では第二圖の如く兩端にワカミヅダイといふ松明を下げるといふ之を持つて若水を汲みにゆく由である。伊豫南宇和外海村の福浦でも、同じく兩端に松を藁で包んだものを下げる。その名稱はしらぬが、若水をくむ際之を松明として一應井の中を照して見る由、昔からして井戸の中を覗いた所、福の神を見付けた故、今でもやつてゐるのだといふ。橋上村の最も奥に在る奥藤といふ部落でも、若水を汲む際やはり之を松明とするが、又牛馬が失踪した折に、之に火を點じて探すと直ぐ見付かると云つてゐた。その後此松明を一向見かけた事はなかつたが、先日平戶島田助の湊の傍らコウの浦といふ家舟部落へ行つた處、そこでヒヨッコリ之を見た。柳田先生が此地を訪ねられた頃は、未だ此處は小屋住居であつたといふから、近年まで此部落は今の崎戶家舟のやうな狀態に在つたのであらう。即ち近い頃やつと陸に家を持つやうになつたに相違ないのに、もう今では普通の部落と何ら異る所がないやうに家が立ち並び、その庭には立派な幸木が懸り、例の松明のやうな藁苞までもその兩端に下つてゐた。その名も用途も敎へて貰ふ事は出來なかつたが、家舟だけに意外であつた。眞似かしらん、眞似た方が却て並の家よりも古風を保つてゐるのかしらん等と思つてもみたが、沖島の事などを思ひ出すと、家を持つやうになつてからの昨今の摸倣だとも云へぬかも知れぬ。沖島の人も家も家舟同樣近年まで頭の上に物をのせて運んだのだし、タブノキで幸木をつくつたりするし、まあそんなとりとめも無い事を云ふよりも、コウの浦で舟が家時代の事を少し聞けば良かつたのだが、聞かなかつたよりも聞けなかつたのは自分の氣の弱い遠慮からだつたのが殘念だ。

（橋上村の隣りの山奈村の芳奈では昔カケノイヲを造つた。木でなく竹で作つたと云つてゐた。さういふのもあつたのかもしれぬ。それから伊豫北宇和に入ると、カケノイヲは在る事はあるが、木を吊してそれに十二節の繩を結んで魚をかけるといふ風はどうも無い。さうして嫁が里へ酒一升と鏡餅と鮭一尾を正月に贈る。その贈られた鮭と松明とを庭にかけたのがカケノイヲだといふ事であつた。それで懸魚が多いほど自慢であり、家によつては五つも六つもかける所があるといふ。清滿村字繁近で庭の梁に一尾ぶら

下つてゐるのを見たが、結局何やら判らずじまひに伊豫を去つた。

伊豫のカケノイヲに似たものを筑前では嫁御鰤などとも云ふ。嫁が正月に里方へ鰤一尾と鏡餅とを贈る。此の風は筑前ばかりではなく、此のあたり一帶に廣く行はれてゐるらしいのであるが、どうもはつきりした所を聞いた事が無い。長門豐浦郡吉見で、三年間里方へ鰤と束鰯（干鰯を束ねたもの）とを贈るといふ事を聞いたが、筑前では何年間やるかしかとした返事を聞かぬ。一體當地では正月に鰤の贈物が激しい。それに鰤を御魚と云ひ嫁御鰤を贈られた事を御魚が來たとも云つてゐる。志賀島では嫁御鰤をヨロヅカケにかけたと云ふが、幸木のもう無い地方では庭の梁に鰤を藁苞で包んで倒樣に繩でぶら下げてをくやうである。伊豫のカケノイヲも或はこんなものであらうか。

筑前では博多の海岸から宗像郡あたりにかけては大丈夫幸木の風があつたらしい。志賀島では之をヨロヅカケ或はカケノイヲカケ、相島大島地島でもヨロヅカケといふ。地方で此噂を聞いたのは宗像郡に接する遠賀郡のはづれ、岡の松原の西端の波津で、此處では十二カケといふ由、それから海人の本據宗像郡の鐘崎ではサイワイギ、同郡勝浦村鹽濱ではシャチギといふ。しかし實際に此木を見たのは鹽濱でだけである。所が遠賀郡へ行くと幸木の話をしてゐる

かと思ふと、年木や年繩の咄になつてゐて、話がこんがらかつてトンチンカンになつてしまふ。

志賀島では之を主に杉か椎で造り、相島では松でつくる由。地島のタブノキは前記した。地方では何の木で造ると定まつてもゐなかつたか、はつきり覺えてもゐぬらしい。此地方でも死人がなければ幸木を代へなかつたらしい。平年は十二節よりつき年には十三節の繩を結ぶは同樣。しかし勝浦村では五六節の繩しか結んではゐなかつた。さうして幸木に懸けるものは鰤鰯するめ大根昆布鳥など、鐘崎では鮑もかける。波津では主として鰤をかけるといふ。之等は皆正月に喰つてしまふらしい。鐘崎では元日の朝ノーリヤアの馳走にであらう、一番の庖丁とて幸木に懸けたものを切つてたべるといふ。地島で聞くに、煤とりにヨロヅカケの古繩をとつてよく洗ひ、此時赤飯を焚いて神を祭り、煤とりの振舞をすると云ふ。ワカミヅダイは聞かぬ。相島ではオトシノミテ（正月十四日）に之を下す、志賀島では正月二十日の骨正月にはヨロヅカケの鰤は骨だけしか殘つてゐぬ。それでその骨をたべて骨休みとて此日は休業したと云つてゐた。しかし此地も十四日をオトシノミテと云ひ此日オニスベとて年飾りを燒くから、ヨロヅカケの飾りも下してしまつたのかもしれぬ。それから玄海の海岸をずつと平戶の方まで、幸木はあつたらしい。よくは知らぬが、東松浦の名護屋ではシャハギノイヲ、鷹島ではサイワイギと云つたといふ。鷹嶋では之を毎年代へたと云つてゐたがもうやる人もないので噂も一向あてにならぬ。それからコウの浦の事は前記の次第だ。

一體玄海で年木ぐらい、いくら聞いてもとんと判らぬものはない。もう大分前になくなつてしまつたらしい。話によれば門松の支へ木みたいなものゝ名稱だといふが、その門松も山があれると云つて、今は大概廢止してゐる。志賀島の社會調査といふものを見ると、年木とて割木を門松の根に立てる。之は古は三本と定まりたるものなれども、後之を多く十本ほど立つるに至る。今神社の前を割木を繩にて二ケ所結び立てかけたるはその年木の意也とある。何だかよく判らぬが、とにかく門松の根に立てる割木を年木と云ふといふ事は志賀島ばかりではなく、相島でも小川島でも鷹島でも聞いた。この年木をとつてをいて、初雷或は雷鳴の時之を焚けば落雷せぬと、鷹島と相島で云ふ。とにかく此方面は幸木と年木との區別がはつきりしてゐて始末はよいが、遠賀郡の東部へ行くと、何やら判らなくなり年木は大分幸木臭い。

島郷の脇田浦ではもと年木は椎の木でつくり、それに十二節の繩を結びつけた、さうして、それに鯨をかけその鯨を年の夜に喰ふと太うなると云つた。年木は毎年としの廿

幸　木（櫻田）

九日に代へたといふ。脇田の傍の安屋（あんや）では年木を二本つくる。一本はもちの木、他はかねの木で造る。まづ寒餅を搗く時に此木を以て恵方に向いて餅のつき初めをする。搗くと云つても手杵を振う様にさしてづくのである。元朝此年木に手拭縄飾の鹽物昆布などをかけて祝ふ。年木は二三月頃何時とはなしに薪木に焚いてしまふ。又有毛（あるけ）でも年木は餅をつく時のサシで造る。サシ（手杵の如くして餅をつく棒の名）は普通五六本か七本で、その中の一本を以て年木をつくる。之は毎年とり代へる。年木には正月のもの歳暮に貰つたものなどをかける。年木は何時とはなしに焼いてしまふと。

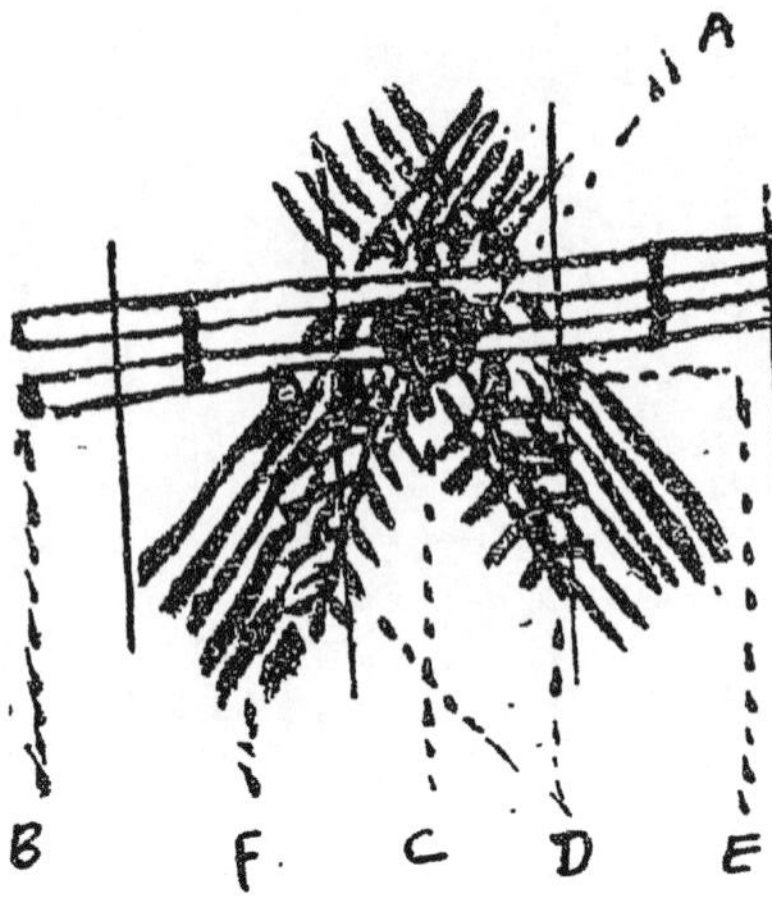

それが蘆屋までくると年木は年飾りの中の二本の木になる。第三圖は柏原の海人の家の大飾り（庭に飾るかざりを大飾りといふ）で、博多邊の一部の年縄に非常に似てくるついでだから珍しくもないだらうが

A B F C D E

第三圖

博多の注連飾りをかくと、第四圖（イ）の方は家の周圍をとりまく、第五圖（ロ）は戸口にだけ飾る。第五圖なんどは慾目かしらんが柏原ぃに似てゐるし幸木臭い尤も此邊り志賀島ばかりでなく、幸木も年木も年縄もちやんと別々に在る所が多いが、幸木や年木が祝木や粥杖につながつてゆくのでは、その經路は恐しいこんがらがりやうだらう。

（**圖版說明**。第三圖A橙。B年木、二本、夫婦故二本にすること。Cユズリハ。Dモロムキ。E昆布。F藁束、全部で十二束六束づゝに分れる、閏年は十三本。第四圖博多の注連飾り。A櫟。Bモロムキ。C此處戸口に當る。第五圖博多の注連飾り、A竹。B稲藁。兩方で十二束、六束わけ、但し閏年には十三束Cモロムキ。D橙。E櫟。以上。）

幸木（櫻田）

イ、第四圖

A B C

ロ 第五圖

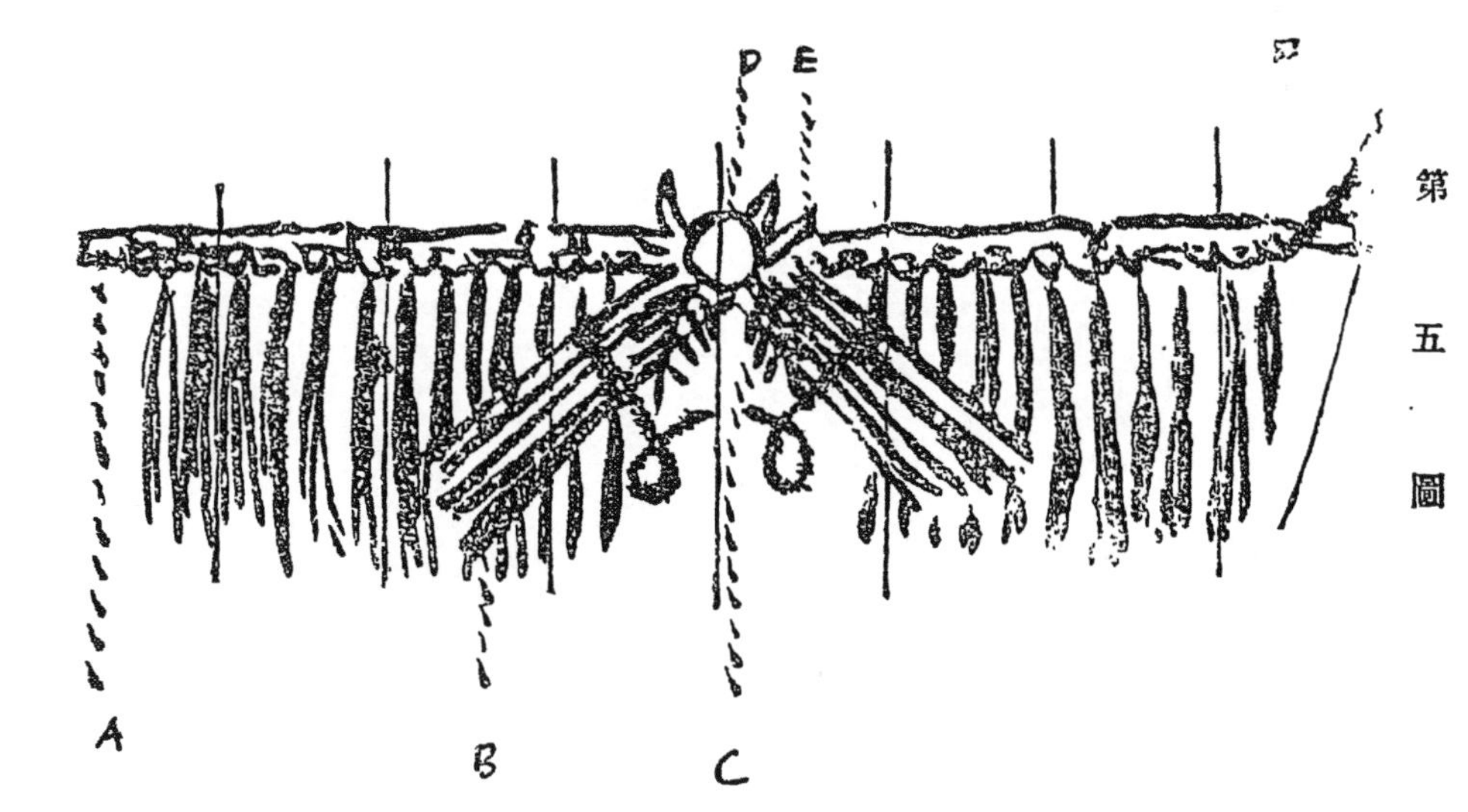

淡路津名郡正月行事聽きとり帳

中村浩

津名郡鳥飼村近邊では、苗を除す時に畔に(別に場處に定めはない)、葦の葉二三本を立て(横列に)、此に重ねて青葉を同じくする(何の木と定つたことはない)。其前に青葉を敷き並べて、其上へ生米の前以て水に漬けてあつたものに、青豆(大豆)の煎たのをまぜて供へ、田の神を祀る。此の時各自家の門口にも同じくする。

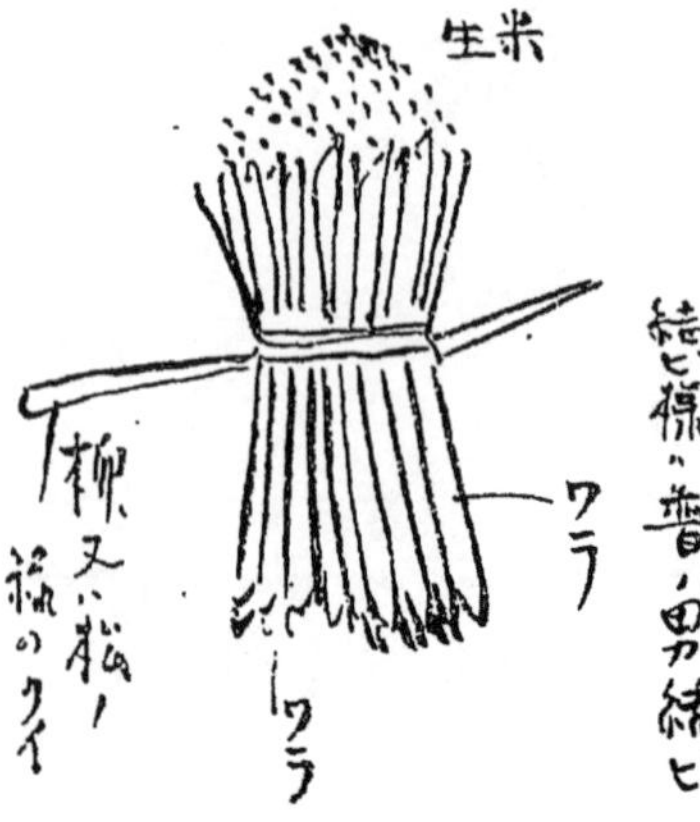

サイギ

松ばかりでする。門松の周圍を松の幹を適當の長さに切つたものを薪の様に割つたもので取巻き、繩で結ぶ。是をサイギと云ふ。同時に圖の様なものを門の左右の兩側につけ、裏口、其の他の出入口には一方(適宜の方)にのみ着ける。壁に打着けるのである。近頃では竹の釘を用ひるものもあると云ふ。大きさは大程一握で丈二三寸位のものである。

御年様

正月飾餅(一重床間に供へるもの)の他に其の年の明方に向て御年棚を造る。柱四本を用ひて上、下、二枚板を張る上下の板の間へ樋(近頃は米櫃を代用する向もある。元來、米櫃などより上等の木を用ひて竹の輪も小奇麗なものが本當である)を上向に置き其の中へ少々大きな鏡餅一重を中央に小さな鏡餅(圖一)の如き上部につまんだ程のものを着けたのを周圍に十二ケ、潤には十三ケ並べ、橙、田作、等を入れる。四本の柱各々には松を結び着ける(多賀村では桶が升に變る、又物に入れず大なるものを中心にして兩側に並べるのもあると云ふ)。

圖一、

元日朝人々(昔は男に限られてゐた)は、三時四時頃に家

の中で雜煮を祝ひ、然る後必ず各自に提灯を持て産神（八幡）に詣す。此の往復は決して物を言はぬ。しかも夜があけてはだめなのである。家では、女等が正月の膳をこしらへて待つ（此の膳に決つて鰤の鹽引又鯖が付けてある）。參詣を終て歸つた人と共、更に正月の膳を祝ふ。夜あけ頃になり、明てから又神社へ參拜する。此の時は途中人に會へば互に新年の祝儀を申し又年詞に家々（自分たちの組內）を廻るのである。

元日の朝詣りには、小さな鏡餅一重に、田作、串柿を添へた物をヒネリツヽミにして家內の數だけ神社へもつて行く。女は大方二日以後にする。元日女の外歩きは慊れる。正月膳を食ふには柳の箸を用ひる。

眞言終り附飾り付け

暮の廿九日に眞言終りをして餅つき、色々な飾付けをする。正月拾六日の眞言初めまでは鐘をならさぬ。

打初め乘初め

二日打初めをする。半紙を縱に二つに折り、ハギノコか柳に横に挾み田に持ち行き、二鍬程地をおこしてそこに立てゝ來る。漁師は此の日暮に洗い清めてをいた船に乘初めをする。胴の間のオッツサンの上の横木をよく洗つて、酒、餅、蜜柑、こぶ、あらめ柿串（此のあたりは柿串と云ふ）等を供へ祀り、後錢に散きをする。此の日は舟に乘つて海に出るのではなく、たゞ乘つた心もちで陸で總てのことをする。もし胴の間にオッツサンのない小さな舟は艫の先の横木の上に色々と供へまつる。

オッツサンを中心に、左右二間は綺麗にすべき處で、此の間から決して小便などをしない。又オッツサンの上の横木に立つたり腰を掛けてはならぬ。

松降し地祭

四日に松をとる。門松及び神棚、お年さんの棚のも皆とる。八日に七五三飾をとり、サイギを除く、後へ柏の葉の枝に付いたものを立てゝ米の粉を水にといてふりかける。是はムシモノを供へる變形で（本當はモチ米を蒸したものを柏につゝんで供へるべきで）ある。是を地祭と云ふ。

田の地祭

八日から九日の朝まで田の地祭をする。その時ミチグラと云ふものを自分の持田の數と家の神と門の神の分だけ作り、田の分は田にさし門の分は門にさし又神棚にも祀る。ミチグラと云ふのは、半紙を縱に半切し、又それを横に二三分の幅で切り、是一枚宛を竹の先の割つたもの（竹の長は三握半）竹のない處は木の細枝に横に挾み、斯樣なもの二本にムシモノと團子とを柏の葉に包んだものを苗結びに藁一條で結び、酒を振り掛けるものである。

餅花

淡路津名郡正月行事聽きとり帳（中村）

餅花を造る。大方、眞言終りの日に柳の枝へ餅をいくつも付ける。そして魚、（主として鯛）俵、夷、大黑等の形をしたウキ菓子と小判形の紙をまぜて吊る。女の子のある家では手毬付ける、是はオ年サンの棚、夷棚に吊り、又座敷に大きなのを立てる。門松をとる四日の日に大方とり拂ふ。オ年サンの松は四日にとるが桶を降して中のものを取り出すのは十一日である。

十五日粥

十四日に七五三をとり、それで小豆粥をたき、十五日に食ふ。此の時は必ず竹の細い箸を用ひる。幼少なものには初め一二口でも竹の箸で食べさせる。

廿日正月付肥の初とり

廿日正月は半日新年になつて初めて肥を汲む。それまで決して肥にさわらない。村の若者が親方へ働きに出る初めの日で、又新年初めての仕事らしい仕事である。

燒差し

時候の節々に燒差しと云ふのをする。是は、竹又は柳の枝に鰯の頭又は尾又は細かに切つたものを、五つ六つ串さ是を燒いて入口に突さしてをく。次の燒差しの時に新しいの、と段々とりかへる。是をカンマツリと云ふ（或は正月のだけを然か云ふたのかも知れぬ）。

豆撒き

節分の豆を一升枡に入れて木に投付け「ならねば切る切る」と云ふ。陰に居て「なります〳〵」と云ふ。勿論節分の日の夜行はれるのである。

山の口あけ

正月になつてから初めて山に行く時は（旅に出る爲に山を通るだけでもかまわぬ）、山の口あけと云つて、手で破つて幣の形の紙をこしらへ、燒いた餅を持つて行き、山の口の木の枝へ其の紙を餅ではり着けて然る後山に入る。

四拾二の厄拂ひ

四十一の六月から受厄と云つて諸事謹しみ神主を迎へて祓をし、四十二の正月には新しく別に神棚を一つ設けて、正月の間の二から三にかけての日（二日――三日、十二日――十三日、二十二日――二十三日）に、元日の通りに儀式をして正月を二度する。五月一日には厄降しで此の日、神社に參拜する。此の時は親類、緣者、友人なるべく多くついて參拜し互に詣り合ふ。然して後其の人々を初め友人を集て酒宴を開く。此の時、此の厄拂ひのことは自分で爲ることであるから家や親等に關係なく專ら自分本位の友人などを集める爲に、其家にとつては思はぬお客のあるのが常である。

正月ものもらひ

春駒、せきじよろ、明方のお馬、夷まはし等である。春駒は馬の首を持つて歌をうたつてくる（村の中に廿三軒ある水平社の人がきて、小供が多い）。せきじよろは何處のものか全く不明で白衣の旅裝束あみ笠を冠り、笠の周圍に葦の葉を付けてくる。やはり歌を歌てくる。夷まはしは、一年中來るが事に正月に多い。三原市村の人等で夷子の人形と三番僧をもてくる。笛を吹き鼓を打ち夷子の來歷と其の家へのおめでたを申述べる。明方お馬は、水平社の小童が、はりこの馬の首をもつて案內なく家に入込み、突然明方（キホー）から馬が來たと云つて錢をもらつて行くだけのものである。

田所の道祖神

田所に小さな川がある。此の河を挾んで東西?に道祖神がある。西北が男神（只今大きな自然石があり、片邊に石の堂があるが、其の中はからである）、南東は女神で大きな堂をこしらへ其の中に入れてある甚だ大きな自然石で一部分に（圖二）の樣な穴があいてゐる。下の病に靈驗があり、今でも木形の男根をもつて參詣すると云ふ。（私のいつた時は一つもなかつた）。

圖二

道祖神

甲圖のものは道の角、峠の高い處、家の入口阪の昇り口等所々にあるもので、梵字の書いてあるのもあり、ないのもある。大抵の場合石燈籠がそへてあり、又小さな手洗がある。全々かどばつた自然石のもある。全く無數と云つてよい程である。乙圖は鳥飼村の道祖神の森に祀られてゐるもの、やはり石燈籠に手洗鉢などあり、廿坪程の境內がある。丙圖は田所の男神と稱する道祖神で、總て石製。此の片邊に偉なる自然石があり、石燈籠手洗等がある。堂の中に別になにもない昔からないと村人は言ふてゐた。

甲

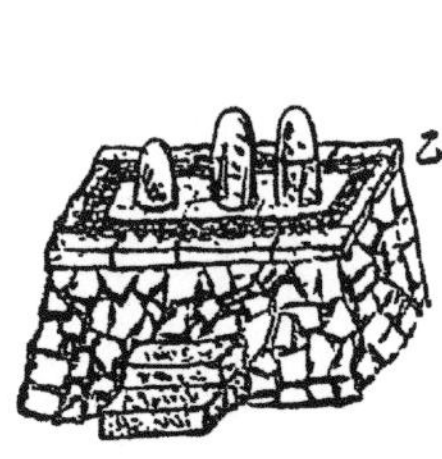
乙

丙

淡路津名郡正月行事聽きうり帳（中村）

千葉縣印旛沼郡久住村地方の俗信

伊東亮

○夜足袋をはいて寢ると眼がわるくなる
○痺（しびれ）の時に眉毛に唾をつけると直る
○指に逆剝（さかむけ）が出來るのは親に惡まれる印
○藜の杖は中氣の豫防になる
○春のこわれものは近所七軒へ分けて燃すもの
○日暮かくれんぼをすると神かくしに逢ふ （四三頁へ續く）

湯河原のさいの神、そのほか

伊藤良吉

はじめに

此は、私が今年五月、湯河原に保養に行つてゐた時、撮つた寫眞の中から、民俗學の資料になりさうなものを選び、其に、少しばかり聞き書きを添へたものである。

湯河原の事は、其處の墓地の守りをしてゐた七十幾歲になる老婆（溫泉町の東隣りのいりやと言ふ所の人）に聞いた事を主として記した。其他の人の話は其所に註した。しかし、何れも其土地の人ではなかつた。其處はえぬきの人から話を聞かれなかつたのは殘念だつた。私の努力も足りなかつた。日金山頂上の話は、其處の茶店のおやぢ（四十五六歲。元は下で漁師をしてゐたやうな口ぶりだつた）から聞いた。（昭和六年七月）

湯河原溫泉のさへの神

湯河原驛から行くと、溫泉町のはづれから少し入つた所道の左側、溪流を後にして、二つのくつつきさうに寄り合つた岩がある。此岩を「はさみ石」と言ふ。其右の方の岩の上に見える房主の合掌してゐる像が此處のさへの神である。道の右側は竹垣を隔てゝ、崖のやうになり、其崖の上には大きな松が二三本雲を突くばかりに聳えてゐる。此松を「見附の松」又は「見附の森」と言ふ。

此土地のさへの神（丁寧に言ふと道祖神といふのださうだ。）は左のやうな形をしてゐる。大きさは、高さが――手が屆かないので目分量ではあるが――二尺五寸位、此で全體の大きさを御推察を願ひます。材料は石。

正面

側面

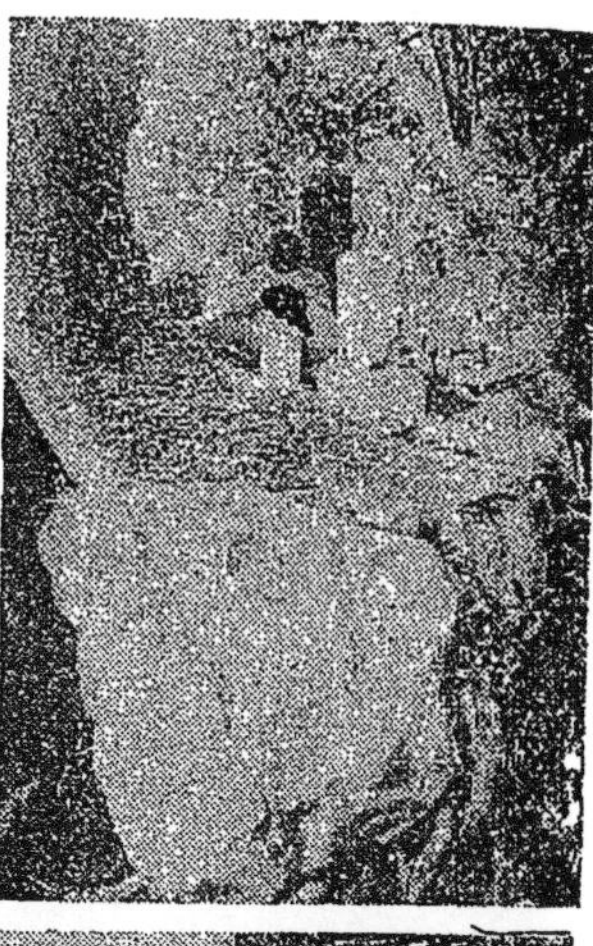

寫眞は右の通り。下の方の寫眞は湯河原驛の近くの宮下のさへの神。此宮下と湯河原溫泉との間のいりやのさへの神も、いりやの南の泉のさへの神も、皆合掌した房さんの姿をしてゐる。

さへの神は子供の守り神である。

さへの神のまつりは、舊暦一月十四日に行はれる。煤拂ひの笹や門松など年末年始のかざりものを燒く。此火で燒いた餠を食べると、夏の病にかゝらないと言ふ。(一)此まつりはいりや・泉・宮下でも同じやうだが、湯河原のが一番盛んであると言ふ。

註（一）此餠の話は泉の保善寺の奥さんから聞く。

湯河原のさいの神、そのほか（伊藤）

さへの神へは、不用になつた神社のお札、飾れなくなつたおひな樣をさめる。又、子供が疱瘡にかゝると、家にたなを作り、左のやうな藁でこしらへたものをそなへ、二

（薪ノ細イモノヲ繩デ編ミ簾ノヤウニシテアル

側面　上カラ見ル　下カラ見ル

週間たつて、病氣もよくなると、其に湯をかけて、さへの神の所へ持つて行く。今は疱瘡を病むのでなく、種痘をするのであらうが、やはりさうするらしい。右掲の寫眞にも見えてゐる。

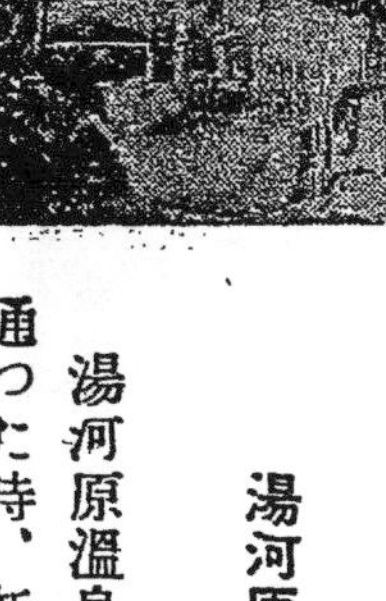

湯河原溫泉の花籠

湯河原溫泉の共同墓地の横を通つた時、新佛の墓へ寫眞の通

り、さしてあるのを見つけた。葬式の時に、此中へ錢を入れて道すがら、振りこぼし、子供たちの拾ふにまかせると言ふ。此が葬列の何の邊に立つかは聞き洩らした。

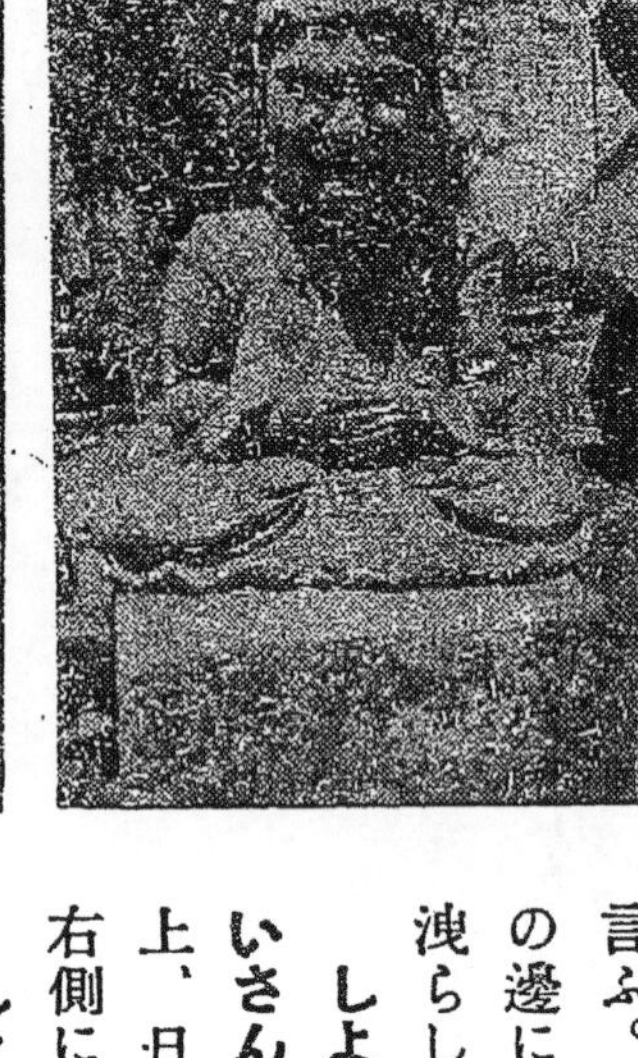

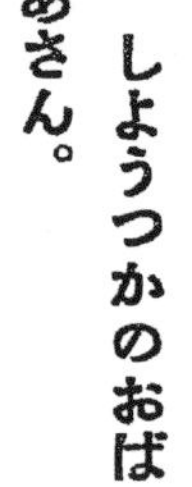

しようつかのおちいさん。日金山の頂上、日金地藏堂の前右側にある。

しようつかのおばあさん。日金の地藏さんの前左側、右のおぢいさんと向き合つてゐる。

三仙人の墓

日金山の頂上、地藏堂の左を一寸入つた所にある。左の如く、三つの土山があつて、背は一つのどてに續いてゐる。其三つの土山の頂に各各、次の寫眞のやうな、石の寶篋印塔の形をしたものが載つてゐる。塔の中央、方篋の前と後に文字が刻まれてゐる。方篋の前面は右のには「金地仙人古墳」中央のには「木生仙人古墳」左のには「松髮仙人古墳」と刻まれてゐる。方篋の背面は、三つとも、文化十仲冬廿四日　不退金剛（剛カ）周道再修拜□」と讀まれる。頂上の茶店の親父も此塔は新らしいものだそうですと言つてゐた。

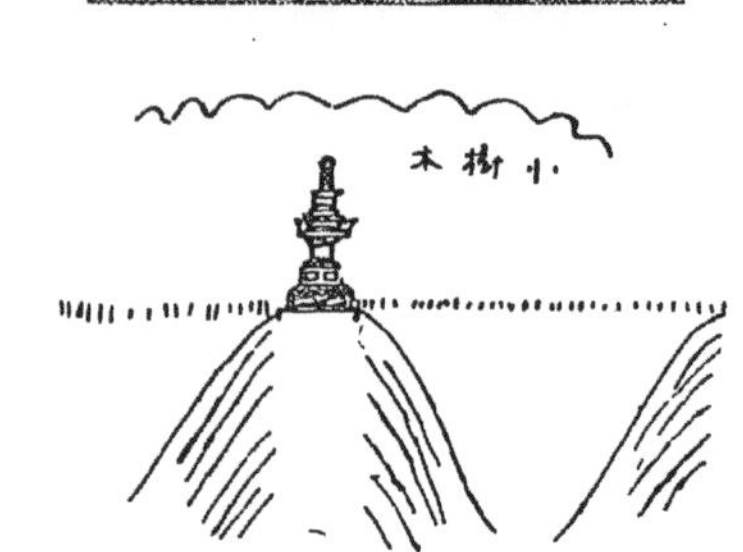

日金山のさいのかわら

二ヶ所ある。熱海又は伊豆山

から登ると、山頂、地藏堂のある所から一丁餘り手前、右側にある。其が上の寫眞である。又十國峠、熱海の方から地藏堂へ來る道に一ヶ所ある。道の左側で、やはり地藏堂から一丁位手前である。二ヶ所とも、其處で特に道がせまつてはゐない。

　さいのかわらは地藏さんが亡くなつた子供たちを遊ばせる所だと言ふ。地藏さんは濱の石がお好きだと言ふので、參詣者は濱から石を持つて來て供へる。

伊豆山附近の水口祭りの後

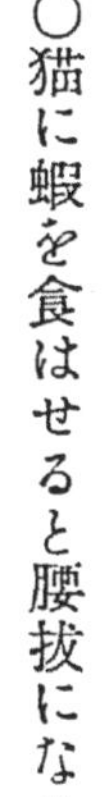

○猫に蝦を食はせると腰拔になる
○黑猫は魔除
○障子のはがし紙は落し紙に遣ふものでない（若し遣ふと痔が起る）
○葬式の時に遣た初ものは長持がする（手拭でも下駄でも）
○繩は兩端から遣ふものでない（遣ふのは葬式の時丈）
○人の周圍は廻らないもの（廻るのは葬式の時丈）
○燈明は吹き消すものでない
○十五夜に供へたものは小供は食べるものでない（食べると月の樣に地球を廻るから）
○蛇を指ざすと指がくさる

（三九頁俗信つゞき）

滋賀郡伊香之村に於ける田神祭の歌調

中西祥男

貳月踊りの歌調

詰々福べと徳べととーべとの〳〵ばら、今日は二月日もよしひとゑよし吉日なり東へ二千町、南へ二千町西へ二千町北へ二千町合すれば八千町が中の町いちぢ福じもよからう、處打つて變つて苗代始め、はるくはもそよな打處もよゝしなあつばりかざ〳〵せんのかざには十倍三ぞう倍ましたるかざがはつとした、ましたるかざ〳〵にははびろうのうすを立するなり作るなり、かしくなりちわらごしきのうるゝよもなし、かまどの灰のさむるよもなし、せゞなぎの水のすむよもなし、いぬいの角には坪百千ばかり堀りすへひまもみゆるも侯あとも侯さゝら波の立も侯庭の東には若人共が飯にくいふつれ飯つぶしをずんずと打つかざがはつとした。

あら田おこし

はるくはもそよな　宇津でのこずちは
宇津でのこずちは　とみのこそもつれ
はるくはもそよな　宇ち處もよゝしな
宇津でのこずちは　とみの町もじやもや

あら田にはよる　津ゆ草の花を
手につみ入れて　みやいまいり候や
おーとりこそは　北の國よりも
おーもこそは　國も出來たりや
ゐち前なるや　とみのちよもじやもや
ゐびの葉をもてや　まねきばもよしや
時鳥又來て鳴くは　實こどのとりそよな。
實こどの鳥　さつきもあやめやら時鳥そよな
若しよぶおや　おびにしたればや
おびつろぎやまゐそうろべしや
稻荷山までも　くらくとも行こや
よーそどのの顏のひかりでや
　間にて田をかくるに候二人間やとろ〱
　間あらいと云ふてしなのだけ
しなのだけのぜゞらぜ　中の世がたよむは
皆いろどとやら中の世がたよむは。

田の神まつり

田の神たてまつれば宇きよろこばせしたまい候神一人の始より下萬人に至るまで作る二四の作り物、竹にたて、古にまと、

滋賀郡伊香之村に於ける田神祭の歌調　（中西）

滋賀郡伊香之村に於ける田神祭の歌調（中西）

寸のいなつぶ尺のほう竹、ゆらりしやらりと出來立したまい候水口のうるおいたる處をつきのわの鎌を持つて一束三ばかりかつてついをつんでこざんすれば山の奥には九石八斗飯にかじけば飯の山酒に造れば大海の如し命ながいのしやくを持つてとめどもくめども津くせず、一日はしやつペーこ、三日はびしやもんこ、八日はやくしこ、十五日はあみざこ、十八日はかんのんこ、廿四日はじどうこ、つもごりはしこたて昔すまん長者のあとをつぎざんびりちーぢやとむねをならべとうからずじは聞いての喜びちかゝらずしは見てのうらやみ山にはせんどうこ里にはさんばうみこつきのこ、たてせつそんばつそんまで行せ給ひ候やはらめでたし

種まき

此御處に〳〵福の種をまこや　まこよ〳〵福の種をまこや
げしゆん殿の方へも福の種をまこや　まこやよ〳〵福の種をまこや
くもん殿の方へも福の種をまこや　まこよ〳〵福の種をまこや
おとな立の方へも福の種をまこや　まこよ〳〵福の種をまこや
ぼん立の方へも福の種をまこや　まこよ〳〵福の種をまこや
御前立の方へは神のごーまこや　まこよ〳〵神の種をまこや
若人の方へも福の種をまこや　まこよ〳〵福の種をまこや
わらべの方へも福の種をまこや　まこよ〳〵福の種をまこや

鳥をゑ

あれは田の鳥をゑ東へ二千南へ二千町西へ二千町合すれば八千町八千町が町においべきものあり

あれは田の鳥をゐ（わけ口一ツの間に入る）
おいべもものは　げしゆん殿の鳥をゐ　くもん殿の鳥をゐ
おとな立の鳥をゐ　ぼん立の鳥をゐ　こどの鳥をゐ
御前立の鳥をゐ　若人の鳥をゐ　わらべの鳥をゐ
これうらおゝたらば　山の物にとりては　峯を走る耳長のこうさぎ
あぜを走るいまるも　そ一わ走るかのこよ　繩手走るこぎつね
これうらおゝたらば　里のものにとりては　ちゆう〱ひばり
苗代のつばめ　ほゝろうつきじも　あぜもつけらも
豆ひろう鳩よ　植田の鳥　いなむらの雀
これうらおゝたらば　濱のものにとりては　つ一といるはうじろ
ばつとたつはあぜむろ　沼を立は白さぎ　いそなる千鳥
おきなるかもめ　これうらおゝたれば　東へおいべし
東へおわば　あがるやつがる　雀がおかを
おいこすべしや　おいといたらば　南へおいべし
南へおわば　しまのおやま　新客がみなと
おいこすべしや　おいこいたらば　西へおいべし
西へおわば　つくしがはかた　ゐびすがじよお
おいこすべしや　おいこいたらば　北へおいべし
北へおわば　いきやつしま　もんしゆがせきを

滋賀郡伊香之村に於ける田神祭の歌調（中西）

滋賀郡伊香之村に於ける田神祭の歌調　（中西）

おいこすべしやおいこいたらば所の御處は
福處な處　ごいわいともさゝむる　ごはんじよとあくる

苗代うた

苗代でならせよならせ　賓にこゐならせゐ―そよな
賓にこゐならせならさぬこゐは屋らねでゐなるそよな
若苗取るや　おなごの手早
取る手もよしやひらう手をよしや
我取る苗に　ふたばさいたりや
みつばに咲かばとのがさかへ候や
苗代のふたばのこなゐ　賓たのむともそよな
賓たのむともふた道かけしやら殿が田の苗や
苗の葉は廣しやせばし　賓せばくともそよな
賓せばくともみはよりほそりやらふたりこそそよな
やうかたがたや　宇よ田の苗や
我とる手早　金がよろいかや
苗代のよき苗代　賓そこにこそ―よな
賓そこにこそきみとりぐさのやら花が知けそよな
苗代の間中にたつる　賓ほそいなぎそよな

賓ほそいなぎこいする我もやらさもにたりそよな
苗代の苗場のうゑが　賓さむければそよな
賓さむくとも袷のこそでやらきみからすそよな
苗代の苗場のうゑを　賓とむ鳥のそよな
賓とむ鳥の青鳥が白いなきなぎやらつばめ鳥そよな
苗代にこそ　春の日にかりがさすきりがねやにこ—そ
きりがねやにこ—そとのばらのかりがさすきりがねやにこ—そ
苗代のすみずみに　水はかゞみか—さ
水はか—がみかあさおも人のかげがさす水はかゞみかあさ
苗代の苗をば　いかいかに取るやらいかいかに取るやら
うらゝもかいのめしも—そこそは鳥のめしもそこそは鳥のめ
日はたんとたこなる　せんごくまいた苗を
いつまたとろいのせんごくまいた苗を

朝うた

朝歌は七里(さと)までも　賓いわいかなそよな
賓いわいかな聞く人さとれやらうたわねばそよな
朝はかにこまゝいらしよの　賓になにげなをそよな
賓になにげなを足げやかげややらかげのくるこまや

滋賀郡伊香之村に於ける田神祭の歌詞　（中西）

滋賀郡伊香之村に於ける田神祭のゝ詞（中西）

この苗はいずくの小苗　實に鎌倉のそよな
實に鎌倉のよらんとゝどめやらよなをしの苗や
うゑてたびよ宇の花色を　實こどのとめそよな
實こどのとめさてまたはやせや櫻色ぞめや
そーとめの苗よむこしは　やら山こゑてそよな
やら山こへて又山こへてやらすゞむしのこゑや
田神の御酒なる　おりはやらやゝびしやくそよな
やらやゝびしやくこがねつちよしやらちよのさかつきや
酒つきをめぐろばめぐれ　實ちよしこそそよな
實ちよしこそ我おやよはせやらちよしはやそよな
酒はありさかなに何を　實ちしやの葉をそよな
ちしやの葉をかけばとあよる　實人の子はそよな
實ちしやのはをすはゑにあゑてやら苗のさかなにや
實人の子はおやにははゑねやらせきしにはそよな

晝　唄

田神のひるいのおもの　實なにつろめそよな
實なにつろめこがねのおはしやらしろがねのごきや
晝間のつれ〳〵に　そしゆまいらしよおのや

こいのこいのそーしまいらたんごのべきや候や
京の田の太郎次どん　のせどに咲く花は
さく花は飯の花酒の花さては時の花
京の田の太郎次の娘　賓おび見ればそよな
賓におび見ればくこくのよねのやらむすびこみそよな
京の田で目につくとのは　やらまぐわかけそよな
やらまぐはかけまぐはをおろせやらこまをやすみよにや
田作ろばかど田をつくれ　賓かど田よしそよな
賓かど田よしよりくる我もやらよればよしそよな

夜唄

ひてるとも笠をやもちやれ　賓この官のそよな
賓この官のおださの中のやらつゆのかげそよな
そーとめのめゝのよいは　笠からみ笠
笠からみ笠かさやかたびらやおーみからみかあさ
あの殿は何賣の殿ど　賓笠賣のそよな
賓笠賣のやよいめがさのやら七ツがさめーや
かさはこーたれど　おーの苗がくれんじやおーの苗がくれんじや
すはくれんじやこーちのおみとりがくれんじやおーみ鳥かくれんじや

滋賀郡伊香之村に於ける田神祭の歌詞　（中西）

滋賀郡伊香之村に於ける田神祭の歌詞（中西）

つわるなるひしがなたびよに　賓ひしもほしそよな
賓ひしもほしすはそこなる松さきのどゝら池のはすの
したのこまが中のひしこそやうおとこ子うみや
宇ちよ田に植る苗は　なあんなの苗なあんなの苗
はびろの早稲や倉下つみや
うきの白石につばくらが　巣をくむことしのいねんは
とおとますととかけてたわらもつてきたんぞ
今年のいなき丸はゝ我に苗を取られしどこで宿をとろいのどこで宿をとろいの
きいりよすゝきのほのうゑにとろば宿をかそいのかそば宿とろいの
京からくざるなる　ふしぐろいゝねんは
稲さんばにやよねはちこくや
面白や京には車　賓よどに舟そよな
賓よどに舟かつらの里のやら向ひ舟そよな
うぐひすの巣かくる森は　やらやはた山そよな
やらやはた山やはたの森のやう若松の枝や
山見れば山寺こいし　賓里見ればそよな
賓里見ればあにおやこいしやら里くだるにや
山寺のこどたちこのはにゑをかく　里のとのばなんは
さとのとのばなんはちいころにゑをかく里のとのばなんは

ちごとめてあいこそまされ　寶あか月のそよな
寶あか月のねみだれがみの手にかかりやいとし顏にかゝりやいとし
福は風ゆるむはすだれ　寶とのかとてそよな
寶とのかとて萬にさわぐやう我こゝろそよな
よさりはやおも人がこと　ゆーたやよはりまくんな
やよはりまくんな切ふにかすみかゝりあいや雲によあけしやよはりまくんな
よさりまわせばさあんわ中なる　いたふみはしゆなるしたりや
はしゆなるしたりやはしゆもいしゆしゆもいしゆしゆがらべたり
やはしゆなるしゆたりやはしゆなるしたりや
若きにこそは　つたからまけや
我からまけや　若いとのまけや
おなりにまわしまあしろいかたびらおや
ほしたりしよのやゑべすもろたりや
ひくるればからすも森に　寶枝おればそよな
寶枝おれば身あらい川ゑやうころもゆすぎにや
ひのくれにはまじを行けば　寶千鳥なくそよな
寶千鳥なくまたなけ千鳥やうこゑくらべそよな
ひくらし鳥は　かさのふちをまわるは
いのどてまわるはかいのどてまわるは

滋賀郡伊香之村に於ける田神祭の歌詞　（中西）

滋賀郡伊香之村に於ける田神祭の歌謡（中西）

ことしのうぐひすは　何を持つてきたんぞ
と―とますと―かけてたわらもつてきたんど

（古くは年中行事として毎年二月に行はれ、近年は全く絶え其の行事のあつた事を知らない位で、村の古老よりこの歌詞の控を拜見しました處が、現在では全く使用されてゐない方言ばかりで意味が分らず古老も大分に昔の事とて何も知らないと云ふ始末です）

——手紙より編輯部——

「ケラツチヨ」と雀等

林　魁　一

「ケラツチヨ」即ち啄木鳥と雀と居り親の大病と云ふ報知を受けて「ケラツチヨ」は紅やお白粉を付けて化粧をなし早く行かざりし中に親は死したり。其の罪にて食物に困り僅に木を啄きて虫を取り食ふのみにして「オシヤレ」の人を「ケラツチヨ」の樣と云へり。又雀は直に風呂敷を冠りて行きしを以て親の死する時に會したり。故に常に五穀を食ふ事を得たり。俗に小兒に風呂敷を冠らす事は雀の如くなると稱して嫌ふなり。以上山田村德永

ケラツチヨと雀と居り親の大病の時に雀は數布を冠りて直に見舞に行きたり、其の親孝行なるに依り一生米を食ふ事を得たり。之と反對にケラツチヨはお化粧のみをなし居り容易に行かず終に親は死したり、故に衣服と云ふべき羽毛は美麗なるも米を食ふ能はず、僅に木中の虫を探して食ふなり。雀の頭の褐色なるは數布の色なり。數布とは太さ麻を織り餅を蒸す時に敷く布にして少しく使用すれば雀の頭の色に似たり。（以上彌富村劍）

サンザキは（「ミソザ、イ」の方言）小さき鳥なるも鷹の仲間なるを以て猪を取りて御馳走をなすと自稱し、猪の耳の中に飛び入り頻に鳴きたるに依り、猪は大に困り、驚きて走り、岩や其他にて頭を打ちて死したり。故に、之を料理して鷹の御馳走をなしたり。鷹は大なるを以て二匹の猪を取りて澤山の御馳走を作りサンザキに御禮をなさんと云ふて二匹の猪の眠り居る所に行き、兩方の猪に足を掛けて猪を殺さんとせしに猪は左右に別れし爲に鷹の足は「さけ」て終に死したり。故に鷹は大なるも約束を實行する能はず「サンザキ」に負けたり（以上彌富村劍）

民族學の方法としての則原

——『メラネシア社會の歷史』第二卷の緒論——

リヴァース
小泉鐵 譯

本書(一)の第一卷に於て提供せられた材料の理論的論爭に入るに當つて、其の研究、並に其の立論の配列樣式が基礎附けられるだらう原則を簡單に考察することを以て始めるのが好からう。

現在では、民族誌に關する材料に對する態度に、思想を異にする學派の間に非常に隔りのある相違がある。或る人達は慣習並に制度の進化にだけ殆んど限られた興味を有つてゐるのに、他の人達は今日地球上に現存する文化が如何にして作りあげられたかといふことを發見するのを目的として、其の地理的分布の研究にだけ彼等の精力を沒頭してゐる。他でも私は嘗つて記したことがあるやうに、(二)私自身の立場は本卷に含まれてゐる理論的論爭を書いてゐた間に全然改つたのである。私は英國學派本流の確乎たる歸依者として始めたのであつた。即ち信仰、慣習、制度の進化にのみ殆んど限られた興味を有ち、メラネシアに於ける近時のポリネシアの影響の場合の如くに其の變化が外部から提起されたものであることが完全に明瞭である場合を除いては、個々の文化の錯綜といふことには殆んど注意を拂はずにゐたのであつた。私の立論に於て或る點に差しかゝつて、私はメラネシアの社會が錯綜であることを見るやうにされたのである。私は第一卷に記載せられた親族關係系統を比較研究することを以て自分の理論的考察を始め、そして最初は純粹に其等の構造にのみ注意し、言語上の事實としての親族關係名辭の地理的分布を看却してゐたのである。私は此の純粹に形態學的なる研究の基底に立つてメラネシアの社會的構造の進化の圖式を作り上ぐることを得させられたのである。私が言語上の事實の蒐集として親族關係系統の考察へ轉換したのは其の系統の形式並に其等に關聯する機能の比較研究に依つて暗示された道を出來るだけ辿り拔いた後でのことにすぎない。此等の地理的分布を私が其時既に到達してゐた圖式と結びつけて考察するに及んで、私の跡附けて來た進展は單一にして且つ同質なる社會に於て起つたのではなく、二つの民族の一般的交錯作用の部分として現はれたものであることが明かになつた。此の點から私の任務はメラネシアの社會に依つて提供せられた材料を其の構成要素に分拆すべく努力することとなつたのである。立論の進むに從つて、メラネシアの文化なるものが最初に見えたよりも更にもつと錯綜せるものであるといふ確信に私は押しこめられたのである。此の錯綜を理解することが徒にメラネシア文化全般の發達だけでなく、なほ又それを作りあげてゐる慣習並に制度の各々の發達をもいくらか完全に知るのには缺くべからざる手引でなければならないといふことが明かになつたのである。

仕事の途中で私の立場に起つた變化は、私がそれを以て始めた材料の配列樣式が其の結果を終局的に設定せしむるに適してないのではないかといふことを考へつかせたのである。然し私は直ぐ後で考察するだらうやうな理由から自分が辿つて來た順序は主題の研究に最も適したものであつたし、又何處か他の民族誌的郷土の同樣な調査を企てようとするならば矢張り踏襲するだらうところのものであることを見せられたのである。親族關係の研究が根本的に大事であるといふ私の信念によつて、此の分拆を確實なる土臺に据えるように私がどうして導かれたか明かになつたのは分拆の經過が進展した時に漸く出來たのであつた。殊に私は此の事が民族學的分拆の中で最も困難なる姿相の一つ、即ち或る文化が組立てられてゐる其の構成要素を時の順序で配列することに關しては眞實であることを見付けたのである。夫れ故に私は本卷の初めの二三章に於ては大した變化をなさなかつたのである。僅かの餘り大事でない例外はあるが、其等の章は私が全然舊進化論的立場の支配下にあつた時に書かれた儘になつてゐる。此等の二三章には若しも私がもう一度最初から出發するのであつたら同じ行方では書かなかつただらう章句がある。然し私は其等を純粹に進化論的な立場を圖解する例證として書かれた時の儘に殘して置いたのである。

メラネシア文化を其の構成要素に分拆するといふ事業に於ては私は特に私自身の注目の下に入つてゐた秘密社會の如き斯樣な姿相を以て始めたのであるが、私が其の事業を終つた時に此處に再び、私が自分で辿つて來たところの立論の順序が其の結果を他人に實證する爲めに最も善く適したものであるかどうかといふ問題が起つたのである。

此の場合に於ても亦私自身の立論の順序を保存するのが

最も善いと思はれたのであるが、然し此の場合に於ける主旨はメラネシア社會の進化の説明を以て始むるべく自分を導いたところの主旨とは違つてゐる。此の場合に於ては私は自分の本來の順序を保存したのである。それは私が遭遇しなければならなかつた狀態には最も善く適應せられるが、他の民族誌的郷土のそれ等には稍々適應されないものであると信ずるが故にではないのである。私自身が辿つた立論の順序を保存したのは、それに依つて結論が民族學に於て達せられた其の立論の方向の記錄を保存することが、縱し此の方向が不當に歪められてゐるとしても、私達の知識の現狀に於ては大切であると思はれるが故にである。私達がそれに依つて人類文化の道程を辿らうと努めつゝある凡ての他の道に於けるが如くに、此處で私達の前にある直接の問題は方法の問題である。粗野なる文化を其の構成要素に分拆するといふ事業は全く新しくあり、且つ本書の主たる價値の存せんことを望むところは此の分拆の方法論への寄與といふことである。該題目の現狀に於ては、それに依つてある結論が達せられる其の方法は結論そのものと同じ程度に大切なのである。方法の誤謬は其の手立によつて達せられる眞理と同じ程度の價値のものかも知れない。夫れ故に私は若しも自分が結末に至つて獲得した知識を發端に於て所持してゐたならば違つた道筋を辿つたであらうと知つた時ですらも、自分の本來の順序に固執したのである。

有り得べきすべての仕方で私自身の考究の原則並に方法を重要視するのは、其等がメラネシア文化を分拆しようとする主たる前計畫に於て採用されたものと根本的に異なるが故にである。此の計畫といふのはグレーブナーに負ふところのものであるが、それは其の接近の方向に於て、其の一般的方法に於て、又其の重要なる假定並に原則に於て私自身の仕事の其等とは深い違ひがあるのである。それはメラネシア文化の大錯綜性に於ける私達の信念及び其の分拆に對する要求を除いて私達に何か共通なる要素があるとはいひ難いほど深い違ひがあるのである。問題をこなさうといふ二の計畫がグレーブナーのそれと私自身のそれとでそんなにも大きい違ひがあるといふ事實は、方法並に原則の研究の必要あることを餘りに強硬に示すものにすぎない。そして何等かの仕方で此の研究を説明することを助けたいといふ取扱方に對して辨解することを不必要となすのである。

本書の一般方法がグレーブナーの方法からかけはなれてゐると私は信ずるのであるが、其の重要なる相違を此處で考察することは有益であるといへる。何故なれば此の相違が私の立論の配列樣式への特定的關係に立つてゐるからである。グレープナーには社會組織の新しき形式、新しき言語又は新しき宗敎の輸入は物質文化の要素の輸入と同じ列次の過程であると思はれてゐる。彼には社會の二元組織又はオーストロネシア語の輸入が新しい武器又は道具の輸入と何れも大小のない難點を提供するものと思はれてゐる。反對に私には社會組織、言語、宗敎は物質的事物に較べるならば民族の生活といふものと遙かにより緊密に結びつけられてゐると思はれ、其の物質的事物なるものは輸入されたものとは充分にいへないものである。文化の分析を企つるものの義務は輸入せられた文化要素が現に見出されてゐるところの錯綜の部分となつた機構を圖引きすることである。

言語及び宗敎の場合は根本的の困難を提供しない。私達は民族が新しき言語又は新しき宗敎を自分のものとした過程の歷史的例證を有つてゐる。それは世界の各部分に於て現在私達の眼前に進行しつゝあるものでさへもある。斯樣なる變化がメラネシアの歷史の初期の段階に於て起つた其の過程の滿足なる圖式を圖引きすることは困難であるかも知れないが、其の事柄は根本的の困難を提供するものではない。困難は機構のそれではなくつて、原則のそれなのである。

若しも私達が社會組織の變化を一民族への外部からの影響の結果の一として設定せんとするならば、それは甚だ困難である。本書の全立論の下に横つてゐる基礎觀念は社會構造の深く喰ひ入り而して切つても切れない緣ある特質である。社會がこの構造を變化することが出來、而してなほ存立を續けることすらが出來るとは一寸見には不可能と思はれるのである。

勿論如何にして社會構造の新しき形式が、先住民を完全なる追從の狀態に引きおろした征服民族によつて設置せられたかを會得することは容易である。此處で私達は一の民族を他の民族に依つて置換ふることと關聯して一の社會構造を他の社會構造に依つて置き換へることを扱ふべきであらう。

だが、此の事がメラネシアに於ては起らなかつたことは明白である。メラネシアに於て現はれた變化の多くは移住者の比較的小團體の影響に負ふて來たと思はれる。それ故に民族の斯樣な小團體が其の間に入つて行つた人達の社會制度に影響を及ぼすことに成功した機構を發見することは必要である。斯樣なる變化は徐々にして又階段的でなければならない。言葉を換へていふならば、其等は進化に屬するものとして考へならされてゐる彼等の特徵を有たなければならないのである。私が本卷にて辿つて來た取扱ひの順序を保存することをゆるされるのは此の事實によるのである。それは本卷の前數章の進化論的取扱が接近の正しい方向であると信ずるが故に、私はそれを保存して置いたのである。主題の自分の研究の途中で現はれた立場に於ける變化があるにもかかはらず、初めの進化論的取扱が諒とせられるのは社會組織に於ける變化が起ることが可能であるのは單に進化的として考へならされてゐる過程に依つてのみであるが故にである。

本書の方法は斯く進化論學派と獨逸の新歷史學派の中間に位する。其の立場は本質的には其の方法が歷史的と成つたにもかゝはらず依然進化論的なのである。それは私が最初に關係したものが社會構造であつたが爲めに餘儀なくされた結合なのである。

だが私は二つの取扱ひ方の此の結合が社會構造にだけ適用するとは一寸だつて想像しない。言語並に宗教、藝術並に道德、更に物的事物の研究に於ても縱し文化の此等の局面に於てはそれが餘り明瞭でなくとも必要なるものである。本來固有の道は進化論學派と歷史學派との中間にあるのだといふことを認むるように導かれ、且つそれを實證することに於て、成功せんことを望んだのは、單に私の主たる興味が社會組織に横はるが故であり、又私がメラネシア文化の其の局面を以て始めたが故である。グレーブナーが文化の混淆の進化的特質を斯程に大きく無視すやうに導かれたのは、彼が進化の標示が遙により疑がはしくあり又斷片的である物的文化を以て始めたが故である。本書の一般的取扱ひ方が進化論學派と歷史學派との取扱ひ方の間にある道を取るのは、民族の接觸並に其等の民族の文化の混淆が人類の進歩に導く力を働かす主たる刺戟物として動くといふ原則が其處に横つてゐるが故にである。

私は之れまで人類文化の研究者達を區別する方法並に立場の相違の一つだけを取扱つて來た。此處で私は其等の意見の擁護者達を調停出來るかも知れないと望んだところの其の間に横はる中道を辿つて來たのである。本書の案にはそれほど明瞭に重大ではないけれども、なほ默つては見すごせない方法並に立場の他の相違がある。

時間に於ても又生活樣式に於ても私達自身から廣く隔絕せられてゐる民族の間にある歷史の道程の圖式を描くに於て、私達はどの程度まで彼等に私達自身に同じい動作樣式を負はすことがゆるされるものかといふ問題が起るのである。民族の混淆に直接間接に負ふところのものなる人類文化に於ける變化は歷史が私達に其の豐富なる知識を與ふるところの過程であつて世界の多くの部分に於て今もなほ觀察され得るところのものである。現在民族を動かし又歷史時代に於て彼等を動かして來たところの動因が遠い時に於て又私達自身とはひどく違つた民族の間にも利き目があつたであらうことを假定することが是認せられるか。人並に其の文化を取扱ふ科學の全領域に於て最も困難なる問題に此處で私は突き當るのである。それは私達を社會心理の領域に取り入れるところの問題である。此の社會心理に注意するのが人類文化研究者の第一の義務であると信ずる人達がある。彼等は私達自身の文化とはひどく違つた文化を有つてゐる民族に固有なる思想並に行動の樣式に關して今日よりももつと多くを知るまでは、人類の社會制度の歴史を解明せんと企てるなどは益なき仕事であると主張する。此等によると本卷は科學的取扱ひにはまだ熟してない題目を研究する早計な企として觀られるにすぎないかも知れないのである。

だが私自身の意見は寧ろ次の如くである。人類文化の歴史的研究は社會心理の各部門の知識を獲得することを望めるやうな主なる手段の一を形成するものである。縱し其の他に斯樣なる知識が獲られる多くの道があるとしても其の一を作るものである。夫れ故に私は何の種類の研究が先取權を有たねばならぬかといふことを主張しないが、然し私達が社會の成員として人間の行動の或る正確なる知識に達することを望み得るのは、單に其の二種類の協力せる研究を通じてのみであることを私は主張するのである。

けれども若し二つの研究が斯く相並んで行くのであるならば、其の何れもが他の領域に元々屬する知識に基づける假定を作ることなしに進むことが出來るといふことは有り得ないことである。そして此の事は特に歴史的取扱ひ方に於て眞實である。若しも私達が遠き時代に於て又私達自身のそれとはひどく違つてゐる環境に於て人間が私自身と同一なる一般動因に依つて動かされると假定するならば、私達は單に社會心理といふ科學に依つてだけ設定せられることが出來る確實性を假定しつゝあるのである。

本卷の主題である如き斯かる歴史的圖式と連關して斯樣な假定を作るなとの方が、私達が人類の制度の起原を取扱つてゐたりするよりも多分により安全であることを私は信ずる。過去の人類學に於て流行つた心理學上の假定に反抗する革命は特に起原の研究に於て是認せられる。主たる人類の制度があの時代に其の起原を有つてゐたと想像しなければならないやうな極めて遠い時代に於ても人間が社會の成員として又なほそれ以上に個人として文明人の動因と同じ動因によつて動かされたと憶測することは最も危險なる道行である。だが私達が其の中の或る民族が既に比較的高い文化を有つてゐたらしい民族の混淆の成果を取扱ひつゝある時には問題の假定は遙に危險が少ないのである。私は本卷に於て民族の接觸から流れ出す結果を支配しつゝある法則が、私達が歴史的時代に於て又現在の經驗を通じて知るところの法則と同じ一般的列次のものであることを假定せんと提議する。だが、粗野なる文化民族の社會心理の私達の知識は既に相違を暗示することを可能ならしむるに足る程大である。そして私はメラネシアに於て混淆してゐたと自分が想像する民族に文明人並に近代人の思想様式と異なる思想様式を負はすべく斯様なる知識を利用することは稀れではないのである。

本書の名前に就いても此處で一言せられなければならない。それは『メラネシア社會の進化』と呼ばれんことを元々は意圖されたのであつた。私が指摘して置いたが如くに本書に於て取られた一般的方向は英國人類學者等の純粹に進化論的なる學派の方向と獨逸の純粹に歷史的なる學派の方向との間に横はるが、然し名前を選擇する上に於て私は人類の進歩を隨伴する進化といふことよりも人類進化の歷史的局面が現在では私達の重要なる業務でなければならないといふ私の信念を強調する爲めに進化よりも歷史を選んだのである。

更に、私は本書をメラネシア文化の歷史と呼ばずにメラネシア社會の歷史と呼んだのは、狹義に於ける社會形式並に社會機能を重に自分が取扱うが故である。メラネシア文化の歷史は此の文化の凡ての局面を扱つて來たよりもより充分に取扱はなければならないのである。

最後に、本書はポリネシア社會の歷史をメラネシア社會の歷史と殆ど同じ分量に描寫する企であると思はれるかも知れない。私の初の目的はポリネシアを單に附帶的に、そしてメラネシアの歷史の暗黑點を輝かすことを助くる範圍で取扱はんとするのであつたが、然し仕事の途中で私が意圖したよりも遙かに多分の注意をポリネシアに拂ふやうにされたのであつた。だが私は本書が縱し自分がポリネシアの歷史の重要なる輪廓の圖式を圖引すやうにされたことを避け得られなかつたけれども、ポリネシアの制度を充分に若しくは適當に取扱ふと告げ知らさないことを此の名前に依つて示すことが出來るのをよろこぶものである。

（註一、『メラネシア社會の歷史』

（註二、一九一一年英國協會H部會への會長の挨拶。一九一一年英國協會報告四九〇頁を見よ。又一九一一年『自然』八十卷三五〇を。

（註三、一九〇五年民族學雜誌三七卷及び一九〇九年『アントロポス』四號七二六及九九八を見よ。

書評

秋風帖（柳田國男著 梓書房版）

旅を愛する著者が、大正九年十月中部日本を遍歷して同名の題じ朝日新聞に發表された通信文を主體として、更に數篇の同種の文を加え、清楚な小册子として提供されたものが本書である。世の常の紀行とはその選を殊にし、折に觸れ、物に卽して、著者の蘊蓄多い學問、高邁な識見の一端を示したるもの、之を隨筆集、一種の社會批評論とも見ることが出來、例の流麗な文筆によつて色取られた風景スケッチと相點じてまことに秋の山や空を仰ぐやうな快適な書物、永く座右に置いて愛誦、かつ熟讀玩味すべき名篇である。

「御祭の香」は、島田の町の祭禮の印象であるが、祭の發散する種々の香、御白粉、酒、煙草、食物などの香を記錄に止めた珍しい觀察であり、祭を通じて示される古い共存的社會の片鱗を示してゐる。「山から海へ」は、燒津に於ける記文であり、海から山へわけいつた人の流が、また山から海へ轉ぜんとしてゐる移住の方向の變化に注意し、「武器か護符か」は、濱松で失職職工を歸國せしむる社會政策が姑息な手段であり、送還は救濟に非ざることを論じ、「出來合の文明」では、山々の口元の町、例へば遠州二俣の

如き町が、山村の人々の幸福の提供地であり、しかもそれが今まで父老のために設備され、女子供のために設備されてゐなかつたこと、山村の生活を住よからしむるため町利用の方法の改善を說く。是等は、民政に心を多年ひそむる著者ならではと思はれる適切な觀察であり、爲政者がもしよく參考したならば多くの敎訓を含む親切な忠告である。「野の灯、山の雲」は、遠州上阿多古で、山から平原へ子供を遣つてゐく親達、又その子供達の心境に思ひやり、山から見た野の灯、平原から見た山の雲の呼び起す感傷的な氣分を叙したもの、「御恩制度」は、熊村附近の記文で、此邊の農民の間に於ける旦那衆の德望のよつて起る理由を示し、新しい社會制度がこういふ國土に適合するため如何なる用意をもたなければならぬかを考へしむる有益な觀察である。

著者は、進んで無木峠の淋しい人通りの途絕えた杉山に狸の人を騙す話を聞き集め（「狼去狸來」）、巣山を越えて遠州より三州に分け入つてゐる「巣山越え」。その「屋根の話」は、著者の過ぎし道筋の農家の屋根の變遷を述べ、板屋が瓦になり、萱が次第に廢れ、「ゆひ」の慣行の次第に衰へて行く經路を述べしもの、作手村では「ポンの行方」の一文に、此漂泊民に對する興味ある叙述を殘し、下山では「馬の仕合吉」に、馬頭觀世音の石像を立てる慣行から此四足の眷族にまで及ぼされた著者の同情の多い觀察を披瀝し、「杉平と松平」は、二つの隣接し、種類のちがつた盆地が、一方はついに近世の英雄の祖先を生んで世界的名聲を馳せ、一方は殆どその名も知られない事實を述べ、歷史は運が支配するか、はたまた天然の環境が之を支配するかと反問し、「還らざりし人」

は眞澄遊覽記の著者菅江眞澄の郷國岡崎に於て、此流浪して歸らざりし孤獨な人の一生を懷古した名文である。更に昔若い昆崙人が木綿の種をもつて漂泊した三河の海邊に出て木綿製法の變遷、今はその製品が遠くアフリカまで行くことを述べ、有爲轉變の跡を嘆じたのが「ブシユマンまで」であり、「茂れ松山」は、三河の書物蒐藏の善風に就て記し、併せて弊風とも目すべき點も添え書きしてゐる。要するに是等の短文を通じて著者の胸臆に「人間性」に對する深い同情が漲り流れてゐることを知り得る。紀行文にしてまた一面著者の人生觀、社會觀を窺ふにたる好著である。

著者の學風は、既成學問の行き方と異なつてをり、こういふ紀行的の記文に日頃の蘊蓄を洩らさうとしてゐるのは、著者の學問の特色として注意しなければならぬ。「秋風帖」一篇は、まことに吾人に如何にしてその鄉土と鄉人とを見なほすべきかと云ふことを教へて吳れる好指針書である。

此紀行の外に更に三河美濃尾張の境なる三國山の東の峠で鶏の仲買人と著者を案內した鳥屋の持主との對話を記した「秋の山のスケツチ」(大正十四年「民族」所載)及び田原の地名がタラと云ふ地名とも混融し、兩者起源が一つなりしかと疑ひ、美濃のムカフコダラに就いての追憶を語つた「向ふ多良」(大正八年同人)木曾玉瀧川に沿ひ、飛驒に入り、白川村を過ぎ、日本海沿岸に出で、和倉や黑部溪谷を問ひし文語體の紀行「木曾より五箇山へ」(明治四十二年　文章世界)、佐渡の海岸を一巡した興味多き紀行「佐渡一巡記」(昭和七年　旅と傳說)海人族の移住の跡を尋ね、その同化混融の理由を推した「佐渡の海府」(大正九年　歷史と地理)、その外「熊野路の現狀」(大正三年　鄉土研究)、「峠に關する二三の考察」(明治四十三年　太陽)の諸篇を採錄してある。「雪國の春」海南小記」の姉妹篇として是非一讀を同學諸兄におすゝめする。(松本信廣)

「民俗學」所藏
支那の民俗學的雜誌目錄（第一回分載）

——東洋文庫閲覽室に保管——

民俗　國立中山大學語言歷史學研究所編

第一期　十七年三月廿一號（一九二八年三月廿一日發行）

民俗發刊辭　同人
民俗學的問題　河思敬
數年來民俗學工作的小結賬　鍾敬文
孟姜女故事研究集自序　顧頡剛
民俗學問題格　楊成志
廣東婦女風俗及民歌一班　招北恩
仙都之畜奴　黃仲琴
環境與神仙傳說　夏廷棫
瓊崖戀歌　放人
峨嵋歌謠一首　香舟
南蛇過江　陳平遠

第二期　十七年三月廿八號（一九二八年三月廿八日發行）

泉州的土地神　顧頡剛
民俗學問題格（續）　楊成志
東漢時朝野風氣一斑　夏廷棫
宋帝昺遺跡及故事　黃仲琴
陽駭中的及故事　容肇祖
「閩南故事集」　鍾敬文
豬哥精同老媽媽的故事　若水
南陽歌謠　董作賓

第三期　十七年四月四號（一九二八年四月四日發行）

臺灣情歌集序　鍾敬文
泉州的土地神（續）　顧頡剛
民俗學問題格（二續）　楊成志
浙江紹興的民諺　我樂
東莞民間傳說和童謠　李蔭光
三仙跡　阮清鏡
杭州小孩的對答詞　俞紹基
通訊　玄珠　敬文

第四期　十七年四月十一號（一九二八年四月十一日發行）

讀妙峯山進香專號　何思敬
介紹一部六十多年前的風俗書　鍾敬文
民俗學問題格（三續）　楊成志
潮州的青龍爺　黃仲琴
蒙古風俗一瞥　王敬宜
東莞風俗談　黎春榮
兩個美國 aleut 地方的故事　趙簡子
一首關於私生兒的民歌　劉萬章
關於粵曲通信　謝光漢
附錄

第五期　十七年四月十七號（一九二八四月十七日發行）

聖賢文化與民衆文化　顧頡剛講、鍾敬文記

隨妙峯山進香專號（續）　何思敬

民俗學問題格（四續）　楊成志

寶坻縣一帶的民間文藝　霍廣華

柳州北鄉風俗之寫實　嚴兆晉

潮州民歌　趙夢梅

關於「啖檳榔的風俗」　雲心

第六期　十七年四月廿五號（一九二八年四月廿五日發行）

母系制度與父系制度之探究　何恩澤

紀念兩位早死的民俗學致力者　敬文

民俗學問題格（五續）　楊成志

一只拜忌牌子的內容　劉萬章

連陽猺民狀況的概要　莫輝熊

潮州民間傳說二則　若水

南陽歌謠　董作賓

編後　者記

第七期　十七年五月二號（一九二八年五月　日發行）

呆女婿故事探討　鍾敬文

風俗調查計畫書　林幽

民俗學問題格（六續）　楊成志

情歌唱答序言　丘峻

廣西平南縣的婚俗　謝恩覃

吉卜賽民間故事四則　趙簡子

弟弟鳥的故事　張震宇

花鼓腔裡的情曲　英飛

第八期　十七年五月九號（一九二八年五月九日發行）

中國民間故事型式發端　趙景深

民俗學問題格（七續）　楊成志

關於「潮州的青龍爺」　程雲祥

歌謠零拾　容肇祖

瓊山縣的死喪風俗　周讚劉

吉卜賽民故事四則（續）　趙簡子

「藝術三家言」　敬文

第九期　十七年五月十六號（一九二八年五月十六日發行）

德慶龍母傳說的演變　谷肇祖

民俗學問題格（八續）　楊成志

關於命名的迷信　清水

除日拜社的風俗　劉萬章

杭州的清明節　俞紹基

讀三公主　鍾敬文

潮州民歌（續）　趙夢梅

第十期　十七年五月廿三號（一九二八年五月廿三日發行

初民風俗　崔載陽講　劉萬章記

德慶龍母傳說的演變（續）　容肇祖

民俗學問題格（九續）　容成志

眞君輪妻的故事　趙夢梅

一女配四男的故事　萬章

支那の民俗學的雜誌目錄

臺灣俗歌　靜聞
通信　謝雲聲

第十一期　第十二期合刊　十七年六月十三號(同年六月廿日發行)

中國印歐民間故事之相似　鍾敬文
蘇州的[illegible]謠　顧頡剛
初民心理(續)　崔載陽
民俗學問題格(續)　楊成志
民間神話　黃詔年
吉卜賽民間故事四則(續)　趙簡子
翁源民間謎語廿五則　清水
山歌兩首　林涉
粵東筆記與南越筆記　容肇祖
通訊一則　趙景深

第十三期　第十四期合刊　十七年六月廿七號(同年六月廿七日發行)

野人的生與死　崔載陽
貪鬻鬼的傳說　葉國慶
民俗學上名詞的解釋　楊成志
池田大伍的「支那童話集」　鍾敬文
潮州求雨的風俗　程雲祥
民間神話(續)　黃詔年
山歌原始傳說及其他　愚民
呂蒙正和程灝的故事　劉萬端
瓊崖戀歌(二續)　放人
關於啖檳榔風俗之二　清水

通訊　周作人

第十五期　第十六期合刊　十七年七月十一號(同年七月十一日發行)

北大歌謠研究會及風俗調查會的經過　容肇祖
民俗學上名詞的解釋(續)　楊成志
流乞的江湖　黃詔年
自寫在「民間文藝叢話」之前　鍾敬文
情歌唱答短引　丘峻
閩歌甲集自序　謝雲聲
東莞風俗的一班　李建青
猥瓜麻的故事　清水
魚的習俗　張崢嶸
趣事五則　黎希幹
浙東的謎語　黃詔年

第十七期　第十八期合刊　十七年七月廿五號(同年七月廿五日發行)

淨土宗的歌謠化　董作賓
廣州兒歌甲集序　顧頡剛
北大歌謠研究會及風俗調查會的經過　容肇祖
關於「孩子們的歌聲」　鍾敬文
馬來人的生活　楊國徵
由歌謠中見出廣東人啖檳榔的風俗　清水
七月七月一件故事　黃廷英

第十九期　第二十期合刊　十七年八月八號、同年八月八日發行)

圖騰宗教　崔載陽
民俗學問題格序　何思敬

關於粵謳及其作者的尾巴　招勉之
阿斯皮爾孫的三公主　愚民
幾則關於劉　妹故事材料　敬文
花縣民間故事　李昇雲
王三賣肉　山風
南洋歌謠　謝雲聲
淮安的歇後語　黃詔年
關于民間故事的分類　顧均正

第廿一期　第廿二期合刊　十七年八月二十二號（同年八月廿三日發行）

波斯故事略窺　鍾敬文
評印歐民間故事型式表　趙景深
蘇州風俗序　顧頡剛
談談重疊的故事　清水
寫作關於粵曲的後頭　曼支
漳州比賽龍舟的風俗及故事　胡張政
浙江嘉屬謎語　顧均正
王三賣肉（續）　山風
城隍失人故事　若水
關於兒歌甲集討論　劉禹章．梁孔濱
通訊　趙景深

第廿三期　第廿四期合刊　十七年九月五號（同年九月五日發行）

野人個體的原素與界限　崔載陽
序閩歌甲集　顧頡剛
關於謎史　顧頡剛
翁源人的求雨和鬧房　愚民
一個名詞及其他　清水
翁源猺民生活一瞥　愚民
檳榔傳說　楊成志
夏雨來的故事　若水
民俗學傳習班第一期經過記略　章承祖
關於咬檳榔風俗及羅隱故事　葉[illegible]
來信及其他　客家歌謠研史會
編輯餘言　敬文

第廿五期　第廿六期合刊　十七年九月十九號（同年九月廿六日發行）

輯歌雜記（八篇）　謝雲聲
王千三郎的傳說　李銘槃
盧隱的故事　司徒永
灶菩薩的故事　司徒永
古雲中的故事　陳頌棠
許獅的故事　陳朱敬
瓊崖戀歌（續）　放人
七夕歌五首　放人
肇慶歌謠十首　謝慕蘭
廣東靈西婚喪概述　韋承祖
本所風俗物品陳列室所藏書籍目錄

學會消息

○**東京方言學會例會** は十二月十四日午後六時より東京帝國大學山上會議所に於て開會され、早川孝太郎氏の『物を運搬する器具の名稱について』、岩淵悅太郎氏の『「蹴る」の活用についての調査報告』の二講演があつた。早川氏は運搬と保存を兼ねる器具と其方言との間に見られる相互變遷の關係を手係りに其命名の動機を探究して見ようといふのであつた。由來カタツムリやスミレの如く、物の名稱の中でも其標準語がよく普及して其指示する對象が明らかなものは方言の採集も組織的に行はれて方言圏や命名法則等のテオリテツクな研究も進んでゐるが、名稱と其指示するものが互に相變化する器具類にあつては、形を示さざる限り方言其物の採集が容易でないので、從つて其命名法の尋究といふ樣な仕事も從來はあまり著手されてゐなかつた樣である。今若干この方面の資料があつまつたので此結果を報告する。先づタワラといへば、我々は通常米俵の如く藁製の細長い丸形のものを連想するが、西津輕の十三あたりでナンダラ、南津輕でヨコダラと呼んでゐるものは、同じ藁製のものでも形を異にして長方形の鞄狀をなしてゐる。普通之は野良仕事へ行く時の辨當入れに用いたり、或は野菜類の運搬に用いたりするが、之と用途の相似て山仕事に際し辨當などを入れて行くものにコダシと稱するものがこの地方にあり、形もナンダラとは異つて全く小形な袋狀のもので、肩に輕く背負ひ、藁其他の纖維性のものとか木の皮等を編んで作るが、このコダシと同じもので麻布で作つたものを、靜岡縣の周智郡ではニンダラと呼ぶ。然るにこのコダシが三河、南設樂郡ではイジコ袋とかネコダと謂れてゐる。更にこのイジコといふ名稱を辿つて行くと、伊良湖岬附近に、俵の底の上一尺位を切りとつて作つた樣な形の、モッコ同樣な運搬具でイジコ（藁製）フジジコ（藤蔓製）といふものがあり、北陸東北地方の嬰兒の搖籠たるエジコ、エンジコがあり、互に形を同じくして呼稱を一つにしてゐる。更にこのイジコ、フジジコと全く形を同じくし、伊豆の田方郡あたりで蜜柑の收穫時に肩に下げて用ふる藁製のタワラといはれるがものがある。かうしてこれらのものを並べてみると、用途とか形を通じて名稱法に或る連鎖がある樣に考へられる。又苧を績むに用ふるオンケ（三河）おぼけ（關東以北）みをけ（八丈）等は檜、欅の木の皮の曲物、籠に紙をはるもの等制作過程や材料は變化するも名稱に異同の尠い例や、コシゴ、ガマコシゴ、ワラコシゴ等の如く材料によつて名稱の區別をつけてゆくものや、ネゴザといふ眞菰で作つたコダシがネコダとよばれ、材料が檜の皮に變じても名稱は前同樣ネゴダであるものや、コシゴと呼ばれ乍がら一地では文字通り腰につける籠であるのに他地では背負籠であつたりする等、名稱と實物との間に複雜な關聯が見られる事を、尚この他の多くの引用と豐富な圖解によつて說明しかうした器具の名稱は使用形態、材料、形態制作形式等の諸因によつて移動し、以て器具の命名動機を形成してゆく事を明證された。これはメリンガーが提唱した Wörter und Sachen語と物の方法で物の歷史的變遷のあとをみてゆかうとする試みと對比するもので、我々に啓示する所が多かつた。岩淵氏のは、今回橋本進吉氏が新編の口語文法書に「蹴る」を四段活用として採錄せしにつき、一應各地に於けるこの動詞の活用形が如何なる狀態にあるかを調査された際の解答を岩淵氏が整理報告されたもので、地方には四段活用、準四段活用、下一段、上二段活用の併用、等標準語が四段活用に進化したその過程をしめす諸樣態が存することを證示され、方言研究に於

けろ活用の調査の重要さについて我々に教示するところが多かつた。（村上）

○**凧の展覽會** が銀座の三越の屋上で一月四日から十六日まで開催され、中山、有坂、西澤、澁澤の諸氏所藏の地方凧約百點許りが出陳されたが、之は相應に各地各種の凧を網羅したものであつたので、凧の構造や、圖柄や、其地方的關聯等について比較の便宜を與へてくれるものであつた。西澤氏のシャム凧、中山氏の支那凧、これと長崎、琉球の凧、の對比面白く、更に中山氏及有阪氏所有の遠州凧ベカ、巴凧等は著しく我々の目を惹いた。（**村上**）

○「演藝畫報」の十一月、十二月號に「**ツラ取、歌舞伎**」と題して、**眞川文雄氏**の、假面、化粧、隈取の發生由來展開に就ての話が載つてゐる。話の性質上、啓蒙的ではあるがかうした中にも、隈取の、單に能面大癋見の類だけではなく、神人異裝の假面と同じ筋のものが、覗はれる。尙同氏は「謠曲界」に、次の計畫の下に「演劇史私觀」、假面と舞臺化粧と」を立て、、又、能面、隈取の發生を明らかにしようとして居る。「第一部序論（第一章方法・態度）（第二章假面觀）第一節假面の人種第二節第二部上古歌舞演伎（奈良朝以前）第三部外來樂舞（伎樂・舞樂・神樂・散樂）第四部中古歌舞（能・謠の胎成期、田樂・申樂・白拍子・延年・平曲・呪師、附鬼の觀念の研究）第五部能樂篇（翁形式の展開）第六部歌舞伎篇」。正月號には、序論の假面論第一節の中端まで載つてゐる。（**鈴木**）

○**折口信夫氏**は、**改造の一月號**に、「**大倭宮庭の剏業期**」なる論文を發表された。語部、足一騰ノ宮（また、一柱騰宮）、足彥・弟媛・母の木、常世、妣が國、熊野の袁延、八咫烏、天ノ壓神、天ノ香具山、島見彥、長髓彥、來目歌、橿原ノ宮に汎つて、大倭宮廷の古物語の民族學的考察がなされてゐる。「われ〳〵の民族の行くべかりし道と、今の行きあしとが果して一致してゐるのか、どうか。其をわれ〳〵は見ようとしてゐるのである。」その意味に於て、これには、ある確な方法が示されてゐる。（**鈴木**）

○「**古代民謠の研究**」**折口信夫氏**「**短歌民族**」（**第一輯**）檜垣ノ嫗の歌、「年ふれば、わが黑髮も白川の、みづはくむまで、老いにけるかな」に於て、みづはの女神が水を汲みに出る禊ぎの奉仕の習俗印象のなくなつても尙、又伊勢物語の「みよしの〻たのむの雁も、ひたぶるに、君が方にぞよると鳴くなる」に於いて、田の神及び其信仰を表してゐるたのむなる語を核心とした成女戒に關する歌の行はれてゐた結果その習俗、印象のなくなつても尙みづはなりたのむなりの音を聞けば、意義は直に聯想せられて來たものと思はれることをのべて、古傳承によつて保たれた歌の、一部分は其時々に生きながら、他の一部分は、既に死んだ儘傳へられてゐて、其箇處は恰、枕詞の如く、或は序歌・緣語の如く感ぜられて行くことを述べ、更に、而も同時に、それが、出來るだけの合理解を附加せられながら進んで行くことを、前者は後撰集、大和物語及び嫗家集そのものの說明から、後者はその贈答の歌から、說いてある。（**鈴木**）

○「**山歌のことなど**」、**柳田國男氏**「**短歌民族**」**第一輯**）處女が山籠りをする時期、卽處女や若衆の山に遊ぶ時期があり、其處で兩者の間に結婚の約束が行はれたのだが、存外猥らな行爲のなかつたといふことから、「山うた」に說き及び、後世山の勞働の中に歌はれた「山うた」には、この山の歌垣の樣な場所でうたはれた歌が、多く殘つたものらしいとのべてある。更にこの配偶者選擇定の歌がきの庭の延長、變遷として、田植ゑの日、盆踊りを說き、嫁入りの長持歌若しくはくもすけ歌や、杯の席の謠曲以前のさかほがひの歌の類が、また大昔の戀歌の名殘りであると言はれてゐる。（**鈴木**）

學界消息

○正月三、四、五日の東京朝日新聞の家庭欄に「もちの形は人間の心臓」であるといふ柳田國男氏の談話が載つた。「もちは神聖なもの、神に供へ儀式に使ふ食事の起原を持つものであること、從つて人體の心臓を象つたものであり、更に自由處分を認めた單獨食物であつた」といふことが談られてゐる。正月、村の社の祭典の御鏡餅、家新築の棟上の餅、婚禮誕生祝の餅、四十九日餅、巳正月、耳塞ぎ餅、曳餅、粢 白もち、カラコ、團子餅、のし餅、ヤキメシ、ヤクマキ、ミタマ様の飯、アクマキ、笹まき、ガツギ巻、菱巻、鬼の角巻、ひしもち、ちまき、鬼餅、鶴の子、鉈の餅、苧桶の餅、タマス、タマシ、タマゴ、タマサ、イチマ 引用並びに參考件名)(鈴木)

○旅と傳説 五ノ十二 人形研究と昔話特輯

人形研究

朴僉知の敎へる人形製作過程　三田村鳶魚
「恭盤人形」の様式　石割松太郎
義經千本櫻の道行の型(文樂座人形淨瑠璃所演)　小寺 融吉
車人形考案の一根據　小田内通久
陸中宮古のオヒラ遊び　本田 安次
操り人形と郷土玩具の首人形　川崎 巨泉
人形考(徳川期)　西澤 笛畝

むかし話

僞雷墮落譚　佐々木喜善
甲州河内地方の昔話　石川 緑泥
土佐の話　高村 晴義
岡山の話　今村 勝彦
大和の話　崎山卯左衛門
壺二題　淺井 正男
狐用水　中山 太郎
館林善導寺緣起　鰭 廣彦
蛸に吸ひつかれる話　丸茂 武重
名古屋城の繪畫　狩野 眞一
播州お亥巳籠り(補遺)　玉岡松一郎
既刊郡誌書目解題(廿四)　大森 時彦
冬の旅

○旅と傳説 六ノ一 婚姻習俗號

婚姻形式論　中川善之助
朝鮮の掠寡習俗に就いて　孫 晋泰
神代史の構成と婚姻相　中山 太郎
古風の婚禮　折口 信夫
各地の婚姻習俗

青森縣野邊地地方、秋田縣生保内、田澤附近、同鹿角郡宮川村地方、岩手縣地方福島縣石城郡地方、新潟縣高田市、石川縣鹿島郡地方、長野縣飯田町、同諏訪湖畔地方、栃木縣足利市外の農村、山梨縣上九一色村地方、山形縣鶴岡市附近、神奈川縣津久井郡地方、茨城縣浮島地方、

千葉縣銚子地方、同夷隅郡上野村、同安房郡地方、東京府八丈島、靜岡縣下田附近、京都地方、滋賀縣高島郡大溝町、三重縣宮田町附近、奈良縣高市郡地方、和歌山縣田邊町、兵庫縣家島の唄、同加古川町、同揖保郡林田方面、岡山縣水内村と府中附近、島根縣波子町(附若衆宿)、隱岐國、山口縣角島、同大島、香川縣高松地方、小豆島四海村、德島市附近、愛媛縣喜多郡藏川村、福岡縣筑前大島、同田川郡後藤寺附近、長崎縣北松浦郡田平村地方、同北松浦の田平から、同西彼杵郡江島、壹岐國、對島國、熊本縣玉名郡地方、同阿蘇地方、阿蘇の「嫁盗み」の覺書、宮崎縣眞幸村、鹿兒島縣坊の津附近同十島村、奄美大島、沖繩本島、沖繩縣宮古多良間島、八重山列島、臺灣人の婚姻奇話、アイヌの「マチとポンマチ」雜考、朝鮮の婚姻習俗(諸家)

その他

○郷土研究 七ノ一

俗信と禁忌　神樂舍吏(松岡靜雄)
或る羽衣説話に就て　倉光 清六
臺灣蕃人の狩獵生活　鹿野 忠雄
朝鮮民俗採訪餘錄　孫 晋泰
會津地方の山神奉幣習俗　坂内 龜彦

山の神祭り其他（伊勢河芸郡栗眞村） 澤田四郎作
石州中部地方の年中行事 千代延尚壽
親分子分の盃 櫻田勝德
產兒命名式 村林仁八
沖繩瀨長島の陰陽神 仲濱榮
丹波大原の產屋 森下正
西三河擧母の出產習俗 矢頭和一
鎮守付と出產の話 別所光一
諸國贈答習俗
　武州桶川町附近（野口豐）、東美濃太田町地方（林魁一）、土佐幡多郡地方（川村悦磨）
信濃諏訪の天狗 有賀恭一
盛岡地方の民譚 岡田幸一
飛驒の昔話 林魁一
相州內鄉村の話 鈴木重光
周防國大島の風位方言 宮本常一
方言に見ゐ古語二三 田中喜多美
紀南方言雜記 雜賀貞次郎
その他

○正月風習目錄（東京朝日新聞所載「正月の奇習」より）「マツゴー」・「カパ〳〵」（青森縣津輕地方）「なづな打」遠州濱松地方）「八日堂藥師緣日、蘇民將來の護符」・「鶯笛」（信州上田地方）「なきこひき」・「もちきり」・「田植」・「福の神」・「カセギトリ」（岩手縣上野町地方）「蘇民祭」（同水澤町附近）「ほが〳〵」・「きりおどし」・「もゝらもずおどし」・「鳥ぼひ」・「緣起もち」「ふせもち」「まじないもち」）（青森縣八戶在）

○「ドルメン」一月號 假面特輯記事
神と面 中山太郎
假面を祀る 秋葉隆
民俗的假面 早川孝太郎
假面の思ひ出 三村清三郎
荒神神樂の面（伯耆岡成村） 天野重安
日本石器時代の假面 甲野勇
アイヌのハヨクペ 金田一京助
蒙古喇嘛敎徒の假面 島田貞彥
北千島アイヌの假面 鳥居龍藏
モートロツク島の假面 八幡一郎
ヨーロツパ年中行事のマスク 鳥居幸子

○「民族」總目錄。實費十五錢（送料共）取扱所、岡書院。

○阿の山この山（昭和五年刊）小林友雄氏
○下野傳說集追分の宿（昭和七年刊）同氏
兩册ともに四百五十頁ばかりの大部のものである。著者が、その任地、栃木の山々を尋ねて、そのうもれた語草を、同氏の詩才によつて、美化し、學殖によつて、みがきあげたものである。前者は八十一話、後者は九十八話を收めてゐる。ともに趣味の讀物である。尙本書は非賣品であるが、御同好の士にはともに一・五〇圓御わかちするさうである。（今井）

○安藝國（安藝鄉土硏究會）安藝國昔話集（その一）昭和七年九月刊——磯貝勇氏の編で、第十一番までが載せられてゐる。猿蟹合戰から始まつて、「翁と爺」の話、地藏の話、こぶ取り、屁ひり爺、物賓の話へまでであるが各話には、その採集の由來が誌され、且つ、各話との比較が行はれてゐる。ただ、もつと語り方そのままに記された方がよくはないかと考へる。ともかく、近來、よいことである。切角、御建鬪を祈る。（今井）

柳田國男 新刊三著

女性と民間傳承

早川孝太郎編

四六判・三三〇頁
コロタイプ寫眞二枚
價二圓
送二十一錢

早川孝太郎氏の「編者として」の一節

「……『女性と民間傳承』は問題の及ぶ範圍は汎く、民俗生活に殘存する資料を採つて、それに聯絡を見出し、綜合的多角的に問題の檢討を加へられ、他面には周到なる反省を繰返されて終始科學的方法を以て、人間生活の基調に觸れてゆかうと爲された事を充分に窺ふことが出來ます。從うて之を研究書として見れば一個の藝能巫女史であり、民俗學に於ける問題の綜合編でもあり、更に平易懇切を盡したその叙述は、民俗學入門書でもあります。之に依つて私共は、一段の史學の照準を匡し、文獻の持つ地位と意義の範圍を知ることが出來ました。更に民間傳承の性質と態容を指示されたことに依つて將來のこの學問の方向を識つて、民俗採集事業の意義と目標を定め得るのであります……」

地名の話その他

二月一日發賣

菊半截判
約二百頁
價八十錢
送四錢

1 地名の話
2 名字の話
3 家の話
4 旅行の話

柳田先生の述作の中で最も平易に且つ組織的に講述されたものであつて、斯學に關心を有つ靑年諸君の好適な教程にして伴侶たるべきものであり、民俗採集者の必らず一讀を要すべき指導書でもあります。

秋風帖

梓書房發行
岡書院扱

四六判二四〇頁
地圖三枚
裝釘淸雅
價一、五〇
送、二一

海南小記、雪國の春を知る人なら、秋風帖は久しい待望の書でありました。北の國津輕の深浦から、この細長い海上の國土を縱斷して、南へ南へと、遠く沖繩の島から、八重山の果の珊瑚礁に、歩みを運ばれた日の紀行、恰度その中間に當る部分がこの秋風帖であります。落葉をわけて遠ざかるあし音を聞き殘したやうな愛惜を、一面に抱かせずには措かぬ、さうした魅力がこの書の至る處に潜んでゐると思ひます。

東京市神田區
駿河臺町(明大前)

岡書院

電話神田二七七五番
振替東京六七六一九番

○寄稿のお願ひ

○種目略記　民俗學に關係のある題目を取扱つたものなら何んでもよいのです。長さも御自由です。
(1)論文。民俗學に關する比較研究的なもの、理論的なもの、方法論的なもの。
(2)民間傳承に關聯した、又は未開民族の傳說、呪文、歌曲、方言、謎諺、年中行事、生活樣式、習慣法、民間藝術、造形物等の記錄。
(3)民間採集旅行記、挿話。
(4)民俗に關する質問。
(5)各地方の民俗研究に關係ある集會及び出版物の記事又は豫告。
○規略
(1)原稿には必ず住所氏名を明記して下さい。
(2)原稿掲載に關することは一切編輯者にお任かせ下さい。
(3)締切は毎月二十日です。

編輯後記

謹んで新年の御慶を申述べます。

昨年度は多忙のため全力的に「民俗學」編輯に專心することが出來ず讀者各位の御信頼と御期待とに充分お添ひ出來なかつたことをお詫び申し上げます。この新年からは民俗學研究に精心してゐられる若い學徒で、自ら進んで「民俗學」にお手傳をしたいと云ふ方數名を得ましたので各自仕事を分擔しもつと「民俗學」の發展と內容の充實とに關し積極的に且つ組織的に努力することゝなりました。

右御紹介旁々一寸と御挨拶申し上げます。（小山記）

明石　貞吉　　鈴木　太良
今井　晋　　村上　清文
杉浦　健一

△原稿、寄贈及交換雜誌類の御送附、入會退會の御申込會費の御拂込、等は總て左記學會宛に御願ひしたし。
△會費の御拂込には振替口座を御利用ありたし。
△會員御轉居の節は新舊御住所を御通知相成たし。
△御照會は通信料御添付ありたし。
△領收證の御請求に對しても同樣の事。

昭和八年一月一日印刷
昭和八年一月十日發行

定價金六拾錢

編輯兼發行者　小山榮三
東京市神田區表猿樂町二番地

印刷者　中村修二
東京市神田區表猿樂町二番地

印刷所　株式會社　開明堂支店

發行所　民俗學會
東京市神田區北甲賀町四番地
振替東京七二九九〇番
電話神田二七七五番

取扱所　岡書院
東京市神田區北甲賀町四番地
振替東京六七六一九番

MINZOKUGAKU

OR

THE JAPANESE JOURNAL OF FOLKLORE & ETHNOLOGY

Vol. V January 1933 No. 1

CONTENTS

Articles : Page

Chinese folkloristic Studies of late. By Lou Tzŭk'uang 1

Recent Tendency of Ethnology in Russia. By Kenichi Sugiura 11

Reviews :

Utility of Folklore. By Nobuhiro Matsumoto 16

Neshogwatsu. By Tarō Nakayama 17

Record of Folkloristic Materials. 21

Rivers; Principle uls ethnological Method. Magane Koizumi 55

Book Review :

Kunio Yanagida's Shuhuchō. By Nobuhiro Matsumoto 62

Index of Chinese folkloristic Periodicals. 64

Recent Literature, News and Notes. 72

PUBLISHED MONTHLY BY

MINZOKU-GAKKAI

8, 1chome, Shurugadai, Kanda, Tokyo, Japan.

第五卷 第二號

昭和八年二月

民俗學會

民俗學會會則

第一條　本會を民俗學會と名づく

第二條　本會は民俗學に關する知識の普及並に研究者の交詢を目的とす

第三條　本會の目的を達成する爲めに左の事業を行ふ

イ　毎月一回雜誌「民俗學」を發行す

ロ　毎月一回例會として民俗學談話會を開催す

　但春秋二回を大會とす

ハ　隨時講演會を開催することあるべし

第四條　本會の會員は本會の趣旨目的を贊成し（會費半年分參圓壹年分六圓）を前納するものとす

第五條　本會會員は例會並に大會に出席することを得るものとす講演會に就いても亦同じ

第六條　本會の會務を遂行する爲めに會員中より委員若干名を互選す

第七條　委員中より幹事一名、常務委員三名を互選し、幹事は事務を執行し、常務委員は編輯庶務會計の事を分擔す

第八條　本會の事務所を東京市神田區北甲賀町四番地に置く

附則

第一條　大會の決議によりて本會則を變更することを得

委員

石田幹之助　宇野圓空　折口信夫
金田一京助　小泉鐵　小山榮三
松村武雄　松本信廣（以上在京委員）
秋葉隆　移川子之藏　西田直二郎
（以上地方委員）

前號目次

中國民俗學運動的昨日和今日……婁子匡
婁子匡露西亞に於ける最近の民族學の傾向……杉浦健一

寄合咄

民俗學の効用……松本信廣
・寢正月……中山太郎

資料・報告

信濃春駒唄二種……向山武男　原田清
幸木……櫻田勝德
淡路津名郡正月行事聽とり帳……中村浩
湯河原のさいの神そのほか……伊藤良吉
富山附近の正月童謡……織田重慶
滋賀郡伊香之村に於ける田神祭の歌詞……中西祥男
千葉縣印旛沼郡久住郡地方の俗信……伊東亮
「ケラツチヨ」と雀等……林魁一

民族學の方法としての原則……リヴァース　小泉鐵譯

書評……

秋風帖……松本信廣

支那の民俗學的雜誌目錄……東洋文庫

學會消息

昭和八年二月十日發行

民俗學

第五卷　第二號

民俗學

目次

神主の有てる秘密……中山太郎…（一）
露西亞に於ける最近の民族學の傾向（二）……杉浦健一…（一〇）

寄合咄

古代印度に於ける傳承の權威に就いて……小山榮三…（一八）

資料・報告

鹿角郡小豆澤大日堂の祭堂……本田安次…（三三）
若狹の手毬歌……中平悅磨…（五七）

信州下伊那郡遠山村字下栗の年中行事……北澤悅佐雄……（六三）
加賀江沼郡地方手まり唄……山下久男……（六七）
二十三夜待講中御名前帳（上高井郡）……角田千里……（六二）
信州上伊那郡地方の民間醫法……向山武男……（六六）

書評……

「文化人類學」……杉浦健一……（七一）

アツカン氏著作目錄抄……（七三）
支那の民俗學的雜誌目錄……東洋文庫……（七五）
學會消息……

神主の有てる秘密

中山太郎

一

私は幼少の頃に、隣村のS耕地の修驗者が、每年、秋になると行ふ火渡りの神事を、幾回となく同耕地から來てゐた作男に連られて、見物に出かけたものである。

晩秋（農事の關係で此の季節を擇むものと見える）の殘曛が漸く夜色に包まれる頃に、鎭守の廣庭に十坪ほど細長く積まれた薪に火が點じられる。その火の近くにさゝやかな祭壇を構へた修驗者は、五六の法類を從へ、聲を限りに秘經を誦し呪文を唱へ、或は九字を切り或は金鈴を鳴らし、更に法螺貝を吹き、丹精を凝らして祈禱をつゞける。烈々として燃盛る火の海を取圍む幾百の見物人の顏は、餘燼のために金時の初孫のやうに紅潮を湛えてゐる。行衣を纒ふた火焚きの掛りの者が、絕えず火の周りを匝つて火勢を煽る。さう斯うしてゐるうちに修驗者達が祭壇から降りて來て、火燼を圍み步きながら猶も祈禱をつゞけ、盛んに四方八方から淨めの鹽を火中に投げる。白布で頭を法印結びにした修驗者の顏も、火勢に煽られるのと渾身の行とで雨のやうに汗を流し、服は神秘の力に輝いて物凄い形相になり、子供心にも恐しい壓迫を感ずるほどであつた。やがて時刻が來ると物馴れた見物人が、呪力で火の色が變つたなどゝざわめく頃、大先達を先頭に、脇先達小先達の順序で、異口同音に何やら呪文を唱へながら、殆ど燠（オキ）になつた火の上を渡り始める。それが濟むと信徒や見物中の有志が、同じやうに六根淸淨を言ひながら火を渡るのであるが、臆病な私は遂に一度も渡つたことがなく、いつも修驗者達が火力を元へ戻す祈禱の始まる頃に、夜風に吹かれながら歸宅してしまふのであつた。或年など身に穢れ

（忌服）のある信徒が押して火を渡り、神罰で火傷したと云ふ噂を聞き、子供心にもその靈驗に驚いたものである。

それよりも更に一段と、幼年の私の好奇心をそゝつた一事は、居村から一里餘を隔てたT村に住む丑ッ法印（丑造とか丑作と云ふ修驗であつたらうと思ふが、土地ではやゝ輕蔑した意味で斯く呼んでゐた）の呪力の偉い評判であつた。此の丑ッ法印は月に二三度づゝ私の村の居酒屋へ酒を飲みに來るので、よく知つてゐたが、その頃六十近い痩せこけた薄汚い爺さんで、身うちの何處に法力や呪力が潜んでゐるかと疑ひたくなるやうな貧弱さであつた。そして此の丑ッ法印はT村の鎮守の森の片隅に、堀立小屋のやうな家を建て、そこへ獨身で起臥してゐたのであるが、或夜、村の若ィ衆四五人が丑ッ法印を驚かしてやらうと、四隅の柱へ手をかけて搖すぶると、法印は起きあがるなり直ちに九字を切り呪文を唱へると不思議にも若ィ衆の手が忽ち柱へ喰ひ付いてしまつてどうしても離れず、夜が明けてから村の人達が見つけ、丑ッ法印にお詫びして漸く法を戻してもらひ、手が離れたと云ふことであつた。私は此の話を聞いてから丑ッ法印を、何だが怖い人のやうに考へ、居酒屋へ來たときでも、成るべく見られぬやうに立廻つたものである。

然るに更にこれよりも驚いた話は、私の村と渡良瀨川を一つ隔てたK村の、小野寺瀧丸と云ふ修驗者に關する不思議であつた。小野寺は地方の名家であつて、本山派の觸頭を勤め、舊幕時代には一萬石の格式を許されてゐて、外出の折に四枚肩の駕籠に乘り、槍挾箱を持たせて歩いたものだと傳へられてゐる。實際、私が覺えてまで同氏の邸宅は堂々たる一廓を構へ、家には曆應（南北朝）以來の古文書などを持つてゐた。此の瀧丸氏こゝ私も幾度も會つたことがあるが、これは前の丑ッ法印とは正反對で、身の丈の高い上に顏は痘痕紛として華の如くそればかりでなく俗に馬が行燈を啣へたと云ふやうな長い顏であつた。此の瀧丸氏が毎朝のやうに味噌汁を鍋にかけて置いて、汁の實の豆腐を二十二里隔てた東京まで買ひに往つて間に合せたとか、又は同家へ盗人が忍び込んだが、瀧丸氏の法力で足が地に着いたまゝ動けなくなつたとか云ふ不思議な話を、幾つとなく聞かされたものである。そして斯うした話を聞くたびごとに、私の子供心はすつかり怯えてしまふのであつた。

斯うした話題の主人公となつた人々も、今では悉く苔の花咲く石碑の主となつてしまひ、時たま歸郷して土地の追憶談に耽ることがあつても、斯うした話に興味を有つ者も無いまでに世相が變つてしまつた。それと同時に私自身もすつかり變つてしまつた。現在の私ならば是ほどの事を見たり聞いたりしても驚かぬばかりか、是等の事件にくらぶれば、更に幾倍した不思議を見聞してゐるのである。

併しながら私として考へて見たいことは、斯うした不思議な話が何故に修驗者に多かつたか、それと共に修驗者は、斯うした事を誰から學んだかと云ふ點である。換言すれば、私は修驗者が傳へた不思議な事象や傳承を手掛りとして、我國の神主なる者が、古い公的呪術師から發達した足跡を訊ねやうと考へたのである。そして、こゝに先づ修驗者を攻覈の對象に擇んだのは、神官は代々の政治家に利用されて、漸く公的呪術師たることを忌避するやうになり、專ら神道の固定化と倫理化とを高調し、且つこれを躬行するやうになり、傳統の呪術的知識や技倆やは修驗者に讓つてしまつたと信じたからである。

二

修驗道の歷史を說くことは差控へるが、兎に角此の山岳宗教が、發生的に見るも幾重かの神秘の帷に包まれてゐるのは事實である。役ノ小角が果して教祖であるか否か、そんな事はどうでもよい。孔雀經を何處から手に入れたか、それもどうでもよい事である。たゞ此の修驗道なるものが、我が固有の原始神道を基調とし、それへ多分の密教の教事兩相を取入れ、更に陰陽道の教義を添加した三つのものを、山岳崇拜の修行によつて練成したものであることだけを知れば充分である。昔は修驗道に本山・當山の兩派があり、天台と眞言とに分れて支配されてゐたが、その說く教相と行ふ事相とには、さう大きな隔りのあつたものではなく、御幣を用ゐるのは神道で、袈裟を着るのは佛教で、九字を切るのは陰陽道に由ると云ふ、全く鵺的の俗信にしか外ならぬのである。それでは何故に修驗道が斯うした鵺的の發達を遂げたかと云ふに、これには段々と理由もあるが、今はさうした事の考査が目的で無いので省筆するが、こゝに亦、修驗道の存立の惱みと、それによつて砥礪された威力とがあつたのである。抑ち神社のやうに鞏固なる氏子がある譯ではなし、さればと云ふて寺院のやうに堅固なる檀徒があつたでもなく、漸く「かすみ」と稱する信徒の繩張を有してゐたに過ぎずして、主として彼等が難行苦行の結果、修得したと稱する俗信を賣り物にするだけであつた。これが爲めに明治四年新政府によつて修驗道は廢止されたのであるが、その根本の理由は前述の如く、教義が鵺的であつたこと、及び一定の信徒のなかつた爲めである。

併しながら、斯うした立場に置かれただけに修驗道は、その存立の必要から俗信の基調となつてゐる難行苦行に就ては到底、他の司靈者の企及すべからざる修練を積むだものである。誰でも知つてゐる事ではあるが「元亨釋書」の忍行篇に載せてある修驗者の絕水、絕食、不眠、不臥、手燈、倒懸、刻骨、捨肉、火定と云ふやうな、氣の弱い私などは、書物で讀んだゞけでも慄然とする荒行を、神佛の名に縋つて平氣で遂行したのである。謠曲の「谷行」に現はれた彼等の作法が如何に嚴肅であつたか、それは修驗者で無ければ實行することの出來ぬものであつた。更に白山禪定とか補陀洛往生とか云ふことでも、修驗者に限られた方法であつた。そして、斯うした難行や作法によつて練成した俗信が、民間に對して威大なる力となつて莅んだことは勿論である。就中、修驗者の一枚看板――と云ふのも可笑しなことだが、兎に角に表藝として最も民間の俗信と驚異とを博してゐた憑祈禱（因祈念とも云ふ）の如き、又は彼等が好んで行ふた笈渡しの神事の如きは、源流が古いだけに呪術的要素にも富んでゐたのである。

三

憑祈禱なるものは、決して修驗者の發明ではない。その源流から云へばシャマン教を基調とした原始神道――猶云へば巫覡を神の憑代とした古代神道の作法であつたのを、修驗の徒が學び傳へ、これに密教や陰陽道の法を加へたゞけのものである。然るに此の憑祈禱なるものが、種々なる事相となつて現はれてゐるので、先づこれが槪念だけでも述べて置くことが、本問を說明するのに便宜が多いと考へたので、少しく啓蒙的ではあるが運墨する。そして、これには寬政八年に修驗の大行事であつた寶輪寺から、當時の寺社奉行に提出した詳細なる記事が、「詞曹雜識」卷一に載せてあるので、左に要點だけを轉載することゝした。

因祈禱ノ儀ハ、至テ深秘ノ法式ニテ、本名阿尾奢法ト號ス（中略）。口授秘傳等ノ儀ヲ差置キ、左ニ申上候。

一、施主御座候テ、何夫ノ病氣ニテ醫藥等不行屆、病躰怪異ノ事共有之候類ニテ、因祈禱相賴候節、自身ノ堂場又ハ山中抔淸淨ノ地ニ於テ、先結衆（是ハ助法仕候法者ニテ候）八人或ハ四人又ハ略二人、修法仕候者ヲ正驗者ト稱シ候テ、此人數沐浴齋戒仕候テ淨衣ヲ着シ、一七日或ハ二夜三日略ハ一日夜、不動尊ヲ本尊ニ安置シ奉リ、壇場ヲ莊嚴シ、八大童子十二天日本大小ノ神祇ヲ申降シ、毎日三時本尊ノ秘法ヲ修シ、結衆ハ聖無動尊大威怒王秘密陀羅尼經、並ニ諸天童ノ眞言等ヲ奉誦令助法候、是ヲ前行ト申候

一、右ノ前行支度仕候最前ニ、施主方ニテ八九歲或ハ十二三歲、又ハ十五六歲以上ノ、男子ニテモ女子ニテモ、聰明利發ニシテ身內ニ疵跡ホクロ等無御座モノヲ撰ビ求サセ、沈香等ヲ水ニ和シ沐浴仕ラセ、新キ衣服ヲ着セ安息香ヲ以其身上ヲ薰ジ、別火素食ヲ給サセ置申候、是ヲ降童（ヨリマシ）ト稱シ申候（原註略）又因童トモ認申候

一、別ニ一ケ所構候テ（原註略）其內ニ壇ヲ置申候（同上）其上ニ新キ疊二枚ヲ敷、物構ノ內ニ布幔ヲ引廻シ（同上）其外ニ注連ヲ曳、中央ノ疊ノ上ニ布ノ壇敷ヲ敷候テ、其上ニ右ノ降童ヲ召居、前段ノ修法ノ度每ニ其身ヲ淸メ申候、是モ別ニ作法御座候（同上）

一、右ノ淸メ加持等相畢、右ノ壇中ニテ白絹ヲ以、因童ノ面ヲ覆ヒ包ミ、左右ノ手ニ赤キ花ノ枝ヲ持セ（蓮花ヲ紙ニテ赤色ニ作申候）或ハ幣ヲ持セ、略ニハ白帷子ヲ頭上ヨリ打覆ヒ申候テ、正驗者因童ノ正面ニ安座仕、加持ノ作法仕リ候（摩醯首羅天八大童子等大小神祇ヲ因童ノ躰ニ申入候法ニテ候）右ノ秘法感應有之候得バ、蓮華幣等振ヒ動キ、天等神祇或ハ邪鬼怨靈等、因童ノ躰ニ降臨入來候故遍入ノ法ト申候、右ノ如ク花幣等振ヒ動キ候時、正驗者事ノ由ヲ申立試問候得バ、誰夫ノ怨靈何々ノ邪鬼ト申候儀、或ハ病氣ノ善惡世間ノ吉凶迄ヲ問ニ任セ審ニ答申候儀ニテ御座候、此處、神明天等ノ託言（原註略）怨靈邪鬼ノ託言トノ譯、尙又託ノ實不實

神主の有てる秘密（中山）

七七

ノ分別ハ深秘ノ口傳ニテ、且又等閑ノモノ及候儀ニテハ無御座候云々（中山曰。此の次項に「降臨入躰ノ神佛ヲ本土ニ奉送歸作法」あれど省略す）

一、右ノ通託言有之候ヲ口白ト相唱申候、尚又至テ淺略ノ傳ニ幣白ト申儀御座候ハ、略儀略法ニテ、口白仕候迄ノ祈禱不行屆候節ノ作法ニテ御座候云々

卯十月　寶　輪　寺印

大僧正行尊、天治二年六月一日新若宮俄ニ御惱加持ノ賞トシテ、同七月一日牛車宣下ノコト初例抄ニ見ユレバ、當時ノ驗者ナルベシ、日蓮上人此遺法ヲ相承シテ其弟子下總千葉ノ日常ニ傳附ス、今ノ中山流因祈禱是ナリ（柳田國男先生所藏本ニ據ル）。

此の憑祈禱の作法から推すも、修驗道なるものが神道、佛敎、陰陽道三者の寄せ木細工である事が知らるゝと同時に、更に此の憑祈禱のうちから、原始神道時代に於いて神主が公的呪術師として有した秘密を索める事が出來るのである。私はその一方法として先づ各地に行はれた憑祈禱に就て記述し、それから手掛りを引出したいと思ふのである。

四

現在、岡山縣久米郡大垪和村の兩山寺に行はれてゐる護法祭や（鄉土風景）、曾て行はれた京都市外鞍馬寺の竹伐りの後に擧げられた護法附や（鄉土趣味）、更に奈良縣吉野の藏王堂の蛙飛びの神事などは（西國卅三所圖繪）、共に憑祈禱の原始型を傳へたものであるが、是等は讀者に於いても周知のことゝ信ずるので省略し、こゝに是等にくらべると更に一段と呪術的要素を豐富に含蓄してゐるものを抄出する。それは「神名帳考證土代附考」の美保神社一年神主の記事である。

出雲國島根郡三穗の關は〇原註略三穗津姫命事代主命二座を祭神（中山曰。現在の國幣中社美保神社）として、正神主橫山大隅守〇註略また一年神主とは年々に代り日夜勤るをいふ、これは三年前より極る事なり、先づ九十兩月の間三穗凡三百軒

餘の家數の內、男子十二三歲より老年まで、いづれも右ノ二神より夢の告あり都合三度なり、正神主と一年神主になる人と同じ夢を見ることなり〇原註略都合三度にて三年後の年の神主極るなり、夫につきその家を煤拂して鹽水にて洗ひ、佛壇を寺へ預け前後三ヶ年佛事を禁ず、則ち十二月大晦日の夜より、海邊なれば每夜八ッ時汐こりをとりて、一年が間右の二神一社へ參りて假神主首尾よく勤む事を願ふ〇原註略さて三年目の春三月十日は、右神社の祭禮なれば、其日前年の神主より神役うけとる、是迄前二年より船着なれば、船中安全のためとて諸國船より米初穗料の金銀を送る、夫にて前後三年を暮すなり（中略）。如レ此して此祭禮の日大なる湯立の釜ありて、水八分いれ焚立て湯玉のたつ時に、其年の新神主、淨衣白無垢風折烏帽子着したるまゝにて、その湯釜へ入て煮るなり、介抱の前神主數人ありて、皆その加減を見て息絕たりと思ふ時四五にて釜より出し、神前の荒菰の上にねかし置なり、しばらくして生かへり起たる時に拜殿までかき出して幣帛を持たせ皆平伏す、其時近國參詣の老若男女大勢群集して、心得たる人々は皆々神託を書留るために紙矢立を持參し待ちひかへ居る、彼一年神主幣を張る〇原註略その事濟で其一年中の作の善惡、病などはやる事一々神の告あり、其事終りてそのまゝ臥す時に神前の菰の上にかき乘せ、又しばらくして元の如し、衣服着かへて家に歸るなり、但しいつにても願主有て祈願相たのみ神託を願へば、右の通り湯立して一年神主を釜に入れ、祭禮の如くして神託を告るなり、此初穗料金七兩二步なり云々（伴信友全集卷一附錄）。

此の神事のうちで、特に注意すべき點は、（一）一年神主を撰定する方法として、正神主と同じ夢を三度まで見た者に限ることである。一年神主の民俗は我國の各地に行はれてゐて、その撰定法は概して神籤か順番かに由るのであるが、夢の偶合によるとは餘り他に聞かぬことである。然し此の事は古い我國の最も神聖なる撰法だと考へてゐる。こゝに例證として引用するのは恐懼の至りであるが、學問のため餘儀ないものとして高諒を乞ひ簡單に記述するが、畏くも崇神天皇は皇太子を御治定なさる折に、豐城・生目の兩皇子を召され、今宵夢を見るべしと仰せられ、翌朝、兩皇子の見られた夢を判斷ありて、豐城尊は兄なれども東國の都督に　生目尊は弟なれども日嗣御子にと定められたとある（日本書紀）。そして、

8

神主の有てる秘密 (中山)

斯うした事は宮廷にのみ行はれたものではなく、古くは廣く民間にも存したことゝ思ふ。三穗社の一年神主の撰定法は偶々此の古俗を傳へたものであらう。(二)一年神主を湯立の釜の中に入れて煮ることは、私の寡聞なる他の例を耳にせぬ。併しながら強ひて云へばこれに類したものを承知してゐる。そして、誰でも憶ひ起すことは湯立の神事である。此の湯立も時代の降るにつれ全く形式的のものになつてしまつて、漸く巫女が熱湯を笹の葉につけて身體に振りかけるだけに過ぎぬが、然し古くは決して斯樣なものであつたとは考へられぬ。長野縣の有明山麓の某村の祭禮には、氏神の廣庭に湯立の釜を据ゑ湯を沸ぎらせ、その圍りを村の娘達が踊りながら匝るが、娘達は手を熱湯の中に入れたり出したりするさうである(冠松次郎氏談)。此の話は一寸聽くと探湯の民俗化のやうにも思はれるが、それとこれと同じ信仰のものだとは信じられぬ。一年神主を煮るとは如何にも誇張した書き方であるが、所詮は湯氣に當てゝ失神させた程度のものではあるまいかと思ふ。京都市外の花園村では、昔は祭りの日に湯を大釜に沸かし、村の子供をその湯氣にかざした。斯うすると疱瘡が輕いと云ふてゐたが(年中行事大成)、これもその始めは湯氣で子供を失神させ、蘇生するのを復活と考へた信仰に由來するものであつて、疱瘡云々の如きは後世からの附會である。湯立巫女が神憑りの情態に入るのも、又この理法に外ならぬのであるが、後世になると餘りに職業化されて形式に墮してしまつたのである。猶この場合に併せ考へなければならぬ問題は、一年神主が淨衣、白無垢、風折烏帽子を着けると云ふ事である。此の事油斷すると何でもない作法のやうに看過してしまふのであるが、我國には裝束を着換へたゞけで速くも失神情態――即ち神憑りの境地に入ることの在るのを知ると、さう手輕に取扱へぬ問題なのである。例へば秋田縣南秋田郡天王村大字天王の氏神祭の頭人は、心願ある者が勤めるが、烏帽子直垂を着し手に弓矢を携へ牛に乘ることになつてゐる。そして、酒部屋に於いて裝束をすると忽ち正體夢中になり、それを他の當人達が介抱し牛に乘せ神幸の行列に隨ふが、終つて酒部屋に歸り沐浴して一夜寢ると元の正體に戻るとある(絹飾卷二)。京都府乙訓郡西岡村淨土寺の境内に裝束祠と云ふのがある。同村舊四月中ノ辰ノ日の向日明神の祭には、此の裝束祠に納めてある裝束を稚兒に着せるが、これは神秘の行事である(年中行事大成)。斯うした事から考へると、比叡山の裝紋堂や、東京の王子稻荷社の裝束社なども、何かこれを類した由來があつたのでは無いかと思はれると共に、前揭の修驗大行事寶輪寺の書上のうちに『白絹を以て因童の面を覆ひ包み……略には新き白帷子を頭上より打覆ひ』とある事の意味が釋然する。更に云へば、一年神主は裝束を改めた時に失神情態に入るので、湯立の釜に入れられて（煮るとは仰山に過ぎるが）も湯傷せぬのであらうと考へたいのである。そして、これには傍證として降童（ヨリワラ）の顏に白粉を塗るだけで、同じく神憑りの情態となる各地の例を擧ぐべきだが長文を恐れ省略する。（三）湯立の釜で煮られた一年神主が神託を濟し、莚菰の上に暫らく臥すと元の如くなるとあるが、これに就いて想ひ出す一事がある。栃木縣上都賀郡清洲村の三峯神社（羽黑、月山、湯殿の三神を祀る）は、舊四月一日に恒例祭を執行し、此の日は氏子が拜殿に集り酒を飲むが、その中に必ず一人だけ腰を拔かす者がある。するとその者を藤ノ蔓で拵へた畚（モッコ）に乘せて歸へる途上で、不思議にも屹度腰の立つ神秘的の事實があると（大正十五年八月下野新聞）、報導されてゐる件である。興味に重きを置きたがる新聞記事とて、此の腰を拔かす者が神の憑り代となつたのであるとも、又は神託をするとも記してゐぬが、兎に角に此の者が深い神寵を受けたものである事だけは推測される。從つて古くは此の者が神に代つて託宣をしたのかも知れぬ。然しそれはどうでもよいとして、藤蔓畚に宿醉を消す作用のあるものか、猶尋ねて見たいものである。

五

此の小篇は、修驗の行ふた笈渡しの作法に殘つた我が古代の高木ノ神の信仰とこれを傳へた神主の呪術師として有てる秘密より、更にすゝんで神主が雨司として、各地に殘した雨乞祭の呪術的秘密、及び同じ神主が年穀の豐作を祈る種畑（タネバタ）（後に支那の星祭が附會されて七夕となる）の呪術的秘儀などを記述する考へで起稿したのであるが、執筆中に俗事に妨げられ、その半にも達しぬうちに編輯締切の期日が來たので、不本意ながも擱毫することゝした。誠に尻切れ蜻蛉となつてしまひ汗顏に堪えぬが、機會があつたらその尻尾を續けたいと思ふてゐる。（完）

露西亞に於ける最近の民族學の傾向（二）

杉浦健一

前號に於てサヴエート治下の民族學の傾向を述べる序說として、露西亞の民族學研究史を槪觀したから、本號に於て最近の傾向を紹介しやう。これを最も明瞭に示すものは一九二九年八月五日より十一日までレエーニングランドに於てサヴエート政府の援助の下に行はれた民族學大會である。これはサヴエート政府によつて行なはれたものではあるが、純學術的な研究を目的とするもので、サヴエート政府の御用學のためにのみ開かれたものではない。從つて世界の何處に於ても共通である、民族學と他の科學との關係、その最近の問題などが議論となるのである。然しサヴエート露西亞に於ては國情が他國と異なるため、それに應ずべき特殊の課題が討議せられる必要から、サヴエートの社會組織に於ける民族學の役割及び將來の發展に關する議論が最も重要な問題をなしたことは事實である。この學會はレエニングランド及びモスコーの民族學者全體が協力して純學問的な學會開催の準備をなし、サヴエート政府の國立唯物文化史學院がこれを助けた。人員はモスコーに於ける會員四十名とレーニングラードに於ける會員四十六人合計八十六人並に六十人の客員がこれに參加した。會の主席者としてはボゴッタン、ツエレニン、コスキン、ルジャドウ、マスキーモウ、ミラー、オルデンベルグ、プレエオブラウゼエンスキー、サモイロヴイク、ソコロウ、トルストウが撰ばれ、學會は次の組織によつて研究發表を進められて行つた。

（一）プレオブラウゼンスキー　民族學及びその方法

（二）アプテエカール　マルキシズムと民族學
（三）マトリン　民族學とサヴエート組織
（四）トルストーウ　社會組織に闘する民族學の問題
（五）ボゴラツ　現地研究民族誌に於て滯在して行ふ研究方法
（六）カフチン　現地研究民族學の問題と方法
（七）ソコローフ　サヴエート民族誌博物館の問題と特色
（八）クリザノウスキー　民族誌圖書館の問題
（九）オルデンベルグ　體質研究と民族誌的探訪との協力
（十）コスキン　レーニングラード大學地理學科の民族誌部に於ける民族誌研究の組織
（十一）セルギエウスキー　モスコー大學の民族學科の民族誌部に於ける民族誌研究の現狀
（十二）ボゴラツー　一九二八年十月ニユーヨークに行なはれた、アメリカ學者の十二回會議に於ける民族誌
（十三）組織論

ソコローフ　「民族學」雜誌に就て、コスキン　民族學會に就て

11

學會はルヤドウの開會の辭によつて始められた。彼れは先づ現在の露西亞はサヴエート政府治下にあるため、他の諸國と異なり、自國の民族の研究に局限されざるを得ない傾向にあるが、民族學の研究としては、全世界の凡ての民族の研究を絶對的に必要とすることを述べ、續いて民族學は露西亞の一部の人々の考へてゐる樣な、帝國主義の御用を勤めるためにのみ存在するものではなくて、地球上の凡ての民族の幸福の增進に貢獻すべきものであることを强調した。

氏の論ずる所を要約して云ふと、今回の民族學大會で討究すべき根本的問題は次の三つとなる。

（一）民族學が獨立の科學として發展すべき方法並に方向を示すこと

露西亞に於ける最近の民族學の傾向(二)　(杉浦)

(二)民族學的研究にマルキシズムを導き入れること。
(三)サヴエート組織の下に於ける民族學の地位、目的を決定すること。
終りに氏は本學會に於て民族學の完全な組織をつくりあげられなくとも、又サヴエート民族學を研究するための完全な分類をなすことが出來ずに終つても、本會によつて共同の研究を進め、その解決と學說の一致に向つて努力する楔機となればよいと述べた。

扨これから以上に述べた十三部門に於ける發表の要點を略述しやう。第一部即ち民族學とその方法に於てはプレオブラアゼンスキーがその部門の代表となつた。氏は進化論的、心理學的な民族研究に反對して接觸、傳播を重要視する歷史的立場から民族學方法論を述べた。それを要約すると、
(一)世界史に對するヘーゲル學派の理念が歷史の意味、內容を豐富にしたこと、並にその世界史は民族學及び人類學によつて具體化されることが出來ると云ふ證明。
(二)文化科學に於ける民族學の限界と地位とを決定すること。
(三)民族學問題の說明
(四)民族學に史的唯物論の方法を導き入れることが當然であることの證明とである。
これによつてプレオブラゼンスキーの主張を見るに、氏は民族學は特定の資料を基礎として立つ歷史であると規定した。然し民族學研究には元來何等の學問的限界がある譯ではないから、何れにも屬しない新らしい領域があつてよい、從つて謂所歷史の中に全く包轄さるべきものではないことを辯明してゐる。民族學の第一の問題は過去の旅行者や好事家が各々の民族の風習を唯だ地理的に考へてゐたのに對して、ここにも歷史があるのであるから、その新舊を時間的に遡つて分析する研究方法及び史前民族學の研究とを併ひ用ひて、各民族の風習を歷史化して見ること、第二は時間と空間とを異にする民族の文化の混合傳播の意味と機構とを明かにすること、第三はグレーブナーやアンカーマンが主張した文化圈の

研究をすること。以上を民族學研究の重要な課題する所より見れば獨墺の文化史學派から強い影響を受けてゐる。斯くて今日と雖も凡ての學者が全くマルクスレーニン主義の立場から民族學を見んとするのでなく、プレエオブラウゼンスキーの如く一九一〇年以後次第に勢を得つつあつた歴史的研究方法を基準に置き、この中に史的唯物論を生かさうと云ふ人もある。氏は文化史派に屬するものと見られるが詳細に云へば氏の文化圏と云ふのは大體「地域」と云ふ程の意味でグレープナー、シュミットの如く、徹底したものではない。「地域」的研究と云ふことはEthnologie(民族學)と云ふ言葉の語源となつてゐるEthnoo(土地)とLogie(學)と云ふ意味からしても、地域の技術的或は學術的な研究を指してゐることは當然であると述べてゐる。氏は更にこの點から論旨を進めて民族學と民族誌とは區別の出來ないものであると論じてゐる。

以上に述べたプレエオブラウゼンスキーの發表に於て重要な問題は、民族學に史的唯物論の方法を導き入れることが必然的であると云ふ證明である。然し彼れの觧く所を見ると、その必然性が分らない、氏が云ふ獨墺の文化史的研究と史的唯物論とは全く別なものである。これを心理學的進化論による舊人類學派の人々の研究に比すれば文化史的研究に史的唯物論と似た點が見られる。例へば從來の史學の研究の樣に支配階級の文獻のみを史料とし、文化史と稱するものも、主として文書を殘した階級の文化生活を研究するに反して、物質文化を基として、文獻を持たない階級の社會生活、經濟生活を明かにする點など、史的唯物論に近いと云へるかも知れない。然し他方では史的唯物論は根本に於て一元的進化論を採用するもので、文化史派の多元的發達觀とは對立する點もある。

斯くして若し史的唯物論によつて民族學を導かんとするならば、如何にそれを規定するかを具體的に明示する必要がある。然るに氏はこれに就ては何等の新らしい提案をしてゐないのである。

第二部はアプテエカールが前のとは全く違つてマルキシズムの立場から民族學に對する態度を説明した。氏の所説を要約すれば、

(一)民族學は何等固有の對象並に方法を持つてゐない。從つて科學ではない。

(一)民族學はブルジョワジーの學問であるから、マルキシズム社會學又は歴史學を以つてこれに代へるべく努力すべきである。

となる。斯くてアブテエカールはブレヱオブラウゼンスキーの議論が不正確、不明瞭な記述であること並に、その內容は非マルキシズム的構成を持つものであると云つて批難した。

アブテエカールがブレヱオブラウゼンスキーの發表の後に於て、彼れの非マルキシズム的方法を非難することより見ても、現今のサヴエート民族學者が如何に民族學の再吟味及び新方法の確立に熱心であるかが分る。アブテエカールは斯學の現狀を論じて云ふ、元來民族學は色々の人々によつて、何等統一のない雜多な態度で研究を進められた結果、今日では餘りにも夥多な問題を持てゐまし、然かもそれ等が互に混亂、錯雜して、もう解決が困難な狀態にまで立ち到つてゐる。從つて更めて民族學から獨立に發達したマルキシズム社會學から研究を進むべきであると云ふ。斯くの如く民族學解消をさへ主張する氏は、新らしく建設すべき科學の具體的體系を明瞭にしないと共に、民族學の資料を如何樣に史的唯物論の體系の中に取り入れるかを知つてゐない。本學會に於ては斯樣な非實際的な抽象的方法論が、學理論の先頭に立つてこの學會の重要な地位を占めたことは、露西亞に於ける民族研究の實證的方面の不充分なことを示すものであらう。

サヴエード露西亞の學者として强硬にマルクスレーニン主張を奉ずる會員の發表は、總てブルジョワ學的體系を持つ民族學の學理が破產した證據を色々あげて說明し、科學的理論として民族學が意味を持つためには、史的唯物論を適用し、社會學的民族學の新構成を行ひ、今迄の民族學とは異つたものを研究しなければならないと主張する。斯くて、これ等の人々の最も活氣ある議論の中心となるものは民族學の新體系を決定する計畫である。アブテエカールに續いてコスキン、マトリンがこれを問題としてゐる。

この決定は總べての社會科學の領域並に方法のイデオロギー的傾向に反對し、色々の折衷說或は通俗的な唯物論に反對し、更にブルジョワ民族學に反對して、マルクスレーニン主義の硏究と完全の一致を示さんとするものである。ここに於し彼等は何よりも先に民族學の再吟味をなし、方法の再建を力說する。斯かる態度は「一致する前に、限定しなければならない」と云ふレーニンの主義を行はんとするものである。新らしい限界の決定と共にその用語に關して「クラシイカーからマルキストへ」と云ふ合言葉を力說して、クラシイカーの用語である民族誌と云ふ術語を用ひんとした。單に用語のみならず、學問の內容に於ても、クラシイカーから出發せんとしてゐる。從つて現今の民族學の如く、タイラー、モルガン、シユテルンベルグ等の研究の意義を全くくつがへしてしまふ研究に對して改革を强調する。即ちサヴエート民族學者は先づクラシツクの學者の遺產の批判的研究より出發しなければならない。その方法に對してはそれ等の學者の方法を奴隷的に受け繼がず、マルクス—エンゲルス主義に基いて研究を進め、獨特の方法で學問體系を建設しやうと云ふ。民族學再建設を力說するサヴエート民族學者に對する吾人の最大の不滿は彼等が五十年近くも前のマツク、ルナンやモルガンなどの研究を相變らず金科玉條としてゐることである。この五十年間に民族學は恐異に價する發達を遂げてゐる。これを無視して、今や價値を認められない、アニミズムや社會組織の論をなすは何としても受け容れられない。これに對してサヴエート民族學者は恐らく「クラシクからマルキシズムへ」の辯をなすであらう。然しタイラーやモルガンなどは進化論全盛時代の過渡期の學者である。謂所民族學の前期にあるプリカールドの態度、一八三九年初めてパリに開かれた民族學會の研究狀態、タイラー、モルガンと殆んど同時代のラツツエルその他の研究方法、更に現今の獨墺文化史派、並に米國人類學派の研究を見る時、タイラー、モルガンを以つて出發點とすることが、科學として正しい仕方でないことは明かであらう。假に一步を讓つてモルガンから出發することが正しいとしても、彼等の使ふ資料がタイラー、モルガン及びそれを受け繼ぐ人々のものであつては、その方法が如何に正しいものであつたにしても今日は價値を認められない資料から正しい歸結を得られる筈がないのである。

第三部第四部に於てマトリン、トルストウは現代の如き社會的組織を基礎とする時代に於ては民族學研究も團體的研究が必要であり、意義あるものであることを高唱した。從つてサヴエート民族學の最も重要な問題はサヴエートの一般組織との結束を強くし、サヴエート國家の問題を完成することにあると云ふ。

第五部に於てはボゴラッが探訪旅行して、滯在して探究する場合、その地の生活現象の具體的全體を把握することが出來る方法に就て述べてゐる。特に氏は民族の言語の知識を持ち、それ等の民族の經濟及び文化生活の成長をなさしめてやらうと云ふ熱誠を持たないならば、完全な研究は望まれないことを主張した。

第六部ではクーフィンが實際的な採集に最も良好な技倆を發揮する可能性を奪ふものは何であるかを論じた。然し理論的な問題として、抽象的な議論に大部分を費してゐるのは遺憾である。

第七部はソコローウがサヴエート政府の下に於ける民族學博物館の問題及び形態の嚴密な決定に關して論じた。博物館にとつて必要なことは、實際の證據によつて、デイレッタンイズムに反對すると同時に過度なアカデミズムにも反對して戰ふことである。總ての博物館の陳列はサヴエート露西亞に於ける各々の民族が低い文化階段から高い文化階段へ飛躍する有樣特に社會構成の過程に於て行なはれる有樣を整頓して示すやうにせねばならないことを主張した。

第八部に於けるクリザノウスキーはソコローフの補足の意味で民族誌博物館の事業の組織の問題を述べた。

第九部でオルデンベルグの提出した問題は汎サヴエート政府の中央組織に於て民族學研究の派遣隊の優れた經營と統制をなす必要のあることを力說した。

第十部ではコスキンがレーニングラド大學の地理學部に於て、民族學者がなしてゐるサヴエートの學問と民族學との關係付けを行ふ用意及び一般民族學研究に對する準備の狀況を說明した。レーニングラード大學の民族誌科が全サヴエート科學體系に働く價値に對して、多くの會員の間に議論が行はれたが、要するにこの大學の民族誌科はサヴエート國家の民族誌研究の中心であり、最古の有意義なものであることに一致した。

第十一部ではセルギエフスキーが一九二五年モスコー大學に新設された民族學部民族誌科の研究の領域に就て述べた。

第十三組織部に關する部門ではソコローウが氏の編輯する雜誌「民族學」に關する報告をなし、コスキンが民族學會開催に關する注意を述べた。

會が進行すると共に八月七日にはオルデンベルグが議長となつて民俗學會員の會が行なはれた。ここに於てソコロウの「現今の民俗學に於て少しも猶豫出來ない問題」として民俗學會の必要が述べられた後、民俗學會開催が決議され、準備のためには組織委員が撰ばれた。

以上に於て露西亞に行なはれた民族學會の狀況を昨年末に出たアントロポス二十七卷のコパーズの論文「サヴエート政府治下の民族學の運命」に從つて述べた。これ等の新傾向に關する個々の矛盾に就てはその所說の後に批判して置いたからここには省略し、唯だサヴエート民族學者の多くがなした民族學否定の理由が、却つて彼等の態度が純學術的要求より出てゐないことを示すものであることを述べたい。彼等によれば民族學は侵略者の御用を勤めるために起つた學問である。然して現今は侵略などと云ふことが認められないやうになつたから、民族學も新らしい方法の下に建て直す必要があると云ふ。彼等の新らしい方法の下に民族學考古學等を利用してなす所說を見るに、既に初めから結論は明かになつてゐる彼等の主張を辯護するために、都合のいい資料を拔き出して、工合よくならべたに過ぎない。勿論これも彼等に云はすれば獨自の方法によつて資料を見直し、その中に働いてゐる法則性を明かにしたのだと云ふであらう。然し今日各國で問題となつてゐるのは正確な資料の蒐集、整理である。未だ資料の整理が出來てないもの、否甚しいものは誤つて報告されてゐるものさへあるのに、この中からどうして正しい法則性が見出されやう。彼等の云ふ法則性こそ、革命を辯護する御用學問としか考へられない。斯くの如く民族學及び民俗學を虐待する國に於ても、地理、民族の探檢隊を派遣すること（昨年の暮れも北氷洋を探檢したシユミツト博士一行が歸りに横濱に寄港して行つたのもその一例である）もおこたらない。その上最後に一言した如く民俗學會開催の準備が行なはれてゐる、露西亞の樣な國に於てすら尙ほ斯かる事情に在ると云ふ。吾が國の如く民俗學會を持ち月刊の雜誌さへ發行してゐながら、學會を開いて過去の研究を整理し、將來の研究に協力する企てを聞かないのは如何なることであらうか。

露西亞に於ける最近の民族學の傾向（二）（杉浦）

寄合咄

古代印度に於ける傳承の權威に就いて

（一）

有名な言語學者のマックス・ミューラーが印度は傳說の國であると云つたと記憶してゐる。實際印度程傳承が神聖視され且つ社會的拘束力を有してゐる國は世界にないてあらう。

神聖の基本觀念を神に求め、社會拘束力を法と云ふ文字をもつて表現するならば、傳承の權威は古代印度人の法的確信とも云へるのである。

從つて社會視範としての印度の傳承は其の淵源を神の言葉に求められるのであつて、傳承の權威の段階は又神の言葉の繼受の樣式及び距離に對應してゐるのである。

卽ち古代印度の傳承の社會的拘束力又は權威は其の宗教的信念と密接に關聯してゐるのであつて「法は神の意思なり」との要求（ザストュラート）は法規範體系の論理的歸向を示してゐるのである。この假構は其の總てが雜多な法源にまで追索さるべき思惟過程を神の概念に導かるゝ神學的論理組織に追從せしめるものてある。

この意味に於て印度の法理は神の概念を總ての法のアプリオリとして設定する。卽ち法は總て天啓 Sruti に其の淵源を持つてゐるものなのてある。

實際印度に於ては法は神に奉仕する總ての義務行爲を含んでゐる。それでしば〳〵法論 Dharmasastra を法律書と飜譯してゐるが Dharma の概念は我々が法律と呼ぶものよりも遙かに廣範なものてあつて、宗教慣習——宗教的贖罪、懺悔、祈禱、勤行、飮食上の戒禁、苦惱、再生、哲學、未來論、世界創造、死者葬祭、犧牲、吠陀學、苦行、波羅門及び國王等の生活方法等——を含む。

從つて法 Vyavahara は宗教又は倫理 dharma の綜合的構成部分を形成してゐるのてあつて印度の學者は律法 Dharma を日常生活の規定 samayacarika と定義してゐるのである。それて律法最古の教典である法經 Dharma-sutras は吠陀支分卽波 Vedanga Kalpa——吠陀本集を祭事に適用する補助學——と密接な關係を保つてゐる。其れは決して法規集又は法律論文ではなくして主に人間の宗教的義務を取扱かつたものてある。

それでこれは祭事の最古の教典の如くに——嚴密に云ふならば——吠陀分派から派生したものであつて裁判に用ひ

らる實際的な所謂法典として著はされたものではなく波羅門等が社會の集合的な感情並びに共通の信仰から生じた傳統的な社會規範を集成したものなのである。

從つて印度法典の内容を形成してゐるものは日常の慣行勤行的行爲、宗教的清淨、贖罪に關する規定、家父、波羅門、國王、苦行、隱者の權利義務の規則、飲食の法度であり更に又宇宙論、世界開闢論、未來論に關する論究をも含んでゐる。そして法の布告が國王の義務に屬する限りに於て家族法、訴訟法、民事及び刑事法に關する部分があるのである。

（二）

波羅門教の教義に依れば吾人の生活行爲は同時に宗教行爲であつて神を離れて我々の生活はないのである。

印度法の構成に於て最も重要なものは其の適用される法の淵源及び順位問題である。

印度法に於ては法源として註釋によつて認知され且つ引用される法源は多數ある。

我々は此等の法源が牴觸する場合に——印度法典に依る形式的法源上の順位決定に從つて——法が適用される基礎を印度に於ては何に求めるか？の問題を省察せずしては該法規に支配を與ふる根據を決定し得ないのである。

多數の法源の中で最も重要なものは Sruti, Smriti, Achara, であるが更に此の外に個人の意向、條理、Parishad, 學識ある波羅門、Puranas, Mimans, Vedangas, Itihasas, 及び他の vidyas が權威あるものとされてゐる。多數の Smriti の中で最も詳しく法源を擧示してゐるのは Yajnavalkya と Manu の法典である。Yajnavalkya は法源として次の如く擧げてゐる。

（一）Sruti （二）Smriti （三）Sadachara 良俗 （四）Priyamatmanah 自己の自由意志に依るもの （五）Samyaksamkalpajah 熟慮から生れた欲望、（六）Parishad （七）Brahmavidya をよく誦するもの （八）Puranas （九）Nyaya （十）Mimansa （十一）Dharmasastra （十二）Angas （十三）町村、カースト共同體等の社會 Samaj （十四）國王 （十五）被征服國に於ける舊慣、等がそれである。

此の場合に於て Mitaksara——ヤジュナヴァルクヤ法典に於ける Vijnaneswara の註釋——に依れば Sruti （天啓）は Vedas を意味し Smriti （傳承）は神聖な法制を意味してゐる。

Sadachara は優良な人の行爲を意味してゐる Satam なる語は複數であつてこれは單一の優良な個人の孤立した行爲は法規となり得ないことを示してゐるものである。

Priyamatmanah（自己に氣に入るもの）は撰擇が許されてゐる行爲に限られてゐる。かゝる場合に於ては當事者の欲望希望のみが法である（二者の其の一を撰ぶ場合に）。そして「欲望」は熟慮から生れたものであり、且つ聖典に違反するものであつてはならない。

然しながら善良なる慣行 Sadachara と自己の意向による法は嚴密な意味に於ける法律ではない。これらは不成文法 Saksat である。直接な眞正の法、則ち成文法 pratyaksa 法は Sruti に言明されてゐるものである。

而して又 Saksatakrita 法と Pratyaksa 法との間に牴觸の問題は起らないのである。

Pratyaksa 法のみが Sruti であつて、律法に關しては最高の權威を持つてゐるものであるが Smriti 等は Sruti の各種の要目をなしてゐるものだからである。それで此等の法の牴觸する場合には擧示の順に從つて適用される。

吠陀、法論、又は tri-vidyah——三つの學、則ち Rig-veda Yajur-veda, Sama-veda を指す——を知つてゐる四人の波羅門（ブラフマーナ）は Parsad（法律審議會）を組織する。此の Parsad の決議は律法になるのである。神聖な吠陀、法典に精通せる人の言は只一人でも又律法となるのである。

Puranas（古傳說）は—— Matsya Puranā に依れば——（一）Padma,（二）Brahmā（三）Vaisnava（四）Saiva（五）Bhagavata（六）Naradiya（七）Markandeya（八）Agneya（九）Bhavisya（十）Brahmavaivarta（十一）Lingam（十二）Varatha（十三）Skanda（十四）Vamanaka（十五）Kaurama（十六）Matsya（十七）Garuda（十八）Brahmanda の十八がある。

Nyaya は Gotama によつて樹立された論理的學派である。

Mimansa は Jaimini に依つて樹立された Purvamimansa と Vyasa に歸されてゐる Uttara-mimansa とがある。何れも思惟的のみならず實際的方面に於ても吠陀の解釋を補けるを目的とする思惟法を敎へるものである。

Dharmasastra は法典を意味するものであつて印度法の全體系を含む語であるが、特に Manu, Yajnavalkya 及び最初に Smriti（傳承）を記錄した神の啓示を受けた聖者の法に用ひられる。此等の著作は一般に（一）Achara 行爲の法規（二）Vyavahara 司法（三）Prayaschitta 刑罰の三部になつてゐる。

ヤジュナヴァルクヤは Dharmasastra として Manu, Atri, Visnu, Harita, Yajnavalkya, Usanas, Angiras, Yama, Apastamba, Samvarta, Katyayana, Brihaspati, Parasara, Vyasa, Sankh, Likhita, Daksa, Gautama, Satapata, Vasistha を擧げてゐるがこれは列擧的なもの

でなくして例示的なものである。そして此の中で牴觸のある場合には撰擇 option が要求される。

Devala は Satapata の代りに Narada を附加してゐる Sankha は（一）Atri（二）Brihaspati（三）Usanas（四）Apastamba（五）Vasistha（六）Katyayana（七）Parasara（八）Vyasa（九）Sankha（十）Likhita（十一）Samvarta（十二）Gautama（十三）Satatapa（十四）Harita（十五）Yajnavalkya（十六）Prachetas（十七）Budha（十八）Déva'a（十九）Sumantu（二十）Jamadagni（二一）Visvamitra（二二）Prajapati（二三）Paithinasi（二四）Pitamaha（二五）Baudhayana（二六）Chhagaleya（二七）Jabala（二八）Chyavana（二九）Marichi（三十）Kasyapa の表を擧げてゐる。Angas（Vada-angas）は吠陀の支分をなすべきものであつて、吠陀を理解し、適用するに必要な研究科目である。これには六種ある。（Shad-angas）

一、Sikska 音聲學
二、Chhandas 韻律學
三、Vyakarana 文法學
四、Nirukta 語原學、註釋書、Yaska の編纂
五、Jyotisha 天文學
六、Kalpa 祭典の學

がこれである。

この六の Angas と Purana, Nyaya, Mimansa, Dharmasastra, 四の Vedas 合せて十四の學は人間の總ての智識の基本をなしてゐるものである。從つて學術及び Dharma の淵源も十四ある。

印度の社會形態には都市 Nagara 村落 Grama 家族、氏族 Kula 同一宗派に屬するものゝ團體 Sakha 同一の師弟關係のもの——團體 Vidyavamsa, カースト Varna——波羅門（Brahman 宗教上の實權を握り祭式を掌る階級）刹帝利（Ksatriya 國王を首とせる武士階級）吠舍（Vaisya 所謂平民で主として農工商に從事せる階級）首陀羅（Sudra 所謂賤民であつて前三者——これは再生族 Dwija と呼ばれる——に仕へるを義務とせる階級）の四階級及び混交カースト Varna-sankara がある——等の慣行は良俗 Achara として權威を確認されてゐる。國王は行政を掌り又聖法に從つて裁判を行ひ民を保護する義務がある Raja Dharma 敵國を征服して時には混亂を防ぐ爲めに征服國の法律、慣習を强行するなく聖典に違反せざる限り被征服國の慣習を容認するのである。（**小山榮三**）

資料・報告

鹿角郡小豆澤大日堂の祭堂（ザイドウ）

——正月二日の神事——

本田安次

一、宵宮

昭和七年二月六日（舊正月一日）午後六時三十六分、日全く暮れて、陸中鹿角郡宮川村小豆澤驛に着く。別當家の若い人がわざ〳〵出迎へてゐて下すつた。案内されて雪道踏んで行くに間もなく大日堂の前で、木の間を透し見るお堂には灯がともり、人々群集してゐた。今宵お籠り（こも）である。そのまゝ通り過ぎ、小路を折れて程なく別當安倍氏宅に着く。當主七十五翁の悅人氏は忌み籠つて居られたが、御子息義惠氏にお目にかゝるに、よく訪ねてくれたと繰返し喜んで下すつた。色々お話を伺ふ。先程は既に當家奥の間にて、身固めの舞が濟んだところといふ。（是は衣裳をつけずに、神子舞と神名手舞を舞ふ。）古記錄や安倍氏系圖、其他舞の寫眞など拜見する。上座敷の床の間に奉安されてあつた新古の權現頭や、麻布幡、大小龍神幡、いさつ幣等も拜覽し得た。かくてその夜は話盡きず、御迷惑をも省ず、つひ夜半を過す。

大日堂（大日靈貴神社）の祭りを、古來祭堂（ザイドウ）（在堂とも、或はザイド又訛つてジエドウ）と呼んでゐるが、是の意味は不明である。或は齋燈ではなかつたかと思はれる節がある。別に長者傳說に因んで、養老式禮の神事とも言ふ。

別當家に「大日堂緣起」並に「大日堂由來傳記」と題する二本を傳へ、前者はつひ先頃お藏の隅から見出したと言ひ、

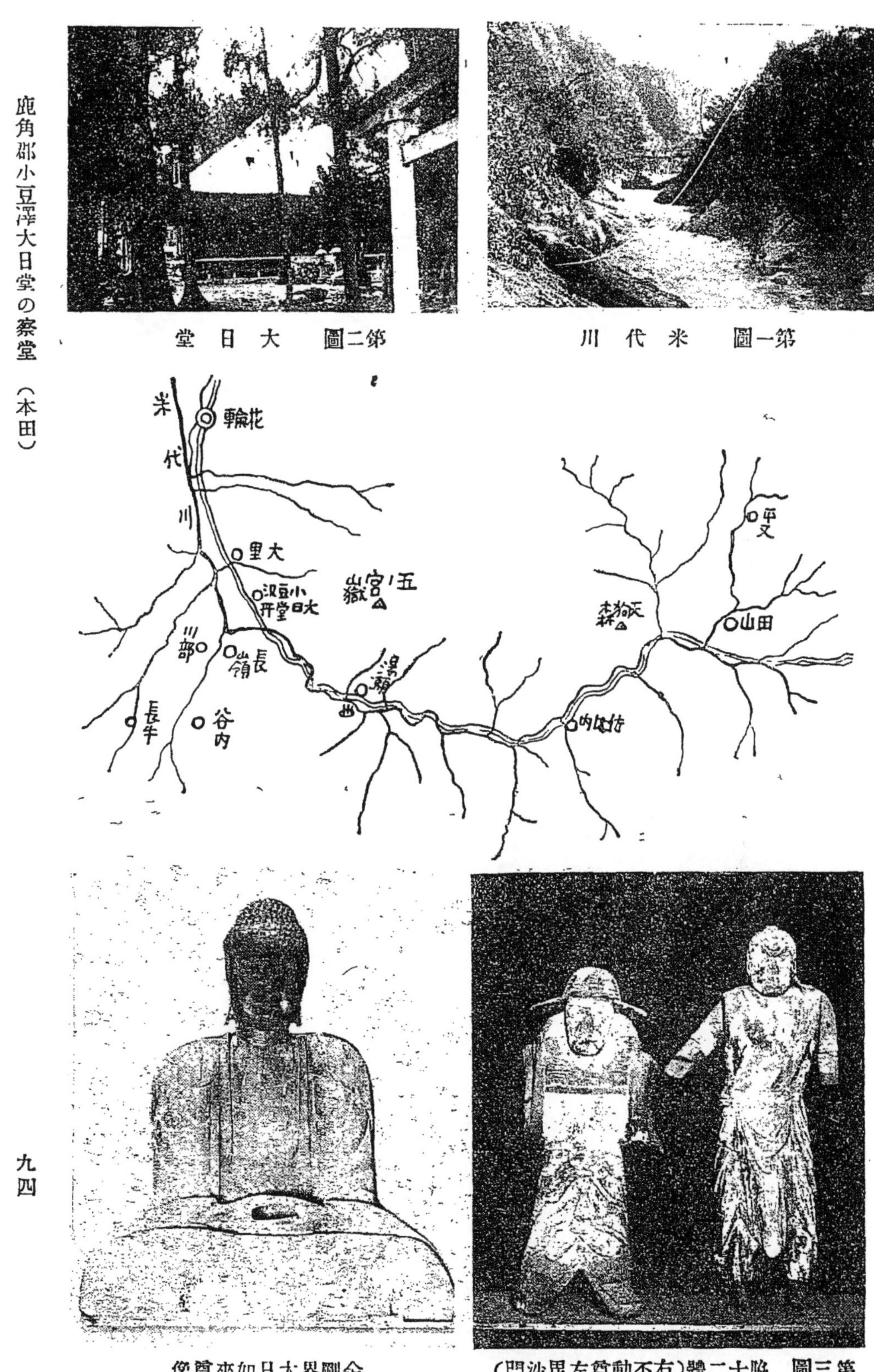

第一圖　米代川

第二圖　大日堂

第三圖　脇士二體（右不動尊左毘沙門）

金剛界大日如來尊像

鹿角郡小豆澤大日堂の祭堂（本田）

第四圖　神子舞

第五圖　權現舞（小豆澤村）

第六圖 工匠舞（大平村）

鹿角郡小豆澤大日堂の祭堂（本田）

第七圖 烏遁舞（長嶺村）

鹿角郡小豆澤大日堂の祭堂（本田）
第八圖　烏　舞（大里村）

第九圖　田　樂　舞（小豆澤村）

第十圖　駒　舞（大里村）

鹿角郡小豆澤大日堂の祭堂　（本田）

第十一圖　五大尊舞（谷内村）

鹿角郡小豆澤大日堂の祭堂（本田）

第十二圖　五之宮大權現獅子頭（向って左右作）

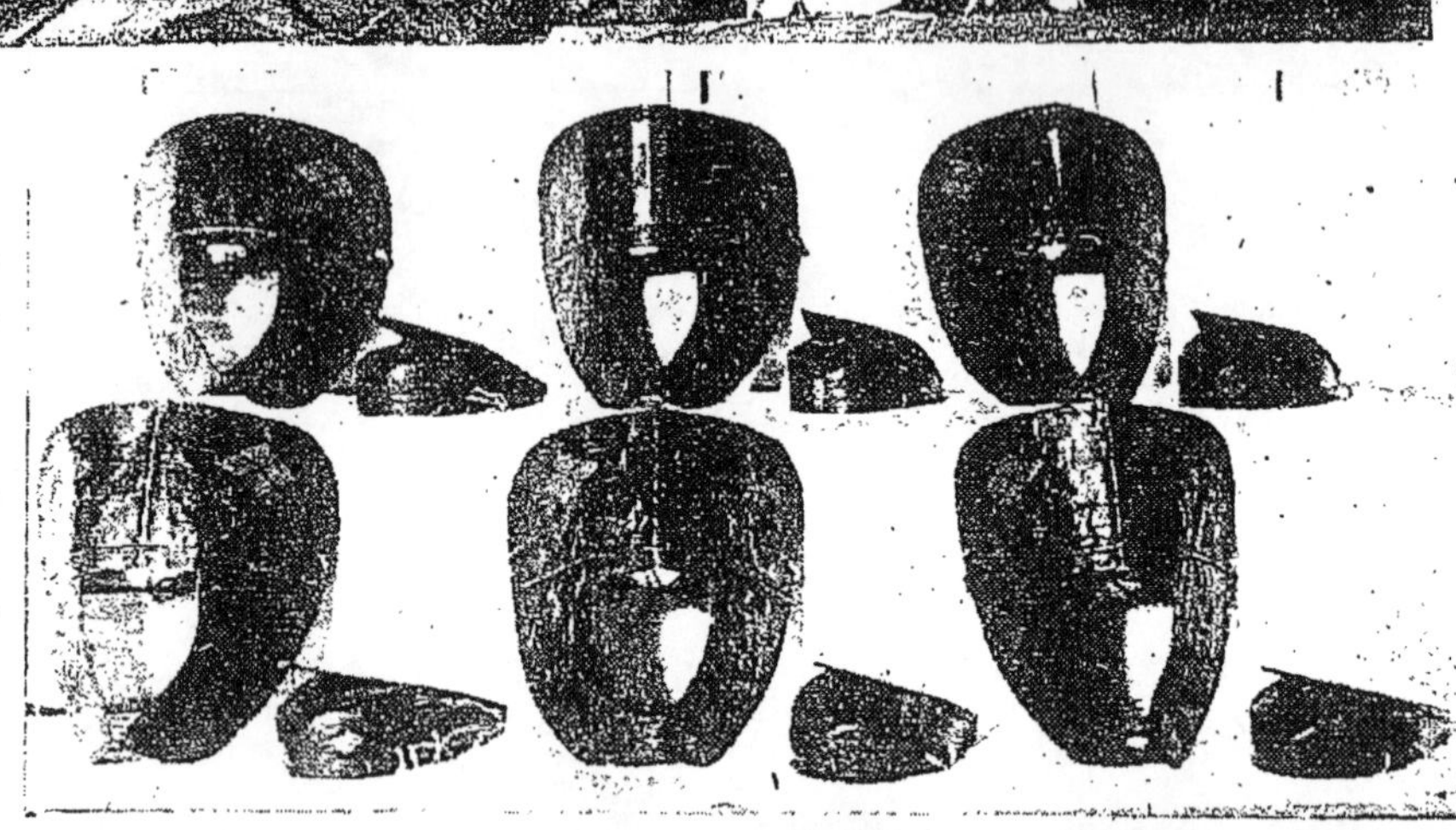

第十三圖　烏遍面及烏帽子

第十四圖　五大尊舞面（金剛界大日　胎藏界大日　普賢　文珠　八幡　不動）

鹿角郡小豆澤大日堂の祭堂（本田）

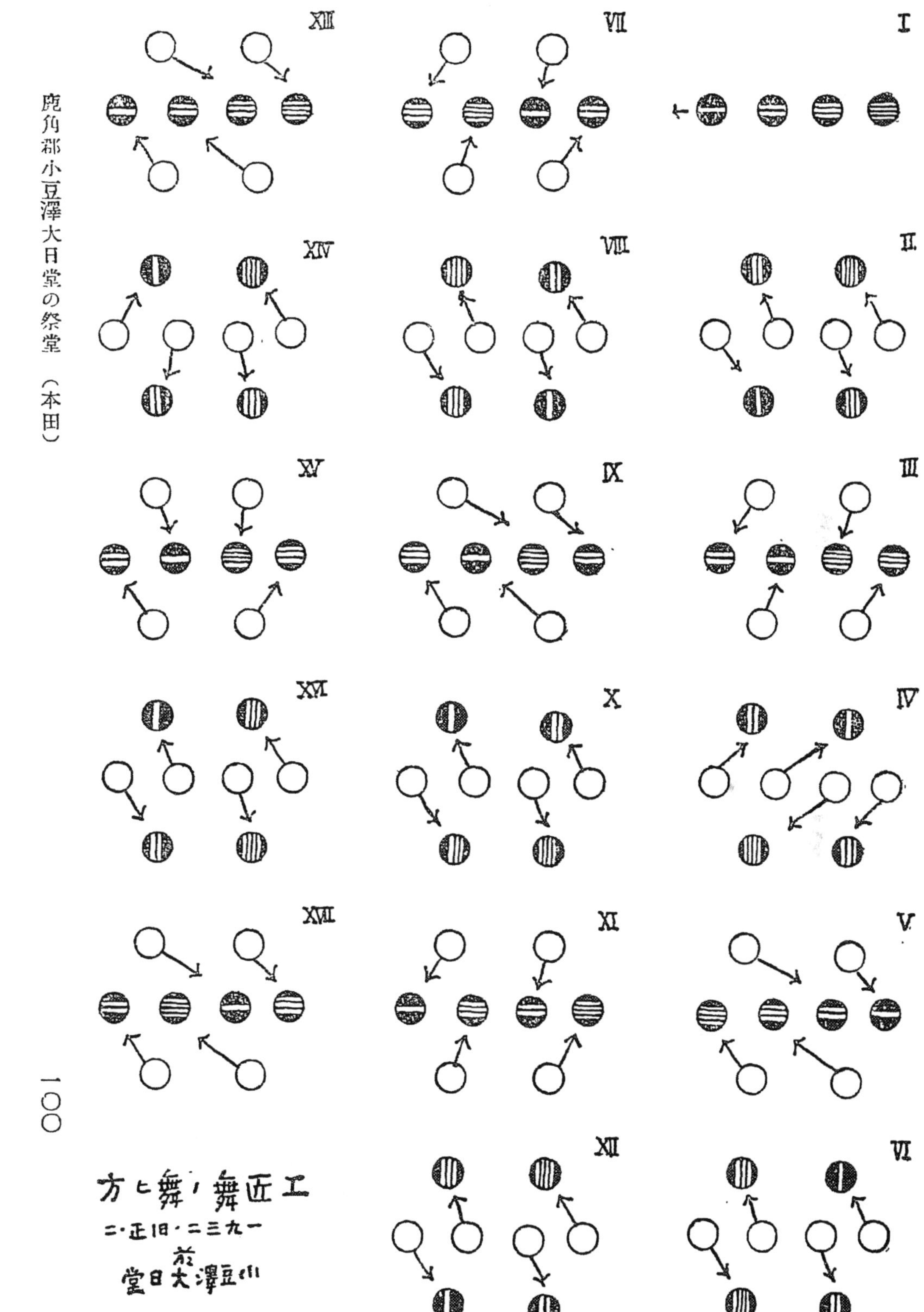

始めの半分程は損じ漸く、舞の次第書より判讀し得る。然し損じた部分も幸ひ大里村に同文のものが傳へられてゐて、是より補つてあつた。右は安永六年後幾ばくもなく書かれたらしく、後者は更に其後に書かれてゐるらしい。此の二本に、大日堂關係の諸事と共に、神事の次第もかなり細しく誌してある。

今、「大日堂緣起」によれば、「村々祭禮之勤之事」の項には次の如く見えてゐる。（便宜上句讀點、圈點を施し、「由來傳記」により註す。）

「極月朔日より正月十八日迄、四十八日注連の內にて、別當加行相勤、大里村籠屋、谷內は大博士、長嶺壹博士、小豆澤村小行事、大里村大行事。此五人は四十八日潔齋、舞人を能衆と云、是は十五日、廿日より、正月二日迄。潔齋は、女犯生死の穢、鳥獸不喰、火の穢禁し、魚類は裝束して不出立內は相用ひ、朝に垢離をとり、身潔にして、極月廿六日夜より七日七夜舞習。是を祭堂と云。

小豆澤村は別當、大里は籠屋、定舞臺本。長嶺村は八舞臺、谷內村九舞臺本、地付神役に相勤來所、谷內村難澁して不相勤、鎭守觀音堂にて右舞臺本役の地より御面もり、幡指等出る。

四ヶ村能衆三十五人、（傳記「小豆澤村十人、大里村十一人、長嶺村七人、谷內村七人」）元日夜出立。着用物は何れも小袖一重。舞能衆二十九人、布衣大紋直垂、（布衣は所謂布衣でなく、布製のといふ程の意か、是は布直垂、卽ち「大紋」の意であらう）袴、刀一本指、大紋は五本骨の扇子に日の丸、養老の禮被行時、舞樂人相用ひ、四ヶ村能衆に相傳る由、冠物は權現頭舞一人、田樂舞六人、駒舞貳人、紙して。ばぢ鷲舞四人、立烏帽子。鳥遍舞六人、折烏帽子。五大尊舞六人、白布のゆてかふり、□□權現獅子舞一人、烏舞三人、包冠、此四人は童子なり。（傳記「權現舞二人、田樂舞六人ハ綾笠」「駒舞ハ紙シデ、」「五大尊舞六人ハ白梵天」）笛吹二人、太皷打四人、袴と、何れも脚絆わらぐつ結付、供壹人宛明松持、列に相添、大小幡先に立、村々堂社祭拜して、大里村は小豆澤西村にて（傳記「別當境內西ノ方ニテ」）兩村能衆會合して高さ廻り八尺の大明松五體立、五ノ宮山祭拜して、さつ幣指、舞相勤、大日堂に相詰る。（傳記「谷內村ハ長嶺ニテ會合、五ノ宮山祭拜、相詰ル。」)大日堂前庭にて、花舞と言て。四ヶ村能衆會合、祭拜、さつ幣指、舞相勤、御堂の縁に上る。」

續いて「祭禮の式」の項に。

「元日夜、子の刻、御堂內陣、外陣に燈明立、舞臺据、(傳記「丑ノ時舞臺据」)東に小豆澤村小行事、西には大里村大行事。染布衣直垂、袴着して座す。六丈五尺の藁綱、中にさつ幣、月の數。七五三の幣壹本添て指、寶殿の上東西へ張、(傳記「其年月數ノ御供餅、神酒相添ヘ備フ。」)近鄕の者來て耕作を祝ひ、寅の刻迄籾押有。

其れより長嶺、谷內兩村の幡大小四流。次に六丈五尺の麻布、切わら入織、所々に紙して付、四つ折にして竿四本に付持。(脫落あり)……次に四ヶ村能人貳拾九人立、笛吹貳人、太皷打四人、內にて笛吹太皷打あはせ、緣三度廻り、幡は御堂の二階に上る。谷內、小豆澤は東、長嶺、大里は西、麻布は綱同樣に張り足、御しやうらぐと言ふ。(傳記「先ニ長嶺、谷內兩村幡、次ニ麻布幡、次ニ大里、小豆澤兩村ノ幡、次ニ五ノ宮山大權現。四ヶ村能人、太皷四人、笛二人ニテ三度廻り、幡ハ二階ノ東西ヘ上ゲ相備ヘ、麻布ハ綱同樣ニ張リ、五ノ宮山大權現御入堂、是ヲ御上樂ト云。」)幡大小八流は、東西南北大小の龍神勸請。綱はかさり繩、麻布は水引成るべし。四ヶ村能衆內に入、舞始る。」

南部家榮えてゐた明治維新前迄は、一節の懈怠もなかつたといふが、維新後、四ヶ村が集つて演ずることは極く稀であつた。日淸、日露の役の折などには、然し乍ら、暫く振に祭を盛大に執行したといふ。小豆澤の權現舞だけは每年缺かさず行はれて來て居り、田樂舞も折々演じ、又大里村の駒舞、烏舞も時折やつて來た。大正十五年に至り、祭儀の絕えるのを惜しみ、別當家や宮川村長等の折角の奔走により、村費より若干を支出し、漸く復活を見たものである。所がこゝ三年程、事情あつて谷內(タニナイ)村が不參となり、現在は他の三ヶ村が祭りを務めてゐる。

尙、「けふのせはのゝ」に眞澄翁が、「いかめしい」と形容した大日堂のお堂は、中央の間八尺、他七尺一間の九間四面、高さ十三間の大建物で、周圍に巾六尺足らずの廻廊がめぐらされてゐる。

現社殿は、寬文六年、南部二十九代大守大膳太夫源朝臣重信公の再興に關はり、以前のもほゞ同樣のお堂で、壽永二年奧鎭守府將軍、藤原國衡の頃、錦戸太郎なるものが、父の命により再建したものと傳へてゐるが、右堂宇破壞に及び、「大守南部十五代源朝臣大膳太夫政盛大旦那、別當安倍儀安」にて、「文明十八年丙午四月廿八日」、修覆に及んだ棟札の記錄が、記錄としては最古らしい。その後も大守利直公が寛永八年に、大守重直公が慶安二年に修覆してゐる。かくて大守重信公御代に至り、寛文五年極月晦日の夜、御堂天井より出火し、堂宇尊像不殘炎上（この折の祭禮は、正月十八日に被仰付、燒跡に矢來をゆひ相勤めたといふ。）寛文六年二月九日杣入被仰付、元の如くに、九間四面に御建立あり、本尊は、舊本尊と同木同作と傳へられてゐる金剛界大日如來を、大守の命により、長牛村大日堂より移し奉り、同年極月二日入佛上梁せしめたもので、その銘が殘つてゐる。因に大日堂は、南部家崇敬八社の一であつた。

尙大守同御代、延寶九年修覆、大守行信公元祿十一年、大守久信公寶永二年、大守信視公享保十五年、及延享四年、大守利雄公明和三年等にも修覆になり、其後も破損の箇所を修覆しつゝ今日に及んだものである。

二、舞臺元の舞

暫時とて微睡むひまもなく、午前三時頃、枕上に音して人々の通る氣配がした。是は小豆澤の能衆が宿に集まり、食事したゝめ、水垢離をとり、身仕度するとて、別當家から權現樣をお守り申し、幡樂器等を運ぶ音であつたといふ。此の宿は立願で寄進になるか、或は費用持よりで、能衆の家を是に宛てることもある。當年の宿は、後述白山の齋藤家であつた。

六時四十分起き出で身仕度する間もなく、田樂風の笛、太皷の音がひゞいてくる。荒むしろを一面淸げに敷きつめた上座敷に、裝束つけた十二三人の者が、藁靴のまゝ上つて、床の間を正面とし、正面をあけてほゞ輪に並び、中央に一人々々出て、神子舞が始まつてゐた。太皷（つゝみと稱す）一人、笛二人、舞子は鈴を右手に、しで（長さ三四寸の圓く削つた木に、紙しでを總の如くつけたもの）を左手に持つ。この神子舞の舞ひ方は、先づ出ると、中央正面向に束に立ち、達拜する如く拜し、次に兩袖左右にひろげ（寫眞第四圖）鈴一振り每に浮沈し（右足をふと屈し、すぐ直す）、順に一めぐり、（この間浮沈七度）

正面向にとまり、持物合せ鈴振り、拜する如くし、次に又順に一めぐり、續いて又めぐり、（この役の二廻りた浮沈十二度にてする）とまり、持物合せ拜する如くし、次に逆にめぐり、又めぐり、とまり、持物合せ拜する如くし、次に順にめぐり又めぐる。實際は更にもう二まはり逆にめぐるといふ。都合順逆九度めぐるのである。是で鈴振つて拜し、席に退き、兩持物を次の人に渡し交替する。

かくて能衆一通り濟むと、最初の者が再び出、振變り、神名手舞（かなで）となる。此度はしでのみを右手に持ち、左手はたゞ袖口をとる。

是の舞ひ方は、先づ正面向束に立ち、逹拜。次に逆まはりに其場に、1、2、3、と同樣浮沈三度（長嶺では五度）して後向になり、次に4、にて右足一歩左に、兩袖を左方に飜し送り、なほり、5、にて左足を一歩右に、兩袖を右方に送りなほり、次に6、にて左足あげ、兩袖左方に送り、そのまゝ7、8、9、と三度浮沈して正面向になり、次に10、11、12と、同樣兩袖左方に（右足左方に拂ひ）、右方に（左足右方に拂ひ）、更に左方に（右足左方に拂ひ）送つてなほし、兩袖合せ、頂き拜して次の者と交代する。

一わたり濟むと、次に田樂舞。正面に向つて左手に小鼓、右手に太鼓役が相對し、夫々の下座に二人宛さゝら役が並ぶ。さゝらはびんざゝらである。先づ兩側相對し、さゝらを小刻みにすると、小鼓役が、順まはり小足に小まはりして席に戻り、更に大足に小まはりして戻る。小鼓捧げ拜。此の小鼓は天狗の小鼓と稱し、皮の部分も木で造へ、紙を張り、萬字巴を畫く。次に一同、寫眞第九圖の如き姿勢にて、右手腰、左手にさゝらの背中央を持ち、肩にさゝげ、笛に合せて一同順にめぐり、三はりしてもとに並ぶ。次にさゝらを普通にとり、調子にてひよいと鳴らし　次に靜かに順めぐりしてもとに並び、今度はさゝらをすりつゝめぐる。そのすり方は、一同中に合せてすり、（小鼓、太鼓も中に打つ）次に外に開いてする。（小鼓、太鼓も開いて打つ。）かくて一めぐり、兩列向ひ合になほり、次にさゝらすりつゝ入れかはる。背中合せのまゝ左右にすり、向ひ合ひになり、すり、次に再び入れかはる。左右すり、向ひ合ひになほりする。次に、中にすり、外に開いてすりつゝ一めぐり、次に向ひ合になほり、すりどめ。次に小鼓役が始めの如く鼓捧げて出、小足小まはり、更に大足小まはり、小鼓拜してとめとする。

次に權現舞。是は、雨戸明放した庭に面する東方、五の宮嶽の方を正面とする。（今迄の正面床の間に向つて右手）一人が大幣を捧げ持ち、正面に立つ。權現を舞はす者一人、尾を持つ者　十三四歲の童子）一人、他の人々は周圍に立合ふ。（脇立(わきだち)と稱す）暫く笛のみ。（待笛と稱す）やがて太鼓をドン〳〵と打つと、權現を舞はす者、手を合せ拜し、權現頭冠り童子は尾を持ち、パク〳〵言はせつゝ順に靜かにその場にめぐり、更にめぐり、逆にめぐり、更にめぐり、順にめぐる。パク〳〵言はせることを齒打(はうち)と言ふ。次に童子、麻の尾にて後から權現の頭を叩くこと五度程、（その度毎にパクと言つて少し乘出させ、戾す。）次に一人が白扇開き、權現の前に翳す。童子は尾もて叩きつゝ權現齒打すること幾度か、とめて扇收め、一まはり順に、きまつて齒打。頭ぢつと。更に白扇開き翳し、齒打。次に順に半まはりして後向になり齒打。一しきりあつて正面向にかへつて齒打。次に順にめぐり。齒打一しきりあつて頭外し、權現を拜する。

三年前迄、永らくこの權現をのみ舞はしてゐた老人が存命であつたが、この人の舞はし方は入神の技であつたといふ。

以上を舞臺元の舞といふ。

舞きまると、權現頭を扉のついてゐる箱にお納り申し、一人背負ひ、是より社堂祭拜に出發する。その行列は、先づ眞先に大小龍神幡、是は白木綿大巾凡一丈程のもの（もとは紙で、年々造へたものといふが、今は造りおきにしてゐる）で、「大龍神」「小龍神」と書き、大龍神幡の方には、龍頭と稱する眼口を畫いた木製のものをつける。（第四圖及び第十一圖參照）前後二人宛にて持つ。次に錦幡、（但し是は近年の奉納といふ。）次に高張提燈、（もとはお伴が能衆一人々々に明松を持つて附添つたもの故、この樣なものはなかつた。）次に能衆と同じ裝束つけた太鼓背負へる者、及太鼓打。兩人共頭に、長さ七尺の白布を卷く。（この白布のことを小豆澤では梵天と稱してゐるといふが不審である。傳記に、「五大尊舞六人は白梵天」とあり、何れも白布を卷いてはゐるが、兩部大日神二人が別に幣束をつくり額にさす。或はやはり幣束を言つたもので、この樣なところから言ひまぎれたものか。「緣起」には「白布のゆて」とだけあり、他ではタナ若くは鉢卷とのみ言つてゐる。）次に笛方二名。次に大幣束を捧げた者（頭に白布を卷く）。次にさゝらを入れた道具箱背負へる者。その箱の上に小鼓を乘せおく。次に權現頭をお守り申した箱背負へる者。次に大唐傘、是は權現まはしの時、雪雨を防ぐため差すのだといふ。次に八人の能衆。是は何れも綾笠と稱する、五色の紙しでをざいの如く垂れたものを冠り、（權現の尾を持つ童子だけは包冠の如く「緣起」には見えるが、今はやはり綾笠を冠る。）淺葱地に、記錄に見えてゐる通りの、五本骨の日の丸扇（この紋は秋田佐竹公のと同じであるが、鹿角は昔より南部藩に屬してゐたもの故不審であると。）の大紋打つた麻織の直垂（所謂大紋）を着、たつつけをはく。此の衣裳は、何れも、けがれの止つた村の老婦人達が、潔齋して織つたものといふ。（中に、何某奉納と染め出したものもある。）下着にはもと、「ぬひ模樣などのあるきらびやかな衣裳」（小袖）をつけたといふが、今は平服或は紋服である。同じ色の麻織の脚絆をつけ、藁靴をはく。この藁靴は舞靴とも稱し、平常は用ひない。（もと手甲もあつたといふ。）尙笛方、幡持其他は平服のまゝ、冠物も用ひない。皆々藁靴をはく。

三、天王舞・西の舞

七時半頃、大里村が着いたといふ報知に、別當家とは御親戚の安倍正一君に案內されて急いで出てみると、西のかく地と稱してゐる、別當家のすぐ西隣の廣場に、大小龍神幡を押立てゝ裝束つけた一團の人々が早や焚火して待つてゐた。雪がチラホラ落ちてくる。そのまゝ天王に駈付てみると、丁度小豆澤の天王舞は終へた所であつた。此處は小岡の頂上、一間四方のお堂で、實は權現舞のみを舞ふ。一行は是迄、二三ヶ所、立願の家に寄つて舞つてきたのである。――病氣平癒、新築等にて立願の場合は豫め通じておく。大抵、神子舞と神名手舞、若くは權現舞をその家で舞ふ。もとはもつと方々の堂社で舞つたといふが、最後にはいつも天王で舞ふ例になつてゐた。

因に舊八月十八日の晩、大日堂では徑三四寸の餅十五箇を、新しい小豆を用ひてつくつた餡にくるんでこの天王に贈り、

鹿角郡小豆澤大日堂の祭堂（本田）

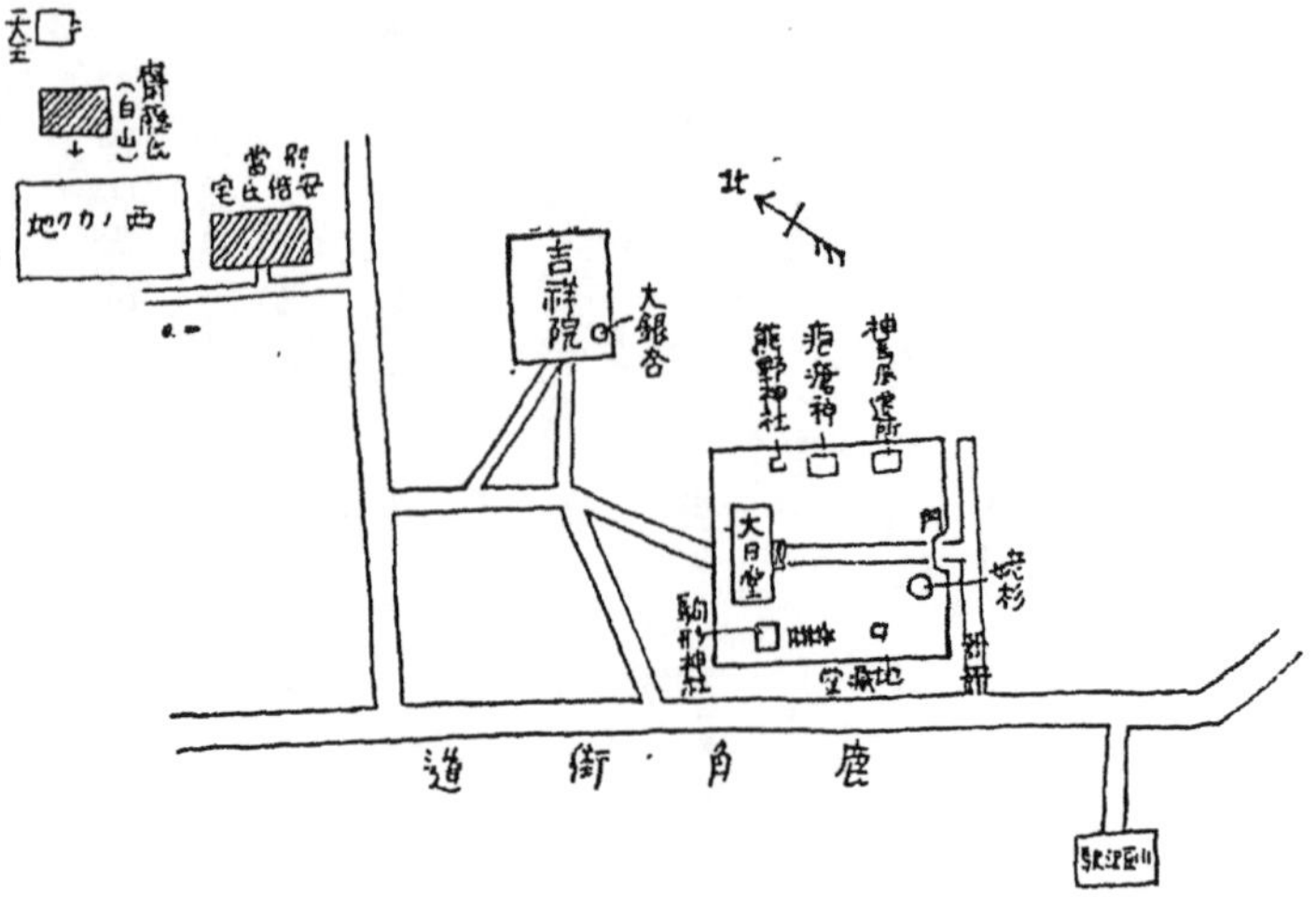

鹿角郡小豆澤大日堂の祭堂　（本田）

天王では又新米をもつて炊いた赤飯を大日堂に送り、かく交換して供へる神事がある。

岡を下ると、その中腹の通稱を白山（しらやま）といふ齋藤家にて休息する。同家は加賀から來たと云ひ、家內に白山神社をまつつてあるのでかく呼ばれてゐるといふが、西の舞の始る前、大里村の人々を待つ間、小豆澤が每年この家で休むならはしになつてゐる。但し舞はない。たゞ神酒の饗應など受けるのである。この家の前からは、すぐ目の下に西のかく地が見下される。

小憩して岡を下ると、こゝに兩村の者が顏を合せ挨拶をかはす。（時に八時二十分）雪の中に兩組相對し、南を先頭に大里は西側、小豆澤は東側に、各々龍神幡の龍頭を東方五の宮嶽（藥師嶽が目前に迫つてゐるためその彼方になつてゐて、こゝからは見えない。）の方に向けて並び、こゝにはたふえといふのが、小豆澤によつて吹かれる。是は「幡にたましひを入れる」のだといふ。一體この幡ふえは、前後三度程吹かれる。最初「幡をこしらへたとき」、次にこの「西のかく地にて兩村の幡が出逢つたとき」、及後、「大日堂前庭に、四ヶ村の幡を合せたとき」である。主に笛の調子で、太鼓も僅かに交る。

次に神子舞、神名手舞を、一同同時にその場に舞ふ。實際はやはり兩組とも、一人々々出て舞ふのであるが略してゐるのである。次で東方に向つて暫く權現の待笛あり、大幣束を前に、大唐傘を擴げその下で權現舞が舞はれる。以上を西の舞と稱す。記錄にも見えてゐる通り、維新前迄は、この時、周圍高さとも八尺の大明松を五體立て、さつ幣を月の數だけさし、東方を拜して舞つたものといふ。

是より大里組先に、別當家の前庭を通つて大日堂へ向ふ。大里村の行列は、先づ警固一人、大小龍神幡、高張り、錦幡、駒形神社旗、御神燈。次に太皷を背負へる者、太皷打（同樣白布を頭に卷く）笛吹二人。次に烏舞三人――是は何れも十二三歳の童子で、頭に包冠と稱する（寫眞第八圖、烏甲の下に見えてゐるもの）白のまろい綿帽子をかぶり、直垂の下には特に所謂ふり（別仕立、振袖腰までのもの）を着る。次にばぢどう舞四人、黑地の烏帽子冠り、つのと稱し、追懸凬に兩耳の邊にしでを總にしたものをかけ、（寫眞第六圖）烏帽子の上を赤鉢卷する。次に駒舞二人、しで笠をかぶる。是は綾笠と同じであるが、たゞ白のみのしでを垂れたもの。（「緣起」には双方區別なく、しで笠としてある。）太皷打、能衆は總て同樣の直垂に袴。皆々藁靴をはく。

四、地藏舞・幡ふえ

大日堂の姥杉の下に着く殆ど間もなく、向ふの道を長嶺村（川部村を含む。）の行列が見えてきた。（時に九時十五分。）途中迄馳けつけて出迎へて見ると、先頭は祭堂係と稱してゐた頭に白布卷き、大紋を着けた四人の者。次に大小龍神幡。（こゝでは幡持も頭に白布卷き、直垂に袴をつけてゐた）高張り二個。大幣。おしき持。瓶子（神酒）持二人。三つ重ねのお供持。中に顋面の入つてゐる葛籠背負へるもの。錦幡。太皷背負へる者、太皷打。祭禮提燈持てる伴の者（頭に白布卷き直垂をつける。）次に折烏帽子、帶刀の者六人。是に一々この提燈持てる伴の者がつく。（是等の行列を横切ることは出來ない。）

到着すると先づ御堂に參拜、すぐ引返して杉の根本に至り、こゝに三ヶ村會合、夫々新年の挨拶をかはす。

大日堂の向つて左手、姥杉と向ひ合ひに、地藏堂がある。今はぽつねんと小さな石の祠に過ぎないが、もとはやはりお堂があつたらしく、「緣起」には次の如く見えてゐる。

「此堂何の頃、何人建立しけるや不相知、小豆澤村に地藏田と申して田地貳百五拾苅有、古代此堂へ附たる田地の由、時代替て御藏入と成、正月二日の朝小豆澤村より祭禮出勤の能衆祭拜の所なり。其時右田地より供物神酒出る。

鹿角郡小豆澤大日堂の祭堂（本田）

鹿角郡小豆澤大日堂の祭堂　（本田）

此堂柵外に有けるを、寛文六年本堂御再興の時、柵の内へ引移し、御立直し被成、本堂御修覆の時修覆御加有なり。」

此の地藏堂と姥杉の間の廣場に、長嶺が姥杉の前、小豆澤が地藏堂前、大里が大日堂を背後にして三方に並び、（もう一方空いてゐるのは谷内の場所である。）幡等は總て杉に立かけおき、こゝに一同にて、神子舞、神名手舞を舞ふ。もとはやはり、四ケ村一人々々舞つたといふ。次に暫く待笛あつて、小豆澤による權現舞が舞はれる。此の時ば、周圍を取卷いた群集から銅錢が雨の如く權現に向つて投げつけられる。それを又拾はうと子供達が雜踏する。

次に長嶺、大里、小豆澤の順で、大小龍神幡を先だて、五の宮權現を奉じ、お堂廣前を人を分けて一列順まはりに、兩袖ひろげ、浮沈しつゝめぐる。樂人其他はお堂のきざはしに控へ、こゝに幡ぶえが吹かれる。この間廣前を三回めぐる。因に、もと警固と稱する、勇み肌の者が若干、村々から、及び湯瀨村の方からも出て來た。丹前（ひらくちとも）を着、片肌ぬぎ、前かけ（腹あて）をつけ、手に紙シデ（九字）をし、草鞋はき、六尺棒をついたものである。今は小豆澤村の消防組の者が二十人程、制服つけて是に當り、やはり六尺棒をついて、とん〳〵と土、或はお堂の板の間を鳴らし、群集に道を開けさせ、能衆の先立をし、又參詣人や所用の者の爲にも道をつくつてくれる。

五、花の舞・籾押し

次に大日堂きざはしのすぐ前にて、花の舞といふのが舞はれる。端の舞であらうが、やはり神子舞、神名手舞、及權現舞を舞ふ。此の時既に堂内からは「ヨンヤラヤーセ」「ソラアンサーセ」といふ大勢の者の聲が聞えてくる。堂內より溢れ出る人々と詰め寄る人々でお堂の口はもう蟻のはひ出るひまもなく一ぱいである。こゝに、花の舞を中途にして、正一君の案內で、素早くお堂の裏手にまはり、潜り戸から內部に入つて、手探りで梯を登り、寶殿內に駈け上つて、みると、目の下九間四方のごつたがへす堂一ぱいの群集の中、に今や籾押しが始つてゐた。

堂內には、徑六尺五六寸の四本の丸太柱があり、是が全堂宇を支へてゐるのであるが、籾押の輪はその外側の二本の柱をめぐり、是を兩端とし、順まはりの手柄に卷く。丹前（今は平服）の右肩拔ぎ、振り向ふ鉢卷の、四五十人の若い衆が、兩手の指に、五色の紙しでをつけ、かけ聲しつゝ舞ふ。もとは村々から出たといふが、今は小豆澤からのみ出る。

その振は、先づ體全體を左前に振つて腰かゞめ、兩手もて左下をきり、次にかへして右後に振ち、右下をきる。此の時踊る者が、「ヨンヤラ　ヤーセ」といふ。次に體おこし、左手腰、右手を頂き上げ、次にそのまゝ右足からトンと一步進み出る。此の時周圍に六尺棒を持つて固めてゐた警固の者が、「ソラアン　サーセ」と受け言葉を言ふ。以上の振を續けるのである。間もなくこの糾抑しはやんだ。

六、御上樂

次にいよ〳〵御上樂である。

花の舞を終へた能衆は、警固の者に道をあけさせ、先づ長嶺、次に實際は谷內、兩村の大小龍神幡。次に又實際は麻布幡。是は一尺巾、六丈五尺の麻の荒織りで、所々、七本、五本、三本と、一尺巾を横切つて藁が織入れられてあり、又所所に紙しでを下げ、七折りにし、竿四本につけて立て、長嶺及小豆澤の者により持たれる。今は廢めてゐるが、もとの幡が別當家に保管されてゐて昨夜、拜見することが出來た。やはりけがれの止つた婦人達が、年々潔齋して一日或は二日がゝりで織つたものといふ。

次に大里、小豆澤兩村の幡、次に五の宮權現、次に各村能衆。太皷方、笛方で、お堂の一間巾の外廊を順まはりに、御上樂の樂につれて三回めぐる。此の時正一君の注意で私等は寶殿を降り、人を分けてもらつて、お堂の入口近くしつらへられた二間四方、二尺高さの、舞臺のための段の上に、御免を蒙つて上る。正面を見ると、（俗にうちみどうと呼ばれてゐる）寶殿の上層には手すりをつけた二階があり、東西兩側には更に高く、同じく手すりをつけたギャラリィ風の棲が、夫々南北に走つて設へられてある。此の東西のギャラリィから、寶殿の上に、長さ六丈五尺の大藁綱が渡され、是にさつ幣十二

鹿角郡小豆澤大日堂の祭堂 （本田） 一二一

本、及七五三に裁つた大幣束が一本指してあつた。此の藁綱はもと、前日あたり若者達が、村中の藁を集めてきて、年々造へたものと言ひ、元日朝かけ、十八日にとるのであるが、今は造りつけにして、仕舞つておくといふ、天井中央には巨大な奉納提燈が吊されてゐた。

扨て向ふ鉢卷、片肌ぬいだまゝの糉押しの若者が三四人、梯を登つて寶殿二階の東西に分れ陣どり、更に東西ギャラリイにも三四人待ち構へる。すべて準備は調つた。

やがてお堂めぐりが濟み、最初長嶺の者が見え、次に大里、この兩者は西の口から。次に小豆澤、是は東口から、つと幡持は目の色變へてお堂内に走り込み、大小龍神幡をひらく〱と下からはふり上げると、二階の者は受けとつて更にギャラリイに投げ上げ、ギャラリイの者は直ちに是を欄干から下げる。この前後の光景には一種悽愴なものがあつた。（この場合互が他に遲れることは不名譽であり、又萬一仕損ずるやうなことでもあると、其年のうちにきつと何か凶事が起ると、固く信ぜられてゐる。）權現は西の口から入堂になる。能衆が續く。是を御上樂と言つてゐる。（時に九時三十五分。）能衆は夫々の幕舍をしつらへ舞の準備をする。寶殿の上にはすぐ祭式が始つて、祓、開扉、供膳、祝詞等型の如く。續いて舞臺の舞にうつる。（尙廊布幡は、藁綱の下に水引の如く一文字に張り渡したものといふ。）

七、お堂内の舞

本式には圖の如く、正面に向つて左手奥に長嶺、その手前に大里、右手奥に谷內、次に小豆澤が、夫々紺地に日の丸扇の紋を染め拔いた廊幕を 天非から綱を下げて張りめぐらし、こゝを控所とする。此の幕舍のことは單にどこそこの幕とのみ呼んでゐたが、宛も樣子が、舞樂の左舞、右舞に似てゐるのは面白い（見學の時の實際は、谷內の場所に長嶺が居り、長嶺の場所を空けてゐた。）

お堂中央に豫め二間四方、（細しくは十尺四方で、四隅に、五寸五分立方の柱株がある。）高さ二尺の舞臺をしつらへておく。

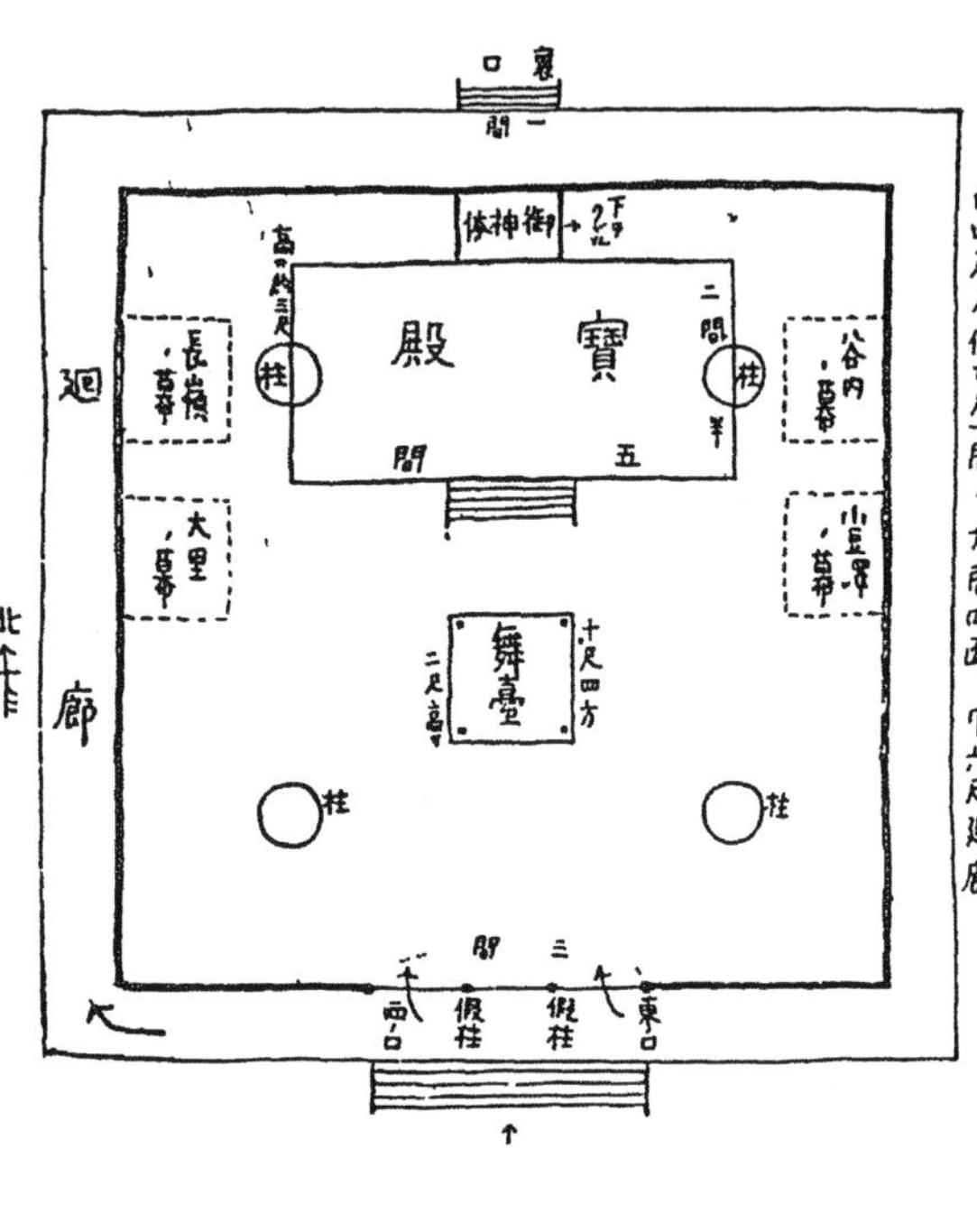

（但し今年は、外の參拜者にも見える樣にと、入口近く寄せられてゐたが、御堂のきざはしの高いのと、群集がぎつしり周圍を取圍んでゐたため、結果ば同じであつたらしい。）

舊記に見える舞の次第は次の如くである。

一、神子舞　（四ケ村能衆二十九人が、人々舞臺に上つて舞ふ。）

二、加なて舞　（同前）

○修法　（別當參堂）

○大小行事　（散米）

三、權現舞　（二人、小豆澤より出ろ。脇立六人）

四、ばぢ堂舞　（四人、大里より出ろ）

五、烏遍舞　（六人、長嶺より出ろ）

六、鳥　舞　（三人、童子、大里より出ろ）

七、田樂舞　（六人、小豆澤より出ろ）

八、駒　舞　（二人、大里より出ろ）

九、五大尊舞　（六人、谷内より出ろ）

復興以來は、「神子舞」「加なて舞」「祭式」「散米」「權現舞」「駒舞」「烏遍舞」「鳥舞」「工匠舞」「田樂舞」、「五大尊舞」の順に演じてゐる。今は便宜上、現在の順に從ふ。

神子舞

「緣起」には次の如く見えてゐる。

鹿角郡小豆澤大日堂の祭堂（本田）

「四ヶ村能衆貳拾九人、出立の裝束にて壹人宛舞臺へ上り、鈴、紙して持、笛貳人、太鼓四人にて舞相勤む。十方の諸神招請の舞かと見得たり。傳記）「是天神再拜ノ舞ト云」）」

先づ東の幕舍より警固の者先導にて人を分け、長嶺村の者が舞臺際に至り控へ、三村三人の太鼓打が三方の角に陣どり笛方二人宛が兩側に、太鼓打の間にはさまり控へ、能衆一人々々が舞臺に登り、本尊の方を正面として神子舞を舞ふ。何れも舞ひ終へると持物を次の者に渡し代る。かく長嶺が舞終へると、引續き大里、次に小豆澤。總て舞は、昔は四拍子に舞つたが、今は二拍子、若くは一拍子に略してゐるといふ。（手数を省いてゐるのである。）

加なて舞

續いて同じ順で、すぐ加なて舞（傳記は、神名手舞とす）にうつる。「緣起」の記錄は次の如くである。

「次に加なて舞、右同斷、壹人宛舞臺へ上り、紙して持、笛貳人、太鼓四人にて舞相勤、是□神拜禮の舞かと見得たり。（傳記「地祇拜禮舞ト云」）」

修法

次にもと別當參堂して修法を行つたものであるが、今は神式により祭式を行つてゐる。卽ち舞臺に机おき、三寳に榊供へ、廳立で、こちらから向つて右側に神職方三人並び居ると、丁度このとき、「神饌幣帛供進使」の旗たて、一棹擔いだ役場側の者が乘込み、やがて舞臺の左側に神職方と向ひ合ひに村長を頭に三人並ぶ。何れも狩衣をつけ、烏帽子、別當はオサ冠を冠る。他に平服の可成の老人の氏子總代が、舞臺末座に控へる。神饌を供進し、型の如く祝詞、玉串獻上。

「緣起」に見える修法のさまは次の如くであつた。

「次に修法、此法行基師修給ふと言、別當別院より來り、舞臺へ上り、太鼓据置腰を掛け、（長嶺の太鼓に腰をかけ、小豆澤の太鼓を机として、その上でお經を讀んだといふ。）修正牛王供執行、諸天諸佛、大小諸神勸請して、天長地久、國土泰平護持、大守武運長久、信心の輩息災延命、氏子安穩、五穀成就祈願して、當社の牛王寳印（原註「寳印ハ小行事相勤」）胡桃の若木に附、四方天地へ遣卷數加持終・別當登山の供拾貳人。別當幼年等にて相勤成兼候時ハ、社人籠屋出勤、俗體故修法ハ不ㇾ相成、御祈禱の式斗り相勤なり。」

大小行事

是は今略してゐるらしいが、大小行事が立つて、文を唱へつゝ散米するといふ。「緣起」には次の如く見えてゐる。

「大小行事立、まんだら振(フル)や米振(ヨネ)や、有屋(アリヤ)の淨土の米ならば、蒔とも〳〵不盡(ツキモセズ)と三度祝して米を蒔く、和の聲上げ、太鼓を打て再拜す。」

「傳記」には「大行事」とみだしあり、但し「二人舞臺ニ立、一人太鼓持」とあり。和の聲といふのは、太鼓打が太鼓打ちつゝ「ワァ」と聲をたてるのだといふ。

權現舞

次に權現の待笛にて、東側小豆澤の幕舍より、錦幡、高張り、大幣束を先に、權現出で、舞臺に上る。やがて權現舞が始る。此の時にも遠く近くより銅錢があたりの人々の頭上に雨と降つた。「緣記」の記述は次の如くである。

「次に權規舞、貳人、小豆澤村より出る。（傳記「脇立共八人」）直垂、袴に脚絆くつはき、舞臺へ上り、獅子頭かむり、壹人尾持、笛壹人、太鼓壹人にて舞相勤、是五ノ宮權現獅子頭なり。」

傳記には尙、「脇立綾笠冠、出立裝束にて相勤」とあり。終ると皆々三拜して壇を下る。

因に此の獅子頭は、五の宮大權現と崇め平常は衣裳樂器等と共に、大日堂內陣、御本尊に向つて右手の、御幣束三本をまつつてある中に奉安しておく。今用ひてゐる頭は、寛永十八年の作であるが、行基作と傳へる古作も、痛んだまゝに尙殘つて居り、寛文回祿の際は、練習のための別當家に奉安してあつたので類燒をまぬかれたといふ。

駒舞

次に駒舞の待笛にて西側より、同樣錦幡高張りを先に、大幣束立て、裝束つけた駒舞の者入場、舞臺に上る。同樣幣束

鹿角郡小豆澤大日堂の祭堂（本田）

を正面に捧げ、兩人左右に並び立つて舞ふ。「緣起」の文は次の如くである。

「次に駒舞貮人、大里村より出る。直垂取、袴、脚絆に、紙してかむり、馬の頭木にて拵へ、竹の輪へ付、白布を張、身に付、げんぎうはき、（是は單葉の纖維の如く編んだ一種の藁靴といふが、今は作り方忘られ、はきかへずに舞つてゐる。烏遍舞の部の原註に「わらにてくみ、別當より出す」とあり。）舞臺へ上り、笛壹人、太皷壹人にて舞相勤。是神馬の舞かと見得る。馬頭御駒と號し、神に崇め、同村鎭守觀音堂に納置。養老の禮被レ行時、月毛の神馬貳疋都より下り給ひ、大里村へ御預被成たる由、馬屋造たる所駒林、放置たる所御駒谷地と云舊跡有、毎年七夕の朝、御駒の草刈と云て、村の男共、山にて草刈捨置、御駒に手向の心なり。其所四角刈（ヨスマ）と云。他所よりも見得る。此事今に有なり。」

此の御駒は、本文の如く、平常は觀音堂に納められてゐるが、此日、大日堂までお守り申すには、二人の者が是を必ず菰に包んで一頭宛背負ひ、西の舞に立あはず直ちにくるといふ。又駒舞を練習するときには座敷に上らず、土間でやる。烏舞も同樣であると。七夕朝の四角刈ゝ今にあるその山をおしき山とも言つてゐる。草を刈るとすぐあたふたと逃げ歸つてくるといふ。

お駒頭の兩側からは手綱が出て居り、舞子は是をとつて舞ふ。

トン〳〵と左右足蹈すること。駒頭を上下に振り、互に向き合ひ、入れかはり、正面向になほり、トン〳〵と左右足蹈駒頭を左右に振つて足蹈、是で一しきり打とめ。あと振變つて、駒頭を左右に振りつゝ、足拍子強く蹈み、同樣互に入れかはることとあつて舞ふ。向つて左の者のみ舞ひ、次に右の者のみ舞ふことなど。又日の丸扇を右手に持添へ、向ひ合つて足蹈しつゝ入れかはりなど。最後に駒は足拍子を蹈んで拜して舞臺を下る。

烏遍（うへん）舞

次に同樣、錦幡、高張り、大幣束を先立て、顋面（頰面か、ほうめんと言つてゐる）の者六人が東の幕屋より出て舞臺に上り、縱に一列に並ぶ。緣起の記述は次の如くである。

「次に烏遍舞、六人、壹貳を博士と云。長嶺村より出る。直垂取、折烏帽子に顯面懸、刀貫持、袴、脚絆にげんぎうはき、さつ幣指、舞臺に上り、壹博士左に鈴持、聲明唱、太鼓壹人打あはせ、舞相勤、是杣取の舞かと見得る。烏帽子、顯面は同村鎭守毘沙門堂へ納置なり。」

尙「傳記」には顯面の說明に、「額ニ割菱ノ金紋有」とあり、其の通りであるが、(寫眞第十三圖參照)壹博士即ち大博士の額の中央には太く金線あり、貳博士即ち小博士のには細い線あり、他のにはない。布に漆を塗つたものといひ、黑地で、額に二つの穴あり、鉢卷若くはビンゴノタナと稱する一筋の白布の兩端を是より出し、(つのといふ)額を卷いて後に長く、能で言ふ白鉢卷の如く垂れる。尙此の顯面には、餘人は勿論、それを着けて舞ふ者さへ手を觸れることは許されない。三十日の行をとげた太鼓打が一々面をつけてくれ、又とつてくれるのである。(五大尊舞に於ても同樣、又權現舞に於て、權現頭に手をかけ得るのは、脇立の、田樂舞のとき小鼓役をつとめる者のみである。是らを祭堂頭と稱してゐる。)

尙、「傳記」に、お堂の飾付を誌したすぐ後に、まぎらはしく、「薩幣四十八本、閏有年ハ五十二本、其年月數御供餅、神酒相添、四箇所ヘ備、是ハ別當ヨリ出ル」とあるが、この四ケ所といふのが、第一に大小行事によりお堂內の藁綱に、(これは今もやる)次に西の舞のとき大里村が西のかく地に、次に花の舞にて、(地藏舞のときとも)谷內村が鐘撞堂跡(この場所不明であるが、さつ幣は門の右側にさしたらしいと)に、次にこの烏遍舞のとき長嶺村が、其の幕舍內にて、顯面に對し、さつ幣を夫々其年の月の數だけ立て再拜するものといふ。尙、神酒にお供餅は、藁綱にさつ幣をさす時、綱の前に供へるのである(お供餅は一々藁づとに入れるといふ。小さい圓い白の餅である。)こゝにさつ幣と稱するのは、長さ凡そ一尺二寸、頭部が一寸角、末が四分角程の木で、頭部に五分の刻みあり、是に四角な白紙を挾む。但し白紙を挾むのは、藁綱の分だけで、他は木のまゝである。

本文の如く、顯面は、平常は、烏帽子(烏帽子樣といふ)と共に箱に收め、鎭守毘沙門堂に納めておく。

大博士は左手に鈴、次の小博士はしでを持ち、他は左無手にて、何れも右に太刀を拔持ち、太鼓方は向つて右に一人控へ「アーヲッー」といふ風に言葉かけ太鼓打つ。大博士は鈴振りつゝ、皆々刀を右に伸べ、引き、鈴を左側に振り下に振りして舞ふ。とゞ大博士が鈴をサ、、、と鳴らすと、小博士一人を殘し皆々退場する。小博士は一側に坐し待つてゐる。この間大博士は、「四人の面を納めさせて、」やがて同じ姿にて一人再び現れ、舞臺にのぼり、先づ大博士一人の舞。刀かつぎ、左足を前に出し、後に引き鈴振り、束にて鈴振り等繰返し、刀下し、合せ、開き、蹈かへ足で順に其場にめぐり、又めぐり等、刀かついだまゝ足蹈すること。次に早拍子になり、鈴振りつゝその場めぐり。順に順にめぐり、逆に逆にめぐりかへすこと等、サササッサと鈴振りつゝ持物合せ開きすること。刀にて左右拂ふこと等。とゞ太鼓の打どめにて、大博士は太刀置き、鈴のみ右手に持ち、小博士も立ち、右手にしで持ち、兩人とも左手はこぶしにして、大博士は正面の座に、西向に小博士は南の座に東向に立ち、各々其場にめぐつて、大博士は東向、小博士は西向になり、又めぐりかへし等、持物左右にして振る。さて兩人小まはりして南北入れかはり、又入れかはる等。早拍子になり、又東西向にその場にめぐる振を繰返す。とゞ小博士が手に持つたしでを正面群集の中に投げると、山仕事がよくあたるとて、是を皆々爭つて拾ふ。

鹿角郡小豆澤大日堂の祭堂（本田）

鳥　舞

次に大里村の幕舍から三人童子の鳥舞が出る。包冠の上に、雞の切拔を頂いた鳥甲を冠る。「緣起」の文は次の如くである。

「次に鳥舞三人、大里村より出る。直垂、袴に脚絆、くつはき、舞臺へ上り、鳥かむり、壹人鈴持ち、（傳記「三人共に扇持」）笛壹人、太皷壹人にて舞相勤む。是、雉、山鳥の舞かと見得る。長さ壹丈三尺、三叉の護摩木舞臺戌亥の角に立置、鳥を附置、其木御まとりと云御杖成由、大行事に傳るなり。」

御まとりに關しては、「傳記」には記述なく、又只今の大行事にも傳へてない。

雄鳥が左手に鈴を持つ。他は左手無手、皆々右に日の丸の扇を開き持つ。三人舞臺に三方になると、はじめ一つの鈴を三人で中央に持ち合ひ、こゞむ。と、離れ、逆まはりにぐるぐるとめぐり、拍子にて中に寄り集つてしやがむ。離れ、左右左と足拍子蹈み、左手腰、扇を左右にしながらぐる〳〵と三人逆にめぐる。又調子にて中に寄つてしやがむ。立ち、左右左と足蹈み、扇頬にぢつとなほり、又左右左と、足蹈みあり、ぢつとなほり、左右左と、足蹈みし、扇左右、左手腰にて逆にめぐり、中に寄つてしやがむ。此の振を繰返す。途中で振變はり、足蹈二つして扇持つ手を開き、又足蹈二つして同樣、逆に扇はふりつゝめぐる等。最後に三人中に寄つて坐し、離れて入る。

ばち黨舞

次に同じ大里村の幕舍より、ばち黨舞（「傳記」には工匠舞とあり）の者四人出る。「緣起」の文は次の如くである。

「次にばち黨舞四人、壹を棟梁と云。大里村より出る。直垂、袴に立烏帽子、刀一本指、脚絆くつはき、舞臺に上り、五六寸の木へ紙切付、手にはさみ、笛壹人、太鼓壹人にて舞相勤、是工匠の舞かと見得たり。」

四人、横一列に正面向に並び、拜み、棟梁だけが、右手に鈴、左手にしでつけた木切を持つ。他は皆々兩手に木切を持つ。笛、太鼓にて、靜かに左右に蹈かへ足、皆々向つて左向（東向）になる。（挿圖Ⅰ）次に一番と三番の者が北側に出、二番と四番は南側に、兩者向ひ合ひになる。（Ⅱ）次に南側の者と北側のもの進みよつて喰ひ合せになり、東向の一列になる。（Ⅲ）以下同樣、挿圖の如く、向ひ合の二列と、東向の一列を繰返し、色々な組合せをつくる。この舞は明かに、もつと續くらしい。最後に恐らくは又東向のもとのならびにかへるのであらうが、こゝには、記錄にとれたまゝを圖示しておいた（よく見ると、十二の動作で一度もとのならびにかへつてゐる。若しこの記錄に誤りがないとすれば、恐らくは更に十二繰返して再びもとのならびにかへるのであらう。）

最後に正面向になほり、その場に後向になり、持物前方に出してかへし、正面向になほり、拜して壇を下る。持物の木片は、鑿を形どつたものともいふ。

田樂舞

次に小豆澤の幕舍から、田樂舞が出る。「緣起」には次の如く。

鹿角郡小豆澤大日堂の祭堂（本田）

「六人、小豆澤村より出る。直垂、袴に刀一本指、紙してかむり、脚絆、くつはき、舞臺へ上り、壹人小鼓、四人突さゝら持、壹人太鼓、（身に結付、笛壹人、太鼓打あはせ、舞相勤。是芦茅葺師の舞かと見得るなり。」

芦茅葺師の舞といふのは奇抜な考へ方であるが、一體この行事は、一説に、吉祥姫のお葬式を模したものとも傳へてゐる。お堂廣前や外廊をめぐるのはそれ故と言ひ、この田樂舞はお墓を踏み固めるところ、又かのばぢ黨舞は、お骨を拾つたところとも言ふ。

先頭向つて右が小鼓、左が太鼓、その後に二人宛重り、總て舞臺元の舞同様に舞ふ。終れば二人宛達拜して入る。（時に午前零時三十八分。）

人々はいつしかお堂を降りて、さしもの堂內も閑散となる。それでも入代り參詣の者は絕えなかつた。そのうち仕度濟むと大里と小豆澤の人達は、お堂內の西側に、入口まで兩側に長く並び、その間を長嶺の人達が鄭重に挨拶を交して別れて行く。あと兩組が向ひ合つたなりに挨拶し合ひ、大里が出て行くと、小豆澤は後に殘り、幕舍に歸つて、殘りの後片附を濟ます。私等も引上げる。

五大尊舞

谷內村不參の理由は、かの御上樂の折の先陣爭ひがもとであつたといふ。別當家や村長が色々調停されたのであつたが外部のものゝ或る一人だけの反對で未だに了解が成立たずに居るといふ。然し來年あたりはと希望されてゐる。

扨て、谷內村五大尊舞に就ては、「緣起」には次の如くある。

「六人、壹貳を博士と云。谷內村より出る。直垂取、打越と云物着、袴、脚絆に白布ゆでかむり、兩部大日、四大明王の御面懸け、刀貫持、大博士左に鈴持、くつはき、舞臺へ上り、太鼓壹人打ながら、五大尊の祭文聲明誦て舞相勤。（原註「惡魔拂て舞臺より下る。」）（傳記「大博士惡魔降伏シテ舞臺ヨリ下ル」）是は大日神（傳記「金胎大日如來」）、長者（傳記「長者夫婦」）に化現し給ひ、四大明王、四臣に化してつかひたる舞かと見得るなり。六面、大博士頂り、同村鎭守觀音堂に納置なり、享保六年極月廿七日夜、觀音堂出火燒失の時、右六面入たる箱斗燒て、面は不燒、灰の内より出たり。六面の内胎藏界損じ、繕ひ用るなり。」

明治三十八年、金剛界大日のお面が盜難にかゝり遂に出でず、大正十五年に花輪町の某彫刻家が刻み補つた。前註の如く是等の面に手を觸れ得るのは祭堂頭の太皷打のみである。大日兩神の面には、寫眞に見る如く、梵天がついてゐる。他は白布を卷くだけである。又手甲をつけ、手に九字をつける、

此の舞を、手長、足長とも言つてゐる。金剛界大日（大博士）、胎藏界大日（小博士）を先頭に、普賢、八幡及び文珠、不動が縱二列に重つて並び舞ふ。是のみにて殆ぼ一時間を要するといふ。その舞ひ方は、右列が正面向けば、他は半對向になり、その場にめぐり等又入代りになることも輪になることもあつたらしいと。此の舞は此の日、谷内村の神明社にて、午前十時頃から舞はれてゐた。尙この舞の見學には、祭當日よりも、舊十二月廿五、六の兩日、何れも晩、神明社に稽古がある故、この時が好都合であらうと。

八、庭納

「緣起」に曰ふ。

「四ヶ村舞終り、能衆村々へ戻り、庭納と云て舞納、裝束取、七日七夜の內、供物神酒賄等別當より出るも有、神役に出るも有、其數品々多くして是へ不レ記。同十八日、寶殿の綱幡相下げ、極月小なれば十九日、別當加行社人等の潔齋終なり。」

祭以後の行を、先行に對し、後行（あとぎょう）と稱してゐる。尙「傳記」には、

「庭納ト云テ、諸神奉レ送、小豆澤ニ而ハ、國司ノ身固ト云テ、五ノ宮大權現ヲ再拜シテ奉レ送」

とあり、庭納は各村今尙修してゐるらしいといふが、小豆澤では今はこのことなくなつてゐる。尙、こゝにも一つ注意す

べきは、「傳記」の、養老の制を述べた項に、

「元日ハ天子朝拜ノ日ナリ、同二日祭拜、舞樂不レ怠相勤ベシ。……御供備ハ帝都迄ハ遠路ノ煩有ベケレバ國司ヘ可二差出一ト被二仰含一末世不レ怠ノ神事ト被レ成ケル」

とあることで、現に維新前迄は、正月十一日に、社人と稱してゐた一の庭、籠屋、大博士の三人が年番に、供二人を連れこの時だけ帯刀を許されて、「柳の枝につけた祭禮のお札」と、一斗二升若しくは三升搗の鏡餅を持つて出發し、十五日に藩主南部家に參上、柳の間に於て是を收めたといふ。

九、沿革

此の舞が何時頃鹿角に傳來し、何に起因するかは、細しくは不明である。應仁の亂の頃、住僧淨通なる者、亂世にて住職なり兼ね、大日尊像の繫を離して尊體の內に古書綠喜等を入れ、元の如くに打付け、是を開見したるものは忽ち盲目になるべしと言放つて、羽州比內の方に立退いた。後寛文の回錄に際し、堂宇尊像燒失と共に記錄も泯び、俚俗の口碑のみが殘つたものといふ。又それより少し前、正保三年には、別當居毛が出火全燒し、古書、記錄等は不殘燒失してゐる。

大日堂建立に因むだんびる長者の物語りは、然し乍ら、錦木塚や、けふの狹布の物語等と共に隨分古くから博承されてゐたらしく、偶々この舞の傳來も、是に關係づけて語られてゐる。この長者物語りに關しては、南部叢書所收の「奧々風土記」「鹿角由來記」「北奧路程記」「封內鄉村誌」、又眞澄翁が「けふのせはのゝ」奧淨瑠璃「檀毘尼長者本地」、「田谷山地藏寺開闢傳」等にも見えてゐるが、「緣起」や「傳記」には更に細しい。今大要を錄してみると、

昔、小豆澤の根元といふ所に夫婦の者があつた。その生國は上方とも、男は長牛、婦は獨古村の者とも言ふ。或る年正月元日の夜、大日神の靈夢を蒙り、勝地を見立てゝ土檀を築き、大日神此所に鎭座し給へと祭拜し、是より夢のお告げに從つて川上を尋ね上り、田山の奥、平間田と云に止り、葛蕨の根を食とし、畑地を切披いて住んでゐた。或時書休みして男

が少し眠つたと思ふひまに、彼方の岩間より秋津が飛んできて男の鼻穴に尾をひたし、飛んで行つては又飛びかへり、同じことを二三度するのを、婦は側にゐて不思議さうに眺めてゐた。其中に男は目を覺し、我は今名酒を呑と夢見て覺めたと語つたので、婦は今見た樣を語り、共に連立つて秋津の飛び來つた方を訪ねてみるに、と或る岩間より醴泉滾々と湧出で、其味は甘露の如く、然も汲め共盡きなかつた。夫婦の者は此處に家を造り住む。其德を聞傳へて集り來る者數千、求めざるに七珍萬寶充滿し、だんびる（秋津）長者と仰がれた。朝夕の飯米を前の川で硏ぐに、その川水が遥か下まで濁つたといふので、此の川を米白川と申したといふ。

數百疋の馬を放置いた山上に池有つて龍天下り住み、其の池水を呑んだ馬は龍馬の如く、日に數百里を走つた。其所を龍馬ヶ嶺と稱した。又通力自在の四人の臣有つて四方の事を司り、東西南北數郡の田畠を拔き、耕作を營んだ。五大尊舞に出る四神は是であると。又杉澤の奥に天狗が住んでゐたが、或時是を招き、湯瀨と小豆澤の間の川の廣さ高さとも各六丈五尺あつた所に大木を集め天狗橋を渡さしめ、鹿角、比内の道を通ぜしめた。又同夜續いて長牛瀧の邊に釣木を渡さうとしたところ中途にして夜明け、天狗は飛去り橋成就ならず、依て仙北の道は開けなかつたと。今小豆澤が、田樂舞に用ひてゐる小皷は、この天狗が殘して行つたものといふ。

こゝに長者夫婦が唯一の歎きは、子供がないことであつた。即ち四十八の土壇を築き、毎日大日神を祈るに、間もなく女の子を惠まれ、名を秀才女と申す。人王廿六代繼體天皇の御宇、長者は都へ登り數多の貢物を奉り、長者の御印を願つたところ、宣旨には、寶滿つるを以て長者といふ。第一の寶は子である、男女の子を持つたかとの仰せに、女子一人とお答申し、都一見のため連れ參つた秀才女を上るに、双びない美女であつたので大內へ止めおかれ、後后に備り、吉祥姬と申した。

幾歲かして古里に長者夫婦は命數盡きて終り、四人の臣も登天影をかくし、醴泉も常の水となり、財寶眷屬も失せ散つた時、后はこの由傳へ聞いてお歎きあり、後記を殘し度き旨奏聞あるに叡聞あり、神は國家の守り、末世の後記は神社な

鹿角郡小豆澤大日堂の祭堂（本田）

鹿角郡小豆澤大日堂の祭堂（本田）

るべしと。長者日頃の尊信篤かつた大日神を小豆澤の地に祭らしめ、大日示現社と號し、大里、小豆澤、長嶺、川部、谷内の五村を規地に定め、郡中の鎮守となし給ふた。吉祥姫が薨ぜられたとき、御遺言に我が遺骸は古鄕に送り土中に埋むべしとあつたので、小豆澤の地に埋め參らせ、天女の號を追贈し、後其の墓印に銀杏の木を植えた。

かくて人皇四十五代元明天皇の御宇、美濃の國に醴泉湧出で、養老と改元あり、同じためしを諸國に求めれた所、この地に傳はる物語りを國司して奏聞申上げたところ、公卿達僉儀あり、即ち大日社を再興し、兩部社堂と崇め、尊像を彫刻し、舞樂を奏し、養老の式禮をとり行ふべき旨、宣旨あつた。

この折行基と傳ふる名僧下つて九間四面に御堂建立あつたと言ひ、本尊〓字胎藏界大日如來、脇士文殊、普賢、毘沙門、不動、四大明王、其他を刻み、五の宮權現獅子頭を作し舞樂に用ひしめ、以上を小豆澤に、兩部大日、四大明王六面を作し、是も舞樂に用ひしめ、谷內村に、又〓(バン)字金剛界大日如來を長牛村に、〓(ウン)字胎藏界大日如來、不動、毘沙門、十一面大士等を獨鈷村に夫々奉送し、以上の三大日如來を同木同作、一本三躰の大日如來と稱した。又大日堂を養老山喜德寺と號し山林一里四方を寺領になされ、社務別當は顯密宗で重代なるべしとて、妻帯にて勤めしめたといふ。

「傳記」の文に尙曰ふ。

「大日堂再興造營、尊象彫刻成就之旨奏聞被レ成ケレバ、勅使、音樂博士、能衆下向有、月毛ノ神馬二疋賜ラセ給ヒテ、東西南北大小ノ龍神勸請シ、天神名祇祭禮、奏二音樂一養老ノ禮被レ行、日輪尊形ニ表シ、其年ノ月數舛員ノ米餅鏡一枚ニ而坎艮震巽離坤兌乾ノ八方ヲ表、板八枚ニ而挾(ハサミ)、注連繩廻シ備置、大禮成就シテ大內ヘ奉レ獻、神馬ハ大里村ヘ御預ケ被レ成ル。」と。

以上は各書同樣に傳へてゐる筋であるが、たゞ「封內鄕村誌」（天明頃の著）が錄したもののみ少しく異り、次の如く言つてゐる。

「邑老傳云。往古豪家の者、云二長者一。居二住于田山村一。有二一女子一。貢二京師一爲二官女一。得レ幸而產二男子一。數年之後歸二鄕里。於二奥羽一賜二五百反一。年々勅使三人來謁二于玆一。薨之後稱二號大日一。祭祠自二正月朔旦一至二三日一。有二古作一。面貌移二后顔一云。非二祭日一不レ能レ拜。有二六坊一製二公家衣冠一。有二大日之側一。祭會日爲二農治之事一。此日旗以二細布一作立レ立。自二往古一至二于今一祭祠不レ絶。雖レ不レ詳以二俚俗之言一記レ之。」

文中、后の假面を寫した假面ある由見えてゐるが、只今この傳なく、且緣起傳記共に見えてゐないのは、或は正傳ではなかつたのではあるまいか。これは、後の二三の書にもそのまゝ引用されてゐるので附記しておく。

十、規地村と神役の事

「緣起」に、祭りの役々を定めて、次の如く誌してゐる。（養老の祭りの時定められた體にて書かれてゐる。）

「大里村に籠屋（こもりや）と云て祭司被立置、谷內村に大博士（おほはかせ）と云て被立置、預六面、小豆澤村に一庭（いちのには）と云て五ノ宮神事、神子兼相勤へしと被立置、三人祭料免地、國司より被宛行、社人と稱して被立置、規地村に神役、別當よりさつ幣、年中月の數備物、神酒添て四ヶ村に出すへし。六丈五尺のわら綱、六丈五尺の麻布の幡、別當と社人籠屋とかわり〴〵に出へし。小豆澤村より紙幡、大小の字書、二流、大は龍頭付、小行事一人、權現舞式人、田樂舞六人、笛吹一人、太鼓一人、八尺明松五躰出すへし。大里村は籠屋より幡大小貳流出すへし。同村より大行事一人、ばざ黨舞四人、鳥舞三入、駒舞貳人、笛吹一人、太鼓打一人出すへし。兩村大小行事は、舞臺奉行役にて、村の頭字を以稱す。村地役より免地等は有といゑ共、時代替て地役に成。長嶺村は幡大小貳流、烏遍舞六人、太鼓打一人出すへしと被定置たれ共、小鄕故、時の地頭より壹式の舞、太鼓打免地出して相勤、地移替ても其例を以、爾今地頭の免地有。谷內村大博士は幡大小二流出し、五大尊の頭、金剛界の舞相勤へし。次五人の舞人、太鼓打一人、同村にて勤べしと、地付神役に勤來所、亂世の時代、村地頭、地下の者迄［　］して神役滯、大博士祭田の內を以て雇相勤、夫より以來雇と成。右神役の地より舞人出立の賄等相勤、村々舞人着用［　］まて、地付神役に相定。」

鹿角郡小豆澤大日堂の祭堂（本田）

小豆澤、大里、長嶺（川部を含む）谷內を規地村と稱した。夫々に頭の者が居て、舞を組織してゐたのであるが、維新前迄南部家から支給されてゐた石高は次の如くであつた。

小豆澤　別當　八十四石九斗（長嶺村の舞を組織す）
同　一の庭（下別當トモ）十三石（小豆澤村の舞を組織す）
大里　籠屋　十二石（大里村の舞を組織す）
谷內　大博士　十一石一斗餘（谷內村の舞を組織す）

（長嶺にも大博士壹博士があつたが、こちらは地付神役であつた。又是等の祿高は、維新直前の數ではあるが、「封內郷村誌」の、安永九年調査のものにも同數に見えてゐる。）

以上以外の能衆が總て地付神役であつた。此の地付神役といふのは、例へば笛田、鼓田、駒田、權現田等と稱する地所があつて、此の土地を所有し、若くは小作して耕作するものが必ず夫々の役を務めねばならぬといふ制である。今は名のみ殘つてこのことは必ずしもさうでなくなつてゐるといふ。

尙、郷村誌による安永九年調の、規地村五ケ村の民家數と、現在のそれは次の如くである。

小豆澤村　民戸四十四軒（今八十戸）
大里村　民戸六十一軒（今百二十戸）
長嶺村　民戸三十三軒（今六十戸）
川部村　民戸十九軒（今二十六戸）
谷內村　民戸百四十軒（今二百八十戸）

十一、潔齊・よどう・田斗神事

潔齋に關しては隨分やかましかつたらしく、今も是なしには執行を肯ぜないといふ。もとは別室別火し、部屋に注連をめぐらし、竈を部屋内に持込み、總て切火を以て火をつくり、人に逢ふことも出かけることもしなかつた。（天台の行といふ。）今は潔齋中の生活が保證されないで困つてゐるらしい。それでも、最も役の輕い者でさへ、祭前五日乃至三日の精進はする。

朝、湯に入つて垢離をとり、次に冷水をかぶるのであるが、氣の毒な話は、三年前迄權現をまはしてゐた阿部善治翁が十五日の潔齋中、或る寒い身を切る樣な朝、偶々風呂場が破損してゐたので、微溫い釜の湯を浴び、次いで桶三杯の冷水をかぶつた所急に腦震盪を起して倒れ、引續き餘病を發し、遂に立たなかつたといふ。祭り一二日前からは食を減じ、湯水を殆ど攝らない。一旦直垂をつけると、どの程度の穢れをも忌み、小用に立つやうなことさへあると、行が惡いからとて輕しめられるといふ。

小豆澤にはもと、別當家の前に、神屋と稱する三間に四間程の別棟の建物があつた。十二月二十五日には、川部から年男が來て、此處の煤掃をし、お祓ひがあり、二十六日夜から舞の稽古があつた。尤もそれ以前も、十日か一週間の豫習はあつた。この稽古の時には、皆々薪を一本宛持よつた。又稽古が終ると、雜器に飯を盛り、是に干葉のお汁をかけて、皆々指で撮んで食べたものといふ。是をよどうと稱した。而してこのよどうを司る者の田も別にあつて、やはり地付神役であつた。

小豆澤以外は、各村に舞台元があり、此處で舞の稽古をした。又いよ〳〵當祭日、能衆が家を出るときには、もと家内の者と水盃をしたものといふ。

次に田斗神事といふのもあつた。是は「緣起」には最終頁に誌されてゐて、「霜月十日より別當注連の內にて神酒を造同十六日」と以下を缺いてゐるが、この霜月十六日に別當家にて、南部家より賜つた社領八十四石九斗五升の石斗りをなしたもので、是を田斗りと稱したといふ。小豆澤一ノ庭、大里籠屋、谷內大博士、長嶺壹博士、其他地付神役の者も別當宅に參集し、右田斗を行ひ、乘て次の祭堂に關する打合せを行つた。このときの田斗の神酒といふのを頂いた。この時の御馳走の献立は、大根汁、一夜漬の大根漬、唐辛豆腐（燒豆腐を唐辛にて煮付け、その上唐辛粉で包んだもの）等であつた。維新後は別當家のみにて、形ばかり行つてゐるといふ。

鹿角郡小豆澤大日堂の祭堂（本田）

大日堂は毎日舊十八日が緣日に當つてゐる。八月、十二月には今も夜ごもりをする。舊四月八日は例祭であるが、特別の神事はない。是は田山の方に殘る舊記に、養老の祭りの折は四月八日に御遷座式を行つたと見えてゐる故多分は是に基くものであらうと。此の日が五の宮嶽のお山開きである。

筆を擱くに當り、御懇切なる御教示を惜まれなかつた別當安倍悅人氏並に安倍義惠氏に、心からの深謝の意を表する。この記錄は、殆ど總て直接義惠氏の談に負ふてゐるものである。又あの雜踏の中を、要領よく御案內頂いた正一君にも感謝せねばならぬ。又こゝに掲載の寫眞は、總て昨年の祭りに別當家の奔走により、尾去澤の小笠原定吉氏が撮影されたのをそのまゝ拜借し得たものである。併せて厚く謝す。（實はもう一枚、五の宮嶽の寫眞も、別に大里村から撮つてもらつたのがあるが、「山島社會誌」の口繪に山崟美はしく、多分は同じ方向より畫かれたのがあるからこゝには省いた。）尙私としては、此度のは忙しい採訪であつたので、伺ひ洩したことどもが多い。然し是等は、次の機會に補ひたいと思つてゐる。（七・三・一八）

若狹の手毬歌

中平悅磨

（1）向ひの婆さん　椽から見れば
菊やぼたんや　手まりの花や
行けば　よう來た　あがれとおしやる
あがりや　茶々のめ　うすべり煙草
これのおまんは　なぜまゝたーべぬ
腹がいたいか　夏やせせぬか
腹もいとない　夏やせせぬが
腹に七月生み子がござる
もうし其の子が　女の子なら
こもにつゝんで　河原へなしがし
もうし此の子が　男の子なら
寺へ上らせ　一字も書かそ
筆は三對　硯は二面　近江松原　高島硯
水は若狹の瀧の水　瀧の水。

註　瀧の水は、今富村後瀬山より湧く淸水。小濱切つての名水である。

（2）京の糸屋の　はんじよの娘(むーすめ)
姉は二十三　妹ははーたち
はたちなれども　まだかねつーけぬ
かねのおよびは　少しもなーいが
あれや　うれしや　七年ぶーりで
あれや　かなしや　八年ぶりで
伊勢へ七度　熊野へ三度
あたごー樣へも　月まーへり〳〵
まへるその日の　其の裝束は
下は白無垢　中あーさぎ
上は羽二重　腰帶りーんず
左の袂から數珠を出ーして
右の袂からおぜぜを出ーして
まへる姿を四生でごーざる　五生でごーざる
とゝさん　かゝさん　どこ行きなーさる
用はなけれど吳服町まで帶かひにー〳〵
其帶わたしにおくれる帶ならば
中はいし〳〵い疊み

若狹の手鞠歌　（中平）

兩方のふーちは　れんげのはーなで
むすぶ處は　卯ーの花〳〵
卯の三月　花見に出ーたら
寺の和尙さんにー　だきとめらーれて
いーしやれ　はなしやれ　帶きりしやーるな
帶のきれたは　だいじもないが
緣の切れたは　むすばーれぬ〳〵。

註　卯の三月は彌生の三月とあるべきだらうが、間違つて唄はれてゐるのであらう。

（3）

おさるのやぐらいのりつくか
よーすかよさんか孫作か
まごさくなんぞの小娘は
八つで紅（べに）かねつけられて
十で熊野へ參らして
熊野のお寺はだれ建てた
八幡小路のおと息子
おーとはよい子や　ちよの子や
おんばがそだてた　お子じやもの
てーには二本のやり持つて
足には黑がね　沓はいて
熊野の道者のかーたにかけたる　かーたびら〳〵
かたすーそにや　櫻の折枝　笹の折枝

中にはご（註）をうーりよのそーりばち〳〵
其のそりばちに　かんなをかけて
はやるものとは　手きゝでござる
どこでうたれた　吾妻の街道でうたれた〳〵
吾妻の街道の茶屋の娘は日本手きゝでごーざんす
姉よりもー　妹よりもー
中（なーか）の娘は　なーほも手きゝでごーざんす〳〵
一つで乳くびくわへて
二つでちゝくびはーなした〳〵
三つでみずも汲み候
四つでよーよもきーき候〳〵
五つでは　糸もまき候
六つでこのはたおり候〳〵
七つでーは　あやもおり候
八つでにしきも　おり候〳〵
こゝのーつで　京の糸屋へ嫁入しぞめて
とーで　良人とねーそめた〳〵
十いーちで　和子をもうけて
月に三度の大（タイ）かぐら　小かぐら
大か小かの　おねぎ樣へも　金も進上し、錢も進上し、お茶のまわりもしてしんじよ。

註　ごをうりよの所は、「五條の反橋か」であらうが、尙考ふべし。

（4）すいくく婆のおと娘ー、顔は白かべ目は水晶
口もとおやしは　しほらしや
今度よめ入なさるときやー
箪笥に長持　鋏箱
これ程持たして遣る程にー
最早歸ろと　思やるなーく
朝はとうから起きましてー
四十四枚の戸をあけてー
窓のあかりで髮結うてー
お白粉つけて　紅つけて
ちやんくく茶釜にお茶入れてー
おじーさんも　おばーさんもー
起きて　お茶あがれー
內のちよう吉は　鰯燒ことて
猫にとられて
猫を逐をとて
しきにけつまづいてすつとんくくあつとんくく。
かゝはかんなべ　とゝはとつくり
娘ちやわんで　ひつかけられたくく。

（5）とんくくくく誰さんやー
山道こうやのおとさんやー

若狹の手鞠歌（中平）

今頃何しにござんしたー
せきだが變つて參じましたー
せきだのはなをは何ばなをー
赤いのと白いのとまぜばなをー
またあつたら見といてあげやんしよー。

（6）向ふ通るは吉さんやなーいが
鐵砲かたげて　脇ざしさーいて
どこへいきやるか尋ねて見れば
きーじの山へきじうちにー
きじはきつきと鳴くばかりー
鳥はとつととなくばかりー
はようもどつて　お茶あがれー
お茶も新茶も御無用になーされ
お前の枕はどこまくらー
東まくらに窓の下
窓の下から　手を出して
親は一貫　子は二貫
しめて母親　四十二貫

（7）向うを通るは何船や　源五郎どんの遊び船
ふなばたたゝいて艪をおして
いざや子供衆　花折に　いきやらんかー
何花折りに　こゞめの花や　椿の花や

若狭の手鞠歌（中平）

一本折つては腰にさし　二本折つては腰にさし
三本目に日が暮れて―
兄の小屋に泊らうか　弟の小屋に泊らうか
兄の小屋に門がたち　弟の小屋にきどがたつ
雨垂際に宿とつて　むしろは　はしかし
夜は長し―　あかつきおきて　空みればー
びんごの様な女郎衆が　こがねの盃手に持つて―
一盃まいれしよーごろどん
内の前のさかなは　うぐい三つにあゆ三つ
それを一つびき　たべたればー
あまれのぞが　かーわいて　谷川へおりて
水を三盃飲んだればー　三ばい腹ふーくれて―
おえんの下へかーがんでー　屁をぶつとふつたれば
鎌倉へ聞えて　今のは何ぢや　おしろの太鼓
くさいのは　まつこの煙

註　のぞは咽喉の方言。

（8）

一ではいんがの生れつき
二では二匁もない中で
三では酒屋で酒くうて
四ではしんしよう皆しもて
五では一家の世話になり
六つではむしろをせなに負ひ

七つでは縄おび腰にしめ
八つで破れた手拭ちよとかむり
九つでこゝらの門にたち
十でとのさんに叱られた。

（9）

江戸どつこい　江戸じあーうりの　まどうりの
お鶴の　お岩の　おー岩の　道のへせんと　百八十
シクセン　マクセン
お鶴の妹は　お龜やろ　ソレマーツヤ、お龜やろ
いもくしやいて柴やいて
日本通りの　さむらいは　錢もてーござれ
寶引しよー
金もてーござれ　ほーびきしよー
錢もない　金もない　大津の水は　からくない水で
鵜やら　はもやら　ちよと三百　つきまあーした。

（10）

舟の船頭さんに　晒布をもーろて
何に染めよと　ごやさん（紺屋）に　そーめば（問へば）
一で橘　二にかきつーばたあ
三で下り藤　四で獅子牡丹
五つい山の千本櫻　六つ紫桔梗に染めて
七つ南天　八つ山吹　九つ小梅がちらつく
十で殿さん　お馬がたーより　お姫さんがたより
せんとうした。

一い二ふのあねさん　子がないとて　侮りなーさる
猫を子にして　おとらとつーけて　おとら一寸來い
乳のまそ〱　セントシタ。
お春の文庫に　いとまがとまつて　上ろと下ろと
鼠がちゆーう　ちゆう　セントシタ。
朝はとーから起きまして　四十四枚の戸をあけて
白粉つけて　紅つけてちやん〱茶釜に茶々入れて
おぢーさんもおばーさんも起きて、お茶あがれ
内の長吉は　鰯やことて　猫に取られて
猫を逐うとて閾に躓いて
シツチヨン　チヨン　シツチヨン　チヨン
ととーは　とつくり　かかーは　かんなべ
むすめ茶碗で　ひつかけた　ひつかけた
セントーシタ。

註　セントーシタは「千通した。」か。又は「せんどー（久しう御待ちかれで）おした。」の挨拶か。

(11)

ひーふーみん　なな　よつもり　ななやー
ままぢく　二十　ひー　ふー　なな　三十
ひーふー　なな　四十　ひーふーなな　五十
ひーふーなな　六十、ひーふーなな　七十、
ひーふーなな　八十、ひーふーなな　九十、
ひーふーなな　百とした。

若狹の手鞠歌（中平）

註　これで見れば（10）も「千通した。」らしい。

(12)

らーちの丁稚はー　すーるーめー燒ーこーとーてー
ねーこーにー　蹴ーらーれーてー、
しーきーにー　蹴ー躓いてー
スツトントン、スートントン、
とーとは　とつくりー　かーかは　かんなべー
むーすーめー　しーまーだーでー
ひつかけたー　ひつかけたー。

(13)

うちのとなりのー　お鍋女郎衆のー
きー量をゆをならー
あーたーまー　さーえーづーちー（小槌）
まいげ　毛蟲でー　めーは　團栗眼ーでー
はーなーはー　しーしーばーなー
くーちーはー　鰐口ーしーたは　蒟蒻ー
齒ーは、碁石でー　胸は鳩胸ー
はーらーはー　どーん腹ー臍は　出ーベーそーでー
手ーはてくないー　足は跛でー
歩くすがたーは！　かーにの横這ひ
スツトントン　スツトントン。

(14)

おいも　いも　いも　いもやさんーー
お芋は一升　いくらだえーー
三十二文でござりますーー

若狹の手鞠歌（中平）

もーちと　まからんか――「シチャラカポン」
おまいのことなら　まけてあぎよう
ざるを出し―　まる(錢)を出し――
庖丁　俎板出しかけてー
あたまをきるのも　とーのいも――
しつぽーきるのも　やつがしら――
あとで　おならは　ごめんだえ――　アップッ〱

（15）お稲荷さんへ　まーいつて　錢三文ひーろーて
一文な豆買うて　二文な草履買うて
向のお鶴にやつたれば　お鶴の様子は　どれ程や。

（16）一つひよどり　棹のさきたーより
二つ船乘　船頭さんが　たーより
三つみこどん　ドンドコドンが　たーより
四つよばいゆき　闇の夜が　たーより
五つ醫者どん　藥が　たーより
六つ聟さん　娘さんが　たーより
七つ南天　赤いのがたーより
八つ山伏　ほらの貝がたーより
九つこもそ　尺八がたーより
十で殿様｛脇差／お馬｝がたーより。

（17）本郷の村松呉服屋の娘　小さい時から病身者で
親はまゝ親暇まもくれず　そこでお駒は一寸拔詣り

ぬけた其夜の旅装束は　もみの脚胖にびろどの甲掛
笠は日笠　大笠　小笠　中の小笠で一寸顔かくし
お駒殺て金取ませうか　金はどうでも上ますけれど
命ばかりは助けておくれ。
　ぶどや〱一匁のぶど　二匁のぶど…………
十匁のぶど　百でこい〱　二百でこい〱……
九百でこい〱　一貫でこい〱
一貫おとして一匁、そーりや。

二十三夜待議中御名前帳

（信州上高井郡綿内村片山家所傳）

此度四節廿三夜講中御願申度御世話人御願申候正・五・九月十二月給神前二十三夜月待相勤候行濟一天太平風雨隨時五穀能成各々樣家運隆壽命延長火盜消滅惡病災難解除福祿增長吉祥來臻之旨皆抽丹精ヲ申達候間御祈禱御祓其月々翌廿四日ニ差上可申候右ニ付其年之極月廿四日ニ四節ノ爲御初穗白米壹升鳥目廿四銅御神納可被下候　尤追年ニハ社内廿三夜碑相建度心願仕候間御信心之御方御加入御賴申上以上

小内神社神主　片山上總亮
文政六癸未正月　月　世話人　大峡佐野七
各々樣

（角田千里報告）

信州下伊那郡遠山村字下栗の年中行事

北澤悅佐雄

小正月

飾り物の準備新一月二十九日。

おそない、なりわいと云うてまいだんごや餅を切つて栗の花に擬し、靑木の葉のある枝に付けて、二本立て門口に飾る。

鍬、なたなどの農具を集め、俵の模型を胡桃の技で作りて、粟棒に擬したものを竹・松に結び付けたのを二ヶ所（二本づゝ）に立て、それに八叉も付けて畑に祀る。（二日）

七日は七草粥、この日門松を取拂ふ。

十三日。餅とり、
十四日。歳とり、左義長。

十六日。松送り。

「ニフギ」開き。歳をとつてから十二日目に行ふたが、今では一般に五日目になつた。

一親族廻禮」、日時は一定せぬが、この日には村の世話方にも廻禮することか。

節分

夜食をすませた後に豆を煎る。

「福は內、鬼は外」と內から外へ、外から內へも投げ込む。

年程食へば緣起がよくなる。

豆は殘して置き農田なぞに蒔く時は穀物が良く出來る。

七夕

七月七日に行ふ。竹飾りに燈灯を付け、茅で馬などを作る。井戶のある家はその側で祭る。七夕樣は飾り物と一緖に井戶・澤へ送る。

この日、油氣の多いものは、何でも落ちがよい。

お月見

八月十三日を「カブチヤ月見」と云うて、何處の家のカブチヤでも盜んでかまはない。少年、靑年等は大勢集つて燒いて食ふ。

九月十三日を「芋月見」といふ。

この日は柿盜みの日である。

信州下伊那郡遠山村字下栗の年中行事（北澤）

お盆

お月樣にぼたもち、お酒、なま芋、などを供へる。

盜んだ柿は家々の戸を閉けて、やたらに投げこむ。投げ込まれた家は緣起が良いさうだ。

七日から十四日まで門口で火を焚く。

十三日、盆迎ひ、

十四日、新盆の家があれば、親戚隣近所の者が念佛唱へに來る。團子などの御馳走が出る。

十四、十五日、暮詣り、

十六日、盆送り。「ソバウドン」などを寺に持つて行く。この日「かけ踊り」をする。

信州下伊那郡遠山村上町の年中行事

大正月　新一月一日より七日まで、

小正月　舊一月一日より七日まで、

一日。門飾り、歲神棚共に千代村に類す。只異る所は、門松は軒に結び付けること、栗棒、稗棒は竹笹の枝に、「くるみ」の枝を同樣な長さに切つて挿す。

元日、村社へ參拜。

元日の忌み詞、モチ出ス、カキ出ス。

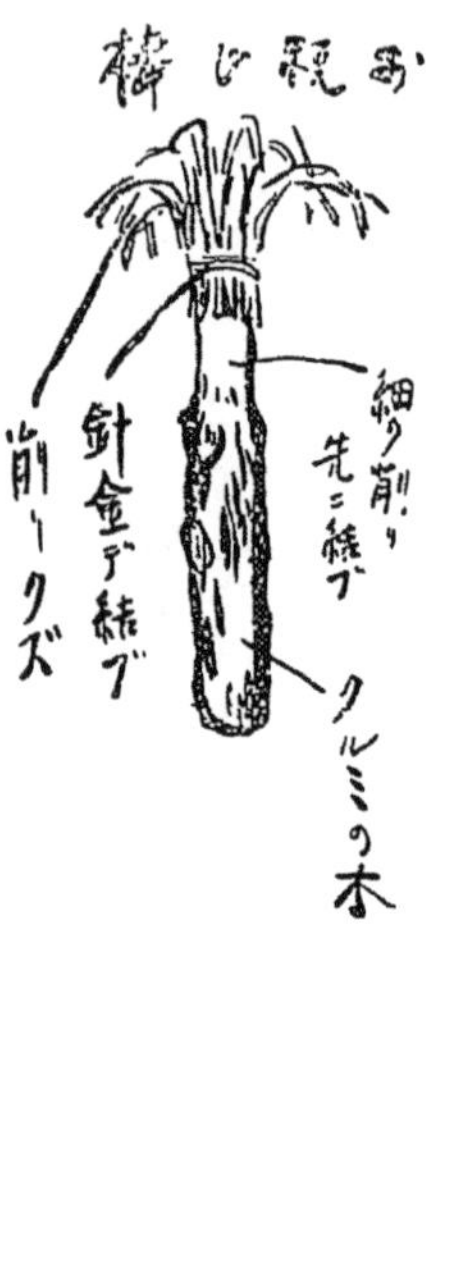

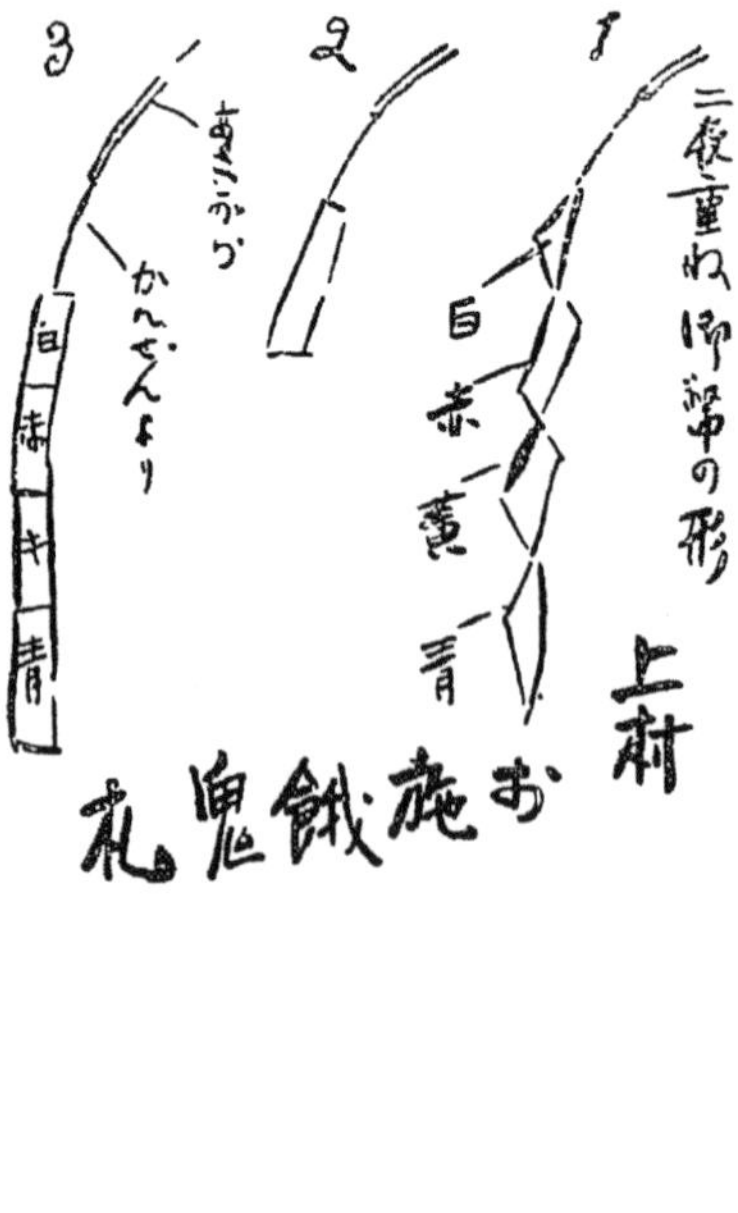

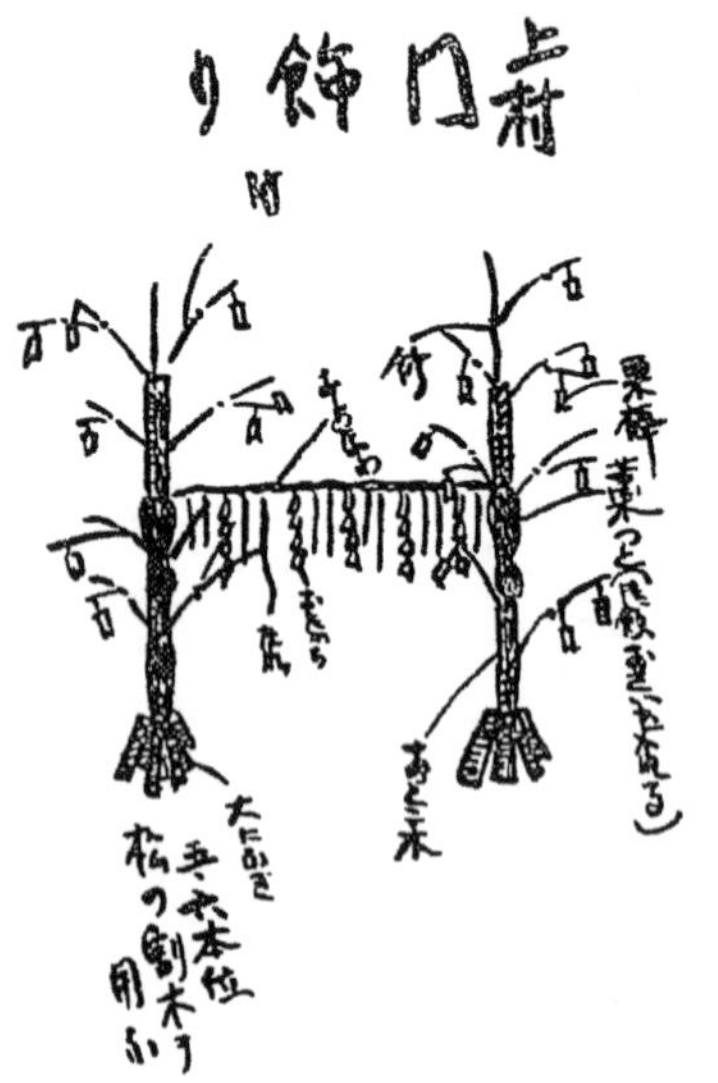

信州下伊那郡遠山村字下栗の年中行事（北澤）

若水くみ。午前三時頃、水は一年の不淨を拂ひ吉事を祝ふ故に、くむ者は最高齢者に限り、一家中の者が飮む。

お祝ひ棒。毎年大晦日の夜も更ける頃、村社へ大勢の子供が圖の樣にクルミの木を二尺位に切つたものを念入りに削り、その「削りくづ」を先に付け、一見男根型のものに作つて集つて來る。すると、禰宜が一番雞が鳴くのを合圖に、引きつれて、昨年中の婚禮の式を擧げた家に、お祝ひに行く、その時、「お祝に參つた、參つた〱御祝ひに參つた」とその棒を前につきさす樣に翳して祝ひ込む。その家では、色々の御馳走を出すさうだが、か樣にして婚禮式のあつた家は全部廻り盡すといふ話。

猶、この棒で打たれたり、つかれたりすると子供が出來ると傳へてゐる。

えびす開き。三日。

七草粥。六日の夜七草刻み。七日の朝粥を混ぜて歳神棚の前で次のやうな歌を唄ふて打ち刻む。――「七草なづ菜、唐土の鳥が、日本の國へ、渡らぬ先に、合せてバタクタ〱。」

門松取り。六日の夜取り拂ふて、七日の朝川に流す。「ねぶり流し」「さが流し」とも云ふ。

鏡餅食ひ。十一日、神棚に供へた鏡餅をさげて食ふ。これを食へば、その年病魔を退く。

左義長、小正月十四日「歳とり」の朝早く行ふ。「ほんやり」とも云うてゐる。

「ほうほ〱　ほんやり　ほうほ　ほんやり殿は馬鹿で、出雲の國へ　呼ばれた後で　家を燒かれた〱有る家を燒いて無い家を搜す〱」と歌ひながら子供等は戸外や田圃などで呼び歩く。別に「どん〱やき」とも云ふ。

鳥追ひ。これも小正月十四日朝行ふ。

「粟の鳥もほう〱黍の鳥もほう〱」と歌ひながら繩に泥をつけて畑に引て行く。

虫送り

一に「風の神送り」とも云ふて、年に二月八日と十二月八日の二回行ふ。二月八日のを「ことはじめ」と云ひ、十二月八日に行ふのを「ことおさめ」と云ふ。

この日、行列に加はるものは白紙の旗と、「おぶすな」(産土神)の御幣と、津島樣の御幣(共に赤白の二枚重ね)を一本づゝ作り、村社に集り一同禮拜して、厄幣を持つた禰宜を先頭に村境まで、鐘太鼓を打ちながら送る。この時一行は禰宜に合せて、「さんより〳〵よとうとの神を送れよ、ちいちのほつぼ　さんよりよ」と歌ひながら送るのである。猶この日、村中の家々は戸障子などを開け放してをき、鍵などもはづしてをいて、悪魔を拂ふてしまふといふ習慣がある。

十三日盆迎ひ。寺からお施餓鬼札を貰つて來てお棚飾りをする。

十四、十五日墓詣で。

十六日盆送り。送り場所は家々に依つて異ふ。寺へのおさめ物。重箱に白米、紙に包んだうどん。

十六、十七日には「かけ踊」がある。雨乞ひの時にも行ふ。

信州上伊那郡地方の民間醫法

土用の牛の日に、ヨモギ、ゲンノショウコ、ドクダミ等をとつて煎茶にする。

乳の出ない人は、白い鯉の頭を味噌汁で煮て食べる。

風邪の時は梅干の黒焼を湯に入れて飲む。

腫物が出來て膿を出す時、牛蒡の實をのむと穴が開く。のんだ粒の數だけ穴く。

足に痺のきれた時、額に唾をつけるか、藁のくづを唾ではりつける。

傷を負つた時、石湯をする。石湯とは、川の中の水垢の附いた石を三つ四つ拾つて來て、それを焼き、器へ水を入れて味噌などを少し入れ、焼いた石を、この水の中へ入れて、その熱で水をわかす。その湯へ傷口を入れて洗ふ。日に數回する。この水は日を經るに從つて効力が出るので、一回毎に捨てゝは効は少い。

土龍の黒焼は血止の藥。蝙蝠の黒焼は血の藥。

鱉の卵は、血目に効く。蟇の肉は、赤痢の藥。

（向山武男報告）

加賀江沼郡地方

手まり唄（第三巻第六號につゞく）

山下久男

21、こんのうしろに、お寺がごーざる
お寺せんぐわん、さかながごーざる
きぬ八百、そめだい二百
色はなんぢやと、和尚ねとーたら
かたのどうはち、すゞめのどうはち
かたをつもいでは、坊さまとかーいて
よんべ坊さまの、ね言をきーたら
けさもかけまい、衣もきーまい
二十八ちよの、つとめもしよーまい
あらやおいち、だいかぐら
小かぐら

22、こんのとなりの、ちよこべさま
やくもちやくとて、手をやいた
その手でおしやかの、顔なでた
おしやかくさいちうて、はなつむた

（21、22、作見村）

23、向ふへ見えるは、鐡砲しよでなーいか
鐡砲かたんで、脇差さーいて
どこへ行かしやる、とふたらば
雉のお山へ、雉うちね
きぢはけん〱、なきわかれ
入つて茶まゐる、せん茶もまーゐる
せん茶もこい茶も、いやわいの
向ひの小川に、シヤミセンひーきが
ろーたぼたろーた、ぶよもんさまか
なかはぶよもん、ぎびさまや
ぎびの娘は、お祝ひむーすめ
あちらむかしやれ、化粧して上げうか
こちらむかしやれ、かみ結ふて上げうか
化粧もしたり、かみも結ふたり
あんまりよいこで、おれにくだされ
すつとんとん、もうひとつかやいて

すつとんとん。

手まり唄（山下）

24、おかのかつかつ、たけやの女郎は
おけがつぼんで、おはちがひーらく
咲いたつぼんだ、おかねーさま
はなのお客が、くださるなーらば
夜もねーまい、夜中もねーまい
…………………………

25、いやなおいて、くだいんせ
おびきり、しやんしよ
おびもきりたん、むすばれて
たかいまめ買ふて、何にしろ
舟にしろ、
舟は何船、こがね船
こがね柱を、つきたてて
あやや錦を、をーむすび
たびがないとて、船頭さま
親ね三貫、子ね五貫
………… …………

（23、24、25、南郷村）

26、さいちよさん、をとむすめ

煙草のけむりが、十八ちよ
まゝ子のたけの子、せんぼんざくら
ひんやらむんやら、三日ねよーされ
なによりやわらか、とうとね下いて
雀が三羽、とーまつたとーまつた
一羽の雀が、およめ入なーさる
二羽の雀は、見物なーさる
三羽の雀は、男にとられて
ちよつとかくれなきる

（26、三谷村日ノ谷）

27、いどのをばさま、やきもちやすーきで
ゆふべこゝのつ、けさまたなーなつ
ひとつのこして、たもとにいーれて
おんまに乗らうか、こんまに乗らうか
お醫者も眼醫者も、ごくらうでごーざる

28、おけ取つた　大事のてまり
こどりこんにち、おまけなさるは
おひめさま、けふをはかねて
ひーや、ふーや
みーや、よーや
いーや、むーや

なーや、やーや
こーや、とーや
とーでおろいて、おしろんせ
おんせのせ、おーさか
おさかでどん、よつやでどん
いつやはかさき、どーぢもち
おきごりなるのは　いんらかね
五百かね、もーちつとまかりよか
おかりよかどん、さいどかどん
どんどんどぐらの、どぐらみさん
「けふをはかねて」へかへる　（27、28那谷村）

29、淀のかはせの、水ぐるま
いわせで、あーがる
ひとしや、ふたしや
みーしや、よーしや
いつしや、むーしや
ななしや、やーしや
こゝのしや、とーしや
とうでおろいて、うちかたそりかた
おん手に、ちよあーげ
どーや、一ちよさん

69
手まり唄（山下）

どーや、べんど
一ちよ、二ちよ
三ちよ、四ちよ
五ちよ、六ちよ
七ちよ、八ちよ
九ちよ、十ちよ
おじよにまいかーら、お百まいまで
もどらん、もーどらん
ひとよりが、ふたよりが
みよりが、よゝりが
いつよりか、もよりが
なゝよりか、やよりが
こゝのよりか、とよりが
とーから、とーまで
おじよにかはらば
おんての、ひらやき
おせつあんでも、おまつあんでも
おんどり、おんどり
おんどり一羽は　一もんめ
おんどり二羽は　二もんめ
おんどり三羽は　三もんめ
おんどり四羽は　四もんめ

手まり唄（山下）

おんどり五羽は　五もんめ
おんどり六羽は　六もんめ
おんどり七羽は　七もんめ
おんどり八羽は　八もんめ
おんどり九羽は　九もんめ
おんどり十羽は　十もんめ
おぢよにかさねて
めんどり　めんどり
めんどり　いち
めんどり　に
めんどり　さん
めんどり　し
めんどり　ご
めんどり　ろく
めんどり　しち
めんどり　はち
めんどり　く
めんどり　ぢう
おぢよにかさねて
そゝろそゝろは　一もんめほそろ
一もんめ　二もんめ
三もんめ　四もんめ
五もんめ　六もんめ
七もんめ　八もんめ
九もんめ　十もんめ
おぢよにかさねて
ひとーつ、おんちんちん
ふたーつ、おんちんちん
みーつ、かたがり目かたがり目
かたがりおめでも、だんないよ
お父さんやお母さんに、聞いたらば
こんなかたやと、おつしやつた
ちんば引いて、あいつゝあいつゝ
おれのかんぢやの、お鶴さんは
おだいどこから、おしきだいまで
すんだり　すんだり
よどのかわせの　なんせんせ
なんせんせ　いはひ水は
とーしやく、とーしやく

一四一

（29、三木村永井）

書評

文化人類學

ゴールデンワイザー著
米林富男譯

民族學の研究方法と土俗學の研究方法、卽ち未開人の生活を研究する態度と自國の古い生活を研究する態度との間には相當の間隔がある。特に歐洲大陸の民族學研究が土俗學研究と非常に隔つてゐるのは、主として見知らぬ土地に行つて、その土地の人々の心持を理解することなく、凡ての珍奇な習俗を集めて、これを早くまとめてしまふことによる。若しその土地に長く住んでゐて微細な點まで、ゆつくり觀察したならば、民族學研究は土俗學研究にもつと接近したものになると思はれる。

米國人類學者の一派の人々は自國のアメリカ・インデアンを精密に研究する點では、歐羅巴人がアメリカやオセアニヤに行つて未知の人種の習俗を觀察すると云ふよりは寧ろ、金田一先生がアイヌを、伊波先生が琉球の研究をされた態度に近い所がある。

斯くの如く民族學研究と云つても段々にあるが米國人類學者の一派の如きは確かに土俗學研究に非常に參考になると思ふ。

先づ第一章に於て、民族學の歷史を說明するに當つて、蕪雜極まる旅行者の物語、宣教師の說明その他、當時の人類學的知識でこれあげた、誤つた研究は捨てゝとらず、科學者であり然かも、實際各地を旅行して親しく多くの民族の習俗を觀察した、バスチアン並にラッツエルより初めた。勿論彼等の主張とても今日より見れば、不徹底なものであるが、同一の環境からは人間の心性の必然的結果として「要素思惟」が起ると云ふバスチアンの主張及びこれより遙かに具體的な議論であるラッツエルの文化の假借、傳播說は今日の研究の根本をなしてゐる。これは後に述べる文化の發展、傳播の問題に入る序說として、心得て置かればならない基礎知識である。

第二章ハーバード・スペンサー並にタイラー及び古典的進化論者、第三章進化論の沒落、第四章傳播說とその批判の三つの章は文化研究の根本態度の變遷を明かにしたものである。卽ち一八五九年ダーヴンが「種の起源」を公けにして、生物進化論を唱導すると學會の各方面でこの思想を支持し、これが文化史に於ける發展の觀念に著しい影響を與へ、生物進化の觀念に從つて、凡ての文化の發生發達を解く樣になつた。特に文明文化はこの原理を適用するに最も好箇の世界であつた。スペンサー、タイラー等はこの大成者であつた。斯くて人類文化の發達と云へば、必ず何れの土地に於ても同じく一筋道を通つて、低い階段から、高い階段に發達するとのみ考へるやうになつた。

然るに民族學研究が精密となるに從つて、今迄の主張は多くは素人のいゝかげんな材料を基として、つくりあげた獨斷であることが明瞭となり、こゝに民族學研究の一大轉回を起すに至つた。

こゝに現はれたのが傳播說で、先づ進化論がこさへあげた文化の個別的諸段階に攻擊の鋒先を向けた。ゴールデンワイザーは本書に於て實際の證示から見ても、理論的蓋然性から見ても、單純なる單一直線的發展の假設を裏切るものであることを社會組織、宗敎、藝術、物質文化の一つ一つに就て、簡潔に要領よく說明してゐる。

更にアメリカ・インデアンの特色である、馬の輸入によつて起つた生活の激變及び死靈舞踊敎の電光の様な傳播の實例によつて、漸進的進化說を攻擊した。

現在に於ても舊人類學派の進化論が未だ淸算し切れないかの如くに見える、日本民俗學界に於てはこの點に就て三省する必要がある様に思はれる。

進化論に反對して、傳播說をとるものが多くある中にも、自國內で緻密な硏究をするアメリカ學派は、大ざつぱな見當付けを行ふ獨墺の文化史派の所說に滿足しないのは勿論、リバーズの態度にまで銳い批判をなしてゐる。これによればリバーズの卓說である實用技術の喪失、卽ちオセアニヤでカーヌや矢弓が過去に於ては有用な役割を演じてゐたのに、現今は退化してゐることの說明として、(一)物質的原因、木がなかつたためカーヌが作られないで野獸が尠くなつたから、弓矢を使用しなくなつた。(二)社會的原因、製造する工匠が特殊な團體に限られてゐて、熟練な工匠が死に絕えたこと、(三)宗敎的並に呪術的原因、呪術・宗敎的原因から根棒の發達を助け、弓矢の喪失を齎したことから說明する。

これに對してゴールデンワイザーは斯かる局部的事實によつて實用技術喪失を說明することは、論理的可能性を方法論上の手順と混同したもので不可なりと云ふ。今一つの缺點として局部的様相を合札として比較資料を無視することを非難してゐる。

以上二つの忠告も日本の民俗學硏究者にとつては非常に參考になると思ふ。

第五章フランズ・ボアズとアメリカ派の歷史的民族學第六章最近の傾向と將來の展望とは米國の民族學硏究を最も要領よく紹介してゐる。

譯者米林氏の正確、流暢な譯に就ては本誌の讀者は第四卷第十一、第十二號のリバーズの「歷史と民族學」で御承知であるから冗言を要しない。簡にして要を得たものとて、我が民俗學界のためにも誠に喜ばしい出版である。(東京、森山書店刊、正價八〇錢)

(杉浦健一)

アッカン氏著作目錄抄

一九一〇、En collaboration avec M. Tchang Yi-tchou, La Peinture chinoise au Musée Guimet (P. Geuthner, éditeur) ギメー博物館支那畫目錄

一九一一、L'art tibétain (Collection de H. Bacot) (P. Geuthner, éditeur) チベット藝術（バコー氏叢書）

一九一四、Illustrations tibétaines d'une légende du Divyāvadāna (P. Geuthner, éditeur) 天業比喩ノ說話のチベット繪解、

一九一六、Les Scènes figurées de la vie du Buddha dans l'iconographie tibétaine (Tome II des Mémoires concernant l'Asie Orientale, Publication de l'Academie des Inscriptions et Belles-Lettres) (Leroux, éditeur) チベット圖像學に於ける佛傳畫圖（學士院東方アジア紀要第二册）

一九一九、Some Notes on Tibetan Paintings (Rupam No7) チベット繪畫に就て（ルーパム第七册）

一九二二、Documents de la Mission Pelliot exposés au Musée Guimet (Bulletin archéologiques du Musée Guimet, fs. 2) ギメー博物館陳列ペリオ派遣將來品（ギメー博物館考古紀要第二册）

Indian Art in Central Asia and Tibet (Publication de l'India Society) 中央アジア及びチベットに於ける印度藝術（印度協會刊行物）

一九二三、Guide-Catalogue du Musée Guimet, (Van Oest, éditeur.) ギメー博物館案內目錄

一九二四、Formulaire bouddhique sanscrit-tibétain du Xe siécle, publié et traduit. (Documents de la Mission Pelliot), (Geuthner, éditeur)、十世紀の梵藏法儀文、公刊及び飜譯（ペリオ派遣將來文書）

一九二八、The Colossal Buddhas at Bāmiyān, Their influence on Buddhist Sculpture, Eastern Art vol, 1, No2 バーミヤーンの大佛、其佛教彫刻に對する影響（「東方藝術」第一號所收）

アッカン氏著作目錄抄

Les fouilles de la Délégation arhéologique française en Afghanistan à Hadda (Mission Foucher-Godard-Barthoux) (1923—1928) Revue des Arts Asiatiques, V, p. 66—76

ハッダに於けるアフガニスタン佛國考古學派遣團の發掘（フーシエ、ゴダル、バルツー派遣（ミッション））（「アジア藝術雜誌」五巻所收）

一九二八、Sculptures greco-bouddhiques du Kapisa(Monuments et mémoires publiés par l'Académie des Inscriptions et Belles-Lettres, fs, 48. Monument Piot, (Leroux, éditeur)

カピサのギリシヤ・佛教式彫刻（學士院刊行記念物及び紀要第四十八分册）

一九二八、En collaboration avec M. et Mme Godard, Les Antiquités de Bāmiyān (Tome II des Mémoires de la Délégation archéologique française en Afghanistan) Van Oest, éditear ゴダル氏夫妻と共著、バーミヤーンの佛教遺物（アフガニスタン佛國考古學派遣團紀要巻二）

一九二九、Article „Tibetan Art" dans l'édition de 1929 de l'Encyclopaedia Britannica,大英百科全書一九二九年度版「チベット藝術」の項

一九三一、La sculpture indienne et tibétaine au Musée Guimet, Leroux, éd. ギメー博物館の印度チベット彫刻、

一九三二、Les dernières découvertes d'Afghanistan (Mélanges Raymonde Linossier) (Leroux, éd.) アフガニスタンの最近の發見（「レイモンド・リノシエ紀念雜纂」所收）

一九三三、Avec la collaboration de J. Carl, Nouvelles Recherches archéologiques à Bāmiyān (Tome IV des Mémoires de la Délégation archéologique française en Afghanistan) バーミヤーンの考古學的新調査（アフガニスタン佛國考古學派遣團紀要巻四）

L'oeuvre de la Délégation archéologique française en Afghanistan (1922—1932). Archéologie bouddhique. アフガニスタン佛國考古學派遣團の事業（一九二二—一九三二）「佛教考古學」所收

—博士來朝の紀念として—

（此目錄の發表はアテネ・フランセの山田吉彦君の好意による。）

「民俗學」所藏

支那の民俗學的雜誌目錄 (第二回分載)

——東洋文庫に保管——

民族 國立中山大學語言歷史學研究所編

第二十七期 第二十八期 (一九二八年十月三日發行)

唐寫本明妃傳殘卷跋 容肇祖
鷄蛋的偉大 若水
洛陽橋故事(附廣州起犯的風俗) 劉萬章
呂純陽藥店誠心的傳說 王永泉
翁源新年的風俗 清水
溵北歌謠三首 歐宗祐
惠州兒童歌謠三首 馮志强
翁源謎語 欽珮
本所風俗物品陳列室所藏書籍目錄

第二十九期 第三十期 (一九二八年十月十七日發行)

妙峯山序 容肇祖
潮州宋帝昺的傳說 若水、劉培之
宋帝昺遺跡及故事 楊成勳
廣西蒙山縣之習俗及迷信 馬益堅
廣西通信 任國榮
臨澧童歌 辛樹幟
衡山縣兒歌 康辛元
長沙兒歌 朝甦
讀鍾著民間民藝叢話 羅香林
歌謠零拾補 葉德均
本所風俗物品陳列室所藏書籍器物目錄(續)

第三十一期 (一九二八年十月二十日發行)

説子孫娘娘 黃仲琴
潮州民間神話二則 培之
愛爾蘭古代神話 若水譯
蜂的故事 韋承祖
七姊嫁蛇王 馬爲一女士
花蛇的故事 葉恭偉
神話的傳說二則 葉恭偉
漳州塡鐘窟的傳說 胡張政
梅縣童謠十二首 溫銓賢
梅縣山歌一首 溫銓賢

第三十二期中秋專號 (一九二八年十月三十一日發行)

中秋專號引言 容肇祖
中秋的起源和唐代的傳說 容肇祖
中秋的拜月娘 黃仲琴
中秋月下 若水
東莞的中秋節 容肇祖
東莞中秋節風俗談 容媛

支那の民俗學的雜誌目錄

中秋節的幾種民間怪風俗　李建青
潮州中秋風俗片面　鄭德能
中秋請神歌　秋霞
中秋節翁源的風俗和傳說　黃詔年
廣州月餅的名稱　劉萬章

第三十三期（一九二八年十一月七日發行）

粵東之風序　朱希祖
讀鍾著「民間文藝叢話」續第二十九期三十期）　羅香林
二首同「閩歌」相似的歌謠　若水

第三十四期（一九二八年十一月十四日發行）

揚文廣平閩與陳光入閩　陳家瑞
平閩十八洞所載的古跡　林語堂
宋湘的軼事　清水
翁萬達的傳說　張宗蕃
邱瓊山故事　鄭敦保
大良龍鼓腹的傳說　胡致述
鄔駭中的故事　徐麥秋
鹹魚頭砂　李建青
潮州民歌　趙夢梅
潮州諺語　趙夢梅
燕地歌謠　黃詔年
湖南長沙縣的民間文藝　堅固

第三十五期（一九二八年十一月二十一日發行）

靈魂的著沉存在　若水
杭州的祈夢故事　王永泉
茂名鑾醮的傳說　湯煥奎
淮安風俗雜掇　葉德均
哥好鳥的故事　章承祖
漳州民歌　黃仲琴
民間十二月的小詞　張兆瑾
海豐民歌一臠　亦夢
讀蘇粵婚喪　清水
關於王昭君傳說　劉萬章
本刊通訊　清水、崟祖

第三十六期（一九二八年十一月二十八日發行）

粵東之風序　朱自清
再談雞蛋　若水
翁源的婦女與雞蛋　黃詔年
我却要說鴨蛋　容肇祖
關於金花夫人　劉萬章
一鱗一爪之風俗談　崔盈科
梅縣童歌二十四首　秋霞
臺山海宴謎語四首　黃鶴鳴
東莞偷牛的一般故事　容媛

第三十七期（一九二八年十二月五日發行）

沙芘亞的英國中的民俗　李貫英
譯後語　李貫英
李文古的故事　廖嘉隆

陰那山的魚・螺・米　廖嘉隆
元宵的故事　劉萬章
海豐汕尾童歌八首　陳經熙
東莞童歌三首　容肇祖
川邊的一種織歌　宋香舟

第三十八期（一九二八年十二月十二日發行）

讀了「耕者之歌」以後　容肇祖
閩南傳說的梁山伯與祝英臺　謝雲聲
五華藍關韓文公廟的傳說　鐘國樓
翁源生產風俗　清水
游白雲　陳寶善
新會的風俗談　黃惠遠
廣州回教風俗畧志　傳守保
潮州民歌　林離

第三十九期（一九二八年十二月十九日發行）

故事之轉變　黃仲琴、容肇祖
吳歌乙集　清水
孫道者的故事　黃昌祚
謝能舍的故事　胡張政
揭師石故事　愚民
避債故事　劉萬章
瓊崖歌謠的故事　臧公
潮州農村歌謠　豫同
福建長汀斷片的童歌　馬雲章
大埔情歌　李蓀興
梅縣的童歌　李蓀興
東莞謎論掇拾　李建青

第四十期（一九二八年十二月二十六日發行）

湖南民間文藝一督・　逸之
民間文藝掇拾　清水
翁源的中秋節　愚民
算一年前的舊賬　黃詔年
歌謠十首　馬益堅

第四十一期　缺號

第四十二期　缺號

第四十三期　檳榔專號（一九二九年一月十六日發行）

檳榔圖(三幅)
檳榔的歷史　容媛
一　檳榔的出產地
二　檳榔的種類
三　食檳榔的理由
四　檳榔的食法
五　婚喪禮上所用的檳榔
六　檳榔的功用
七　多食檳榔之害
八　關於檳嫂的雜記
九　結論
雜談檳榔的效用及其他　清水

支那の民俗學的雜誌目錄

檳榔女　黃仲琴
東莞遺俗上所用的檳榔　容媛
東莞檳榔歌　容媛
瓊崖童謠一首　放人

第四十四期（一九二九年一月二十三日發行）

韶郡的古俗　愚民
蠱　清水
人尾的故事　黃昌祚
紡織娘　若水
廣州西瓜園的故事　許月娥
雲南巧家縣兒歌　楊成志
「關於王昭君傳說」的答案　魏應麒
本刊通信　招勉之

第四十五期（一九二九年一月三十日發行）

藍關辯證　鍾國樓
我却要鷄蛋鴨蛋一同說　清水
楊文廣平閩的遺跡　馬雲章
兩則關於宋帝昺的陸安傳說　亦夢
宋湘軼事補　張仲傑
蜑仙的傳說　鄺眞
韓　鄧爾雅
萬事不求人　浮萍
東莞童歌六首　李建青
淮安方言錄　葉德均

通信二則　清水
蒙古車王府曲本鈔本目錄
民俗學會議決之進行事項

第四十六期（一九二九年二月六日發行）

謎史引子　錢南揚
嫁蛇　清水
疤妹和靚妹　姚傳鑑
李子常的故事　李建青
邱瓊山軼事　陳有良
先賢林大欽軼事　辜宣存
進士與進士　林猷浦
老虎同老婆子的故事　袁洪銘
老鼠的傳說　談鎮洋
富陽的歌謠　葉鏡銘
台山童歌　余競輝
諺語一束　黃詔年

第四十七期　傳說專號（一九二九年二月十三日發行）

泉州洛陽橋　封用插圖
傳說專號序　顧頡剛
傳說的分析　容肇祖
史籍中之傳說　黃仲琴
大名（河北）的幾個故事同古蹟　一非
李二郎的傳說（四川灌縣的傳說）　樊縯
漳州特產水仙花的傳說　翁國樑

支那の民俗學的雜誌目錄

狀元潭的故事（福建光澤縣的傳說）　邱慶鏞
雷祖陳文玉公故事（雷州傳說之一）　洪鐘璧
蘇東坡遇仙囘朝（台山的傳說）　李錫芳
蘇堤（惠州的傳說）　鄭彥徵
蘇公堤（惠州的傳說）　劉中化
涂雞蓑的故事（翁源的傳說）　愚民
王庵的傳說（順德的傳說）　何翠瑞
湖廣巖的傳說（遂溪縣的傳說）　梁瓊珍
仙鄉的傳說（潮安的傳說）　王昌齡
立魚峯上兩個傳說（柳州的傳說）　馮沛清
一個神怪的石龜（廣西桂平的傳說）　容澤擘
彭祖的故事（東莞的傳說）　鄧國平
月亮裏大丹樹的故事（廣西桂平的傳說）　陳步文
惠州的傳說　成伯時
潮州的洛陽橋傳說　黃昌祚
洛陽橋的傳說　魏應麒
梅縣的幾個傳說　林岳玉
熊人公　劉萬章

第四十八期歌謠專號（一）（一九二九年二月二十日發行）

福州歌謠甲集自序　魏應麒
采歌雜記　羅香林
讀「紹興歌謠」　清水
廣州兒歌乙集　劉萬章
翁源兒歌　清水
梅縣童歌　秋霞
潮州兒童歌　昌祚、鳴盛
東莞童歌　李蔭光
永春民歌　黃文明
普寧短謠　陳立夫
歌謠雜話　容肇祖
歌謠消息

第四十九、五十期歌謠專號（二）（一九二九年三月六日發行）

插圖（三）
臺山歌謠集序　顧頡剛
福州歌謠甲集序　何遂
臺山歌謠集自序　陳元柱
福州歌謠甲集序　顧頡剛
福州歌謠甲集序　容肇祖
介紹並譯述兩首英文小歌　李貫英
一首俄國民歌　李貫英
閩南長汀的童歌　馬雲章
廣西兒歌二首　馬益堅
歌謠四首　馬益堅
情歌（流行嘉應五屬）　張浮萍
潮州兒童歌　昌祚、鳴盛
東莞童歌五首　徐麥秋
陸安產謠兩首　亦夢
象山歌三首　覃鐵衣

支那の民俗學的雜誌目錄

月的歌　黃詔年
從上海「民葉日報」得到民間歌謠及歌謠的故事　謝雲聲
東莞歌謠一束　袁洪銘
五華鄉村童歌五首　梅山
東莞童歌二首　李蔭光
合浦民歌　潔
梅縣民歌　鏡海
瓊崖鹽歌二首　放人
瓊崖戀歌　放人
瓊崖童謠一首　放人

第五十一期故事專號（一九二九年三月十三日發行）

記述民間故事的幾件事　劉萬章
讀「民間故事研究」　劉萬章
劉羅及其妹　頌岑
熊姨母　王茅炎
猪哥精的故事　張乾昌
林虫凰的故事　廖金聲
燕燧故事　修文
柳天王的故事　容肇祖
黃公祖師　黃文明
三斤狗　李銘槃
四個賣菜人　梁佐粲
紅花女　葉耀衡
故事中所述的三句半歌　馮志强
陳白沙的故事　陳鸞翔
圍棋故事　故少波
獅子地的故事　甄兆璋
陳君濟故事　杜國燎
田頭公公　韋緒言
周瑞超的故事　黃文明
一個秀才　戚孫馨

第五十二期（一九二九年三月二十日發行）

初民心理與各種社會制度之起源序　容肇祖
北江猺民古俗的發見　清水
韓昌黎在廣東的鱗爪　鐘梅山
羅隱的故事　徐麥秋
朱元璋的傳說　志桓
李文古故事續補　張冠英
宋湘故事續補　張冠英
姊妹會與神童　許家維
東莞底風俗(喊驚)　徐思道
廣西蒙山縣山歌　馬益堅
點兵歌　馬益堅
嘆五更　馬益堅
本刊通信　鍾敬文、清水、趙景深

第五十三、五十四、五十五期　舊曆新年專號
（一九二九年四月十日發行

舊曆新年專號引言　容肇祖

星君圖說明　黃仲琴
巴公的廣州過年日記　劉萬章
新年(潮州民俗之八)　若水
翁源過年的風俗　清水
再談翁源的過年風俗和新年風俗　清水
我也談談舊曆新年　舒懷
東莞舊曆年例　容媛
梅縣人的舊曆新年　林岳玉
陽江的舊曆新年　志桓
閩南舊曆新年的風俗　謝雲聲
廈門之新年風俗　陳延進
漳州新年的風俗　翁國樑
成都舊曆年節的風俗談　李懷儕
長沙鄉中的舊曆新年　堅固
開封的舊曆新年　思我
水仙花的故事　清水
舞燈　鄭烱粲
灶神的故事　愚民
欽縣的新年以及清明節　顏繼祖
福州舊曆新年的過渡　魏應麒
新年所用的花爆製造法　黃偉夫
閩南舊曆新年流行的歌謠　謝雲聲
錢樹歌及尼姑問訊　容媛
廣州元旦聽到的盲妹吁化歌　容肇祖

第五十六期 缺號

第五十七、五十八、五十九期 (一九二九年五月八日發行)

風俗學試探　陳錫襄
沙士比亞的民俗花卉學　李貫英
介紹和學譯三個德國歌　李貫英
原始民俗藝術與戲劇　趙簡子
介紹 I. H. N. Evans 關於民俗之兩部重要著作　趙簡子
譯歌謠一首(農夫)　趙簡子
譯兒歌一首(樵夫)　趙簡子
雲南倮羅調查近訊　楊成志

詫狀　まづ、第四卷の總目錄を、先月號に載せるつもりのところ、遂した手違ひから、今月號につける樣になつてしまひました。實に、何ともお詫のしやうもありません。平に御容謝下さい。尚、誤植、脫落は來月號に訂正致します。右のうち、甚しきものを、一應、次に擧げておきます。小泉鐵氏の飜譯、「民族學の方法としての原則」の標題を、則原と誤り、「湯河原のさいの神その他」伊東良吉氏の報告に、四三頁下段の寫眞の側に「齋藤實盛の墓」、が脫け、「滋賀郡伊香之村に於ける田神祭の歌詞」は歌詞の誤りです。また、婁子匡氏の論文は近く飜譯して、再び、載せることに致します。

學會消息

〇江氏歡迎と方言座談の會、山本靖民氏の發起で國學院大學方言研究會の方々、南島談話會有志の方々が相集つて、一月十四日午後一時より明治神宮表參道尙志會館に於て、近畿方言學會の幹事江實氏の東上をむかへて歡迎と方言の研究をかねたやうな會合がひらかれた。山本氏より東京と京都といふ風に別々に對立してゐるといふ理でもないが、特にこれからも仲よく互に研究の便宜を計り乍ら進んで行きたいため、そのくさびの一つにでもなるやうにと思つて、この會を催してみた。これからも地方から同志の方が見えたときは、かうした集りをひらいて、地方の學會の樣子をきゝ乍ら、中央と地方との連絡をはかりたいと考へてゐる。と冒頭に挨拶あり、それから江氏の話に移つた。其の概要を述べれば、山本靖民氏が今日持つて來た神奈川縣の方言調査の一部分をみるとウタテイといふ言葉があるが、この語は昭和七年四月中旬近畿方言學會で十津川へいつた時よくきいたオトマシイと同樣に古い語であるが、我々が方言の研究を必要とするのは一つにはかうした語が殘つてゐてそれを使ふ氣持が分るといふ點にある。さて、近頃は方言の科學的研究が非常に進んで、方言の區劃の問題についても、柳田國男氏の語彙よりする方言周圏說、東條操氏の語法よりする東西方言の區劃說、之に對して服部四郎氏のアクセントよりする東西兩方言の區劃說等の卓說が提起されて居る。本日私が取扱ふものも是區劃の問題に關する。フランスのアルベール・ドザ Albert Dauzat が一九二七年に出した "Les Patois" (俚言) の中に伊太利、佛蘭西の方言研究から歸結した言語地理學諸原理の一章があり、その一に面の原理 (Principes des Aires) といふのがある。卽是は1『孤立の度合の高い圏は古風に富む。』卽ち山彙、其他の文化團體から遠いところ、近寄り難いところに古風が殘る。2『側面は中央面より古風に富む。』の二つがある。今この二つの原理を借りて日本の方言の周圏說を考へてみる。飜つて方言（廣狹兩意義に於て）のAとBとの親緣性のみとめ方には色々あつて、身體の部分名稱とか農具の名稱とかいふ樣な少數の重要單語の間に相似形がみとめられるといふ事によつて二方言の親緣性を定めるといふ學說もあるし、語彙の相似形の如何に係らず、語法とか其他のもの〻一つの相似形によつて親緣性を認めようとする學說もあり、從つて親緣性を論ずる場合には何を選擇するかといふ事が重大なこと〻なる。そこで今比較的變化が少い何々へとかにといふ方向の助辭をとつて、それについて全國へ質問書八〇〇出して其回答約六百を得たが、それを整理した結果、之がサメ系、エ系、ニ系格助辭をつかはぬものとの四系に分れ、さうしてサメ系が東北地方と九州の南北兩端に發見されることが分つた。そこで側面は中央面より古風にとむといふ2の原理をかりれば、このサマ系が方向の格助辭として最も古風にとむといふことになり、この中心をとつて、圓を描き、更に外側なる南島にカイといふ言葉がみうけられることから、半徑をのばして更に太きな圓周を描けばこ〻に方向の格助辭による方言周圏說がたてられる。勿論是には文獻的考證が必要であるが、幸ひこのカイはカリと共通語らしく、このカリはこれは古事記のトスキヨリヒメのところに出てくる。更にサマは宇治拾遺物語の伴大納言の物語の中に出てくる。くだつて一六三〇年の日葡辭典にはエが出てゐるが、一七七五年の文獻にはサマへ、サナへが肥前にあることがしるされ、又三國通辭によれば東北地方にコ〻サといふのが見うけられロードリゲシの日本文典の方言の部にサナへ、サマへといふのが見うけら

學界消息

れる。卽ち以上二つの證明から方向を表す格助辭の方言の周圈說の存在を歸結することが出來る。といふのであつた。この外氏は周邊にあらはれたものが孤立してあらはれた場合には1の原理によつて周圈說が更に確實に說明されることや、スイス、伊太利方言學の情勢についての紹介をして、我々を啓蒙してくれる事が多大であつた。終つてから本山桂川氏より方言採集の經驗談があつた。

○雜誌『島』の出刊については前々號の本欄でお知らせいたしておきましたが、發行豫定を一月としたのは當方の誤報でありました。聞くところによりますと、四月號が創刊で、三月の中旬か下旬位にその第一號があらはれるといふことです。また目下その準備が着々として進行してゐるといふことをお知らせいたして置きます。

○史前學雜誌四ノ三、一號にカーレンフエルス博士が昭和七年五月廿二日大山史前學研究所に於てなした講演の筆記の『國際的研究の一分課としての日本史前學の使命』と講演後に行はれた討論とが掲載されてゐる。同氏の所論については、既にその紹介が本誌四ノ七、松本信廣氏『南洋の先住民に就いて』にあるので、諸者諸氏よく御存じのことであらうと思ふが、本講演に於て氏は特に史前學の研究に局地的研究と國際的研究との二方向があり一方は局地文化の細目的研究で、他方は民族の文化及至その移行を決定せんとする、局地的範圍を超へるものである。かくて研究の立場を異にすることは探究對象の重要さにも關係し、日本の史前學に於て局地的見地よりすれば、土器の編年的研究が缺くべからものとなるも、之を國際的に考へるときは、南洋に於てメラネシヤ民族と關係するホワビニアン文化系遺物と北方と關係する石鏃等とがより重要性を持つてくることを述べて、日本として如何なる研究が國際史前學に提供せらるべきかを指適してゐる。これに對して大山柏氏の國際的研究が充分なる根據を持つ爲に精密なる局地的研究が益々必要になるといふ反駁もあり、もとより同博士の講演は日本の考古學の範圍に限られるものであるが、この二つの研究方向は民俗學の方面に於ても屢々論議されるものとして、又遺物遺跡のクロノロジイの決定は民俗學にも當然問題とされねばならぬものとして、我々の目をひいた。

○朝日グラフの二十卷四號(一月廿五日發行)に南部鐵瓶の製作過程を、土を練る、型を挽く、口作り、脣打ち、型を燒く、中型を入れる、鐵を溶かす、型に熔鐵を注ぐ、型から出す、燒を入れる、の十圖を點出して巧に活描してゐる。こんな方法でテクノロジイ方面の採集をフオルクローアの領域でやつてみたら大變面白いと思つた。釜作り、鍋作りにとゞまらず、鑄型利用の途がどん／＼ひろまつてゆくかぎり、鑄物師の生活がなくなつてしまふことはないが、東京にはもう鑄かけ屋の姿を見受けることが殆ど稀有のことゝなつてしまつた。かうした工職方面の技術誌、技術語生活慣行等を一通り今の中にあつめてゆきたいものである。兵庫縣鄕土研究資料の近號に鷲尾三郞氏が灘の酒樽作りの特殊語を報告してゐるが、かうした方面の採集事業がもつと熾になつてゆくことを望んでやまない。

○早川孝太郞氏の『猪・狸・鹿』を讀み返すことがあつて、狩獵民の生業に强い感興をつながれた。鄕土研究の近刊の廣告に佐々木喜善氏の『奧羽狩獵民譚』が見えてゐるが、これから先もかうした狩獵人の生活文獻がどんどんあらはれてくることを望む。

○柳田國男氏の『女性と民間傳承』『桃太郞の誕生』の二つが出た。前者はかつて『和泉式部の話』として婦女新聞に連載されてあつたものを早川孝太郞氏が編したもので、主として中世に於ける遊行婦女の歌物語り傳播の問題を、序に代へて以下、六五項に汎つて取扱はれたもの。後者は『桃太郞の話』の外、昔話新釋として、且つて『旅と傳說』誌上に發表したもの六篇と『猿と鍛冶屋の姥』『和泉式部の足袋』『米倉法師』の三篇とが收載されてゐる。昔話新釋なども其の後の資料發見によつて補訂を加へられてゐるし、全篇みな頭註に小みだしがつけられてあり、終りには大變重寶な索引があるので、表題は『桃太郎の誕生』ではあるが、全體に、日本民間說話學の骨子がしめされてあるといはれてもよいやうな統一が與へられてある樣に見うけられる。二著共に所謂口誦文藝を研究する人々、中世近世初頭の文學を研究する人々、中世の平民生活を知りたい人々、中世より溯つて古代を研究したい人々、フォルク・ローアをやりたい人々には是非とも一讀を必要とする書である。何となればこの書物の關聯する所は多方面であるから。

○西角井正慶氏の多年の研鑽の結果たる神樂の研究が最近上梓されるといふことである。

○ギメー博物館長ジョゼツフ・アツカン博士のアフガニスタンに關する講演が慶應大學文學部主催により一月二十六日、同大學大ホールに於て開かれた。此の日同博士は松本信廣氏の通譯にて『アフガニスタン・その歷史及人種』なる演題下に、十八世紀の前半から今日のアフガニスタンの政治外交史を概括して、英露のアフガニスタンに對する侵略の歷史を述べ、今日のアフガニスタンの政治的統一は國內よりは對外的な英露の勢力の均衡によつて保れてゐる事を陳述し、夫より幻燈の映寫に入つて、アフガニスタンは中央亞細亞より印度へ行く者が必ず通過せねばならぬ地點にあり、アレキサンダー大王を始め其後の印度侵入者は皆この地を經過せねばならず、かゝる地理的條件がこゝにガンダーラの美術をはじめ、其他こゝに特有の複合藝術を產んだといふ事を其地形圖を示してのべ、ドラニー族の首都たるカンダーラ、十一世紀頃の是地の回教文化の繁榮のあとをしめすガズニに於けるマームツド王の墳墓、勝利記念碑、この地方に住む印歐系のクッシュ族、同じく印歐系のアンザイ族、西に入つてインドユーロロピヤン族との混血種たる好戰民族キユルサイ族、アーヘ族とそのダンス、バーミヤンの谷とこの地方の山嶽に住むジンギスカンが遠征當時殘したモンゴル族等、を寫し出して考古學的遺物と人種と地形等の寫眞を巧に組合せて學界に未知なるアフガニスタンの文物史を要說した。尙この日及その前日、同大の圖書館に於てアフガニスタン關係の文獻の展覽會があり、その目錄は雜誌『史學』に發表せられるであらうが、アフガニスタン學の文獻が網羅展觀された。

○折口信夫氏舊臘中羽越線溫海溫泉に赴く。一月十日、十一日、松本市に於て古事記の講義をなし、それより信州下伊那郡新野町に赴いた。近刊の金澤博士還曆記念論文集『東洋語學の研究』に『形容詞の論』を寄せてゐる。

○松村武雄氏　支那の民俗旬刊のために、『狗人國試論』を執筆、目下ケルト族の宗教の基督教化について調査中であると。

○金田一京助氏　音聲學協會の『音聲の研究』第五輯に『北奧方言の發音とそのアクセント（ズーズー考）』を寄稿、ズーズー辯なる特異の稱呼を持つ東北方言の音韻法則について其一般を詳說し、又前述の金澤博士の還曆記念論文集に寄せた『北奧地名考、奧羽の地名から觀た本州蝦夷語の研究』に於て本州の地名の解釋にアイヌ語を以てする古來の諸學說に對して批判を加へ、新しき其方法論を定立して、本邦地名をアイヌ語を以て解釋する場合に必ず依らねばならぬ基準を示し、結論として再建される本州アイヌ語彙とその分布とを述べた。アイヌ語を以て本邦地名を說かんとする人には蓋し必讀の文書であらう。

（以上十一項村上）

○山村語彙（柳田國男氏編）

ぜひ、皆樣にお求めを願ひたい語彙集。

皆樣の助力を求めるために出したやうなものです。と、先生のお言葉のある語彙集（梓書房十五錢）（明石）

○史學、第十一卷第四號は、史學理論の號、ことに筆まれな舟田三郎氏の「フンボルトの歷史的理念說」の收められたことは喜ばしい史學理論ではあるが、いろ／＼な意味より民俗學にたづさはる人々の一讀をおすゝめする

史的唯物論について　加田哲三
クルト・ブライジヒの世界史の法則に就て　新館正國
三木淸著「歷史哲學」を讀む　向井鉄一
史學の溟濛　松本芳夫

かつ、松本信廣氏の「ゴレレスに就て」は「南方土俗」第二卷一號の桑田氏の所說と合致するかにみられる。（明石）

○史林第十八卷第一號

古代朝鮮に於ける王者出現の神話と儀禮に就て（上）　三品彰英

こみ入つた、複合的な神話をこみ入つた儀禮で解かうとしてをる。理論として比較された類似の儀禮で類型的な神話をとかうとする方法の可能はあらうが、古い支那の祥瑞思想をうけた神話を、多くの準備なしに、事實たる儀禮の反映として直ちに之を解かうとすることは、何かのくひちがひを感じさせる。われ／＼はフイルム（儀禮）をみまもればよいのか、カーテン（神話）を事實として信ずればよいのか。おきゝしたい。卽ち方法の可能について、儀禮と神話との比較は比較を目的とした神話の意識の追究であり、觀念の意味を求め、觀念の形態を知りたいのではなからうか。氏の比較には事實としての儀禮の假想と、これより直ちに反映されたと考へられた神話との、實に密接な關係が、すべての疑問を排拒して、主張せられてをる。神話種明しの感を深くする。（明石）

○設樂、正月號

圍爐裡端雜記
花祭せいとの言葉 ｝佐々木嘉一
猪除け數題　片桐勇太郎
足神樣　岡田松三郎
詠設樂郡村名鄙謌　永江土岐次
「おつぎ」婆さんが死んでから思ひ出したこと　杉林巳太郎
三つ瀨村舊事　原田清

○旅と傳說二月號

大和國の「ツナカケ」祭り　中村淸二
誓女根元記　中山太郎
酢と酒と醬油が湧出る三つの壺　南方熊楠
南薩摩の旅　早川孝太郎
哀話おふじ鐵之丞の種本　宮本勢助
鯨と鯨組　櫻田勝德
阿呆陀羅經と早物語　本田安次

○方言　その一

方言覺書　新村出
雞好の耳　岩淵悅太郎
「ウレ」といふ語について　品田太吉
關東の方言調查　東條操
金澤市地方の方言『に』の一考察　長岡博男
石州中部地方に於ける接尾語と接頭語　千代延尙壽
「あまりに音聲學的だ」に就て　石黑魯平
「鍋島論語葉隱」の難句略解　吉町義雄
愛媛縣周桑郡庄內村實報寺方言　四之宮サカエ

○朝詳民俗創刊號

栍考　孫晋泰
巨濟島の立竿信仰　秋葉隆
五廣大小考　宋錫夏
晋州五廣大탈工름　鄭寅燮
江界의正月歲事　孫晋泰
The reference Books on Korean Folklore.　S. Ha Sohng
昨年度各雜誌揭載朝鮮民俗學關係文獻

○寄稿のお願ひ

○種目略記　民俗學に關係のある題目を取扱つたものなら何んでもよいのです。長さも御自由です。

(1)論文。民俗學に關する比較研究的なもの、理論的なもの、方法論的なもの。

(2)民間傳承に關聯した、又は未開民族の傳說、呪文、歌曲、方言、謎諺、年中行事、生活樣式、習慣法、民間藝術、造形物等の記錄。

(3)民間採集旅行記、挿話。

(4)民俗に關する質問。

(5)各地方の民俗研究に關係ある集會及び出版物の記事又は豫告。

○規略

(1)原稿には必ず住所氏名を明記して下さい。

(2)原稿掲載に關することは一切編輯者にお任かせ下さい。

(3)締切は毎月二十日です。

編輯後記

○

今月號も疎漏の點多く皆さまに非常に申しわけないことゝ存じます。第四號總目次は、今月號につけました。支那の民俗學的雜誌目錄は石田幹之助氏の好意に據つて暫く續けたいと存じます。アツカン氏の著作目錄抄は、遠くして而も東洋と密接な關係をもつ西域の考古學者ですので特別の意味があると思ひ、松本信廣氏の勞をわづらはし、のせさせていただきました。こゝにお禮を申しのべます。

△原稿、寄贈及交換雜誌類の御送附、入會退會の御申込會費の御拂込、等は總て左記學會宛に御願ひしたし。

△會費の御拂込には振替口座を御利用ありたし。

△會員御轉居の節は新舊御住所を御通知相成たし。

△御照會は通信料御添付ありたし。

△領收證の御請求に對しても同樣の事。

昭和八年二月一日印刷
昭和八年二月十日發行

定價金六拾錢

編輯兼發行者　小山榮三　東京市神田區表猿樂町二番地
印刷者　中村修二　東京市神田區表猿樂町二番地
印刷所　株式會社　開明堂支店　東京市神田區表猿樂町二番地

發行所　民俗學會　東京市神田區駿河臺町一丁目八ノ四　振替東京七二九九〇番　電話神田二七七五番

取扱所　岡書院　東京市神田區北甲賀町四番地　振替東京六七六一九番

MINZOKUGAKU

OR

THE JAPANESE JOURNAL

OF

FOLKLORE & ETHNOLOGY

Vol. V February 1933 No. 2

CONTENTS

Articles : Page

Misti ication of Shinto Priest By Taro Nakayama. 1

Recent Tendency of Ethnology in Russia By Kenichi Sugiura. 10

Reviews :

On the Authority of Tradition in Ancient India By Eizo Koyama. ...18

Record of Folkloristic Material. 22

Book Review :

Goldenweiser's Cultural Anthropology By Kenichi Sugiura. 71

Index of authorial Wor s of Aquan. 73

Index of folkloristic Pericdicols in China 75

Recent Literature, News and Notes.

PUBLISHED MONTHLY BY

MINZOKU-GAKKAI

8, 1chome, Surugadai, Kanda, Tokyo Japan

民俗學

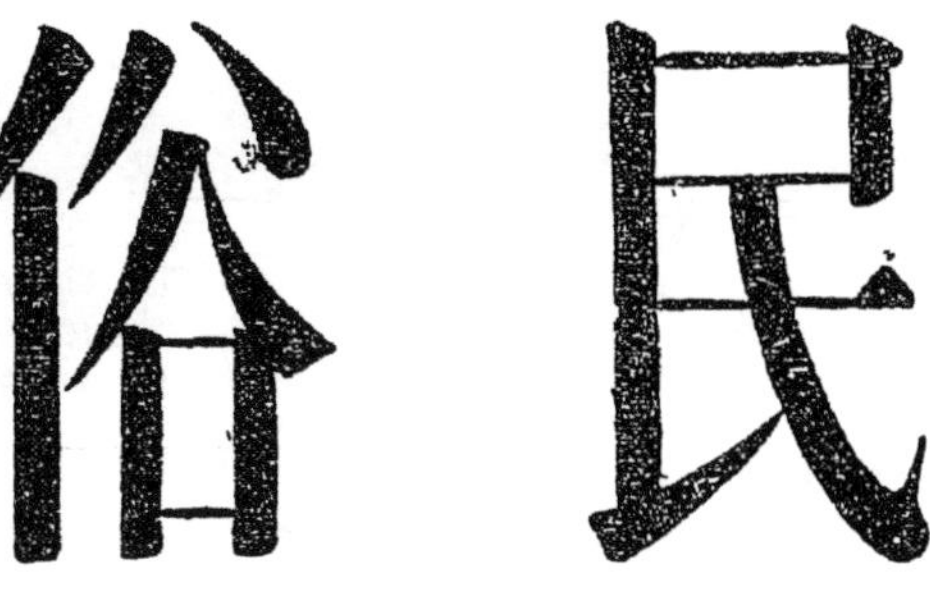

第五卷 第三號

昭和八年三月

民俗學會

民俗學會會則

第一條　本會を民俗學會と名づく
第二條　本會は民俗學に關する知識の普及並に研究者の交詢を目的とす
第三條　本會の目的を達成する爲めに左の事業を行ふ
イ　毎月一回雜誌「民俗學」を發行す
ロ　毎月一回例會として民俗學談話會を開催す
　但春秋二回を大會とす
ハ　隨時講演會を開催することあるべし
第四條　本會の會員は本會の趣旨目的を贊成し（會費半年分參圓壹年分六圓）を前納するものとす
第五條　本會會員は例會並に大會に出席することを得るものとす講演會に就いても亦同じ
第六條　本會の會務を遂行する爲めに會員中より委員若干名を互選す
第七條　委員中より幹事一名、常務委員三名を互選し、幹事は事務を執行し、常務委員は編輯庶務會計の事を分擔す
第八條　本會の事務所を東京市神田區駿河臺町一ノ八に置く

附則

第一條　大會の決議によりて本會則を變更することを得

委員

石田幹之助　宇野圓空　折口信夫
金田一京助　小泉鐵　小山榮三
松村武雄　松本信廣（以上在京委員）
秋葉隆　移川子之藏　西田直二郎
（以上地方委員）

前號目次

神主の有てる秘密……中山太郎
露西亞に於ける最近の民族學の傾向（二）……杉浦健一
寄合咄
古代印度に於ける傳承の權威に就いて……小山榮三
資料・報告
鹿角郡小豆澤大日堂の祭堂……本田安次
若狹の手毬歌……中平悅麿
信州下伊那郡遠山村字下栗の年中行事……北澤悅佐雄
加賀江沼郡地方手まり唄……山下久男
二十三夜待講中御名前帳（上高井郡）……角田千里
信州上伊那郡地方の民間醫法……向山武男
書評
「文化人類學」……杉浦健一
アツカン氏著作目錄抄……松本信廣
支那の民俗學的雜誌目錄……東洋文庫
學會消息

昭和八年三月十日發行

民俗

第五卷

第三號

民俗學

目次

祭る者と祭らるる者……松村武雄……(一)

こづみつむことから……早川孝太郎……(四)

寄合咄

苗族の春の祭と柱……松本信廣……(三二)

キュピドとサイキの說話に就ての一新說……松本信廣……(三三)

尻切れニナの話……南方熊楠……(三六)

資料・報告

紀州田邊の巫女の話……雜賀貞次郎……(三七)

藝南の方言歌謠――呉市を中心として――……李家正文…(五三)
しいかごめ(ひいらいぽつぽ)……木内一夫…(五九)
美濃國本巣郡根尾村樽見の年占……林魁一…(六一)
紀北地方の童謠二つ……與田左門…(六二)
廣島高田船佐村地方の手毬歌……吉本一郎…(六三)

カムイ・ユーカラ神謠(アイヌ敍事詩)……久保寺逸彦

書評……

「古代文化論」……古野清人…(六四)

支那の民俗學的雜誌目錄……東洋文庫…(六七)
學界消息……
餘白錄・疔の囚る所・唐美人と馬通その他……(三五)(六八)

祭る者と祭らるる者（上）

松村武雄

一

祭る者と祭らるる者との間に密接複雜な關係が存してゐるといふこと、靈威がいかなる形態を採り、いかなる生活史を持つたかといふ觀念信仰が司靈者——呪巫・醫巫・司祭等の裝態及び生活といろいろな點でからみ合つてゐるといふことは、少くとも民俗研究者には、よく知られてゐる事實である。自分は、今それを少し纏めて考へて見たいと思ふだけのことである。

第一に目につくのは、『祭る者』が昇華せられて『祭らるる者』となる過程である。司靈者が靈格——殊に人態神そのものにまで昂揚する過程である。

同じく人態神といつても、その素生を洗へば、さまざまである。社會集團生活に於ける種々の文化相の何れかの開發促進に關して普通の成員以上に大きな力量を示した或る個人が、そのために量的に普通人以上の、若くは質的に特殊の勢能を內存させてゐると考へられ、次第に普通人との比較から遠ざけられて靈威にまで昂揚したものもあれば、顯著な勇武若くは德行を示した歷史的人物が、そのために民衆の特別な注意崇敬の對象となり、漸次偉大化せられて靈威となつたものもあり、はた小にしては家族內に於ける死者の、大にしては社會集團の死せる首長などが靈威として崇拜せらるるに至つたものもある。人態神の生誕過程を唯一色に塗り潰すことの出來ないのは、固より言ふを俟たぬ。

しかしかうした過程による『人間から神へ』は、當面の考察問題の埒外に落ちる。ひとしく『人間から神へ』といつても、自分が考へて見たいのは、人間としての祭る者と神としての祭らるる者との間の關係である。司靈者と靈格との間の交渉である。切言すれば、或る人間が司靈者といふ特殊の身分、地位にあつたために神にまで昂揚した場合だけが、當面の問題になり得るのである。

『國語・國文』第二卷第十號に載せた拙稿『上代文學に於ける靈威』の中で述べたやうに、

『司靈者は、呪術的若くは呪術宗教的な祭儀の遂行者・規定者・司令者として、民衆の間に最も顯著な figure であるのを常とする。而して低い文化階層に於ては、祭事(マツリゴト)はやがて政事(マツリゴト)であり、且つさうした祭儀が集團生活の最も重要な部分を構成してゐたが故に、司靈者の姿は民衆の心眼にひどく glorify せられて映つたこと、文化人の想像以上のものであつたに違ひない。それぱかりでなく司靈者は實際に於て靈威の代表者、いな靈威そのものとして民衆に臨む場合が多かつた。』

かくて司靈者が靈威そのものにまで轉位するのは、まことに自然な心理的歸趨でなくてはならぬ。少くとも人態神の或るものは、司靈者に對する氏族・部族の集團情緒の生態化から生れたのであつた。

多くの民族は、或る人間が神に對して冒瀆行爲をなしたために神罰を蒙つたことを說く說話を有してゐる。表面的に觀すると、これ等は一種の教訓譚であり道德的說話である。しかしそのすべてが始めからさうした性質の物語であつたかについては、自分は大きな疑を持つてゐる。その冒瀆行爲の內容が、人間が自らを神に擬することから成り立つてゐる場合には、疑惑が一層強くなる。或る種の人間にとつては、自身を一靈格と信じ、また他の人々もさうであると思ひ込むことが、少くとも主觀的には決して不當な心持ではなかつたといふ事情が、低い文化階層には有り得たからである。

希臘神話に云ふ、エリスの王にしてアイオロス(Aiolos)の子なるサルモーネウス(Salmoneus)は、不敬の徒で、自ら神々の王者ゼウスであると潛稱し、この神にささげられるあらゆる尊崇をおのれの爲めに要求した。彼は乾燥した皮革と青銅の鍋釜とをその乘車に結びつけ、凄じい音を立てては、ゼウスが雷を轟かしてゐるのであると稱し、車上から空に向けて松明を投げ上げては、ゼウスが電光を閃めかしてゐるのであるとなした。これを知つたゼウス神は、彼の不敬に激憤し、雷電を以てこれを撃殺したと。(Apollodōros, I. 9, 7; Diodōros, IV. 68; Eudocia, 372)

この儘の姿では、この神話は一個の道德的教訓を骨子としてゐる物語である。神威に對する冒瀆行爲が如何に恐るべき神罰を招くかを說いて、民衆に敬虔心の尊きことを敎ゆるのを主旨とする說話の觀をなしてゐる。しかしそれは決して本原的な形相ではなかつた。ハリスン女史(J. E. Harrison)がその著『テミス』(Themis: A Study of the Social Origins of Greek Religion)に於て、はたその他一二の學徒が指斥したやうに、like produces like を固く信じてゐる低級文化民族は、電光雷鳴を人爲的に模出すると、本物の雨が降り出すと考へた。謂ふところの rain-making の呪術的實修である。而してさうした實修を行ふ呪人の主要なものとして王者があつた。なぜなら素樸な民間信仰は、自然界のさまざまの現象は、王者の心がけ・行動のいかんと密接な聯關を有してゐるとなしたからである。それは呪人としての自己の職責を雷鳴電光を擬作したのは、物好きの醉興でもなく、傲慢心の致すところでもなかつた。王者サルモーネウスは、眞面目に遂行したまでである。羅馬の詩人ウィルギリウスがこの王者を目して半狂的罪人となしたのは(Virgilius, Aeneid VI. 585)、異なる文化階層の重なりを無視し、自己の思想を以て他を律したものに過ぎぬ。

この傳承の大切なところは、雷鳴電光を模出したサルモーネウスが、それによつて自らを神に擬し得た點である。自分たちはそこに呪人と神との關係に對する民間信仰の發露を看取することが出來る。素樸な民衆の心は、雷鳴電光を擬作する呪人としての rain-maker に一個の神性者を覩じたのであつた。さうした民衆意識の背景若くは下地が實際に存すればこそ、這般の呪人は自らを神に擬する氣持になり得るのである。かくして民衆と呪人とは相呼應して、無意識のうちに人間を神にまでおし進めようとしてゐる。祭る者の祭らるる者への昂揚は、實にかうした心理の實在によつて可能となるのであつた。自らを神とする冒瀆者として、ゼウス神の手を借りてサルモネーウスを撃殺せしめ、それによつて不敬虔を戒めんとする如き說話的態度は、かうした心理が民衆の心から薄らぎ去つた時代の自分勝手な解釋の產果たるに過ぎぬ。

宗教的態度は、特殊の發達を遂げた評價的意識である。而して價値意識を成立させる上の一つの重要な條件は、活動を起させる刺戟とその活動が向ふところの目的との間にさまざまの豫備的行動が現れるといふことである。呪術的若くは宗教的實修が民衆に大きな價値意識と敬虔な心持とを喚び起すのはこれがためである。這般の實修は多かれ少なかれさまざまの豫備的行動を要求し、これに立合ふ限りの人々に一種の物々しさ神秘さを感ぜしめる。而してさうした感じの凝集するところは、這般の實修の實行者としての司靈者でなくてはならぬ。かくて『祭る』といふ實修のための準備が始まると共に、民衆の司靈者に對する關心が著しく高まる。司靈者が自分たちとは異つた存在態であるといふ意識が平時より強くなる。そしてさうした心持は、祭儀の準備期間を通して次第に大きくなつて、祭りの實修に至つて最高調に達する。この場合の民衆の集團情緒は、往々にして祭る者と祭らるる者との間の隔りを撥無するであらう。司靈者の神への昇華は、さうした心理にもその主要な母胎を持つと思ふ。

かうした昇華過程は、わが國の上代文化にも鮮かに現れてゐる。司靈者の昇華を通して、人態神が生れることは、上代日本の宗教文化に於ける一の重要な動向であつた。伊豆能賣神の生誕の如きは、這般の動向を最も赤裸々に示してゐる。伊豆能賣は齋女に他ならぬ。我々はここに祭る者が祭られる者に變容した一實例を見出す。

その發生過程に於て、伊豆能賣神と好個のパラレルをなすものとして大宮賣神がある。『古語拾遺』の記すところによると、天照大神が天岩戸から出でました時、

天手力雄神引啓二其扉一遷二坐新殿一。則天兒屋命太玉命以二日御綱一廻二懸其殿一。令三大宮賣神侍二於御前一。令三豐磐間戸命櫛磐間戸命二神守二衞殿門一。

とある。これは一個の神話的記述であるが、しかし大宮賣神は決して單なる物語の上の人物ではなかつた。宮廷生活に於て實際に祭祀せられた靈格であつた。『大殿祭』祝詞が證示するやうに、天皇と同殿にあつて出入の者を選び知らし、邪神の心を和げ、天皇の朝夕の御膳に仕ふる伴緒を『手のまがひ足のまがひ』から救護することをその職能とする靈格として

崇拜せられてゐた。更に丹波國丹波郡大宮賣神、武藏國埼玉郡宮目神、造酒司坐大宮賣神などが『神名帳』に見えて居り宮咩祭(ミヤノメマツリ)が『伊呂波字類抄』、『執政所抄』、『政事要略』などに見えてゐる事實も、同神が實際に宗教的崇拜の一對象としての『祭らるる者』であつたことを證示してゐる。

上古にあつては、內侍ノ官は宮女(みやめ)・大宮女(おほみやめ)の名の下に天皇に侍つて諸事の圓滑な運行を計つたばかりでなく、一種の司靈者として奉仕したこと、猶ほ神社に於ける巫女の如くであつた。而して祭る者としての、司靈者としての宮女・大宮女が、祭らるるものへの、靈格への昇華が行はれたところに、大宮賣神の生誕があつた。古文獻はさうした昇華過程を朧ろげに示唆してゐる。『姓氏錄』に、

磯城瑞籬宮御宇天皇御世。天下有レ災。因遣二吉足日命一令レ齋二祭大物主神一。災異卽止。天皇詔曰。消二天下災一百姓得レ禰。自今以後可レ爲二宮能賣神(ミヤノメノカミ)一。仍賜二姓宮能賣公一。

とある傳承が卽ちこれである。(大宮賣神の昇華については、岩波講座『日本文學』に收めた拙稿『神話學より見たる國文學』に、より詳細に述べて置いた。)

玉依姫といふ名は、わが古文獻に頻出する。『日本紀』一書に、高皇產靈神の兒萬幡姫の兒として之を擧げてゐるのは、その一であり、『釋日本紀』引くところの『山城風土記』に、賀茂建角身命(カモタケツヌミ)を父とし神伊賀古夜日賣(カムイカコヤヒメ)を母とす一女性で、丹塗矢に變じて石川の瀨見の小川を流れ、火雷神に近づいて別雷神を產んだとあるのは、その二であり、『古事記』、『日本紀』に、海神の女で、鸕鷀草葺不合尊の妃、神武天皇の御母(『舊事紀』では、彥火火出見尊の妃として武位起命を生んだともせられてゐる。)とあるのは、その三である。既に二三の學徒が指斥してゐるやうに、『玉依』は實は『魂憑(たまより)』で、つまるところは、神の憑りましとしての女性の司靈者を詮表する稱呼に他ならなかつた。それは言はば、或る特定の個人の名であるよりも、寧ろさうした性質の女性たちに與へられた職能名であつた。玉依姫の名を負うた女性が、幾人か古文獻に並存
5
してゐるのは、それがためである。

かうした女性——神の憑りましとして、神に代つて祭を享け、神の意旨を民衆に傳へる媒體である者は、生身のままで旣に神との隔りを少なからず取り除けてゐる。その意味で『祭るもの』から『祭らるるもの』への轉向の機緣を豐かに惠まれてゐるとしなくてはならぬ。果然玉依姬は、少くとも或る地方に於ては明かに一個の靈格として、民衆の實際的崇拜を享けてゐた痕跡がある。『播磨風土記』神前郡的部里(イクハベノサト)の條に、的部里高野社に玉依比賣命が神として鎭座したことを記述してゐる如きこれである。若しそれ天鈿女命や猿田彦神の如きに至つては、巫覡的俳人を原型として生れた『神』といふよりも、巫覡的俳人その儘の姿であるといふの寧ろ妥當である程に人間臭い神である。

問題になる神として更に天棚機姬神がある。この神を支那傳來の牽牛・織女と結びつけて考へるのは、少くとも發生的には誤である。折口信夫氏が『たなばた及び盆祭り』に於て、いみじくも明かにされたところに從へば、古代日本民族の間にあつては、棚は一種宗教的な意義と職分とを持つてゐた。神そのもの若くは神に近い生活をする人の子を、一般民衆に比べてより高貴な存在態として、社會集團の尋常な成員から隔離し sanctify するのが、棚の本原的な意義と役目とであり、而してかうした意味に於ける棚に居を占めて、神の御衣(みそ)を織る處女が、即ち『萬葉集』に棚機津女(タナバタツメ)若くは單に棚機と呼ばれ、『古事記』に淤登多那婆多(オトタナバタ)と呼ばれたものであつた。然るに『古語拾遺』や『倭姬命世記』には、天棚機姬神といふ靈格が現れてゐる。自分たちは、そこに『人間から神へ』の、若くは『祭るものから祭らるるものへ』の一線が走つてゐることを感じないではゐられない。この一線は斷續的に古文獻に隱見してゐる。『日本紀』天孫降臨の條に、

天孫又問曰。其於二秀起浪穗之上一。起二八尋殿一而。手玉玲瓏織紝之少女者。是誰之子女耶。

とあり、『常陸風土記』に、綺日女命(カムハタヒメ)が機を織る時、

輒爲二人見一故閉二屋扉一闇內而織。

とある如きは、織女が直人(なほひと)から遠離されたことを示してゐる。而して這般の遠離は、やがて織女が、ただの人間以上に高貴化せられてゐたこと、直人以上の或る者とされたことを示す。かうした觀想が嵩じたとき、そこに一個の靈格が生誕する

といふ望みは充分ある。長幡部の遠祖である織女が、高度に glorify せられて綺日女命といふ、人よりは神に近い存在態となつた。さうした昇華過程が更に進んだところに、多奈波多神社に祭らるる栲幡天神の發生があつた。『神名帳』『尾張國內神階帳』が、さうした動向を指してゐる。かくして祭る者は遂に祭らるる者にまで昂揚した。『倭姬命世記』に、

令二天棚機姬神裔八千々姬一。每年夏四月秋九月。織二神服一以供二神明一。故曰二神衣一。

とあるが如きは、かうした『祭る者から祭らるる者へ』の轉移變容の過程が、實際の宗教文化現象として完成したあとでの記述である。逆まの表現を採つたものである。織女が天棚機姬神となつたのが、第一過程であり、而してかくして生じた神が、代々につづく織女たちの祖と信ぜられるに至つたのが、そのあとに來つた第二過程である。

祭る者の祭らるる者への轉身が、我が國の古代宗教文化に於ける特殊現象でなくて、多くの他の民族の間にあつても、同一の過程が生起したことは、言ふまでもない。

雨雲を掌る靈格若くは雷を掌る靈格として、支那の宗教・神話に豐隆と呼ばれるものがあつた。春秋說題辭に『雲師を豐隆と云ふ』とあり、『楚辭』に『われ豐隆をして雲に乘らしむ。』とあり、『淮南子』に『季春三月、豐隆乃ち出でて、以てその雨をおこなふ』とある。ところで『穆天子傳』を見ると、

吉日辛酉天子升于昆侖之丘以觀黃帝之宮而豐隆之葬以詔後世。

とあり、而して晉の郭璞がこれに註して、

豐隆筮御雲得大壯卦爲雷師。

と述べてゐる。自分たちはかうした記述を通して、豐隆は一種の司靈者の昇華せられて雷を掌る靈格にまで變容したものであるといふ傳承の行はれてゐたことを知り得る。

神にまで昂揚する幸運を屢々かち得るものは、醫巫であつたらしい。古代希臘の宗教に於ける醫神アスクレピオス(Asklepios)の原型は、確かに一個の醫巫であつた。支那神話に於ける醫神伏羲も、恐らく醫巫の昇華であつたらしい。

メキシコの宗敎・神話に於ける醫藥と治療との神イシュトリルトン(Ixtlilton)の如きは、可なり明かに這般の過程を露呈してゐる。イシュトリルトンといふ語辭には、さまざまの解釋がある。アルベル・レヴィル(Albert Réville)は、『これを褐色なるもの』の義となし、レウィス・スペンス氏は、これを『小さく黑きもの』を意味すると解してゐる。自分は後者に贊同したい。イシュトリルトンの神殿には、多くの壺が安置せられてゐて、子供たちが病氣に罹ると、この神の司祭から壺の中の水を授かつて飮ませるのが常であつた。ところでその壺若くはその中に入つてゐる水は、トリラトル(Tlilatl)と呼ばれた。トリラトルとは『黑色の水』の義である。だからイシュトリルトンは、『褐色なるもの』の義とするよりは、『黑色の水』に因緣を有する『小さく黑きもの』の義とする方が穩當であらうと思はれる。

もしさうであるとすると、イシュトリルトンといふ神は、抽象的な概念の產物ではなくて、古代メキシコに實修せられてゐた民間醫方を母胎として發生した一靈格であるとしなくてはならぬ。更に突き込んで言へば、さうした民間醫方の中心人物としての醫巫が、この神の原體であつたらしい。イシュトリルトン神の殿堂が、かうした推定の不當でないことを裏書してくれる。該殿堂は、色どつた板から出來上つてゐる點から云つても、はたその全體の構造から云つても、メキシコの土民の間に大きな勢力を持つてゐた醫巫の原始的な小屋と著しく同似してゐる。それは這般の小屋からの發達物であることに疑ひがない。さうしたなら、神殿の中身と小屋の中身との間にも、一が他からの擴充であり高貴化であり神格化であるといふ關係が存してゐるとする推定は、强ち無理ではないであらう。

北歐十二神の主座を占むるオーディン(Odin)は、その內性・職能に於て著しく濃厚な呪術的要素を示す靈格であつた。世界樹イグドラジル(Igdrasil)の根の一つに近く湧き出る神秘的な呪泉を、おのが一眼を質物にして手に入れたのは、この神であつた。晝を九日夜を九夜世界樹に逆まに懸垂して深思に耽り、十日目になつて遂にルーン文字――本來の意味は『秘密』であり、卜占豫言を示す言葉であつた呪術的文字を案出し、これを神族と人間とに傳へたのも、この神であり、呪力とは切つても切れぬ密接な關係を持つ詩歌を將來したのも、同じく彼であつた。實際彼は呪術的文字に圍繞せられて生活した。おのが乗物としての八脚の怪馬スライプニル（Sleipnir）の手綱にも、おのが大切な投槍グングニル（Gungnir）の穂先にも、呪字が彫まれてゐた。

北歐の宗教は、カルデアやフィンランドの宗教のやうに、呪術的要素に豊滿してゐた。その神々の靈能は呪術を基底としたそれであつた。だから單にオーディンがその內性・職能に於て濃厚に呪術的色調を帶びてゐたといふ一事實から、直ちにこの神と呪人とを結びつけるのは危險でなくてはならぬ。しかしオーディンと呪術との關係は、他の北歐の神々と呪術との關係から切り離して考へなくてはならぬ程特殊的な或るものを含んでゐる。それはこの神の名である。

Odin は、古代サクソン語で Wodan であり、Old high German で Woutan であり、古代英語で Woden であり、古代北歐語で Odinn である。而して或る學徒は、これ等の語辭を解して梵語の Vata（『風』の義）に關係があるとなし從つてオーディン神を目して本來風の神・あらしの神であつたとなした。しかしこの解釋は、旣にゴルテル氏（W. Golter）によつて蓋然性を有しないと斷ぜられ（Germanische Mythologie, s. 293.）而して近代に至つて更にチャッドウィック氏（H. M. Chadwick）によつて否定せられてゐる。（The Cult of Othin, p. 66.）風神說を拒否したゴルテル氏は、あらしの夜に空を切つて突進すると信ぜられた亡靈軍の指揮者ウォーデ（Wode）が發達して一個の神格となつたものがオーディン神（Odin, Woden）であるとなし（Golter, Op. Cit., s. 292 ff.）クルーゲ氏は、Woden と羅典語 Vates 及び古代愛蘭語 faith とを結びつけて、この神は本原的には bard の性質を有してゐたと說いてゐる。これ等の解釋にも、反對說が存してゐる。チャッドウィック氏の言說の如きはその一である。氏は、ゴルテル氏の見解を駁して、

『氏の假說は、ブレメンのアダムが"Wodan, id est furo."と云つた言辭や、瑞典に於て"Das Wütende Heer"が"Odens jagt"として知られてゐる事實によつて都合よくなつてはゐるが、しかしさうした迷信は、オーディン神話との後代的聯關からその名を享けたかも知れぬといふ可能性があることを、しかと考慮の中に入れなくてはならぬ。』

と云ひ（Chadwick, Op. Cit., p. 66 ff.）、クルーゲ氏の解釋に對しては、

『Woden といふ語辭が Vates に關係を持つてゐたといふ結論は出て來ない。ゴール人の間にあつては、Uates と bardi とは別物であつた。』

と云つてゐる。(Chadwick, Op. Cit., p. 66. ff,)

自分はクルーゲ氏に同じで Woden と Vates とを結びつけて考へたい。クルーゲ氏の見解に對するチャッドウィック氏の駁論は、事實を無視してゐる。サクソ・グラマティクス (Saxo Grammaticus) の記錄卷五に、オーディンは明かにVates として現れてゐる。それならば Vates は本來いかなる職能を有する人間であつたかといふに、古文獻はいづれも之を呪術的豫言者となしてゐる。ディオドーロス (Diodōros, V. 31.) の如き、ストラボーン (Strabōn, IV. 4. 4.) の如きこれである。かう考へて來ると、オーディン神の本然の形相は、一種の呪人を母胎として生れ出たものであるらしく、從つて同神がその內性・職能に於て濃厚に呪術的色調を搖曳してゐる事實は、北歐宗敎の神々がいづれも多少さうした傾向を帶びてゐたといふ一般的現象によつて手輕に片をつけてしまはるべきものではなく、その出身が古代北歐人の實生活に於ける呪人に存したことに因由するとしなくてはなるまい。もしさうであるとすれば、自分たちは、ここにも『祭るもの』から『祭らるるもの』への動向の一例證に逢着することになる。

神は、人間が營む祭儀に際して、若くはさうした祭儀を通して、媒體としての司靈者の肉體に降り憑るといふ信仰――神は民衆の目に見えぬものであり、而して民衆は何等かの可見的・可觸的な姿に於て神に接したいと欲求するが故に、神は實在の、血肉を具へた司靈者の姿を假りて現前し、その口を通しておのれの意思を語るといふ觀念信仰が自ら生れ出る。これを司靈者の側から云へば、おのれの肉身を空にして神靈を宿らしめる。かくて少くとも憑りましの狀態にある間は、司靈者は神そのものと同一化し、その口から無意識に迸る言葉や、同じく自ら意識しないで行ふ動作は、神そのものの言葉であり動作であるとされた。祭る者が祭らるる者にまで昻揚するのは、かうしたところにその緣因を持つといふのが、大方の見解であり、而して自分も這般の見地に立つて、司靈者と靈格との關係を眺めて來た。

しかしよく考へて見ると、祭る者と祭らるる者との關係は、さうした緣因以上に更に深いものであるらしい。司靈者が、神の代表・憑りましであつた爲に、自分自身が神にまで昂揚したといふことには、少くとも三つの場合がある。

(1)或る司靈者が、屢々或る特定の靈格の代表となつたために、該司靈者が暫定的な意味に於ける該靈格との同一化から、進んで全く該靈格そのものであると信ぜられるに至る場合。この場合には、新しい靈格の發生ではなくて、既存の靈格の身柄の代用變化である。

(2)或る司靈者が屢々非特定的な靈格の憑りまし若くは代表となつたため、該司靈者が、それ自身一個の新しい靈格となつた場合。

(3)或る司靈者が、特定的若くは非特定的な靈格の憑りまし若くは代表となつたのではなく、自身が呪術によつてさまざまの超自然的な事象を生起させたため、(少くとも民衆にはさうであると信ぜられたため)遂に神の觀念の對象となり、多くの他の神に仲間入りすべく神格化せられた場合。

がこれである。

これ等三つの場合は、司靈者に於ける神格化の過程がそれぞれその事情・樣態を異にしてゐるに拘らず、司靈者に對する先行存在態として或る靈格が豫定せられたといふ點では、盡くその揆を一にしてゐる。しかし司靈者と靈格との關係はかうした動向線に沿うて發生するとは限らぬらしい。一切の神が未だ存在しないところに、先づ司靈者があり、而して司靈者から始めて神が發生したといふ逆動向も行はれたらしい。

人態神の信仰即ち Anthropomorphism の宗教階層に先立つて半人格的な精靈若くはダイモンの信仰即ち Animism 若くは daimonism の宗教階層があり、更にこれ等に先立つて非人格的な勢能 mana の信仰即ち Pre-animism の宗教階層があつた。而してこの宗教階層に於ては、神は、殊に人態神は未だ發生してゐない。それにも拘らず呪巫・醫巫等は存在してゐた。彼等は神に祭るもの若くは神の代表であるといふ意味で司靈者であつたのではなくて、非人格的にして漠然たる神秘的勢能を質的若くは量的に異常に內在させてゐるといふ意味に於て、若くは這般の勢能を支配する力を持つてゐるといふ意味に於ての司靈者であつた。そしてさうした意味に於て、社會集團の一般成員から特殊の存在態であると觀ぜられた。ギルバート・マレイ(Gilbert Murray)がその著『希臘宗敎の四期』(Four Stages of Greek Religion, p. 36)に於て道破したやうに、この宗敎文化期にあつては、

『そこには何等の神もなかつた。有るものは、唯それから神が造られる素材だけであつた。』

而してゆくゆくは神が造らるべき素材は、呪巫・醫巫等の司靈者であつた。彼等は晴雨・風雲・雷霆その他天候のあらゆる形相を支配し、食用植物の消長を左右し、人間の死生を制する能力を持つと信ぜられた。言葉を換へて云へば、民衆が、その後に來る宗敎階層にあつて、神に歸したところのさまざまの靈能を、神が未だ生れない先に內存させてゐた特殊の存在態であつた。かくしてさうした司靈者は往々にして後に發生すべき神なるものの原型若くは素材となつた。民衆はあとで神に於て觀ずる殆んどすべてのものを、先づ這般の呪巫醫巫等に觀じたのであつた。

しかしこれ等の司靈者が行ふところの呪術・巫術などは、司靈者自ら及び民衆が期待してゐたところの結果を生ずるとは限らなかつた。時には慘めな失敗をなすこともあつた。固より低い文化階層に於ける民衆は、高級文化民とは比較にならぬほど大きな信用性を持つてゐたから、さうした失敗があつたからといつて、直ちに司靈者をまやかし者とは考へなかつたし、また司靈者自身も這般の難局に處してうまい口實・辯解をなすだけの心得を有してゐた。しかし何といつてもさうした不首尾が度重なるにつれて、民衆は司靈者が All-powerful な存在態でないといふことに氣がついて來る。かくて司靈者そのものに分化過程が行はれる。民衆は司靈者に於て、超自然的な・神性的な部分と可見的な・人間的な部分とを觀ずるやうになる。そして超自然的な部分が、いはゆる『神』なるものに成長する。『神』なるものが、盡くこの路を辿つて生じたと見ることは妥當でないにせよ、少くとも『神』なるものの生ずる一路はここに存した。

かくして司靈者と靈格との因果關係は、頗る複雜であることを知らねばならぬ。司靈者が神の素材であり生みの親であ

るといふ動向が存すると共に、司靈者が既に存する神を豫定して自分自らが神にまで昇華せられるといふ逆動向が存してゐる。それは古代希臘人が彼等のうちで最も秀美な肉體を持つものをモデルとして神々の形相を彫み、而してかくして造られた神々の形相を規準として自分たちの肉體美の完成に精進したのと同じく、一の循環過程であつた。ただ後者が幾度となくその循環を繰り返したのに反して、前者——司靈者と靈格との間の關係は一回きりの循環であり、從つて嚴密な意味では循環の名に價しなかつた。而して司靈者が神の素材であり母胎であるといふ動向は、逆動向に先立つて發生し、且つ該動向に於ける『神』は、或る特定神を意味するよりは、寧ろ『神』なるものの一般的觀念・表象を意味した。之に對して、神の先存を豫定しての司靈者の神格化といふ動向は、言ふまでもなく他の一動向及びその他の原因による『神』の發生を待つて始めて行はれ、而して昇華せられたる司靈者として神は、勿論特定的・個的な神でなくてはならなかつた。

即ち是等二つの動向のうち、前者に於ては、神の素材若くは生みの親としての司靈者も、そこに發生する神も共に特定的なものではなく、代々の、そして多くの司靈者が重なり合つて、『神』といふ一般觀念を生み出すのであり、後者に於ても、發生した神はみな特定神であり、それの原體としての司靈者だけが非特定的である。換言すれば、一個特定の司靈者が一個特定の神に昇華せられるのではなくて、多くの司靈者の重ね寫眞の重複線が一個特定の神を描き出すのである。それはさうした特定神の名が明かに示唆してゐる。伊豆能賣・大宮賣・玉依等は本來は決して特稱ではなくて、それぞれの司靈者の汎稱である。オーディンといふ名も、自分の推定が當つてゐるならば、呪術的豫言者としての汎稱である。そしてこの事實は、司靈者の昇華による特定神の發生は、或る一個特定の司靈者からの飛躍的・一時的な完成ではなくて、つぎつぎに出現した多くの司靈者に對する民衆の永い間の集團的な情緒の合成の產果であることを語つてゐる。或る學徒が呼んで、

C'est le désir collectif personnifié.

となしたところのものである。(E. Doutté, Magie et Religion dans l'Afrique du Nord, p. 601.)

(未完)

こづみつむことから

早川孝太郎

石こづみ

中部日本の山村ではよく見かける狀景である。新規開墾の畑地などに、處々塚のやうに小石が積んである。實は土壤改良の作業から來た、偶然の產物であるのだが、見る者には何かしら心を牽くものがある。今年の正月信濃の坂部を訪うた時は、これに雪の降り敷いた風情が、又新たな感動を誘ふものがあつた。殊にあのピラミツト形の石積みを見て居ると、譯を知らぬ旅行者でなく共、時にとつて心を留める場合があつたらうも知れぬ。石を積む風習は遠く久しいものであつたが、扨何故に石をつむのか、一般人口に膾炙して居る賽の河原の小石積みにしても、無心の子供の業ではあるが、全體上へ上へと重ねてゆくのか。それとも三角形が目的なのか、これを積み上げた結果が果して何になるのかも、私には全く方途もついて居ない。

信濃坂部の山畑の小石積みを見て、去年豐後の山地を步いた時に聞いた言葉を想ひ出した。石こづみと云ふのが即ちこれなんだと、想ひを遠い豐後の山に馳せて考へて見た。信濃や三河では、ヤヅカ・イシヅカ又はボタガケ等の名がある。

私が豐後の山を步いたのは、あの地方の所謂秋のシノウ期で、南由布村（速見郡）の下津々良・鹿出(ろくで)でも、更に大分郡庄內、直入郡阿蘇野村の田圃にも、シノウ小屋と竝んで、もう稻むらがチラホラと見られた。（第一圖）

稻むらのあの地方の方言はコヅミである。單に藁を積んだのがワラコヅミで、籾の附いた儘の、穗束を貯へた方をイネ

15

こづみつむことから　（早川）

第一圖　豐後速見郡鹿出のイネコヅミ

コヅミといふ。此方は形が一倍大きいから直ぐ判別がつくと、案内の人夫が一ッ一ッ指摘して敎へてくれた。この地方一帶に、物を積むことをコヅミ又はコヅムと云ふ。石をコヅム、薪をコヅムなどの用例を、北由布村（速見郡）湯ノ坪の店屋で、村人の二三からも聞いた。

稻むらの方言と、その意義に就いては、旣に前期の鄕土硏究に、折口信夫さんが「稻むらの蔭にて」の一文を寄せて居られる。（古代硏究民俗學篇二卷收錄）その卓見と暗示に富んだ論旨は、方言硏究の一ッの方途を指示するものでもあつた。その中に、玆に謂ふコヅミに對するお說もある。

稻むらを謂ふこづみの語は、木の積み物又は木屑などの義ではなく、一方にほづみといふ例のあるらしい點から見て、其處に基點を置くことが正しからう、との意味を述べて居られる。

彼これ二十年も前のもので、御迷惑の點もあらうが、あれを足懸りにさせて頂いて、物を積み績むことを目標に、見聞せる事實に就いて、辿つて見ようと態度にも自然無反省の點が多からうと思ふ。之は總て事實の報告の、締め括りの無いものと見て頂けばよい。

こづみつむことから　(早川)

思ふ。藁積みの慣習が、藁そのものを離れても、意義が殘されゝば言うた甲斐はあつた。唯何分にも説明がまわりくどく

稻むらの製作

まづ最初に、物を積む形式に目標を置いて、所謂藁こづみである、稻むらの製作を見る。私の鄕里（三河南設樂郡）などでは稻むらを作るには、最初に藁を十把か十二三把も束ねて、それを蕊とも親骨ともする。或は恰好の立木の根元を利用するとか、杭を立てゝ、それにこの束を持つてゆくのもある。この立木又は杭に依せかける樣式は、關東地方にも見るが、攝津・大和の平原でも多く見た。

次には中心となる藁束に、一把乃至二把づゝ、段々に上へ重ねて結へ附けて、最後にあの紡錘形が出來上る。之が私の鄕里でイナブラとも又ニウとも謂うて居るもので、或は刈敷の柴ニウに對してか、藁ニウの語もある。

加賀の小松附近の農村では、稻束は他地方に比べて小さい。それを十二合せて一束とし、根本を外に向けて圓形に並べ上に上にと積んでゆく。(立山いと女談)作る人に依つて、多分に巧拙があるらしいが、中心に杭を置くとか、立木に依らせることはまづ無い。陸前岩沼町附近で、あの地方の所謂イネニヨウを作るには、略ぼ三ッの段階がある。第一はホダテで、刈上げた稻束を、穗先を上に向けて立てゝ置く。之は乾燥の目的である。次がホンニヨウで、ホダテの濟んだものを數十把づゝ穗の部分を蒐めて積んで置く。粗製の稻積みで、之等は何れも田圃の作業である。ホンニヨウの形で十日前後も置いて、今度は屋敷の傍に運び、數十百把を合せて完全に積上げる、之がニヨウで、藁ニヨウに對して稻ニヨウとも言ふ。

新藁の處置

私の家などの稲むらは、秋の收穫が終つて、マキオサメ（信州地方のコバシアゲ・カマアゲ等と同じで刈上げの祝をいふ麥の播種後に行ふ爲か）の前などに、慌しく作るのが例であつた。新藁の處置を了らなければ、マキオサメにならぬのである。屋敷近くの畑の畔にある、山續きの一寸した草生がその爲に空けてあつた。田の尠い土地柄だけに、イナブラと謂うても三ッか四ッを作るのがせい〴〵で、平野の村のやうに、二十三十と一ヶ所に並んだ光景などは見られない。話のかたをつけてゆく爲に、稲の收穫後の新藁の處置として、別にイナブラ以外の方法があつたかどうかを思ひ出して見る。

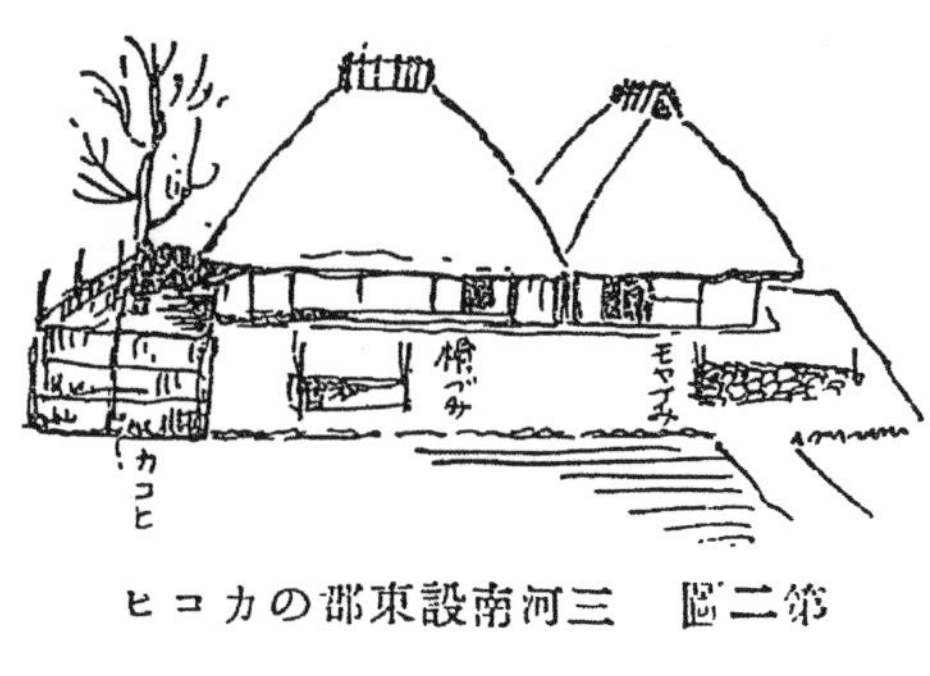

第二圖　三河南設東部のカコヒ

新藁はイナブラの作業の一方に、別に屋敷の表に作る垣の材料とした。家の軒（主として上手）を基點として、そこから鍵の手に、南を空けて作るのが例であつた。（第二圖）之をカコヒとも云ふが、別にボタともいふ。冬中の北風を防ぐのが當面の目的であつた。「はや××の家ではボタが出來たに……」などと、新に室のやうに圍はれたこの藁垣を見て、其處にちぢこまつて、日向ぼつこする日を想ひ出した。冬を迎へる前の農家の一狀景で、武藏野などの村を歩いても屢々見る。カコヒはボタといふ一方に、子供詞でボトーとも云うた。ボトーは專ら日向ぼつこの方言で、別に日向の意もあつた。このカコヒの蔭に身體をひそめて遊ぶことが、殊に語感にふさはしかつた。斯のカコヒと同じ裝置を、大和の十津川でも見た。名を訊ねたが單にカキといふ答しか穫なかつた。或はもつと適切な名稱があるかと思ふ。十津川から山を降つた熊野地方で、カバエといひ又はシメキといふのは、主として生垣に就いて穫た名であるから、之は未だ問題とするに足りぬかもしれぬ。カバエに就ては阿波名西郡地方には、稲むらをノバエといふ例もあるらしいから彼之關聯がつくかも知れぬ。

話は前に續くのであるが、家に依つては、この藁のカコヒの位置に、イナブラを作るのもあつた。之は後の藁の利用の便宜から、單に手近といふだけの意味ではなかつたやうだ。それと同時に、屋敷表の上手に、新藁でカコヒを設けることも

こづみつむことから　早川）

防寒以外に、意味があつたかも知れぬ。位置から言へば表のソラ（上手の意）などと言うて、同じ家の前の空地の中でも一種別の限で見た處である。私の家などでツボといふのは此處で、藁垣を作らぬ迄も、其處には平素から垣の形が出來て居た。變つた形の石や、珍らしい木などがあると、第一に持つてゆかうとした處である。之は私の一家だけの作法ではなかつた。然し一方には、冬分に北西の風を受けて最も寒い場所であつた。

こづみつむことから（早川）

カマギのこと

之も今では防寒だけの意となつて居る。信濃・三河の國境邊の村々では、私の村などで作つた藁のカコヒに近いものを、山から木を切つて來て作る。その木をカマギといひ、實は束にした薪であつて、兼てカコヒそのものゝ名であつた。

菅江眞澄翁の「津輕のつと」の中に、雪の正月を迎へる家々を寫した美しい挿圖がある。屋敷を圍つて立てられた粗朶は、之又一種の垣であつた。雪の深い土地では、斯うでも爲なければ、冬は越せないであらう。信濃の東筑摩郡三才山邊で、冬を迎へる用意に干草の束（テブリクサ）で、家の周圍の壁を包んだ處は、一枚の厚い衣を着せたやうに見える。斯うした狀景のある一方には、羽後の子吉川の奥の村々で、小正月に屋敷の周圍に立てるカドマツである。由利郡矢嶋町の谷地澤で聞いた處では、このカドマツを別にハザとも言うて居る。正月六日の初の山入りに山から伐つて來て、家に依つては四十本乃至五十本も、枝つきのまゝ屋敷の周圍に立てる。尠い家でも十本に足らぬことは無い（民族三巻三五一頁參照）が、之には防寒の意は求められぬ。之をハザと云ふ譯は、秋になつて其材を稲掛けのハザに使用するからだと云ふ。ハザはハテ・ハデ・ハゼギなどともいひ、專ら稲を掛ける棚であつて、正月行事と稲の收穫との關聯を語つて居る。三河などでは秋の神祭りの作法として神前に設けるのもあつた。

前に言うた信・三國境のカマギは、之を立てる（或は積むとも）時期は、秋の收穫の直後で、梢の束の一方には、小枝を混へた物もある。之は後に燃料となるばかりでなく、採取當時から、一方に薪としての意識もあるから、語音そのまゝに竈木とも見られる。この地方では、一般の建築材料以外の所謂雜木を、カナギと云ふが、之がカマギの變化か否かは遽に決められぬとしても、薪にする木の謂であることは、私などの語感では最も近い解釋である。

信・三國境の村々のカマギと、羽後由利郡の山地の小正月のカドマツとを、屋敷の周りに立て又積むことから、直に關聯を求めることは困難で、單に比載するだけにも、多くの説明を要する。仍つて之は一先づ保留して、カマギの一ッの目的が、燃料の薪にあつた事から、其處を新な起點として、薪の採取に伴ふ慣行に就いて他の例と比較して見る。それには差當り、私の鄉里などで行つて居た事實から思ひ出して見る。

薪は之を用途と形とに依つて、略ぼ二ッの名があつた。即ち一般にキと言うたものとモヤである。キは枝の無い稈狀の材のみを擇み、之を別にホダ又はボタとも言ふから榾として置く。之に對するモヤは、小枝を集めたもので柴とも言はれるものである。燃料採取の山が足りなくなつてからは、枯枝なども拾ひ出して焚いたが、さうした物は以前は爐などには入れなかつた。薪と言へば靑木を切つて、貯へたものとしてあつた。さうして之を採る期間にも約束がある。正月のものとなつて居て、遲くも二月中旬頃迄の作業である。採つて來たものは、屋敷の表に、位置を定めて積んで置いた。さうして月が變つてから、榾は家の軒などに積み代へ、モヤの方はツシ（天井）裏に貯へたのである。而してこの薪の採取は、正月の初の山入りの若木迎へと、密接な關係があつたことである。

初の山入り

正月四日の初の山入りには、男は一本でも木を伐るものと言うた。山口で山の神祭りをして、小正月の儀式に關係ある若木を迎へるのが作法となつて居た。或は其日は唯の薪を採つて、小正月の木は別の日に迎へる家もある。何れにしても、初の山入りに引續いて、男子は榾を、女性はモヤを採るのが例であつた。羽後由利郡笹子などでは、初の山入りにミズ木とタラノ木を迎へ、續いて前言うたやうに數十本のカドマツを迎へる。ミズ木とタラノ木は直に門に立て、カドマツは小正

こづみつむことから　（早川）

こづみつむことから（早川）

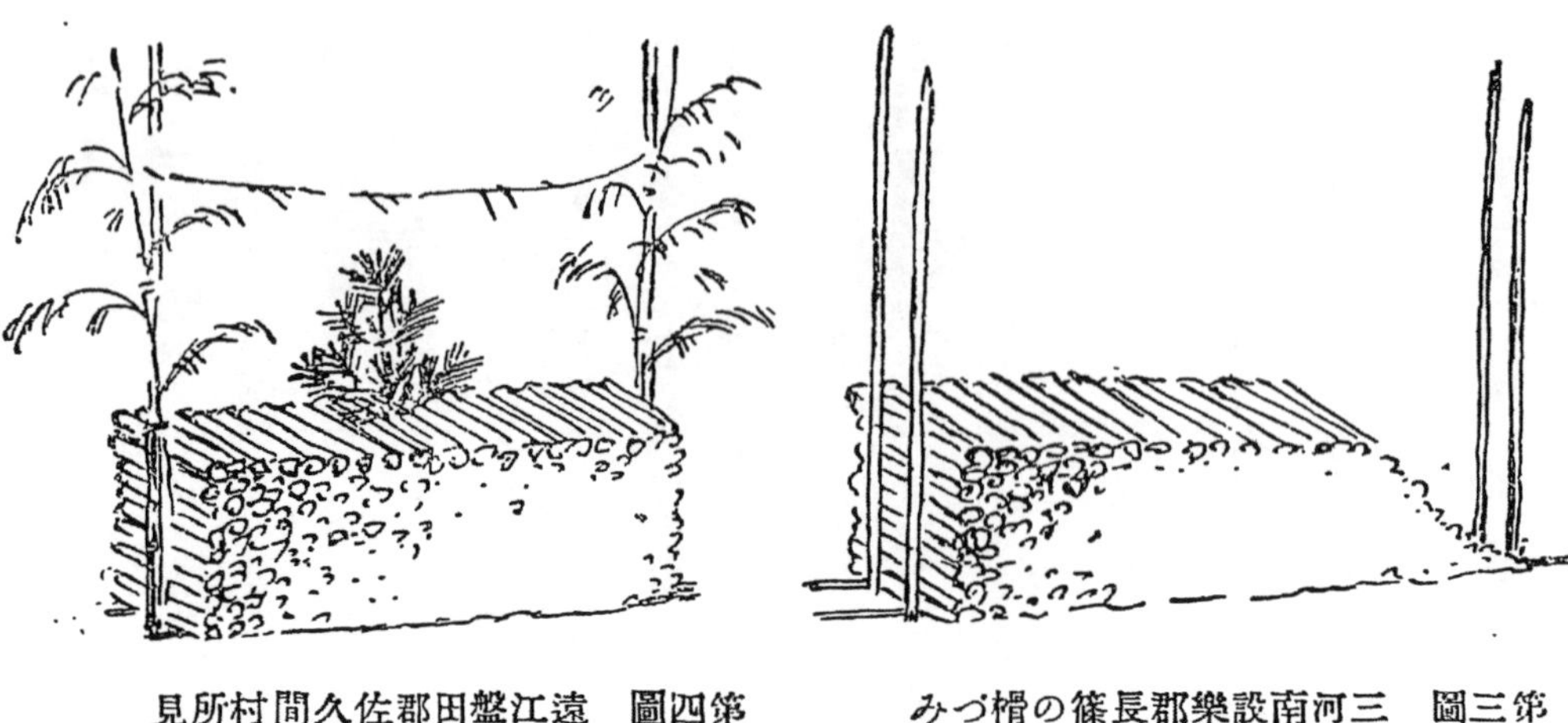

第三圖　三河南設樂郡長篠の榾づみ

第四圖　遠江盤田郡佐久間村所見

月迄貯へて置く。これには最初に伐つたものに特別の意義を持たせ、採つた當日その木にだけ神酒や昆布を供へ、立てる場合には其木を門近くに持つて來る。數が多くなれば、その間に取扱ひにも差別が出來た。常陸久慈郡入四間などでは、六日の初の山入りには、先づ山の神の祠に參詣して、其歸途に其山で何に依らず木を一本採つて來る。その木の一部で竈を焚きつけ茶を沸し、之を歳德神に供へる。殘りの木は歳神棚の端に載せて置き、十四日即小正月の朝の焚付にする。（民族三卷三五五頁拙稿）陸前名取郡玉浦村では、山入りに迎へる木を矢張りワカキというて、屋敷內のアキの方から枘を折つて來る。直に餅を結びつけ、歳神棚に上げて置いて、十四日アカツキ粥の焚付けにする。之等の事實から見ても、村人が初の山入りの作法に傳へて居た行爲を通して、その奧に潛む觀念を窺ふことが出來る。即その日に迎へた木が只の木でないこと、それに或過程を與へて成つたものが、最も聖なる神の召しものであつた。この事は柳田先生も既に說いて居られる。そうした行爲は、當事者自身の生活にも延長されてゆく道理で、後の慣習の起つてゆく一ッの動機でもある。從つて平凡な慣行と見られて居たものも、他の事實と對比すれば、もとの息吹きを發見し得る場合がある。この意味から、薪の採取に伴ふ作法をもう少し見てゆく。

初の山入りに引續いて、日々採つて來た薪は、之を屋敷の前に、豫め場所を定めて積んでゆく。先づ基點とする位置に杭を立て、其處から高さ三四尺を限度として漸次横に及ぼしてゆく。榾とモャは位置を別にして、前者は上手、後者は下手に積むのが（第三圖及び第二圖參照）一般の慣はしであつた。

私の郷里の、この薪を積んだその儘の形が、遠江の磐田・周智郡の一部地方では、正月の門飾りとして行はれて居る。（第四圖）この地方の所謂オトコギを中心にして、積まれた木には名があり、その表徴も施されてあるが、全體の形は全く同じで、唯之は神事だけに供物等の沙汰もある。即一方では平凡な生活の慣行に過ぎないものが、他方では神聖な祭の作法であつた。因に私の郷里にも正月の門飾りはあつたが、既に別の形式を以て行はれて居た。隨分と迂濶な話であるが、正月の薪の棚は物心つく頃から見て居ながら、斯の遠江地方の門飾りを見る迄は、之を嘗ての信仰の脱殼とは思はなかつた。遠江の例からゆくと、木を積んだ形の、その上に意味があつたやうだ。從つて私の郷里の薪積みは、土臺だけが殘つた譯である。

第五圖　紀伊南牟婁郡泊村少泊所見（高橋文太郎氏作）

話が兎角脇道へ外れ勝であるが、一體吾々の生活には、信仰と一般の生活慣行とが、首尾混淆して居たと考へられる場合が多い。外形は三河の薪棚の如く、單なる生活上の形式であつても、一度其處に或過程を加へると、信仰の形となる。或はそれも又日常の慣行であつたのもある。この正月にも見て來たのであるが、紀伊熊の浦古泊（南牟婁郡泊村）の女達が、年の暮に（舊曆の）山に入つて薪を採ることは、平凡な日常の生活慣行であるが、日を限つて、其上荷に馬醉木（イセボ・ハモレ・ハコボレなどいふ）の小枝が置かれると、それは既に信仰行事である。而も當事者がそれを意識しない場合が多かつた。即他の地方の歳神迎へと同じ過程である。この地方で馬醉木を正月の木に撰んだことは、恰もその期に花のある點に意があるらしい。之を薪の上荷にして運んで來て、水甕又は流れ川に貯へて置いて、歳の改る日に注連繩に添へて飾る。それ迄には、未だ蕾であつた花も咲き揃ふ代赭色の薪束の上に、緣の葉に混つて、白い花の咲きこ

こづみつむことから（早川）

こづみつむことから（早川）

ぼれた處は、それを頭に舁いで、山を降る女達の姿と併せて、一ッの繪である。（第五圖）何一ッの花も無い雪國などでは、想像も能はぬ事であつた。其處に地理的に行事形式の岐れてゆく道もあつたと思ふ。女達の荷の上には、馬醉木と共に榊（サカノキ）樒（コハナ・コノハナ）等を混へたのもあつた。

薪を採る女達の上荷に、正月の花が迎へられた事は、三河の北設樂郡などで、盆行事の所謂盆花迎へに（聖靈迎へ）が、多く草刈の作業と兼ね行はれて居た事に比較して、興味を唆るものがある。三河の山地では、草束の上荷に、盆花であるすゝき女郎花等を束ねて山を降つた。前者の薪の束と、後者の草の束には、神或は聖靈迎への作法を通じて、相關聯せる意味はなかつたらうか。例へば大黑樣の俵の上は姑く別としても、藁又は麥稈等を束ねたものに、神を請じた例は屢々見る。梵天の或物なども又それであつた。

門飾りの形

屋敷の表に積む薪の話が、つひ脇道へそれて行つた。

私の鄕里で薪を門先に積んだ形と、遠江北部の村々の小正月の門飾りに共通點を見た目で、更にこの積み重ねた形式から聯絡を求めてゆくと、私の知る範圍では、三河北設樂郡の一部、信濃下伊那郡の一部地方の小正月の門飾りがある。其處に集められた材料は、共に一種の榾であつて、各所で名稱に相違こそあるが、屋敷の一角に地を撰んで、集め積んだことに變りは無い。さうしてその基準となる杭を、ハグヒ・ハングヒ・カドガミバシラ・ミズグヒ・オアシ等に呼んで居る。（第六圖）一方集め積まれた榾の名稱は、ニウギ・オニギ・ワカキ・イハイギ・ホダクチ・トシギ等から、飾る場所に依つて、アハボ・ヒエボ・カユボウ・コマノチンボ・タツシヤギ等とも言ふ。（第七・八・九・十圖參照）之は何れも歲德神の祭に關係があつて、一般的の削掛け、又は粥杖・御竈木・幸木等と同一系統のものと見られて居る。之等は、名稱とか製作形式又は用途形態等に依つて、それ〴〵の意に解せられて居るが、翻つて之等を積み飾つた、全體の形は、果して何を象徵し意味した

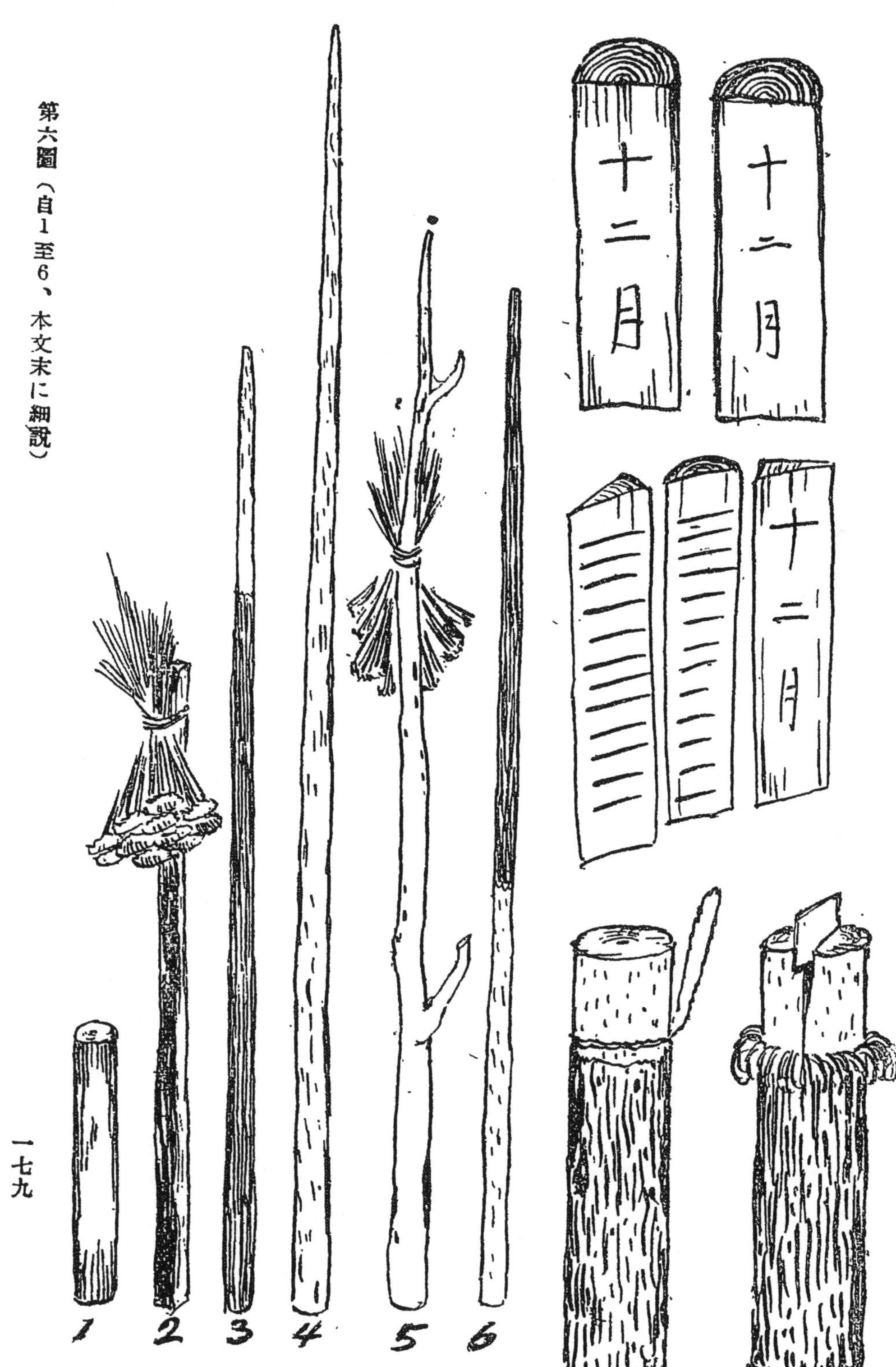

第七圖三河設樂郡のニウギ　第八圖三河北設樂郡のタツシャギ　第九圖向つて右カユボウ左コマノチンボ信濃下伊那郡

第六圖（自1至6、本文末に細說）

こづみつむことから（早川）

であらうか。歳神の祭祀に關係ありとすれば、何故にさうする必要があつたか。之はおそらく重大な問題で、貧しい例證と智識を以ては、その一端を望む事も容易でない。或は古代の御竈木奉進に伴ふ、一ッの風を遺したものとの說もあるが、それだけでは、事實を見て居る限り解き切れぬやうに思ふ。仍つて將來之が解決に對する下積みの材料として、私の見聞せる事實を擧げて置かうと思ふ。

信濃から三河の北設樂郡地方では、この形をハザ又はハザショイといふ。之は土藏とか厠、屋敷廻りの祠等に、簡單にオニギ・ニウギの一本を立てたものも同樣にいふ。ハザの語は、稻かけのハザに關係があつて、小正月の行事を、稻作に關聯させて考へて居たことから、出た語とも考へられて居る。事實その日をサツキ又はサツキビといひ、土地に依つては、苗代を作り田植の眞似をするもあり、或は十六日をニホツミといひ、收穫の後の稻積みを豫行的に行ふ日と考へて居た例もある（民族二卷三八九頁）から、型なしの說明ではないが腑に落ちぬ。或はその中心の杭を、後にハザに利用するか

第十圖　門松と並べたワカキ・ニウギ・オニギと前なる初山入りに伐つて來たもの（信濃下伊奈郡坂部にて村上清文君作）

らと、羽後由利郡地方と、同じやうに說くのもある。

一方ハザショイの語は、十四日の歳越しの夜の名にもいふ。或はその夜ハザ即門飾りに、供物のうどん等を掛ける事に言ふ場合もある。何れにしても、ハザの語を用ゐる一ッの動機は、秋のハザに、形として關聯があつた事は考へられるが、一方之をハザショイといふ意が、單に物を掛ける事から出たとすれば、廻りくどい語法である。之は一方に木を束ねた粟穗稗穗又は俵など懸ける狀を、背負はせるとも言ふから、動機は寧ろ別にあつて、盆行事の馬とか牛、又は疫神送り

の人形に、供物を背負せるやうに、或對象を、そこに感じて居た結果かと思ふ。斯うした想像をして見るのも、實は思ひ當る事實があるからである。

三河・遠江の一部地方では、この門飾りをソウトメといふ。そうして之は人間の姿を象どつたものとの傳承がある。

三河遠江のソウトメ

信・三國境附近の門飾りのハザと、三・遠の一部地方のソウトメには、強いて差別を附ければ、形式に多少の相違はあるが、其間に明瞭じた限界は附けられぬ。互に木を積み寄せたことに於て、同一系統のものと考へられる。同じハザの語で代表された門飾りの中にも、仔細に觀察すれば各種の樣式がある。之はソウトメに於ても同じで、必ずしも一定でない、依つて私の寫生せるもの三四を掲げて見る。(第十一・十二・十三・十四圖)唯ソウトメの名で呼ばれて居たものには、中心に杭の無いものがあるが、現在の私には、之を以て、一方のハザと別系統と見るだけの自信が無い。

ソウトメは形に於ては前述のやうに、ハザに對して格別の特色は摘出し難いが、それに對する傳承乃至說明は一段と具體的である。そこで兎も角も、三河に於ける私の鄕里の事實に就いて一通り言うて見る。

ソウトメの材料は、門の兩脇に立てるニウギと同じもので、中心に數本又は十數本束ねて立て、そのぐるりに同じ木を立て添へ、上端に注連繩をかける。(第十四圖參照)之は男女の二體を作るものとして、多く屋敷表の上手に立てた。同じ村の中でも、家に依つては之に笠を被らせ蓑を着せると聞いたが、未だ實見の機會がない。それには男の方にスリコギを添へるといふ。私などの見たソウトメから言ふと、之に笠と蓑を着せる事は、或はほんものゝ蓑笠でなく、其處に添へる注連等の物の比諭的說明では無いかと思うたが、同じ三河の八名郡の一部地方にも蓑笠を着せる說があり、信濃の北安曇郡等で、大歲の夜戶口に蓑笠を立てゝもらひ人(乞食)の姿とし、之を魔除けと云うて居る(民俗學三卷九九頁)事實もあるから、正月と蓑笠との因緣は、案外そこいらに例が多いかも知れぬ。況してソウトメといふ名があるのだ。何れにせ

こづみつむことから(早川)

第十一圖（右）　第十二圖（左）　第十三圖（右）　第十四圖（左）

（説明　第十一圖信濃下伊奈郡且開村新野の門飾りの一例・第十二圖・場所・第十一圖に同じ・之は俵を背負つた形といふ・第十三圖三河北設樂郡田口村の一例上部の枝はヒヒラギ・下・中と左・第十四圖三河南設樂郡長篠のソ１トメ上部の木はアセボ）

よ、それに蓑笠のあつた事は、その形を偶人化する上に有力であつた。

門飾りにソウトメの名の行はれて居た地方として、遠江濱松附近の例は、私は未だ實見せぬが、飯尾哲爾さんのお説に依ると次のやうである。

此オニ木を（前に言つた信濃等のボニギと略ぼ同じもの）を數本又は數十本、前庭に山形に立てるのがソウトメである（民族一卷七七〇頁及び二卷三七一頁）

とあつて、別に木の頭を合せ下を開いて圓錐狀に立てるとあり、中心の杭と蓑笠に就ては特に記載はない。更に之を立てる理由として、之は田植に出る人の數だけ作るので、自分の家では二人出た故に、毎春二ケの山を作つた、とある。

ソウトメの語は　別に或種の女性を謂ふ名として、五月の行事から、延いて田の神祭との關係を思ふものがある。然も之が、粗朴な木を積んだ物の名にあつた事は、門飾りの意味を考へる上に問題である。從つてそれを形づくるオニギ・ニウギ等の語にも新たな視野を展開するものがあつた。

小正月の門飾りを、ソウトメと呼んだ事は、前にも一寸言うた通り、別に三河八名郡山吉田村と、その地續きである、遠江引佐郡鎭玉村にもあつて、共に蓑笠を着せるといふて居る。それ等は、何れも實見はしては居ないが、話に聞いた處では、私の郷里などの形式と略ぼ同じであつたと想像される。そうして之に就いて一ツの傳說がある。餘りにくだ〱しいが、この機會に言うて置く。

ソウトメは前記遠江の鎭玉村四方淨に起るといふ。昔行基菩薩が廻國して來て、村の婆に衣の洗濯を賴んだ。婆は恰も田植の最中だつたが心よく諾つた。そこで菩薩がお禮にこのソウトメを作つて田の畔に立ててくれた。すると多勢の見も知らぬ人間が寄つて來て、忽ちの中に田植が出來てしまつた。それ以來、正月の度に菩薩の恩を忘れぬ爲と、その年の田植の滯りなく出來るやうに之を立てると謂ふ。更に傳說を土地に結びつける說明として、行基菩薩は、この四方淨の出生であるともいふ。

この說話の持つ感じは、例の河童の腕の由來を語るあまんじやくが拵へて放したといふ、藁人形の話と共通點があるが、一方案山子の傳說として傳へられる、備後湯川寺の玄賓僧都が、之を作つて鳥獸をおどろかし、稻禾を保護せしといふ話（百姓稼穡元）に對照して、人形から更に案山子への聯想を誘ふものがある。然も遠江に於ては、傳說の對象である門飾りを、ソウトメと謂ふ一方に、ソウトンボウシと謂ふ。ソウトンボウシは、おそらくソウトメの語にボウシの附いたもので、この地方の所謂デコロボシ（木偶）ネンネンボウシ（草人形・一般の人形にも）カゲンボウシ（影法師）等のボウシ

こづみつむことから　（早川）

と、同一語形で、一般に謂ふ大太法師（だいだらほうし）、起上小法師と同意と見られる。

こづみつむことから（早川）

門飾りに表はれた觀念

門飾りのソウトメが、ソウトンボウシとなつて、人形――案山子へと感覺の傾いた機會に其處に對象を置いて見る必要もあるが、その前に門飾りの方をもう一度見直して置き度い。

門飾りの木積みを、新たに人形とする意識に還つて見ると、その中心（或はそこにある）の杭を、オアシ又はカドガミサマノアシ等と云うた事も、無下に杭の別名とのみ、見捨てる譯にはゆかなくなる。そうして之をアシ卽ち脚といふ一方には、其處に積み若しくは置いた木が、後に田の神又はその腰かけとなる事である。この例は、三河・信濃等には案外多かつた事は嘗て民族・民俗學等にも報告されて居る。次に腰かけの意であるが、之は單に體を凭せかけ、倚りかゝらせる臺と解してよいと思ふ。さもなければ下積み卽ち臺座である。伊豆の内浦（田方郡）附近で、盆に門口に作る聖靈棚を、別に聖靈樣の腰かけと呼んで居る（鄕土研究五卷一二三頁拙稿）のも、おそらく意味は一つで、其處に倚り來るものを架空的に考へて居たことから出た語と言へやう。武藏の奥多摩地方で、小正月にフシの木の梢の上端を削つて、其處に顏を描き（第十五圖）門の兩脇に立てゝ祀り、之をオツカトボウ又はカドノドウシンと謂ふ。（村上淸文氏採訪）この梢の形式取扱の點から見ると、前の信・三・遠地方の、ニウギ・オニギと共通せる點がある。然も之は、名稱と顏を描くことに依つて、ニウギ・オニギを、一方のカドガミ・ソウトメ等と、一ツ象の裡へ卷込む力があるやうに思ふ。卽ち神又は神に近い格式を感じて居る。信・三・遠地方で、ニウギ・オニギに、炭で文字とか標を描く

第十五圖　武藏西多摩郡小河內村のオツカドボウ

ことを、オニを書く、オニの目を入れるといふ。信濃の旦開（あさけ）村新野（にいの）（下伊那郡）等では、その木にオニ又は目を書く迄は、

單なるワカキであるが、書くと同時にオニギとなる。そうして供物を初めて供へる。このワカキがオニギに變化する瞬間から、之を祀る家の者の態度も異つて來た事實がある。オニを書いてから、翌日小豆粥を食べる迄の期間は、女性は髮の手入れ顔剃り、又は針仕事等は堅く愼しまねばならぬ。それで實際生活の上でも、このオニを書く前は、女性は殊に多忙ならざるを得ない。ワカキと謂ひオニギと言うても、其本體が榾である事に變りは無いが、其處に或過程を加へる事に依つて、名稱が異る。名稱の變ることは、軈て內質的に資格の改る事を意味する。斯の事實を無視して、單にオニの語が一方に鬼を聯想することから、後の解釋とか追從とのみ見る要は無いと思ふ。オニは何處迄もオニで、妖怪の鬼と決めてしまうのではない。村人の誤解と決める前に、暫くそのまゝで見て居たい。常陸の久慈郡等でもこの榾に概當するものを、オミオヅキ・オニウツギと言ひ、矢張り聯絡はある。おそらく各地にこの例は多からうと思ふ。オニは所謂大人を意味し、後には山人が大人であつたとは、嘗て折口さんも説かれた。

私の村などで、節分の歳越しの日に、目籠を逆さに吊して、其中に古蓑古草鞋、馬醉木の枝を入れて門の先に立て、之をヤカガシというたが、之に當るものを、遠江の山地等ではヤイカガシ等言ふ。之なども形の上から言うて、本は同じ觀念の表はれでなかつたらうか。信濃の北安曇郡から越後境にかけて、大晦日に門に立てた高男といふものも、招けば隨いて來さうな形で、雪沓などを竿の先に附けて、その上に角のやうに藁や幣帛を立て、榧の葉や椿の枝を挿す。(北安曇郡鄉土誌稿等)之と『近世風俗誌』に謂ふ二月八日の御事始めに、江戸の町々で竿の先に目籠を吊して立てたのと同系か否かは知らぬが、武藏野邊で同じものをヤウカドウといふことから考へると、或はこんな形にも簡略されてゆく道もあつたと思ふ。之等の形の一方には、信濃の飯田町近村で、小正月にネボの木(合歡木か)を以て作る、前掲のオニギ或は粥棒と同型のものを、田の神と言うて神棚に置いて祀つた(民族二卷三六九頁)のを見ると、矢張り多少共人形とする意識があつたかも知れぬ。同じ上伊那地方で田の神といふのは、格別形は無かつたが、惠比壽棚の脇に茅を折り添へて祀るといふ。(民俗學四卷一八九頁)

こづみつむことから　(早川)

こづみつむことから（早川）

斯うして其方此方から、人形に緣のありさうな物を搔き集めると、蓑笠の男女といひ、或はソウトメ、オニギ、カドガミ、オツカドボウ、ヤカガシ、田の神等が、形に依り又は名稱に於て、歲の初又は歲の改る日に、屋敷の前とか、或は家を繞つて置かれて居たことになる。汎く仔細に索めたら何程出て來るかも知れぬ。之を神又は大人の意識に立つて見れば、蓑笠のソウトメは言はずもがなで、門神の柱、ミズキの杭、榾のオニギから茅を折りかけた田の神迄、各々に通ふものがあつた。そうして全體の門飾りにも、歲棚の上の餅から握飯、更に歲棚の棚の上にも、門飾りの木積みの上にも、眼に見えぬ象迄想像する事も出來た。之を歲の始に訪れる神に對する印象の毀れとし、或は神そのもの丶久しい流轉を物語る姿としても、共に山田に立つた藁積みの稻むらを人の姿と見るやうなもので、一ッとして整うた形を具へて居らぬ。初春の門を繞つて見出される神の姿は、在りとしても、まことに陽炎のやうに促へ難いものであつた。之を要するに賽の河原の石こづみのやうに、崩しては積み績んでは崩して、果しなく繰返して來たもので、美しく整うて積んだ形が正しいとも、崩れた石の一ッは後の形とも、一ッの型を標準に比較してゆく譯にゆかぬ。唯その中にあつて一ッの不思議は、繰返し言ふ通り、象の促へ難く定め難いことであつた。沖繩の村々を訪れる正月の神も、尙蓑と笠にその本體を隱して居る。斯のありともなしとも定め難い處に、行事の神秘が隱されて居たと思ふ。從つて之を積み立てる事の一方に、後に崩してゆく即ち神上げの後を、見つめてゆく事も考へられて來る。信濃の飯田附近の村では、正月の削掛けの一ッが田の神で、神棚に立てゝ祀り、後に五月に至つて苗代に立てゝ、矢張り田の神と言うたが、その一方には、最初に作る時は粥杖でありオニギ・ニウギであつて、歲神の祭が終り、後に田の水口又は苗代に立てると、はじめて田の神となり、又はその腰かけとなると、考へて居た地方も又多い。粥杖・ニウギが、田の神となることが、信・三地方で、ワカキがオニギに變る以上に神秘な謎であつた。之にはその間に神の來臨を考へに入れねばならぬと思ふ。少しく理に趨る嫌ひがあるが、ソウトメ・ソウトンボウシが、粥杖・オニギと同じ觀念化のものであつたとすれば、その一ッの特徵である蓑笠を、五月の田面の上に、想像して見る道もある。そうして一方、秋の田面に、藁を積み積んだ稻むらへの關聯は、つきさうに思ふが、玆では、ソウト

こづみつむことから（早川）

第十六圖　紀伊牟婁郡二鄕村山本のボウシ

ンボウシの語が持つ聯想から、稻むらの名のボウシへ目を移して、くだ〱しい見聞を終らうと思ふ。

稻むらの名

稻むらをボウシの名で呼ぶ、又はそれに近い方言については、『稻むらの蔭にて』の中にも、ボッチ（武藏野一帶の村々磐城岩代）ボト（攝津豐能郡熊野田附近）ボウド（德島附近の農村）等が擧げられてある。殊に武藏野から下總地方にかけて、ボッチは別に帽子を謂ふから之をボウシの約つた語と言へた。伊勢及び志摩のス、キボウシ（鄕土硏究四卷二五〇頁）更に私の聞いた處では、紀伊北牟婁郡二鄕村で單にボウシとも又ス、キボウジともいふ（第十六圖）同じ紀伊東牟婁郡北山村及び大和の北山邊には、ニボシの語がある。之は熊野一帶に、ニヱの語が行はれて居るから、ニヱボシの約つたものかと思ふ。三河で干草（刈敷）を積んだ物をカッボシといふのも、或は一脈の通ずるものがあるかも知れぬ。その他阿波地方のボウドには、別にその上部に、小束の一ッを以て雨覆ひしたのを、同じ名でいふとある（鄕土硏究四卷三七九頁）陸前岩沼附近では、同地方の所謂ニョウの上部に、雨水の浸潤を防ぐ意で、藁束を以て上端を覆うたのをボッチといふた。即ち藁積みの名からはなれて、之

32 こづみつむことから（早川）

は明らかにその上部を言うたのである。それやこれやを思ふと、稲むらの形式を、名稱と共に、各地の例に就いて當る必要を感じて來る。大和の五條邊で見る、立木を利用したものには、藁を積んだ部分より、遙かに上つた位置に、別に藁束を丸く束ねつけたのを幾つか見た。之も正月の門飾りのやうに、稲むらに對する一ッの觀念化であるかも知れぬ。加賀の能美郡地方で、稲刈の最後に、刈上げ束と云うて、特別に大束のものを作り、稲をかけて幾つかの室を作つたやうに、組立てはハサケの中央に、一際高く引かけて置いたのなども、稲むらの形を考へる上にも、名稱に對しても、一ッの示唆であつた。

稲むらのボウシの語が、一方の人形を言ふ名との接觸は、私としては今後の採訪に俟たねばならぬが、それにしても歳の暮から初春にかけての、飾り物積みものの影には、稲むらと關聯せる、多くの顧みられない要素が、取殘されてあつたやうに思ふ。

（一七九頁の詳細説明）

第六圖、1はアシともいひ極めて短きもの。2はミズグヒの一種で割木である。上端に束れた藁苞はこの地方の所謂ヤスで、正月五日に門松を取つてから、小正月朝迄この形にしておく。3は上部を削つたもので、名稱は區々である。4は最も丈の長いもので、秋のハザに利用する、材は杉檜が多い。遠江のオトコギもこれに類するものが多い。名稱は區々である。5は栗楢等にて枝をつけたもの、ミズグヒといふのが多い。6は下部を削つたもの、これも名稱は區々で、カドガミバシラ・カドバシラ・ハグヒ等土地と人によつて稱呼が一定でない。以上いづれも二本乃至三本を立てるのが多い。

寄合咄

苗族の春の祭と柱

佛領印度支那上部東京の原始民族について記したアバディー M. Abadie の Les races du Haut-Tonkin, de Phong-Tho à Lang-Son, Paris, 1924 の中に Pha-Long 地方の苗が催す歌垣のことを記してをるが、その實景を示す寫眞に一本の柱が立ててあるのが見える。然し著者は、この丘上にて行はれる男女の集會が、竿とどういふ關係があるかに就て何等の説明をも與へて居ない。所がサヴィナ師の苗族史 Histoire des Miao, Hongkong, 1930 の二二四頁から二二五頁にブーゴー P. Bougault 師の通信として雲南の苗人の行ふ春の祭に就て左の如く記して居る。「新年の劈頭五日間 tchai houa chan (「山の花を踏む」の義)と云ふ式が行はれる。これは豐饒の柱を建てた山上に於ける若き男女のつどひである。苗は、この木が不姙の女に豐沃を與へる力を持つて居ると信じて居る。若き男達が先づこの木の周圍で creng と云ふ笛を奏し、次に男女達が、低聲に放縱な歌を合唱する。祭が終つて後木柱は子授けのため不姙の家族の所に持參される。」カトリックの坊さんの記述とて祭の眞相が那邊にあるかを餘り委しく記してゐないが、兎に角苗人の春の祭が木竿と關係を持つてをることが窺はれる。自分は、先に貴州通志の龍家の條に「春時立木於野、謂之鬼竿、男女旋躍而擇配」とある記事から想像をめぐらして、こういふ竿が祖靈と關係を持つてをるものであり、かつファルスを表徴し、そのまはりを廻ることによつて舞踏者は、その靈力と合致すると云ふ信念が存するのだらうと述べたが、前記の例證が、兎に角此種の柱が豐沃のシンボルであつたことを證據だてる。苗族の春の祭事はこういふ神聖な柱を中心として行はれたのであり、歌垣の風を普遍的に持つてをる東亞民族の結婚式の原始形態を考察する上に此點は忘れてならない。イザナギ・イザナミの兩神が、天の御柱をめぐつて唱和してから結婚されたと云ふ筋も、當時に於てそうしなければ民衆が承知しなかつた或儀式的結婚風習の存してゐたために生れた話であらう。

キュピドとサイキの説話に就ての一新説

フランスの社會學院々報の第一號にジャンメイルと云ふ人のキュピドとサイキの説話を論じた小篇が見える(Jeanmaire, Le conte d'Amour et Psyché (Bulletin de l'Institut Français de Sociologie, Tome I, Ire Année

(1930―1931)。この話は「メタモルフォズ」の中に見え、非常によく世間に知れわたつてをる。ある國王の王女三人の中末娘のサイキが、一番美しくヴィナスに嫉まれ、女神はキュピドに命じて誰も此王女との緣を望まぬ樣にさせる。人々は、困つてアポロの託宣を聞くと「サイキは羽のある蛇の形の怪物を夫とする定めになってをる」といふ恐しい告を受け、絕壁の上に棄てられる。するとキュピドは、之をゼフィル(微風)に命じて宮殿に運ばしめ、夜がくると姿を隱して訪れる。或日淋しくなつたサイキが夫の許しを受け、姉二人を宮殿に來らしめると、妹の出世に羨望を抱いた彼女等は、妹にすゝめ、禁壓に違犯して夫の姿を垣間見さしめる。夫は、怒つて再び來なくなり、姉娘二人は、妹の悲境を見やうとして絕壁の上からいつもの樣に身を投じ、今度は「微風」の助けがなかつたので報復を受けて墜死してしまふ。サイキは、ヴィナスのもとに至り、鞭うたれ、かつ種々な試しを課せられたが、皆うまく之をやりとげて、最後にキュピドに再會し、その結婚は、ジュピターに公認され、サイキは神の列に入ることを許されると云ふ筋である。從來の解釋は、之を「愛にさいなまれる魂」の比喩に解したり、プラトンの哲學の象徵と見たり、民間說話に本源を歸して說明したり、天地創成神話の一變形と考へたりしたが、著者は、至てこういふ在來の說にあきたらず、之を祭儀の方面から觀察しやうとする。一九一九年ポンペイからヘルキュラヌムに至る道に沿ふ一別邸の壁畫として次の樣な主題の一聯の畫が發見された。奥の壁の中央にディオニソスが、半身裸體で腕に花嫁を擁してをる。その左に卜占の場面が書き出され、その右に若い女が跪いて布に掩はれた或物をあけて見ようとする素振を示してをる。その物といふのは、ディオニソスの秘儀の際中心的な役割を演ずる巨大なファルスらしい。また羽のある一人の女が不快の身振をし、杖をもつて女を擊たうと威嚇してをる。左の壁には二人の女がサチル型の裸の子供から敎訓を受けてをり、三人の女、その中一人が美々しくよそほって坐し、他は直立して卓のまはりにあり、その卓の上には皿が被ひをとられてをり、またシレーヌが立琴をかきならし、その外いろ〳〵の畫の最後に女が非常に恐怖の狀を示した圖が書いてある。右の壁には、半身裸體の若き女が今一人の女の膝の上に身を屈してをる。もう一對の女が、その次に畫かれ、その一人が殆ど裸體でシンバルをもつて踊つてをる。一人の女が、召使と二人の小キュピドに手傳はれて化粧を仕上げてをり、最後に頭を包み、晴着をつけた瞑想裡の女が書かれてをる。ジャンメイル氏に從へば、この壁畫はディオニソスの信仰から生れ主として女に課せられた秘儀(ミステール)の各場面を表したものであり、サイキの說話は、これに似た祭儀の諸挿話を反映したものであると云ふ。最初の恐しい託宣を受ける條は、秘儀參加者が、先づ卜占でその聖禮の恐しさを豫告されることと相應じ、壁畫の上では奥の壁の左の圖がその卜占の場面であり、左の壁の最後の女の恐怖せる像は、試錬を受けんとする若き女のおそれを示したのだと云ふ。こういふ秘儀は、神との神秘的な結婚がその中心となつたもので蛇によそほったものがその際重要な役割を演じたりするのでサイキの兩親を恐怖せしめた羽のある蛇にサイキが捧げられるべしと云ふ託宣は、恐らく之と關係あらうと云ふ。またこういふ秘儀の最高潮に達した瞬間、參加者にディオニソスの祭儀が古へから傳承した豐沃のシンボル即ちフォルスが啓示される。これが奥の壁の右の圖に示された光景であり、サイキが見てはいけないと云ふものを見る條は、この秘儀に於ける聖物を中心として之を見る事の禁止と其解除が先づ聖禮參加者が行はねばならぬ條件であつたことと相應ずる。この行爲は、試練、受難を件ふ。奥の壁の右の場面は、こういふ祭儀的笞刑の狀を示したものであり、サイキの説話の根本的特色は、之によつて充分説明される。こういふごく卑猥な原始的聖物を後に優美化するため「愛の神」を挿入し之を乙女の夫となしたのであると著者は推察する。サイキのヴィナスから課せられる試練、たとへば七種の穀物の選分けの如きことは實際ディオニソスの祭に七種の穀物が祭儀用の壺の中に入れられる事と相應じ、その地獄下りの條は、儀式的の死を演ずる事と關係してをる。大體以上の樣な論旨でジャンメイル氏はその説話の起源を祭儀の側から辿つて居る。此研究は簡單であるが、海外學界の最近傾向を知る好資料なので紹介することにした。著者はフランス Lille の文科大學教授である。

（松本　信廣）

疔（かさ）の因る所　（明石貞吉報告）

夫疔瘡之初生也人多不覺生於頭面手足肚脇腰腿間亦無定處……此瘡得患各有所以而其形狀亦各不同猪疔形圓而小瘡口内有油⊙羊疔形長色白回牛疔形圓而小瘡口内無油○狗疔形長或帶尖色赤▽驢馬疔其狀三角頂上有黑點根赤△或○

要知此瘡非特猪牛狗羊驢馬之毒所致宿水不潔飲之亦生水疔豆腐中有人汗食之亦生豆腐疔又有氣疔鬼疔形狀雖不一然其治之法則一也（道藏大平部・急救仙方疔瘡治方）

尻切れニナの話

予の現住地、紀州田邊町の郊外、高山寺え渡る會津川にニナ（方言ゴンナイ）の殼の尻が折れ缺て白く成たのが多い。之を「弘法大師の尻切れゴンナイ」と稱へ、昔し大師高山寺を創むる爲め、此川を渉る時、此介の尻で痛く其足を突れたので、怒つて之を咀ふた、爾來此川のニナはみな尻が折れ去りおると言傳ふ。東牟婁郡湯峰でも同樣の物を見、同一の話を聞た。重訂本草啓蒙四二に、ニナは「皆な老すれば尾尖腐禿す、阿州に弘法大師尻切れゴウナと呼ぶあり、卽ちニナの尾過半腐禿する者也、廣東新語に神仙羸といふ」とある。由て新語を閲するに、其廿三卷に、神仙羸產羅浮、會經仙人所嚙、尾端盡破、味甚甘と出づ。凡てニナは年老た物ほど味が甘い。此段女人の介味亦然りで、デメトリウスは、己れより遙か年上のラミアに現つをぬかし、其介の香氣迄も賞揚したと、プルタルクスは述た。江南常州府祥符寺の白蓮池の螺亦尾なし、山人螺を食んとて、煮る前に尾を斬た處ろを、寺僧が憐れんで制止し、池え放つた其後胤が此通り、やりつ放しの尻つますと成たといふ（古今圖書集成、職方典七二〇）。本誌三卷十號五九一頁、小泉君が書れた信濃の尻燒田螺も、同系の談で、多分本邦諸說は、支那に倣ふてできたのだらう。（二月廿六日、南方熊楠）

資料・報告

紀州田邊の巫女の話

雜賀貞次郎

紀州の田邊およびその附近は、以前は方言ほとけみこ（佛巫）卽ち口寄せ巫女の多いところであつた。それらの巫女と地方の關係習俗とは、いろ〱の事情から今は調査が困難で、まだ詳細を知悉することを得ぬが、とにかく知り得たゞけを書き留めたい。

一、ミコとカミミコ　田邊地方の巫女には神社の祭祀に仕へるミコ（神子）と俗にカミミコ（神巫）といふのとホトケミコ（佛巫）といふのとの三つに分れてをり、相混同するところが無く、現今も截然として區別されてゐる。うちミコは漢字で書く時は普通『神子』とし『巫』の字を用ひない。神社の祭祀に奉仕し湯立の神事を行ひ里神樂を奏す。地方ではこのミコを指してシャンココともいふが、これは里神樂を奏するときの鈴の音から來た名で里神樂を奏することをも亦シャンココを舞ふといふ。田邊の縣社鬪鷄神社は舊藩時代に新熊野權現、又は新熊野鬪鷄權現といひ熊野十二社の摸しであり、明治の初、神佛混淆禁止の際今の社號に改めたが今もなほゴンゲンサマといふものが多い。文化十三年の神社改めに同社から、書き上げたものゝ控書には『神主無御座、社僧持に而勤事仕候社役人左之通』として執行一人、神子三人、樂人神頭一人、堂下二人、本願一人とあり、その追而書に古來は社僧一人、講衆六人以上十二人、庄官十六人社家侍之由、神子八人、神頭二人、堂下三人、承仕二人、本願一人、鐘つき一人御座候由とある。これによると同社には神子は或る年代には八人、文化には三人あつたことが分る。それから右の書上げには神子は執行の次ぎに書かれてゐるが、執行は社僧で權を執るもの、神子はこれに次ぐ地位を占めてゐたと解すべきであらうか。樂人神頭即ち古來神職の家筋のものゝ上に位するは、樂人神頭が絕えず執行僧と權を爭ひ訴訟等に及んだ事情（田邊の舊記には社僧と樂人神頭が幣振の前後を爭ふたことなど、爭論のことが屢ば見え、明治維新の神佛混淆禁止の際、神職筋の徒が神殿の佛像等燒き棄て、多年社僧に壓迫された欝憤を晴らしたと、痛快を叫んでゐる）もあらうが神子が祭祀に重視されたためとすれば注意に値する。田邊町大字神子濱は同神社に近く海濱に離れてゐるが、往昔はその海濱に濱木綿繁茂し濱木綿を方言みこ草ともいふので地名となつたのであらうとの說もあるが、これは恐らく明治に入つてのち文雅に志ある地方人が地名の起源を美にすべく思ひついた說ではあるまいか、同地は往古鬪鷄神社の神子が月經時に穢れを避けて住んだところであり、次いでその家族が住んだところであるから神子濱とよぶのだとの俚傳がある。地名の起りは尙ほ考へねばならぬが、神子の穢れを避ける所であつたらしく思はれる。明治年間には田邊に神子二人（母と娘と）あり大正の初め一人となり、その家筋は元鬪鷄神社に屬してゐたものだが、明治の制度改正その他により、いまは鬪鷄神社その他いづれの神社にも屬せず各神社の例祭その他に臨時に招聘され湯立、里神樂の神事を勤める。現在の神子は下村さかゑ女（昭和八年二十七歲）で同女は祖母榎本みよ女（昭和四年歿年八十）の後ち、母親が暫らく勤めた跡を繼ぎ十四五歲のころから神子をつとめてゐるのであるが、この神子はその家筋のものゝ世襲となつて居り、以前のことは知らず、明治後半からは夫をもち子をもつも差支へないとしてゐる。これは神子の家筋は兩三軒あつたが、明治以後收入は極めて僅かであるので多くは他業に轉じ、さかゑ女の家のみが辛うじて殘つたもので、その人を得るに乏しい爲めかとも思ふ。又、元祿年間、紀藩の兒玉庄左衞門の撰した紀南鄕導記には田邊町の北に接續する稻成村の稻荷神社について「丑の方糸田邑有（中略）勸修寺は此邑の上ノ山に有、又彼の寺の並の山に稻荷大明神の社有、城州伏見藤森の稲荷は當社を勸請したりと聞ゆ。于レ今田邊神子と云て有レ之よし』とあり、天明、安永の田邊の俳人玉置香風の書いた『田城の賦』の中にも『稲荷は伏見の藤の森に先たち田邊神子とて爰を彼にしたふとかや』の文句がある。この稲荷社は伏見の稲荷社の本家で日本最古の稲荷であると言はれをり、しかもそれが元祿の昔、天明の昔に既に稱せられたことは上記で知れるが、さてこの田邊神子は伏見にあつたのか稲成村にあつたのかハッキリせぬ。私は昭和三、四、五年の交田邊町誌を編纂中田邊組大庄屋田所家の記録を調べ資料を集めた際にも、同神社の書上げその他に注意したが田邊神子の記述は見當らず、村の人々にも尋ねたが知るものは無かつた。村には田邊神子といふのは以前からないのである。而して上記の文句から推すと伏見に田邊神子といふがあるといふ風にもとれるが、伏見の方のことはまだ調べる機會がない、とにかくこのことはも少し知りたいと思ふが、今のところこれを他日に期する外はない。しかし假りに推測を許すならば、以前同社に屬してゐた神子が神占、祈禱を行ひその一派が伏見にも及びこれを田邊神子といふたのではあるまいか。次ぎにカミミコ（神巫）といふのは田邊附近の上秋津、長野、その他の村に數名あり、元は神社の神子であつたのが神社を離れてカミミコとなつたのか、または稲荷神などを祀つて祈禱したのによるのか、それらの點はまだ詳しい資料を得られぬので、偏へに各位の敎示と今後の探訪に俟つとする。このカミミコは神占、祈禱、秡除などを行ふ。元來、田邊附近の農村の住民は病氣、怪我、災禍等は神のタヽリ、佛の戒め、死靈もしくは生靈に憑かれたためと信じ病人等あれば醫藥に先だちカミミコに依賴する風習がある。カミミコは依賴に應じて神おろし、佛おろしを行ひ、病氣は何々のタヽリ又は戒めなり災禍は何々の咎めなりなど判じ、お詫びの祈禱に應じ、どの方向に住む醫師を迎へてよいか、藥には何を用ひてよいかまで指圖するを例とし、護符やナゼモノ（撫ぜ物、紙にて劍先き型、幣型などに折つたもの、病人の身をこれにて撫ぜ流れに棄てる）を出し、またゴフウ（御封？）とて洗米その他を與へて病人などに用ひしめるのである。神おろし、佛おろしについてはホトケミコとの差異は可なりデリケートであるらしいが、ホトケミコは死靈を相手として語るに對し、カミミコは神に禱りて問ひ幣をもつところが異なつてゐるとでも言ふべきか。

二、梓巫と信濃巫　次ぎはホトケミコ（佛巫）である。これは口寄せをするもので俗にミコとよぶ。ホトケミコはアヅサミコ（梓巫）とシナノミコ（信濃巫）との兩派に分れてゐるやうだ。田邊および附近のホトケミコは以前は田邊町大字湊の庵屋敷、小泉、同町大字南新町の追込丁、同町大字元町（元西ノ谷村）の中西、同じく出立、萬呂村字葺石、岩田村大字岡、下芳養村大字芋等に數戸づゝ群居しその他にも散在するあり舊藩時代には、その數五十餘戸に上つたらしい。庵屋敷、追込、中西　出立などは以前はいづれも貧民窟もしくは場末といふべきところで、小さな長屋が建て續いてゐたところであり、追込は藁葺の小屋ばかりで屢ば火災あつたこと舊記に見え、中西は今も竹籠細工を職とするもの多く、以前は隱亡に從ふ者をも出した。そんな所に住んでゐたのを見ると、いづれも生活には惠まれなかつたらしい。又假りに收入が可なりあるにしてもその身分、職業は隅の方へ遠慮して住まねばならなかつたらう。さて以上のうち芋は信濃巫であつたといひ、庵屋敷、追込等は梓であつたらしく、その他は今はハッキリせぬが混住したところもあつたやうだ。田邊地方では夙の者をハチンボ又はハチといひ賤め普通民と通婚しなかつたが、ホトケミコは何處に住むもハチンボ又はハチとされ又ボンボロなど言ひ賤めその群居は夙と同一視といふよりは一層賤視され、一般との通婚は全くなかつた。明治に至り口寄せを禁止せられホトケミコの業を禁止壓迫さるゝと共に、一方職業は自由に解放さるゝに至つて、ホトケミコの家筋でそれを世襲し來つたものは、他の職業に轉ずるものが多いといふよりは、悉くともいふべき勢ひをなし、しかもその多くは郷村に留まり家筋を知る村人から依然として賤視さるゝを厭ひ、附近村から田邊に、田邊から大阪その他に、進んで自から移住を事とし、ミコ筋たることを深く秘し、自身の子、孫にすらそれを知らしめぬやうに努め、自分からも忘れ子孫に知らしめず、自然に一般に混入、融合しようとしてゐる狀態である。現に私は昭和六年一月、下芳養村芋から田邊町へ移住してゐるミコ筋の家で、兩三年前に歿した老婆がミコだつたといふ――その老婆の娘と生れ長らく共に暮してきた女をはじめ、同樣の家筋の人々兩三軒へそれ〴〵懇意の人を仲へ立てゝミコの話を聞かしてほしいと請うたが、全く忘れてしまつたとて何一つ話してくれぬのみか、中にはソンな事を子供の前で話されては困るとお叱りを受けた向もあつたと仲に立つた人から聞かされた。つまりミコ筋たるを恥ぢ賤視さるゝを厭ひ世間と子孫から之れを忘れ去らしめようとしてゐるのである。それにも拘らず、話をしてくれと賴むなどは、古い傷の痛みに觸れるにも似て思ひ遣りのない事であつた。しかし稀れには例外もあつて昭和六年三月五日私にホトケミコの話をしてくれたお芳女（假名）は岡のミコ筋の家に生れ田邊江川浦の漁夫の妻となつてゐるが、もと田邊の飲食店を渡り歩き酌女をつとめ男を手玉にとつたしたゝかもので、快活で無頓着な性であるからでもあらうが、母親がホトケミコであつたことを語り、かつはホトケミコの家筋のものを、一般の人々はハチンボなどゝ賤めるが、決してハチンボなどゝ同視せられる賤しい筋目ではないとて『神にも比すべき尊い方の姫君が、不幸にも盲目にお生れになつたゝめ、遊藝の道を習ふことが出來なかつたから、梓巫を教えられたのが始まりである。一般の人々よりは反つて筋目が正しい』のであつて、その證據には立派な書いたものがある。それは明治か、幕末かにある尊い方から桐の紋章入りの手紙にして、岡で二軒、西ノ谷中西で一軒へ呉れてゐる。それを見れば分る事ですと中々の氣焔だつた。その手紙を見ると面白いと思ふたが、お芳女は所持者の名を言つてくれなかつた。實は同女も知らないのであつて、母親からソンな話を聞いてゐたに過ぎぬらしく、久しい年月の間に所持者の名をも忘れたものらしかつた。しかしこれは明治初年に神官風の裝束して紀南に來り、夙の者の筋目は正しく、今までのやうに賤視さるゝは當らぬと說き、夙の者を隨喜せしめ金錢を集めた者あり、後ち詐欺的の說者なりしこと知れ一同啞然たりしと傳へられるが、同女の氣焔はそれらから來たもので無いかとも思ふ。それは兎も角としてミコの徒も世間の賤視を受けつゝも左樣した誇りか諦めかの考へを抱く向もあつたらしい。さてホトケミコは以上のやうにその跡を絕ちつゝはあるが、今も根絕したのではなく、岡には昭和の初まで老婆で口寄せするもの四人あつたといひ、下芳養にも二人ほどあり、田邊にも二人ほどあつたといふ。現在でも三栖村大字下三栖に口寄せする女が一人あり、田邊にも祈禱を名としてその實は口寄せをする者があるといひ、問ひ口に雇はれる女もあると聞く。

三、弓と鼓、ゲホウ箱　梓巫と信濃巫とはその派を異にするが、普通には梓巫は佛寄せの際、弓に死者（寄せる靈の主）

紀州川邊の巫女の話（雜賀）

の衣類をかける。信濃巫は弓を持たず鼓をもちそれに衣類をかけるといふ。又、信濃巫はゲホウ箱をもつが、この箱の中へ容れたものについては、南方熊楠先生は

田邊町と山一つ隔てし岡といふ村落の小學校長の談に、この岡には今も代々巫子數家あり（中略）此の者の言ふには蠱神は三毛猫を縛り置きて鰹魚節を示しながら食はせず、七日經るうち猫の慾念はその兩眼に集る、その時その首を刎ね、其頭を箱に入れて事を問ふとの事なり。熊楠思ふにかゝる事は毎度聞くところにて、安南にても犬をかくする事あり、吾國の犬神に同じ、又國により人の胎兒を用ゆることあり、輟耕錄に見えたる小兒を生剝して事を問ふ術なども大抵似たことなり。此の岡の巫子は隱亡の妻なりと聞く。猿、犬、猫などは假話にて實は人間の頭を用ふるならずやとも存ず云云（中山太郎氏著日本巫女史五四四頁南方來書より抄出）

といふてゐられる。お芳女は私の箱の中に何をいれてゐるのかといふ問に對し、最初極めて卒直に『人間の髑髏を容れてゐる』と話してくれた。しかし私がそれを確かめやうとして反覆して問ふにいたり、答へを朦朧にしてしまつた。けれども最初不用意に答へてくれた一語は忘れられぬ。同女は梓巫の系統であり信濃巫の系統ではないとは言へ、この一語はどうしても眞實であらうと思はれる。同女はなほ猫、犬、猿の頭などいふ話は幼時から少しも聞かぬとキッパリ話してくれた。南方先生のお說は敬服すべきである。又、三栖村の堀儀太郎氏の話に、『大正の初、巫女筋の某女から聞いたは箱の中には珠數と紙符と經卷とであるといふた』と。これも一說として記して置く。

四、ゴタクとロクドウヅケ　お芳さんの話にいふ。『口寄せにはゴタクとロクドウヅケ（六道づけ？）がある。ゴタクは先祖の佛たちを寄せていろ〳〵のことを聞くのであり、ロクドウヅケは新たに死者のあつた際、その靈をよせるものである。さて梓巫の口寄せには重箱に米一升を容れ、これに白紙を截つて垂れとした小さい幣を立てる、それゆへこの米を幣立米（へいたてまい）といふ。別の重箱へ米三合を容れて置く。この米へ巫女が口寄にかゝる前にナニか字のやうなものを書くが、何といふ字をかくのか知らない（お芳女は文字は知らないのである）一般に米の上へ字をかくのを忌むのは巫女が口寄せの時

にするからだといふ話。この米へ一靈を寄せる每に錢六文づゝ入れて混ぜる（今は一厘錢なきゆえ、一錢銅貨にて六錢を用ゆ)、この六文錢は佛達が口寄せに應じて來る途中のヒーフル山（火降る山?）や氷の山（?）などの關所々々を越す費用に要るのだといふ。又、線香立に線香一本、火をつけて立つ。茶碗に水を盛ることは梓巫ではやらぬ。以上の幣立米と米三合と一本線香が揃ふと、ゴタクでもロクドヴヅケでも、巫女はまづ六十六國の神々をおろす、すると神々につれて所の氏神さまがおりてくる、それから先祖の佛さまがおりてくる。ゴタクならば先祖の佛さまの次ぎに家の佛たちを順々におろし、ロクドウヅケならば先祖の次ぎに新佛の靈を呼ぶ。さて靈が憑いて巫女が語るには梓弓の弦を鳴らしつゝ語る。この梓弓は弓は竹で弦は三味線の三の糸を用ひる、弦をたゝいて鳴らすには竹の棒を用ひる。弓の長さは三尺ばかり、棒の長さは八寸許、いづれも寸法がキマつてをり、それにはそれ〴〵譯もあるらしいが、妾は聞いてゐないから知らぬ。この弓へは口寄せする死者の衣類をかける、これをかけねば靈は憑らぬ、衣類のない時は紙で衣類の形に切りこれを代りにかけてもよい』と。ゴタクは家族に病人があつたり一家に災禍、口舌などある際、先祖代々の佛さまが戒めてくだされたものとして、先祖の彿たちを口寄せしてその譯を尋ねるものであるが、先祖代々の佛たちは家族の行爲、資產の分配などについて不滿のことは巫女を通じて忌憚なく語り、病氣や災禍はその戒めのために示したのだから何々の行爲を改めれば許してやらうといふことを說く。(これは病氣が重きか、口舌は容易ならぬ折に行ふもので、輕き病などの折にはカミミコにより、お詫びの祈禱等にて濟ますを例とす。なほ死靈は怨恨ある者にも憑けど、槪ね親しき者に憑く、これは懷かしくて來るものなれど、憑かるれば病氣となる。これを厭ひて親しかつた人の墓へは避けて詣でぬ人もある。されどこれらはカミミコの祈禱にて祓ひ除くを得る。ゴタクを行ふは容易ならぬ場合のやうである。ロクドウヅケは新佛が生前の心殘りのことを語り死後の希望のことなど述べ、野邊の送りの禮を言ひ暗くて淋しい冥途の道を獨りトボ〳〵步いてゆくさまを、巫女一流の哀調で語り、聽者は類を蔽うて泣くのであるが、要するに新佛のために遺族が冥途の消息を聞くやうでもあり巫女が新佛に冥途の案內を敎えるやうでもあり、いづれが主であるかは分らぬが以上の双方の意味が混淆してゐるらしい。

とにかく新佛は一度口寄せをしてあげねば成佛できぬと言はれ、四十九日の佛事を營むまでの間に、必らず行ふを例として居るやうである。以上はお芳女の話の要領である。しかしさうした冥福を祈るのでない例もある。昭和六年一月四日三栖村の知人に聞いたは、岩田村大字岡の某が急死した後、某は生前、金を貯へて居り他人にも貸付けてゐたといふが、死後金の所在が知れず貸付先きも分らぬので、遺族は口寄せをしてこれを尋ねたといふ。これは昭和五年の秋のことらしいが、口寄せでそれが知れたかどうかは知人も聞き漏らしてゐた。

五、招かぬ靈の現はれ、靈と罵り合ふこと　昭和六年二月十八日、南方先生から大正七年の先生の日記に

二月一日夜、今福湯の老母にきく、凡そ二十年前、自分の娘（藤本喜太郎氏妻）歿し巫寄せしに、それより三十八年前死たる自分の母の靈出で來り予は招かれざれども來れり、血汐の症で產死したりといひ孫の爲めに禮述る由言し由。此の老母の外の人々は一向知らぬことにて、その語る所全く當時の事實なれば老婆ひそかに不思議に思へりと。この老母は巫を不信にて甚だ嫌ひなり。然るにかゝる不思議あり、と。

と書きとめてゐられることをお敎え下さつた。今福湯は田邊町大字今福町の湯屋、先生は入湯にゆかれた序での雜談から聞き出されたのである。老母はその頃七十三四であつたと記憶すると先生のお話である。藤本老は研山と號し今は熊野燒てふ陶器をつくりゐる、先生も知人であり筆者も知人だ。さてお芳さんにこのことを尋ねると、招かぬ靈の現はれることは屢ばといふよりは、殆んど口寄せに每度見るところで珍らしくはない。その家の佛たちが現在の家族に或は喜びを述べ或は恨みを言ひ、戒めを告げやうと思ふてゐても、口寄せがなければそれが出來ぬので、堪へぬばかりの思ひを抱いてゐる際、偶ま緣ある佛の口寄せがあると、これを機會として招かれずとも自から進んで出で來り、思ふことを悉さに告げ物語るのであつて、その一家の佛たちばかりではなく、親類緣者の佛たちも出てくるとの話だつた。それから先生が同じ今福湯の老婆に聞かれたのは、

巫に信濃巫あり、これは鮮かに大聲にて語る。何とも知れぬ包を頸に巻き付け來る、田邊附近の巫は皷を手にして來る。

巫につける靈と聽衆と言ひ合ひ罵り合ふて面白き事ありしと。

とのお話である。土地には巫女が多かつたが、それだけ口寄せに興味をもち、年に二三回廻つてくる旅の信濃巫にも別の趣ありとして依頼者があつたらしい。お芳さんの話によると、皷をもつのは信濃巫で梓巫が弓へ亡者の衣類をかけるやうに、信濃巫は皷へ亡者の衣類をかけて語つたといふが、この老婆の話の田邊附近の巫といふのは土着の信濃巫のことかどうか分らぬ。さて靈と聽衆と罵り合ふといふことは、お芳さんも知らず他でも聞き得ぬので、これは今後資料を得べく注意したいと思ふてゐる。田邊の尾崎象三郎老の話に、舊藩末のころ、田邊の某々等數名、巫女を賴んで辨慶の口寄せをしたところ、出てきた辨慶は怒れる聲をあらげ『匹夫下郎のブンザイ（方言で身分のこと）で吾れを招くとは無禮也』といひ、巫女の口からとも覺えず雷電のふるふが如き大聲に、いづれも驚き恐れてひたすら謝罪し辛うじて赦して貰つたといふ。田邊は辨慶の出生地と傳へらるゝところとて戲れに思ひついて試みたものであらう。尾崎老はその口寄せをした人々の孫に當る者が田邊に現存するとて、それらの人々の名をも擧げられたくらゐで、實際にあつた話らしい。

六、『餘身歸』の記述　昭和五年十二月三十一日夜記のお手紙で、南方先生から左の御教示を得た。

伊達未得（此人は末得とも自得とも號せり）の『餘身歸』を見るに田邊巫女のみか全國諸處の巫女に關して大に知識を與ふる事あり御承知の如く此書の盂蘭盆祭に云く、

【田邊】　盂蘭盆はいと賑はしき所也（中略）魂迎は巫がり行て迎ふ、盆となりては迎ふる者多くて巫の室入りもあへねば文月となればいち早く迎へ置くも有りと云ふ、しか迎へ置くものから、べちに棚など設て靈位など物するにも非ず、たゞ巫の暇なきが故なりと云り。因て思ふに過去の精魂地獄などに墮たらむはいと嬉しからむ。もし善所に生をうけたらむものは盆の一日もむくつけかるべきをまだき招きよせられて持佛間片隅にかゝまりをらんはいかにわびしからむとほゝゑまる（中略）巫をいみじきものにすなる、古も今もいと多かる中に此あたりは殊に信ずるもの多きさま也云々其頃迄は盂蘭盆前に必らず巫に詣り巫に聖靈を迎ひとりもらひそれより自宅へ聖靈をつれ歸り祭りし也。おかしき様なれど正しく手續きを踏んだものなり、扨巫が多忙であまり當日に迫ると一々聖靈を紹分しくれぬから七月に入りさゐすれば、吾れ一と巫方にゆき一日も早く聖靈を迎へ來りしにて、早く迎へとられた聖靈は盆の當日まで何にも供へずに持佛の間でまちわびるやうなことさへ少なからざりし也。

これで考るに吾れ〳〵の若かりしとき以來の如く、人が死した後に一度巫寄せを賴まるゝやうなことでは巫女の生活は立たず。近松の淨瑠璃誰かの心中物に彼岸か盂蘭盆の日常例に從ひ死魂靈を寄せに巫女方へ立寄ることありし。その如く昔しは彼岸とか又殊に盂蘭盆等には（無論年忌周忌佛事にも）死人の靈を祭る毎に公事には必ず裁判所の代書人を賴む如く、巫女方へ走りゆき賴んで其靈を招き寄せもらひ迎へとり歸りしことと察せらる。その死人招引の季節毎に中々巫女大繁忙にてよほどボロイ儲けをしたものと被存候。（以上は先生のお手紙から抄出）

紀州田邊の巫女の話（雜賀）

以上は先生が拙著牟婁口碑集の巫女の條が田邊巫女の本地たる地方の口碑集としては餘りに簡略に過ぎるから、今少し增補せよとの御高意からお敎え下さつたもので、前に記した今福湯の老母の話も、實はこの話の續きとしてお知らせ下さつたもので、私が田邊巫女のことを調べてこの貧しい報告を書くに至つたのも、先生のこれらの御指導によるものと申してよい。さて伊達自得翁は明治年間剃刀大臣といはれた名外相陸奥宗光伯の嚴父で、紀藩の一位老公（十代治寶）派の寵信をうけ大番頭格、勘定奉行として權威一藩を壓したが、紀藩十三代慶福（後ち將軍家茂）を擁して藩政を自己の手に收め、次いで慶福を宗家に入れて將軍たらしめた水野忠央（紀藩老、新宮城主）の藩政改革の非常手段即ち一種のクーデターの犧牲となり、嘉永五年十二月田邊に幽囚されて前後八年間田邊の揚り屋（士人の囚獄）に居り、後ち赦されて和歌山に歸つた人で、餘身歸は田邊幽囚中の見聞を記した幽囚記念の書で明治十年に出版された。だから餘身歸は嘉永安政の田邊の記實だ。されば、その頃巫女による佛迎へは一般に行はれたのであり、南方先生の仰しやる通りであつたのだ。私はお芳さんに右の餘身歸の記事を讀み聞かせてから、盂蘭盆の巫女の精靈迎へは今はどうなつてゐるかと尋ねたところ、同女は

『田邊町の如きは今は大部分行はれぬが、附近の村々では巫女による佛迎へは現今も普通に行はれてゐる』とて、それを佛迎へといひ佛送りと言はれてゐると敎へてくれた。佛迎へは巫女の許にゆき巫女を煩はして精靈を迎へて貰ひこれを自宅に伴ひ歸る。しかし形代もナニもなく、巫女が神おろしをした後ち精靈を呼び出し迎へるよしを唱ふればそれでよく、さうすれば精靈は依賴者と共にその家に來るものとしてゐる。精靈を迎へた以上は精靈送りもせねばならぬ。普通田邊町は盆の十五日の晩、扇ヶ濱その他の海濱へ、附近村は概ね十五日の朝、川原又は谷間の溪流などへ、佛に供へた物などを運び佛を送るが、それとは別に、盆の十六日に巫女の許にゆき、曩きに迎へた精靈を送つて貰ふ。その際精靈は口寄せにかゝつて、今の家族は圓滿で嬉しいとか、盂蘭盆にきて滯在中に家族の口論しば〳〵で不愉快であつたとか、果ては御馳走（供物）がまづかつたとか美味かつたとかまでいろ〳〵の感想のやうな事を語り、歸途は隣家の誰々の靈と道伴れになるとか親類の某々の靈と同道するなどと告げるといふ。これが佛送りだ。以上はお芳さんの話であるが、佛さまもこうなると、在世の俗人とあまり異ならずの感じがする。

七、問ひ口と巫女の言葉 巫女の口寄せをする際、重要な役目を勤めるのは『問ひ口』である。精靈の憑つてゐる巫女に對して、遺族など口寄せを依賴した人々に代り、いろ〳〵聞かんと欲するところを問ひかける役に當るものを問ひ口といふ。問者、問ひ方の意であらう。巫女筋のもの又は口寄せの座に參加したこと多く經驗に富み事に馴れた者がこの役に當るのであるが、普通は巫女と同樣に問ひ口を職業的に勤め、巫女と協同してやつてゐる者がある。この問ひ口が巧みに問をかけると巫女は巧みに語れるが、若し問ひ口が拙いと巫女の語りも拙くなるといふ。巫女をシテとすれば問ひ口はワキである。お芳さんは問ひ口が巧みであり現にそれを職業的にしてゐるとの噂もあるが、その事は何故か默して語らなかつた。それからお芳さんは巫女の言葉——隱語——について左の數語を敎へてくれた。

△枕（マクラ） 夫又は妻、精靈が男なるときは妻を指し、女なるときは夫を指す。夫婦間にいふ言葉 △烏帽子（エボシ）後嗣の男子 △鏡（カヾミ） 娘 △ナラビ 兄弟、姉妹 △マルヤ 本家 △ゴタク 先祖 △クロヤ 家を建

て並べてゐる貌、まだ〳〵あるやうだが聞き得なかつた。

八、生ける人は口寄によらぬ お芳さんは語る。『下の橋立へ梓巫がゆくと、若者四五人が酒を呑んでゐたが、梓巫を弄つてやらうでないかと相談し、うち一人が床の下へ隱れて居り、その他の者が巫女をよび入れ床下に隱れた男の靈を寄させた。梓巫の口寄せは死者の靈でなくば寄らぬのだが、暫らくするとその男の靈がよつてきて、今、皆なの衆と酒宴して面白かつたが、自分は圖らず冥土へ行くなどいふ。一同は巫女にいゝ加減語らせた後、床下にかくれた男をよび出し、巫女に『死靈でなければ憑らぬといふが、生きてゐる者を寄せたとは怪しい』と嘲けるつもりで、床下の男に聲をかけたが返事がない、不審に思ひ調べてみると既に冷たくなつて死んでゐた。これは梓巫がその靈をよせたので、靈は身體を離れたゝめ死んだものと知れた。それ以來、橋立では一切梓巫を寄せぬといふ話である』と。下の橋立とはどこかと尋ねたが、大下だとばかりで要領を得なかつた。（田邊では串本、新宮地方をさして下といひ、木の本、尾鷲地方を大下といふ）要領を得やうとしたのが無理だつたかも知れぬ。燕はトチワの國から飛んでくるなど言ふのと同じで、下の橋立などいふのも遠い夢の國であらう。たゞしその下の橋立といふ所が實在すると信じてゐるらしい口吻が注意を惹く。生きた人の靈は寄らぬといふこと、靈が身體から離れるといふことなどは面白い。

九、口寄せと稻荷おろし お芳さんは徐ろに語つていふ。『私の親は巫女だつたが、私は巫女をせぬから何も知らぬ。が、口寄せをする坐には屢ば居たから口寄せの狀態などはよく知つてゐる。ところで考へてみると、巫女が口寄せする狀態も、稻荷おろしが稻荷をおろす狀態も同じことで無いかと思ふ』と。又曰く。『六十六國の神々をおろすのは何でも無いことで以前、村(岡)である人が山で草を刈りながら、唄でもうたうやうな氣持ちで神おろしの詞を唱へてゐると、偶然にも神々がおりてきて草刈籠に憑き、籠が踊りだしたのに吃驚したとの話を聞いた。それほど神おろしは容易である。ところが六ケしいのはおろした神々、寄せた精靈たちを元の通り歸らせることで、神おろし、口寄せをすることができても、もし元へ歸すことを知らなかつたら、神々や精靈のたゝりをうけた狂者になつたり死んだりする。おろすのは容易であるが歸すのが六ケしい。それから六十六國の神々おろしの代りに、寺々おろしといふのもある。神々おろしは國々の大社、名社をおろすのであるが、寺々おろしは國々の大寺名刹をおろすのである』と。お芳さんの稻荷おろしと同じだと思ふといふ話について、爰に書き加ふるは、昭和六年三月十一日の午後、田邊の木下政一郎君から偶然聞いたは、『田邊の日蓮宗某寺の大黑（住職の妻を大黑といふ）さんは、田邊藩士の家の出だが、住持が加持祈禱するを見傚ひいつしかその代理をも勤めるやうになり、今では稻荷さげの唱へごとをすると、死靈が招かれてきて憑るので、近ごろは巫女に口寄せを賴む意味でその大黑さんを賴むものが少くないと聞く。大黑さんの話といふをきくと、稻荷下げをして心耳を澄ましてゐると、朦朧たる亡靈の姿が眼前に髣髴として現はれるとのことで、亡靈が何の某なりと名乘り大黑さんに憑いて述ぶるところ、一座したる人々の全く知らぬことも、聞き合せみれば事實なるに驚く例を、最近にも二回ばかり親しく見聞して驚いてゐる』といふ話である。この大黑さんは弓も箱も持たず、しかも精靈きたり憑りて語ること、梓巫などゝ少しも異ならぬらしい。お芳さんの話と併せ考ふべきである。私はこの話を聞き、木下君は旅宿の主人で謹直を以て名ある人であり、實際談と信じたので人を介して大黑さんに交涉し、亡靈寄せの話を聞かうとしたところ、冥界の精靈談ならば大ひにしてあげやうとの快諾を得たが、思ふところあり、後日を期してゐる。

一〇、楠本君の報告　雜誌『鄕土硏究』第一卷第四號（大正二年六月）に紀伊田邊本町二十七田本仁七の名で左の報告を揭げてゐる。田本仁七は田邊本町二十七番地といふに基く假名で實は故人楠本松藏君の報告である。假名としたのは物議を怖れた爲めだつたかも知れぬ。楠本君は提灯製造と葬具商を營み俳句と情歌を趣味とし雅號、戲號を多くもつてゐたが大正七年五月三十五歲で不遇、困窮のうちに歿した。

紀州田邊地方では町人、敷、はち（或はハチンボ）穢多、乞食といふ順序になつてゐる。シクの者は肋骨が一本足らぬと云はれてゐたが今は磯間と云つて湊村に屬してゐる。序に云ふが、ハチ或はハチボは賤民であるけれど穢多とは別格で、或地方では梓巫のことである。奥熊野（本宮邊）の俗謡に『可笑しこと云ふた田邊の巫女は、腹にない兒を有ると云ふた』と云ふのがある。田邊の巫女は隨分多くゐたもので、田邊の西、町つゞきなる西ノ谷村字中西（蘇生山、もとはヨミジヤマ）の下から西へ十五六軒、湊村字小泉、三栖村字岡、萬呂村などを數えると四十軒以上もあつたことゝ思ふ。職業は篩屋である。さてこのタヽキ巫女は六尺二分の弓の音といふ呪文の通り揚弓の如き弓を三ツ折にして袋に入れてゐる、一升の玄米、弦かけの着物、年の數、月の數を穴錢で貰ひうけ、打ならす盤ならすと紋切形に語出すことは御存知のことゝ思ふ。しかし年に一二回廻つて來る信濃巫女の方がよく語ると云つて、田邊の巫女よりも信用されてゐた。其頃は丸髷などに結ふ者が極少かつたから偶々丸髷姿を見ると信濃巫のやうだと云つたものだ。根の高い丸髷に例の箱を斜にかけ、白い湯文字に荷持を一人つれてゐた、この荷持が間口をするのである。信濃巫女でも梓巫女でも語るのに隱語がある。烏帽子、鏡、枕などいろ〳〵ある、自分の鄕里では今に其筋の目を潛つてやつてゐるのが二三軒はある。物好連が聞きに行つてよく逃げられる、鞘と口髭と紋付羽織は大の禁物である。

以上は楠本君が、沼田賴輔氏が所謂特殊部落の名稱風習を問うたに對する答へとしての報告である。以上のうち前記第二項の『梓巫と信濃巫』の條に中西、小泉を田邊町として記してゐるのは、大正十三年町村合併により田邊に合した爲めであると御承知ありたい。又岡を三栖村としてゐるのは楠本君の間違ひで岡は岩田村に屬してゐる。田邊巫女に關する報告としては今日までゞは殆んど唯一のものと思ふから、こゝへ收錄して併せて參考資料としたい。それにしても、こんな事に興味をもち聞き合せの便宜もあつた楠本君が、もし今日まで生存してゐてくれたならと、泌々と惜しく思ふ。

一一、巫女の收入　ホトケミコの收入は梓弓にかける亡者の衣類（弦かけの着物）、幣立米、および別の重箱の米、亡靈一人を呼ぶ每に加ふる六文錢などは總てそのまゝ巫女の所得に歸するのである。以前は口寄せの折にはその外に禮物は求めなかつたらしい。佛迎へ佛送りなどは少許の包金であつたらしい。それにしても『ミコのトヽで寢食ひ』といふ言葉がある。トヽは方言亭主又は夫の意、即ち巫女の夫は働かずとも寢て遊んでゐれば、巫女の女房が儲けてくれるので食つてゆけるとの意味だ。その收入で生活し得られたものと思はれる。しかし明治になり禁止せられて後は普遍的に行はれぬやうになり、依賴には仲介者を要し、その仲介者は危氣ない人と見ねば紹介せず、さて巫女は仲介者によりて依賴に應じても、夜半ひそかに山林內の小屋等にて行ふなど、いろ〱の手數を要するので現在では謝禮その他に一回十圓內外を要すと聞く。それでも今日では專業としては生活し得ず、先づ副業といつたところであらう。出稼ぎに來た信濃巫女は幣立米などの外に謝儀をも求めたであらうと思はれる。日高郡南部町眞言宗安養寺の野村淸光師は第一風、任呼、蟹室その他の雅號多く俳句と南畫を善くす、慶應元年田邊在上秋津村の生れであるが、昭和六年一月十六日語つていふ。『少年時代から壯年時代へかけ、衲が秋津にゐるころ、子供が遊ぶに巫女の口寄せを眞似したり巫女を嘲ける笑話を言ひもし聞きもした。口寄せの時佛が何々の着物（遺品）を巫女に與へよといふ、問ひ口の人はそれは既に誰々にかたみに與へたといふと、巫女は有ればのことよ（有れば與へよ、無ければ仕方がないの意）と言ひ直したとか、又巫女は海の彼方に住む兄に……と語り出したが、海の彼方に住む者はないといふと、軒の雨垂れの溝でも海といふぞよと言つたなど、巫女に慾心があり己れの利益となるやうい〻加減なことを言ふとて嘲笑の意でそんな事を每度口眞似したが、往時は子供たちまでそんなことを口癖にした』と。この話から察すると以前はホトケミコの口寄せが盛んで普遍的に行はれたこと〻思はれるとともに、巫女がいろ〱の收入を考へたことも知れる。尙ほ田邊のホトケミコは五十餘戶あつた點からみて、田邊附近に口寄せの盛んだつたことを察しられると共に、これらの巫女のうちには熊野各地、日高川流域などへも出稼ぎするものがあつただらうと推測される。

一二、盂蘭盆風趣　自得居士の『餘身歸』には前出の『盂蘭盆はいと賑はしき所也』の次ぎに田邊の盂蘭盆の風趣を敍して左のごとく記してゐる。

百八松明とて門に松を百八ならべてたく。向ひのかたこのかたもたきつれば明きは更にもいはず、けぶりに咽ぶばかりなりといふ、いかなる煩惱も消滅すべし、また棚に燭を立るもあり燈籠なども多かれば內も外もひるの如しといへり、さて十四日よりはさま〲のものぞ出くる、六齋とて因緣物語を和讃のやうにかたる若き男三たり四たりうちつれて鉦うちならしてかたる、各管笠をきたり、六齋念佛の遺風なるべし又おもふにむかし熊野比丘尼とて地獄變相の繪ときなどしたるもの有りといふ。もしくはそれの名殘にはあらじか、若男は似氣なし尼などむしたれ衣着たる笠などきて物せむにはいとふさはしく、をかしからむと思はるゝも例の心僻也、これは盆にはいとふさはしきを淨瑠璃小歌など高聲あげてとらきありく、いと歎かはし、町の家々には米錢を店にさきて何にてもいひくれば與ふといふ、さるほどに下さまの若き男は暮露々々或は鉢盆のびくなどになりて、町々を米くると所かやうにて夜もすがらいとにぎはしく魂祭のやうにもあらずなん聞ゆる。

紀州田邊の巫女の話（雜賀）

とありて別項の巫女の話を記してゐる。明治三十二三年ごろまで、盆には若者が六齋、こむ僧などに化けて町々を廻り又子供たちが小さい盆にキラズ（方言オカラ、豆腐をつくりし豆のしぼり糟）にて白き兎の形をこしらへ、南天の實を眼とし同葉を以て耳としたのを近隣へもち廻り『鼻の下の建立デンス』（デンスは方言、御座りますの意）といひて菓子など貰ふ風があつた。百八松明、棚に立てる燈明は今もかはらぬ。巫女の佛迎ひ佛おくりはこうした雰圍氣の中に行はれ、口寄せなどもこうした人情、習俗の地に盛んだつたのである。以上盂蘭盆の風趣を敢て附記して置く。

（附記）紀州田邊の巫女のことについて、尙ほ尋ぬべきことは多い。神々おろしの詞、寺々おろしの詞、ロクドウヅケの詞、ゲホウ箱の實檢、下芳養村芋の信濃巫の始まり、以上の記錄ではまだ觸れなかつたが下芳養のエビスおろしのこと、その他一々擧げるに遑ないほどまだ多くのことが殘されてゐるが、思ふところあり、今日まで得たところは甚だ貧しいが、とにかく第一次の報告として以上だけを發表することにした。爰に南方先生の御指導を感謝し、かつこの困難な採訪を助けられた方々にお禮を申しあげ、第二の報告を書き上げ調査を完成する日を樂しみとしたい。

（昭和八・二・五・）

藝南の方言歌謠

——呉市を中心として——

李家正文

私の年少時も決して口にせず、しかも儒學肌な父の許さなかつたうたのいくつかをも、私はいまかゝる意味に於てこゝに載すことを豫め斷るのである。勿論、方言歌謠の全部が卑しいものであるわけではなくて、無邪氣な而も郷土の方言をよく言語の比較に於て認識した結果の所産であらうところの純な意味に於ける方言歌謠——即ち、方言をその文中に織りこんだうた、も存在するのである。

まづ、その第一例として私は「ちよる」を擧げる。

ねちよる（ねてゐる）　立つちよる（立つてゐる）　坐つちよる（坐つてゐる）
呉のちよる〳〵が　また　來ちよる。（來てゐる）

此のうたの意味はかうである。

〔意譯〕　横になつてねてゐる、と思ふともう立ち上つて遊んでゐる。立つてゐたかと思ふと、何時の間にか坐つて何かしてゐる。實際、呉のちよる〳〵といふが、ちよるといふ言葉を口にする呉人が、今日も亦、此處へ來てゐるよ。

そして此の、ねちよる立つちよる、坐つちよるは動作の機敏なちよこ〳〵さをいふのではなくして、むしろ全般を通じて見られる「ちよる」の語の對句的用法に主眼があるのである。また、

あしたあ（明日は）　雨で（又は雨が降るんで）（ので）
がんすんで（ございますので）　がんへうが（ございませうが）　がんすんなら（ございますのなら）
がんすんでがんへうが（ございますのでございませうが）　がんせんのを（ございませぬのを）
見りや（みれば）　がんせんので（ございませぬので）　がんへう。（ございませう）

これだけでは何が何か分らない。しかし、

〔意譯〕　明日のお天氣は雨が降る模樣でございますので、きつと降るつもりなのでございませうけれど、降

藝南の方言歌謠　（李家）

るのならもう降る頃なのに、まだふらぬのを見ると、これでは一向降らぬのでもございませうか。何とも判斷致し兼ねますよ。

といへば凡そ誰人も迷路に陷ることはない。

平清盛が安藝守に任ぜられたのは、紀元一八〇六年で平家が亡ぶ一八四一年に約三十五年前のことである。彼が國守の任にあつた頃、工を起して開鑿を遂げたといはれる內海三急流の瀨戸の一つである音戸ノ海は音戸と母陸の警固屋との間、幅員わづかに六十間に足らぬ水路であつて、平均二日に二つの事故は必ずあることになるといふ。源貞世が「ふな玉のぬさも取あへず落瀧の、早き潮瀨をすぎにけるかも。」と詠んだ歌のやうに、誰人もこの海峽を過ぎるものは水の驚異を感ずるであらう。船客の愉快さに比して、般員の心配さは並々ではない。そこに生れた俚謠の一つが次のものである。

船頭可哀いや　音戸の瀨戸で　一丈五尺の櫓が

撓る

しをる

〔意譯〕　船頭さんは可哀いさうなことよ。あのまあ音戸の小瀨戸で船の櫓に苦しめられるのだ。

この意味は簡單である。次に、

宮島の鹿の角

この一句は甚だ短いが、實は子供たちが、小貝や石などを數へるときに用ゐるのであつて、一つ二つ三つといふ代りに、「ミ、ヤ、ジ、マ、ノ、シ、カ、ノ、ツ、ノ、」といふ十語を以てするのである。他國にもかうした句の多くがある。今、參考に少し列擧しよう。

ハマグリハムシノドク　（東京房總一帶）
ヤマノウヘノヂゾサマ　（越後新潟地方）
アラキヤノカキツバタ　（同　長岡地方）
ヤマミヅテングノハナ　（紀伊方面一帶）
オボサマノケサゴロモ　（對島地方）
ハマサキノウヲセリバ　（山口縣下）
ヤマブシノホラノカヒ　（同　）
ミヤジマノシカノツノ　（廣島縣地方）

かうして字を基として一字に一螺を數へるのであるが、こゝに二つ宛のものもある。

チウ、チウ、タコ、カイ、ナ　（東京附近）
チウ、タア、カイ、ノ、トウ　（京部附近）
ツイ、ツイ、タコノ、カイノ、ジウ　（鹿兒島）
ジウ、ジウ、タアコニ、カイマノ、トウ　（伊勢）
ツウ、ツウ、タコ、ジッチヨウ　（山口縣德山）
ツン、ミヨヲ、タア、カイ、ジウ　（同　大津）
イユウ、ダチヤ、チヤワンニ、オイテ、ユク（同　萩）

オタフクガ、オチヤノ、ハシヲ、ワタルチウテ、
コケタ　　　　　　（同　萩）

この外
アワ、サマノ、サクラ、バナ、ウツク、シヤ、
ヒイマ、ノイマ、フンダラ、ダルマノエンノシタ

などある。ついでに澤山をあげたいがまづこれで切ることにした。これらの意には容易に何人も分るもの例へば「宮島の」や「濱崎の」などもあるが、「蛤は」「チウ、チウ、タコ」の如き物語をもつものもある。

猪の子　猪の子　猪の子餅ついて　祝はんもぬ（者）のは　鬼うめじやうめ（産め蛇生め）　つの（角）の生えた子うめ。

これは亥の子祭りの當日、街の家から家へ、村の軒から軒へ數人の子供たちが石の四方八方に綱をつけて土の上を搗きながら、囃して歩く言葉である。商賣してゐる家、例へば菓子屋は菓子を撒く、餅屋は餅をまく、文具屋は紙を投げ飛ばして子供たちに與へて退散させるのである。普通の家では錢を一、二錢與へるが、もう一昔前からこんな姿も見えなくなつた。

この歌の意味はかうである。

〔意譯〕猪の子のもちを搗く亥の日に、祝つてくれないもの、一緒に祝はぬものは憎い人々だからその祝はぬ罸にでもあたつて、鬼の子を産んでしまへ、蛇の子、いや、ついでに頭に角の生えた赤ん坊をうんでしまへよ。

かうして、罵りケチをつければ大抵の女でも一錢や五厘錢の一つ二つは投げるのである。播磨國印南郡地方ではこの歌は次のやうにかはつてゐる。

「ゐんのころ、あしたのようさ餅つこん、餅搗こんええぞ、鬼うめ蛇産め、角の生えた子うめ、子産まないやいとしよう、ゐのころ。

ふくたか（福德）　貧乏　さいわい（幸ひ、サイハ）　金持

〔意譯〕一は福、二は德の人、三は貧乏者、四は幸福もの、五はお金持のしるし。

着物一枚着てゐるものは福、二枚きてゐるものは德があり、三枚は貧乏のしるし、四枚きてゐる私は幸ひで、貧乏はまあ脱れたが貴方の五枚きてゐるやうにお金持ではない。などと數へるのである。

着物を多く着る。すなはち身につけるといふよりも多くの種類をもつといふことが若い娘たちにとつては、唯一の憧憬であり、富の差違を表象するバロメーターなのであるいま、こゝに「よつちやん」といふ子がゐるとすると、

藝南の方言歌謠（李家）

よつちやん　よがつく（よの字が頭につくこと）　よりつちんの
よりぶくろ（袋）　よりかけて（糸をよる意　掛けて）　よつちよけ（ておけ）
よつちよけ。

といひ、「ひろちやん」ならば最後が、ひりつちんの　ひりぶくろ　ひり（放り）　かけて　ひつちよけ　ひつちけとまでなるのであつて何れへでも適用する。

某ちやん　某ちやん　いうても（言つても）返事がない
えゝ（よい）嫁さんども（でも）　とつたんか（貰つたのですか）。

某さんは正ちやんでも廣ちやんでも何でもよいのである。他人をまづ呼稱して返事をしないか、また豫め返事を希はぬ時は返答のないうちに早くこの句をいつてしまう。

〔意譯〕廣ちやん（假例）といつても返事をして呉れませんが、返事をしないのを見ると、何かよいことでもあつたのですか。屹つといゝお嫁さんでも迎へて二人でよいことをしてゐるから、こちらに見向きもして呉れる暇がないんでせうよ。

さういつて最後にワワアワアワアワア、ホーカ・ホーカ・ホーカと連呼するのである。女の場合は嫁が婿にかはる。

山から結び（お結び）が　コロンプス（ころげるよ）　あしたあ（翌日は）
雨がフランクリン（ふるらしい）　そんなことは　ナイチンゲール（ないよ）
借金は××××

二一三

〔意譯〕山から握り飯が轉げて落ちるよ。明日は雨がふるらしい。そんなことはありませんよ。借金は××外國の有名な人たちの姓名を織り込んだ無邪氣な、しかも時代の相當近い昔に作られたもので、これはこの地方許りのものではないかも知れない。最後に借金がある、借金がないといふのであるがこのところは今慮つて匿さざるをえない。それが猥らなといふ語では決してない。むしろ外人の名でないからして前句の出來たよりも後の付加物であるからこゝになくてもよい。

男と女と　遊ばん（ぬ）ことよ　大事なちん〳〵（陰部）傷がつく。

〔意譯〕男と女と遊ぶものではないよ。男は男同志、女は女同志遊ぶものよ。某さんはいま一緒に遊んでるが、いまに大切な處に傷がつきますよ。

意識なしに、論語讀みの論語しらずにうたふ子供はいぢらしい。性の神祕を知る人たちが顏をそむけるだけである。

けんか（喧嘩 けんくわ）　なら（ば）　やらんかい（やりませう）　ちんぼむいで（剝）飛

んで來い。

〔意譯〕喧嘩ならこちらは何時でもやる用意が出來てゐるぞ。早く用意して飛んで來いよ。

いま「用意して」と假譯する。喧嘩の賣買は子供の世界で驚く程の事はないらしい。

どつこい！　ちんぼ　ころがした（轉した）　海田の奥
まで　ころがした　廣のもん（者）が拾うて　阿賀の
もんが洗うて　仁方のもんが煮いて　呉のあんた（貴方）
が食うた。

〔意譯〕さて、どつこいしよ　某のものを轉したが、ころげころげて海田市の奥（奥海田といふ地名）までころげて行つたことよ。その某を廣（賀茂郡廣町）の者が拾うて、それを阿賀（呉市阿賀町）のものが洗つて、また仁方の（賀茂郡仁方町）人が煮て、その某を呉の君が食つたさうな。

何處までも愉快な朗さをもつ方言歌謠で、最後に來るものはナンセンスな笑ひである。子供はこゝでエエビチと人をくさすのである芋のころげたくらゐに思ふらしい。

藝南の方言歌謠（李家）

おめこ（女陰）蜂が刺す　ぶつとふくれて　お醫者よん（招聘）
で來る　お醫者たまげる（吃驚する）。

〔意譯〕ところもあらうに、陰部を蜂がちくりと刺したものだから、ふくれ上つて了つた。恥しいとは思ひ乍らも醫者をよんで來る。そのお醫者も餘りなことに驚いて啞然としたよ。

これは先の數例が、男性を代表する男根のうたであるに比して、その題材が唯一といつてよいやうな女をうたつたものである。

せんち（雪隱）は丸い、丸いはてんまる（手毬）　てんまるはあが（上）
る　上るは飛こき（飛行機）　ひこきはとぶ（飛ぶ）　とぶは
かえる（蛙）、かえるは青い　青いはバナナ　バナナ
はむげる（剝）　むげるはちんぼ　ちんぼはたつ
たつは烟突　烟突は黒い　黒いは印度人。

これは尻取り句である。

〔意譯〕便所の壺は丸いもの、その丸いものには同じく手鞠がある。その手鞠ははね上るもの、上るものには飛行機、その飛行機は空をとぶものよ。飛ぶものには蛙公がある。そ奴の背は青いもの、青いものにはバナナがあるが、そのバナナは皮をむいで食ふものだ。

嶺南の方言歌謠（李家）

むけるものはちんぼ、それは立つもの、立つてるものには烟突がある。その烟突はくろいから印度人にも似てゐるわよ。

さらに五十音の、ア、カ、サ、タ、ナ、ハ、マ、ヤ、ラ、ワ、の列によつてよんだうたが昔あつた。殘念だが私の知る範圍は非常に少ない。

先生此の字はナニヌネノ（何んですか）　わかりやな（分らなければ）頭をカキク（掻いて）
ケコ（しまふまでよ）

わざと難問を教師に持ち出させて耻をかゝさうとする兒のたわいなさがそこにある。さらに「學校歸りに姉さんが一寸、×××をサシスセソ」などあるらしい。これはこの地方だけではなくて全國一般のものかも知れない。

最後に尾籠な一句を以て終るが、心だけは淨い水、清い火をもつて淸掃したい。

手で尻う（を）　拭いて　きん隱し（睾）へ手で　糞をつけ
て　撲りそこねて（損れ）　痛かつて　その手を口に
くわえた（啣へた）。

〔意譯〕紙をもたぬゆゑ、手で致し方なく尻を拭うたので、その手の汚物をはらふため、睾隱しに塗抹した

がなか〳〵のかぬから、手を力つよく振つてゐたところ、思ひがけもなく、器物に手が觸れて、痛いので無意識にその汚いまゝの手を遂に口に入れてしまつた。

といふのである。「出し終へて畜生紙を忘れたり。」といふ句がある。私は今稿を終るに際して、載錄すべくして尙且つ忘れたものの多くが後日、出て來はしないかと憂慮する許りである。（七、二、四）

紀北の童謠

うしろのせいおん　さむらいしゅが　お駕籠におのりて　一羽か
ドン　さいたか　ドン　さかりか　ドン　ドンドとせ　おこども
さんおこどもさん　こゝは何（ナニ）といふところ　こゝは信濃の善光寺
梅と櫻とやつたれば　梅はすいとてすてられた　櫻はよいとてほ
められて　門よりそーとへ出てみれば　おほざむらいにこざむら
い　おほざむらいに子か出來て　木綿きしょか　余禰きしょか
余禰きせて　山へやつたら　誰が落した　梅が落した　梅はにく
いやつ　もんかはいゝ　もんかはいゝ

（與田左門報告）

「しいかごめ」（ひいらいぽつぽ）

木内一夫

天王祭　又ハ祇園祭。
千葉縣香取郡多古町
七月二十六・七日　元は舊暦、今は新。

天王樣の前の廣場（通常）の隅――町角に作る舞臺は大して丁寧なものではなく、雑な木組みの櫓樣のもの。東隅に柱を立て、三方から綱で張る。之は本町・新町・中町の各町で一本づゝ藁繩を作る。（直徑五・六寸位のもの）

柱の頂に横に木をつける。一方に日の丸の扇と、櫛?を麻で吊す。

祭はよみや・本祭と終りの三日目は直會の意らしいが別に何もない。

此の舞臺に行はれる科はよみやと本祭にだけであるが、本祭の際だけを記さう。

「しいかごめ」（ひいらいぽつぽ）（木内）

此の舞臺による演技者は年番と稱する當番の町の若者が之に當るのであつて、之は新・本・中町の三町交替で、二年毎に當る譯で、之が町の對立と云つた感じから、祭そのものに幾分の活氣を添へる結果になつてゐる。

私は此の舞臺上の科、行事を二・三度見たのであるが、たしか之を「ひいらいぽつぽ」と呼んだ樣に記憶してゐる。

囃と云つても鳴物は笛だけで、之の笛の音が之通りになつており、先づ最初の笛で

猪面を冠り、（布子を着る）猪二匹出る。

舞臺に上る際に、天王樣に向つて、手を二つ叩き、頭を下げる代りに、手て怪しげな動作をする。

之の形は舞臺に上る者全部がやるので、猪だけではない。

で舞臺の上ではぐる／＼四つん這ひではれ廻り乍らぶつかると番ふ眞似をする。

第二の笛で――調子丈違ふ――

まんぢゆう、ざるの樣なものに紙をはつたものをかぶる。四程。

之は舞臺に上る時は猪同樣の科をし、立つたまゝで、舞臺をはれ廻り乍ら、ヒヨイ／＼と手を上の方にあげる。ぶつかると番ふ眞似をするのは猪同樣。

「しいかごめ」(ひいらいぼつぼ)（木内）

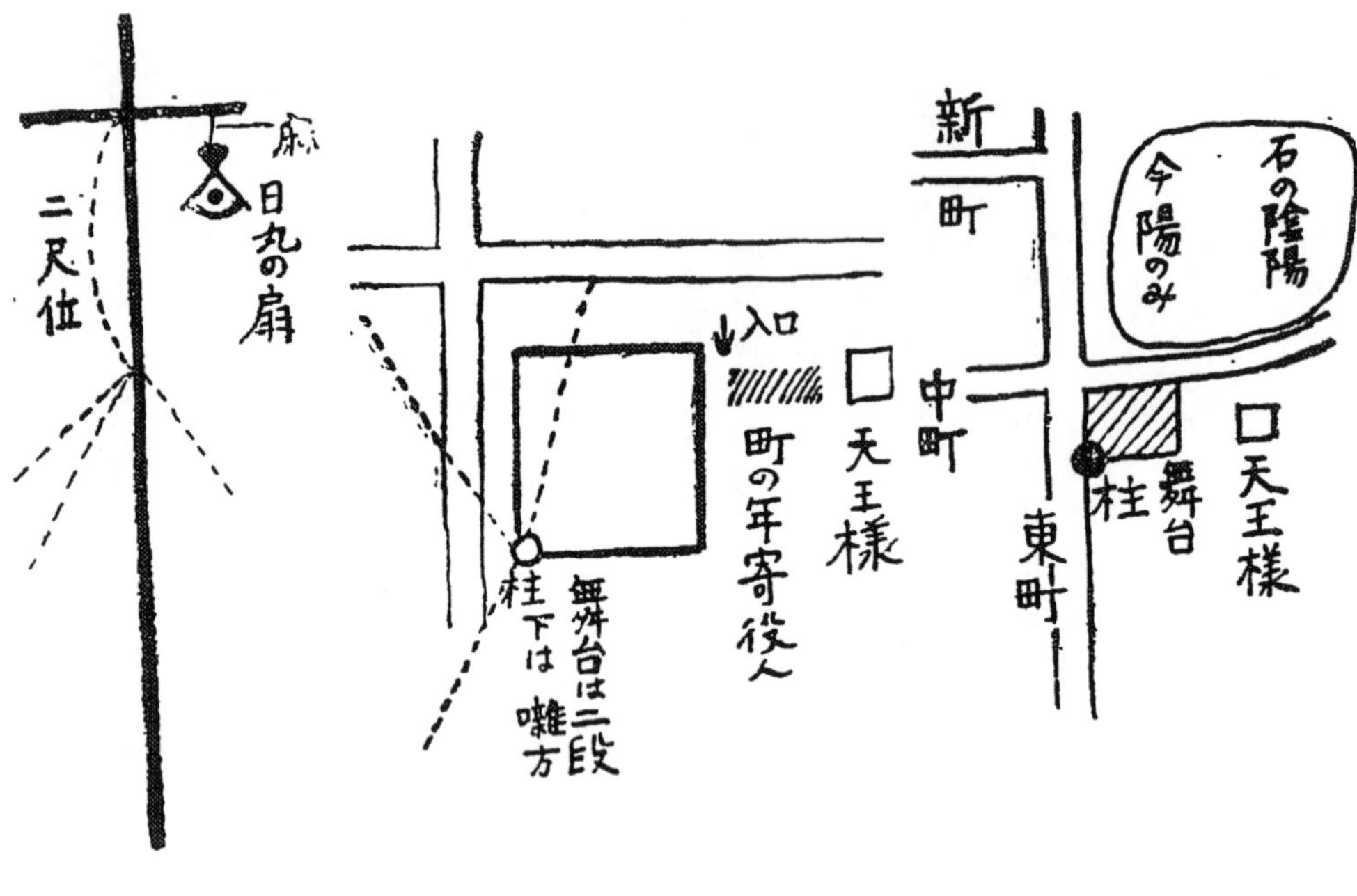

同じ笛で鹿が出る。

　鹿――角のある袋風のものをかぶつたのが四匹。

猪同様に舞臺に出る。出ると猪が鹿を追ひかけ、舞臺上をはね廻り、同種の連中がぶつかると矢張り番ふ眞似をする。

第三の笛で猿が出る。

　猿面、手に紅白だんだらの長さ二尺五寸位の棒を持つて、一匹出る。

猿は舞臺に出ると皆にいぢめられる、喰はれさうになり、逃げ廻り、とゞ柱に登り始める。

今度は柱の中途から、尻を叩き、又色々の科で下の獣を嘲弄する。馬鹿にされるが、何れも上れない。

頂上に上りついた猿は、下を見下し乍ら尻を叩き、あかんべいをやり、此處までおいで等からかふ。

下の動物から方向を轉じて、今度は柱の横木に麻で吊してある扇と櫛(?)とをとり外して下の見物に投げる。

見物は之を爭つて拾ふ。「安産のお守りに」等云はれて、大切にされてゐる樣である。

此の場合下の獣一同は踊つてゐる。

此の踊たるや頗る單純なもので番ふ姿態にされる、それで單にはね廻つてゐると云ふに近い。

猿はその役目を果すと今度は年番の――自分の町の綱を渡つて

降りて來る。降りきると舞臺のも皆引込んでしまふ。

之か式例として行はれるもので、よみやの夜は猿は柱に上り、綱を渡らず柱を傳つて降りてしまふ點と、扇をはづして投げないのとが異る點である。（多古町出身石田氏と小生の記憶から）

美濃國本巣郡
根尾村樽見の年占

林　魁一

當本に當りたる人は人糞の如き汚れたる肥料を用ひずして、前年の秋に大根を作りて切り干（ボシ）となし、又、里芋を作りて、大なる親芋を保存し、十一月頃に山漆の木を切りて保存せり。

舊正月には樽見區の各戸より、米五合づゝを集めて、米の粉となし置きて『所の花』の材料となす。

舊正月十日夜は樽見區の戸主は皆當本の家に集り、日中に當本主人の白山神社境內の竹藪にて伐りたる、約八寸位の竹二本を割りて、串百八十本を作り、平年には長一尺二寸、潤年には長一尺三寸となし、一戸より豆腐二丁づゝを持ち寄り、之を約二十四に切りて串に貫きて田樂の準備をなす。

又兼て保存したる山漆の木にて長一尺二寸ある箸十二人前、即ち、二十四本を作り潤年には一尺三寸ある箸十三人前を作れり。

又篠竹に山鳥の羽と紙とを各一枚づゝ付ける。長十二握の矢十二本を作り潤年には十三握にして、十三本を作る又的を作り、輪二つと黑星を畫くなり。

舊正月十一日、朝小竹と松に兼て作りたる的を結び付け、白山神社の前庭に於き、午前十時頃に神官は祈禱なし、三人の射手は、水垢離をなして、雌雄の區別ある弓を各一本づゝ、持ち六本づゝの矢を的に向ひて射る。潤年には餘分となる。一本の矢を抽籤にて射手に分つ。故に、一人は六本一人は七本を射る事となり。

此の矢を拾ふ人も定まり居りて、式後に田樂十本づゝを禮に出すと云ふ。

十一日朝兼て注意して保存したる、大掛切干里芋と「所の花」を入れたる味噌汁を煮る。「所の花」は七日に作りたる米粉を練りて花形に似たる、團子に作りたるものなり。山漆の箸は此の日に大日如來に供へる。食物の箸にして作りし箸全部を一膳の上に、食物と共に供へ、其の食物は飯田樂豆味噌汁漬物等にして、每年一定して白山神社及び、多度神社に供へりなり。白山神社の境內とも云ふ所に多度神社及大日如來の堂あり。

矢を射る式終れば區民は當本の家に集り各一膳に、田樂二本、徳若（トクワカ）の葉上に載せたる豆二つ、朝作りし味噌汁、漬物二切、神前に供へたる洗米等を載せて『しの木』即ち椿の皮を取り去りしものにて作りし箸にて食事をなし、酒を飲み而して、區民中から十二人を選びて、山と里の組に區別して、六人づゝ、左右に別れ、潤年には十三人を選ぶにより、殘りの一人は抽籤に依り山組か、里組方に入るを以て、六人の組と七人の組とあり。神官は座長の

美濃國本巣郡根尾村籤見の年占（林）

如く座り、傍に書記一人を置き、一年中に山より生産するものと田畑即ち里より生産するものと、何れが高價なるやを占ひて、決定せり。其の方法は生大根にて、方一寸位の賽を作り、新らしき柄杓の中に入れ、俎板(マナイタ)の上に伏せて振り、左右に居る山組と里組の人々は各賽を振り、其の出たる賽の目の數を合計して、數の多き方を勝とせり。山の組勝てば、年内は薪木材木栗等の山にて生産するもの高價なり。里の組勝てば、穀物大根芋等の農作物、高價なり。近來兩三年は里組勝ちしを以て木材安く、根尾村は困難すると云へり。

當本は約二十年目に一度當るものにして、籤見の戸數約二十戸にして、全部廻り終れば、十一日の式を終りて後に、抽籤を以て定めるなり。故に此の抽籤も亦二十年目に一度行へり。

紀北地方の童謡（二）

せんしとんがらもち
ふたふたおんがもち
三つでみゝづく
四つでよどやま
五つでいうつしま
六つでむくどり
七つでないさぎ
八つてやまどり
九つかうどり

十にたしたらはまへおくるが
おくさんさぶろく
おくしがしろくて
へと百ついたら
十なあ
二十なあ
三十なあ
四十なあ
五十なあ
六なあ
七なあ
八なあ
九なあよ
一貫

（奥田左門報告）

訂正

前號裏頁英文內容目次九行及十行

Index of authorial Works of Aquan.
Index of fo'kloristic periodicals in China.

は誤りに付き

List of Works by mr. J. Hack'n.
List of the Articles published in the Chinese Journal of Folklore min-su chou-k'an.

と訂正す。

廣島高田船佐村地方の手毬歌

一

ばんばらや　ばんばらや
ばんばらじうやのお姫さん
あすは嫁りをなさんすか
簞笥、長持、挾箱
葛籠の一荷もそえてやる
葛籠のなかにはなにがある
白無垢小袖が一重ね
赤無垢小袖が一重ね
これだけしたてゝやる程に
後に歸ろと思やんな　後に歸ろと思やんな
後に歸ろと思はねど
行先といちの氣が知れぬ　氣が知れぬ
（といちは段飼）

二

これのお背戸のちやの木に、（ちしやの木）
小島が二三羽とまりをる
中の小島の云ふことにや
姉さん座敷は廣座敷　廣座敷
私の座敷は狹座敷
疊三枚御座三枚
あわせて六枚しきつめて
六枚屛風をたてつめて
ゆうべござりた花嫁じよ
なにが不足で泣かしやんす
親がないか子が無いか
親もごんす、子もごんすう
私の弟の千松が
七つ八つから金堀りで
金を堀るやら死んだやら
一年まつても狀が來ぬ
二年まつても狀が來ぬ
三年振りのついたちに
弟は死んだと狀が來た　狀が來た（**吉本一郎**）

書評

『古代文化論』

松本信廣著

この標題の下、で「東部アジアに於ける文化の始原」、「言語學上より見たる東南アジア」、「極東神話の諸研究」、「支那古代社會に關する一管見」の四論文が収められてゐる。著者の意圖したところは極東研究最近の業績、殊に支那を中心とした東部アジアの最古代史を、輓近に於ける諸人文科學進歩の光に照して紹介し論述するにあつた。從つて、序言で斷つてゐる如く、古代文化の語の中に當然含まるべきメソポタミヤやエジプトに關しては他の專門學者によつて充分の紹介がなさるべきことを豫期して、こゝでは日本文化に直接影響した東洋文明の淵源を尋れ、且また東部アジアがいつも西方の影響を受けてゐたものでなく卻て之に影響したと云ふ所説さへ存してゐることに敍及してゐる。第一章、「東部アジアに於ける文化の始原」は最近急速度を以て發展してきた東亞大陸原始時代の主として考古學研究の略史を支那史との關連を頭において跡付けてみたもので、極東古代史を專攻されつゝある著者としては當然なさるべき努力である。所謂 Sinanthropus pekinensis の發見を敍してはこれを機としては、支那に於ける最古人類の文化遺物を發見し報告した功績者である天津北彊博物院の主事、エミル・リサン師に言及し、ついで金石併用時代の支那文化殊に彩文土器の研究によつて、支那上代文化を世界史の大きな動きの中に結び付けたアンダーソン氏の功勞を讃へてゐる。尙またパンペクーの中央アジアのアナウ、ド・モルガンのペルシヤのスーザ發掘の文化史に齎らした貢獻を略畫してゐる。印度考古學ともては、シンド州のモヘンジョ・ダロとパンジヤブ州のハラツパの二箇所の重要な發掘が瞥見されてゐる。スメル文化についてもチャイルドらの新説を紹介して自己の所見を敍してゐる。

「言語學上より見たる東南アジア」は、古代に於て重要な地位を占めてゐたオーストロアジヤ語系を中心として南方文化の潮流を素描きしたまさに著者——既に學位論文の一として提出された Le Japonais et les langues austroasiatiques,1928 の著ある——の獨占物である。「レビ氏の研究により印度の北部ガンガ流域より東海岸に渡る廣大な地域にアーリヤ民族渡來以前ドラヴイダ民族渡來以前オートスロアジア系統の民族が强大な勢力を持つてゐたことが證明されたが、此研究より前にプシルスキー氏によつて梵語語彙の中に有せるオーストロアジア語が摘出され、該語を語るアーリア人が印度に浸入してきて先づ觸れた住民は、オーストロアジヤ系語族の住民に外ならなかつたことが論證された。」(三頁)たゞこのカレヂ・ド・フランスの兩教授の見解の相違は、レビ氏では最初にムンダ族が住み次にドラヴイダ人が浸入し、その次にインド・アーリア人が南下したと云ふ順序になるらしいが、これに反しプ氏は印度 浸入した人種はドラヴイダ——ムンダ(オーストロアジヤチク)——アーリヤの順序であつたと主張するところにある。更に著者はこゝで師プシルスキ氏の「印度に於けるトーテミズムとベジエタリズム」、「プトレメーの地理書に於ける印度都市名」を紹介してゐるのは有益であると思ふ。尙また獨のステウケン氏の、「アメリカ及びスメルに於けるポリネシヤ語彙」（一九二七）佛のリヴエ氏の「スメル語とオセアニア語」（一九二九）の解説と批判とが含まれてゐる。

著者は更にオーストロアジア語の名附親であるウインのシユミツト師のモン・クメル語説、或はマスペロやコンラディの所説を解説し、シユミツト師の著者の佛文前掲書に對する説解及び批判に答へ、ついで日本語と南方語との密接なる關連に着目すべきことを力説してゐる。

第三章、「極東神話の諸研究」は一昨年『日本神話の研究』なる好著を世に送つた著者の神話學研究體系の背面を窺ふに最もよいもので、先づ在佛中に師事したジヤン・プシルスキとマルセル・グラネ兩氏、及びアンリ・マスペロ氏や丁文江氏の所説について記述してゐる。ついで支那神話研究を論ずる上で逸することの出來ない、コンラデイ、エルケスらの業績に言及してゐるし、日本の小壯學者、白鳥、出石氏らの結論を見逃されてゐない。

日本神話の研究に關しては、從來の學者が神話作家の個人的意圖を解釋するに詳細を極めても、その原動力たる社會の力を餘り考慮しなかつたことを正當にも難詰し、殊に神話の解釋の樣式との相關々係を重要視する傾向を着々助長すべきことを提言してゐる。この點については吾らは著者の『日本神話の研究』は確かに良き見本であると斷言して差支えあるまいと思ふ。それからこゝで日本神話が後に大いに政治的權力の統制によつて大いに歪曲された事を指示してゐるのは展開して行つて非常に興味あるテーマを示唆してゐるものである。アイヌ神話については金田一氏の研究が貴重な資料を提供してゐることを認め、氏の勞作を主として神話學上の考察に關し二三の注目をなしてゐる。

「支那古代に關する一管見」なる謙遜した題目では、殷虚の發見によつて傳説時代が歷史期に變轉した殷代の祭政的國家、社會組織を卜辭によつて探求し、周代の親族制を見てソロレート、レビレート、同姓婚の禁止について略述してある。殊に古代支那の姓の研究は本講主眼とするところで、著者は官名傳説を通じて支那古代の姓に「稀薄ではあるがトーテム氏族時代の痕跡を認める」と云つてゐる。

要するに、著者は古代極東の原始時代を研究するほど益々民族間の文化的接觸の頻繁であつたこと、文明民族と現存する未開民族の文化的に相關連し後者から次第に進歩してきたものであることを强調し、從つて古代研究には考古學と共に比較言語學、人種誌、民俗學等の補助的科學の研究が重要であることを力説してゐるのである。何らの學的素養をもたぬ筆者は不幸にしてこの著に對して專門學的な評價をなしえないのを、甚だ遺憾に思つてゐるが、しかし多彩なる著者の學的才能に常に敬意を表してゐるものとして、編輯者より求めらるゝ儘に大膽にも本著の紹介を敢てした。切に著者及び讀者の寬怒を乞ひたい。

（古野淸人）

唐美人と馬通その他

わが朝にも謡曲に知られてをる唐の孫眞人の備急千金要方に、姙娠食驢馬肉令子延月食騾産難（巻二）とあり忌まれてをる。然し婦人の病ひには、白馬蹄圓あり、治女人下焦寒冷成帶下赤白浣方とありて白馬蹄を主とせる十五味の調合服用をのべ、白馬毦散は帶下を治する方に用ひられ、注に、下白者取白馬毦。下赤者取赤馬毦。隨色取之。とあり、龜甲鼈甲牡蠣と合せて四味の調合であり、次に又、治五色帶下方としては馬の左蹄を燒きて粉末とし酒を以つて服するをのべ、次に馬通湯は漏下血積月不止を治する方として、赤馬汁を主とした六味よりなり、赤馬汁は、注に、一升取新馬屎。絞取汁。乾者水浸。絞取汁。とあり、（以上巻七）あまり服用するには上品なものではない。

房中に白馬莖を用ふるは現在もさうであるらしく、肉蓰蓉は、馬の精液によつて生ずる植物と知られ、女人之によつて淫することが傳えられ、眞人の巻六十二には陰氣を强盛にすると傳へられる。一方原蠶の蛾を煮たものは白馬莖と同じ目的に用ひられ、巻八十には原蠶雄蛾味鹹溫有小毒。主益精氣强男子陽道交接不倦。甚治泄精。不用相連者。とある。原蠶とは周禮夏官馬質鄭氏注にいふ如く晩蠶であり、馬の精は、石榴花の咲いて肉感をそゝる頃、南天に中する星座 Scorpio の α、τ、σ の三星、支那でいふ大火、或は心、或は流火、或は辰といはれるものであり、之を房に比定し天駟の星と心とを別つことについては、史記天官書以來の定説ではあるが、その考へは國語周語の伶州鳩の言葉の漢の韋昭注について疑問があり、上述の馬質、禮記祭義の鄭玄の説をとつて、馬の精（馬祖）は又蠶の精であり、大火の星、即ち Scorpio の三星とみねばならぬらしい。これは即ち天の龍と考へられるものの中心であり、詩經のいふ七月流火であり、農祥といはれ后稷であり、段の世奠繫は之を閼伯之星といひ、子の相土は乘馬の制作者であり、この星によつて商を主つたと傳へ（左傳昭公元年その他國語）この星は農祥即ち農象と考へられてをるが、周の世奠繫によれば公劉は豳谷によつて都をつくつた。詩經の成立は多くの疑問を含むが、この詩の傳承され編成されるにあたり、上述七月流火は國風豳風の主たるものであり七月流火のくりかへし句がある。又、流火の星が農祥であつたからではないか。而して祭義によれば、養蠶を司る王后の儀禮は又この星に關係し、蠶書に蠶は龍即ち天馬、馬祖即ち Scorpio 三星を精とすると傳へられること、後漢の鄭玄が注によつて知られる。

搜神記つたふる傳承が、わが朝の、おしら樣のいはれにつながるならば、又一方馬と養蠶をする婦人の關係は、天文につながるこの觀念をもまた忘却されてはならぬであらう。且つ上述の大火は五行の火の神ともなる。（左傳・五行志）馬と婦人の關係は孫眞人の卷七十六によれば治馬血入瘡中方に人糞をのみ，又瘡の上に之をはることをのべ、又の方法として、婦人の月水をとつてつければ、「神良」とある。ともかくも彼の豐麗な宮庭の房事を中心とした小說飛燕外傳の姉妹の寵を競ふて、いろ〳〵と藥物沐浴を用ひることがあり、帝は昭儀の進むる藥物の一丸をのみて、一幸一夕し。昭儀醉進七丸。帝昏夜擁昭儀居九成帳笑吃吃不絕。抵明帝起。御衣陰精流輸不禁。有頃絕倒裒衣視帝餘情出湧霑汗被內。須臾帝崩……とある。

いはゆる玉女の生活について考へるならば、原蠶のみにとゞまらず、かゝる藥物につきまとう觀念が少しづゝ問題を形づくつてくると思ふ。

ともかくも、隋唐の美人は凡そは、馬通湯をのまされたことであらう。烏膏を口に霑ほし黃粧、紅粧に飾つた隨唐の美人が生理的に必要だつた生活に何か舊い社會からの觀念が、つたはつてゐたのではなからうか。（明石貞吉）

「民俗學」所藏
支那の民俗學的雜誌目錄（第三回分載）
——東洋文庫に保管——

民俗　國立中山大學言語研究所編

第六十一、二期（一九二九年五月二十九日發行）

臨水奶　魏應麒
與魏應麒先生討論臨水奶　容肇祖
答容肇祖先生　魏應麒
郭聖王　魏應麒
天后　周振鶴
異代同居的天后與吳眞人　謝雲聲
二郎神的轉變　樊縯
二郎神考　容肇祖
十二生肖神　黃仲琴
厦門醉仙巖仙誕的調查　謝雲聲
道士師巫口中之臨水奶　魏應麒
抱送麟兒之銅版　鄧爾雅
韶州的神廟　清水
閩南神誕表　謝雲聲
關于天后　魏應麒

支那の民俗學的雜誌目錄

孫道者故事補述　黃昌祚
觀音菩薩和金鋼爭神位　亦夢
關於關帝君書目　夏廷棫
廈門人對於神的迷信　葉竹君
神與小孩子的幾個關係　亦夢
榕樹　胡張政
內政部查禁蔣廟芻議的答文

第六十三、四期　缺本

第六十六期（一九二九年六月二十六日）

福建三神考序　魏應麒
湖南唱本提要序　容肇祖
傳說與史實　張冠英
蘇東坡浪蹟摭誌（嶺南的）　同
蘇東坡故事　鍾梅山
肇慶龜頂山的一段迷信的傳說　黃友棣
林大欽的傳說兩則　張仲傑
漁船爲甚麽不沈（重慶的民間傳說）　徐勻
梅縣的情歌　林幹
梅縣的兒歌　同
翁源兒歌　清水
東莞謎語十六則　袁洪銘

第六十七期（一九二九年七月三日發行）

泉州民間傳說序　顧頡剛
關於婦女久不姙的禳神延巫　王成竹
廣州回教談　傅守寶
南洋巴連維亞島的風俗談　徐植華
新會縣龍潭的傳說　黃永活
連山上吉鄉覆山的傳說　虞競存
龍川老塔的傳說　鄒邦傑
廣州十八甫得名的來歷　李建青
閩南流傳的蛇郎君　謝雲聲
一個傻仔（廣州傳說之一）　亦夢
宗丈夫的故事（文昌民間故事）　黃有琚
家塾的秀才先生（文昌民間故事）　同
西藏民間故事　趙簡子
山西河東民歌　朱揚善
東莞歌謠　鄧蔭春
汀州諺語　馬雲章
平遠的謠諺　張仲傑
淮安醫學上的謎信　葉德均
本所通訊　清水

第五十八期（一九二九年七月十日發行）

談鬼　清水
漳州開元寺　翁國樑
黃月容的身世及其軼事　黃昌祚
宋湘的故事　愚民
食餅屑的故事　王成竹
二同年　清水

永春歇雨的風俗　黃碧珍
富湯人對于偶像之崇拜　葉鏡銘
開干石敢當　樊縯
閩南正月的風俗　張文煥
臺灣生番歌　羅香林
汕尾童謠　鄭漢民
海豐童謠　同

第六十九七十期合刊（一九二九年七月二十四日發行）

卷頭語　魏建功
圖釋　同
碧霞元君（研究）　羅香林
王三奶奶（研究）　周振鶴
遊妙峯山日記（材料）　容媛
妙峯山聖母籤的分析（研究）　佩弦
魔王老爺的傳說（材料）　荻舟
社火概談（材料）　孤血
妙峯山瑣記序（材料）　顧頡剛
妙峯山瑣記自序（材料）　奉寬
西山金石目（附錄）　天行
一八妙峯山進香調查團用度賬目（附錄）
妙峯山瑣記目錄（附錄）

第七十一期（一九二九年七月三十一日發行）

告讀者　容肇祖
雜談端陽節的古俗及其他　清水
記端午　趙肖甫
翁源的端陽節　清水
東莞的端陽節　李建青
莆俗瑣記　葉國慶
讃星之儀式及呪語　胡吉甫
准安動物觀　葉德均
雲南兒童對於雨的歌謠　張連楙
閩歌乙集　謝雲聲
永春童謠　黃碧珍

第七十二期（一九二九年八月七日發行）

讀日本倉石武四郎的「目連救母行孝」戲文（研究）　錢南揚
梅縣兒歌序　容肇祖
熊家婆的故事與其他相似的傳說　徐勻
熊人故事比較表　容肇祖
廣州地方傳說的片段　愚民
黃巢的故事　C. F. P.
端陽節的故事　C. F. P.
俏皮的夏侯來　黃昌祚
紡織娘的故事　袁洪銘
掘尾龍—寨山的傳說　餘競
創造洛陽橋的傳說　張文煥
石散當的故事　同
江蘇興化的傳說及兒歌　陳士彥
南陽民曲　張直覺

支那の民俗學的雜誌目錄

第七十三期（一九二九年八月十四日發行）

淮安歌謠集序　容肇祖
關於雨的種々　王成竹
富陽的婚俗　葉鏡銘
富陽的喪俗　葉鏡銘
潮州的七月　程雲祥
印緬新年的風俗　張文煥
彭祖的故事　愚民
多情少女作「嫂啊島」　黃昌祚
馬狗人　張文煥
富春兒歌十則　羊錫彤
紹興的歌謠　葉鏡銘
東莞兒歌　徐麥秋
紹興的歇後語　葉鏡銘
東莞謎語廿三則　袁洪銘

第七十四期（一九二九年八月二十一日發行）

海龍王的女兒序　趙景深
寫在「評廣州兒歌甲集」之後　溫仇史
讀了「臺山歌謠集」之後　司徒優
富陽的生產風俗　葉鏡銘
富陽的迷信的治病法　葉鏡銘
河南除夕風俗　袁三英
由潮州競渡的風俗談到龍舟自由行動的趣事　黃昌祚
曹衆的故事　曹松葉
浙州民歌一束　梁永義
翁源兒歌　清水
本刊通訊　清水

第七十五期（一九二九年八月二十八日發行）

貝洛爾的媽媽的故事　清水
詩人彼得僧的山歌　趙簡子譯
馬朝珠的故事　愚民
杭州立夏節秤人之傳說　趙肖甫
林大欽欽的傳說　張仲傑
人是沒有良心的（紹興民間寓言）　葉鏡銘
人的壽命爲甚有長短（紹興民間傳說）　同
人死後復活（紹興民間傳說）　同
老婆經—星螢作賓先生　同
愚夫（東莞民間故事）　袁洪銘
對妙（梅縣民間故事之四）　秋水
翁源山歌　欽珮
開封諺語　白壽彝
一種蟬聯式的謎　同
鷄子與小鴨　同
本刊通訊　清水

第七十六期（蜑戶專號）（一九二九年九月四日發行）

蜑家　羅香林
一緒論、二蜑族的末源、三蜑家的畧歷、四蜑民的社會及其生活、五蜑民的風俗、六結論

汕尾新港蛋民的婚俗　亦夢
福州蛋戶的歌調　謝雲聲
蛋歌　清水

第七十七期（一九二九年九月十一日發行）

迷信與傳說自序　容肇祖
廣州民間故事序　趙景深
粵劇例戲內容之排演　胡吉甫
關於風的種々　王成竹
泉州秦進士的逸事　王成竹
狗和猫的故事　王茀橋
繡荷包　朱楊善
河南修武謎語　袁俊傑
學述通訊　羅香林

第七十八期（神的專號）（三）（一九二九年九月十八日發行）

再與魏應麒先生論臨水奶　容肇祖
觀世音菩薩之研究　李聖華
關于蠶仙的傳說　王成竹
水尾娘與文昌從前的社會　黃有琚
富陽的神廟和異人異事　葉鏡銘
梅縣松源的龍源公王　何努生
樂昌、仁化、乳源、英德的神廟　清水
新豐亞媽廟的傳說　愚民
司命公的前身及其它　黃昌祚
葛仙境由來的傳說　王成竹

呂洞賓是剃頭師父　翁國樑
莆俗瑣記—黃石的迎神（楊太師）大會　葉國慶
解衣　胡吉甫
雷公的形像　黃有琚
石當敢　汪宗衍
關于天后之研究及其他的通訊　薛澄清

第七十九期（一九二九年九月二十五日發行）

從「木魚書」所得的印象種々　馬益堅
廈門年說的風俗　葉秀文
永定縣的浴佛節　盧冠西
廣海端午節的打龍船　李士娄
香山小欖鎮的盂蘭會　李芝行
臺山的七月節　黃鶴樓
合浦的跳山頌頭　鄒貞樓
放陰　益堅
梅縣一種中秋節的風俗—伏仙姑　餘捷慶
南海獅山旁除夕械鬪的風俗　譚隆安
連縣風俗的幾件事　陳昌言
文昌民歌拾零　黃有琚
東莞兒歌　袁洪銘
臺山童歌　餘競輝
臺山童謎　餘競輝

學會消息

○南島談話會例會 は二月四日の午後六時より青山明治神宮參道口尙志會館に於て開かれ、昨臘の例會の引續きとして、『島と旅』とを話題とした。

當夜は先づ最初に幹事比嘉春潮氏が琉球に於ける四十年前の旅行の話をした。其概要は、當時は、駕はあつたが車がなく、駕も役人か病人の外はのらなかつた。通常草鞋がなかつたので、草履をはいて、杖をつき、一日の行程は三、四里から七、八里であつた。食糧は米と味噌を自分で持つて行き、宿屋といふものはなかつた。神詣での時には、十五里位の道を一週間位でゆくが、この時には行く先々に、泊るところが極つて居た。それは大抵その土地々々の舊家であつて、これをやどぐわ、といつた。米は自分持であるが、お菜は泊り先の持ちで、泊れば必らず御禮として、そうめんか何かを贈物とし、正月とか盆には必らずこのやどぐわに何か贈つた。泊れば必らず酒肴が出て酒宴がはられ舞踏が行はれる。役人は宿道により、宿々には番所があり、そこにとまつた。駕にのり人夫は各宿から出て、宿交代で運んだ。女の人は大抵番所にとまつたが、この場合は役人と異つて指定の額だけ番所に拂ふ。又行路病人は山籠にのせて宿渡しでおくつた。といふのであつて交通文化の上から大變面白い話であつた。

次に陸の旅行の對として、島袋氏より山原船が特徴ある岬を目標として進む話があり、これに續いて瀨戸內海の左多岬地方の札所巡りの話、琉球から南洋へゆく出稼人が皆々蛇皮線を持つて行き、これと同樣に樂器を持ち運びすることがアンデス山脈中の土人の間にも見うけられることや、南洋に於ける外者歡待の話が出た。

それより前條の話に關聯して、柳田國男氏より、宿屋が島に出來ると、島と旅の昔の氣分は分らなくなる。宿がなければ今日の如く漫遊者といふ樣なものは先づあらはれない。だから大抵島にゆくものは乞食坊主の系統のものである。だから普通人で島に旅する必要のあるものは、大屋といふもの等をつくつて親類關係を取結び、互に宿泊の交換をした。今一つ蛇皮線の話であるが、奥州などには大抵邑々に御大家といふものがあつて、そこにはヒロシキといふ座敷があつて始終旅の人が泊つて居、三味線の音が絕えなかつたといはれた程賑やかなものであつたといふが、このヒロシキで一番歡迎されたものは座頭であつた樣で、其理由の一つはその音樂が他の人々の退屈を散ずることに基いて居た樣である。こんな意味から三味線と旅行と盲人との間に一つの脈絡がある樣だと說述するところがあつた。

次に宮良當壯氏が鄕里宮古島に於ける、島にくる人他の島に行くことに關聯する追想談あり、みやらびの話に關聯して、生活を異にする他の島の人々が來たときの島人の心の動き等について大變興味ある話柄を提供した。

それから伊勢參り、金比羅參り、蔭膳の話出で、終りに柳田氏より、雜誌『島』の發行が着々進行してゐると、其後の經過についての報告があつた。十時散會。

○國學院大學方言學會は二月四日午後一時より、國學院大學學友會館に於て開催され、柳田國男氏の『何のために方言を集めるか。――民俗學と言語學との關係』といふ話があつた。

本講は、先づ自然科學として動物學をとり社會科學なるフオークロアとを對比し、動物學に於ける動物の採集とフオークロアに於ける方言の採集との場合を比較し、動物學に於ては大系があるので、例へ一亞科に屬する小動物であつても、卽ち何の部門の何の所屬に屬するか、何んのために採集するかといふことが分つてゐるが、フォークローアの方言採集の場合に於てはこの目的がはつきりして居ないし、その點がまだはつきりと考へられて居なかつた樣である。

我々は言語學が方言の採集によつて恩慶をうけ、發展するといふ。しからば方言の採集は言語學に何ういふ道で、如何なる寄與をなしてゐるか。國語學史の書の中に揭げられた國語學關係の書籍並に印歐語族に關する比較言語學の書籍は多い。しかしかうした從來の國語學並に言語學に對して方言の採集が、どの位役に立つかといはれて、役に立つと答へる者は明かに自己欺瞞である。第一に國文法は書かれた正しいといはれてゐる上流階級の過去の文語を取扱ふ。この場合、平民事實の方言の研究が、その何處に入り得るであらうかといふ事は一つの疑問である。更に印歐語族の歷史的な比較言語學も主として印歐語族の記錄化された古典の註釋が其の主な仕事であつた。何れも言語の過去の歷史を主とするものであつて、この點現在使はれてゐる言語を中心とし、これを說明せんとするものが歷史であると考へてゐる我々とその立場を大いに異にするのである。我々の歷史は過去に重點を置く年代紀的な歷史とは異るのである。

生物學に於ては、種の法則を通じて、現在ある同一のスペシイスのものをあつめ、それと遺物として出た同じスペシイスのものとをくらべて、その過去の狀態を知る。社會事實たる民俗の學もかうした方法によつて取扱はれればならぬ。しかもフォークローアの中でもつとも、この可能の多いのは言語、方言である。それは或る一つの語について、それと比較さるべき語が豐富で、採集がより具體的で、容易であるからである。次に交通文化の發達が材料の蒐集にも、比較にも非常な便宜を與へる樣になつて居り、又日本の地理的諸條件が言語に働いて、所々に言語の古形を殘存せしめた。これはアルプスの高山植物が大泊りあたりでは普通の植物として花を咲かしてゐるのに比考すべきである。

かうして考へてくると言語はフォークローアに於て非常に優越性を持つてゐるものであることになり、かつフォークローアの基礎づけをするのに最も優位性を持つものになり、この點に於て、方言の採集はむしろ言語學よりはフォークローアのためになさるべき理由をもつてくる。

それより言語が社會的事實なることを、日本語に於て、形容詞が少いことは、割據時代が長く、互の接觸が緊密であるために、形容詞を使はずとも、それを互に想像で補つて暗々裡の中に了解してゐたためであらう。等の諸例をあげて說明し、文獻的な言語學に對する方言採集の意義とこれとフォークローアとの關係について明示するところがあつた。

○三田地人會は二月十七日慶大萬來舍第一洋間に於て開會され、西脇順三郎氏の『エピックとフォーク・ローア』といふ話があつた。

これは文學論、卽ち詩學よりするエピックは純然たる藝術であつて、フォーク・ローアとして取扱はるべきものでないと考へられるが、是文學論としてのエピックは主として形式から論ぜられたもので、もしもこれを內容からみてゆく場合には、寧ろフォーク・ローアの方で取扱はれてよいものであると思ふ。と述べ、如上の見地から、イリアッド、オヂセイ、ベオルフ、エッダ等を引用して、エピックの中にあらはれた世界觀、武勇譚、酒宴妖怪退治譚、戀愛譚、モラル、英雄の出生譚英雄の死、等の內容を抽出し、これが日本の戰記もの、講談等に似てゐることを說述した

話が終つてから、アリストテレスの『詩論』に出て來る、エピックの作法上の意見から出發して、日本文學史上に於ける類比のことがらについて折口信夫氏との間に色々の暗示の多い質問が交された。（以上　村上）

○人情地理一ノ二 目次抄

常民婚姻史料（一） 柳田國男
緒言・一、嫁入りの起り（(1)、デアヒ(2)、ヨメドリ(3)、コシムカヘ(4)ムカサリ(5)、ゴゼムカヘ(9)、オカタムカヘ(7)、ネビキ(8)、シユウヤウ）二、嫁の盛装する日（(7)、ヨメスマシ(2)、アネコムカサリ(3)ジヨウロウ(6)、オミヤア）三、迎へ人（(1)、オメムカヘ(2)クレワタシノサカヅキ(3)、クレシウギ(4)、フナモリ(5)、ムカヘト(6)、ムカヒド(7)、ムカヘニン(8)、モラヒゲンゾ(9)、ムカヘイチゲン」(10)、オマチヅカヒ(11)、オチウシ(12)、タルコシヨヒ(13)、タルチトコ(14)、タルモチ(15)、オチヤモチ(16)、サーレー(17)、ヨメムスビ）四、嫁渡し（(1)、ヨメワタシ(2)、ヤータチ(3)、サシタテ(4)、カドデイハヒ(5)、デタチ(6)、アトニギハヒ(7)アトニギヤカシ(8)、ヤリビ）五、嫁入行列（(1)、ヨメオクリ(2)、ヨメゴゾ」(3)、ハナウマ」(4)、カゴウマ(5)、ヨメイリウタ」(6)、オホドラ(7)、ナガモチウタ(8)クモスケウタ(9)、シクイリ」(10)、ダウグオクリ」(11)、ウケワタシ(12)、サカムカヘ(13)、チカムカヘ(14)、カサハヅシ(15)、オヘヤイリ」(16)、コワバナレ）六、入家式（(1)、ムカヘミヅ(2)、イツシヤウミヅ」(3)、タイマツフリ(4)、シリタタキ(5)、カサカブセ」(6)、カマブタカブセ(7)、ナベブタカブセ」(8)、ヨタノヒタキ」(9)、ヨメダキ）七、中宿（(1)、ナカヤド(2)チユウヤド(3)、コヤド(4)、マチヤド(5)、ウマオリ(6)、オチツキ）八、花嫁同行者（(1)、オヤシロ(2)オカタヅキ(3)、テヒキババ」(4)、ツレツケシ」(5)、コジウヅケ(6)、ツレガクサン(7)、ツレニヨウボウ」(8)ツレヨメジヨ(9)、ツレジヨヲナゴ(10)、ツレヲンナ(11)、ツヒヨメ(12)チヤモチ」(13)、ヨメゲンゾ」(14)、マチニヨバウ二項(15)、マチジヨウヲウ(16)、マチツケ」(17)、マチノオボコ(18)マギラカシ(19)、ヨメマギラカシ(20)、マガヒヨメ」(21)、トギ）
蕃人（特にアミ族）の成年式 小泉鐵
長吏について 菊地山哉
長吏、長吏の配置の年代長吏曲輪探訪小噺
麴唄騷動前奏曲—「十二月」— 波多野博
耳で聞いた話（一） 早川孝太郎
從姉が白い鳥になつて遇ひに來た話（羽後田利郡小出村）村芝居の話其の他（伊豆三津宿）舊家の最後（信濃下伊那郡且開村新野）
「あやめ」と「潮來出島云々」の俚謠—「あやめ」と「しやうぶ」の今昔— 牧野富太郎

○郷土研究 七ノ二

朝鮮民俗採訪餘錄（二） 孫晉泰
方言漫語二三 田中喜多美
口笛に就て 宮澤信夫
サンゲイシとサギアシと 坂内龜彦
信州諏訪湖畔の狐 有賀恭一
讃岐丸龜地方の傳承 立花正一
人間轉生譚其他 櫻田勝德
丹後舞鶴できいた昔話 淺井正男
婚姻習俗其他
末阿波祖谷（田所市太）三河段嶺（熊谷丘山）
周防國大島雜事(三)—俚諺— 宮本常一
奥利根の方言 鶴淵螢光
讃岐丸龜ことば 陸田稔

或るはがひ人の控より（三）　角田千里

座頭の話・長い名の子・もぐら打ち・（筑前淺倉郡昔話）

○Journal Asiatique Tome CCXX

Notes sur manuscrits provenant de Bamiyan (Afghanistan) et de Gilgit (Cachemire)　S.Lévi

Les noms magiques dans les apocryphs chrétiens des Ethiopiens.　A.Z.Aešoly

Un conte indien dans le Proche-Orient.　A.H.Krappe

○社會學徒七ノ二

社會誌學　ヘーバーレ　米林富男譯

原始諸制度と融則律　レヴイブルユル　山田吉彦譯

○『蕗原』信州伊那富小學校鄉土研究會發行の鄉土研究誌で、謄寫版刷每號百頁位を單位としてゐるものである。この雜誌の特長として擧げらるべきものは次に述べる樣な一つに止るものではないであらうが、とまれ本誌が村の衣食住に關する觀察記錄を豊富に收載してゐることは充分にその特徵の一つを形成してゐることだけは確であらう。

かうした形にあらはれた觀察するに便宜なものがら、村の生活、村人の感情、意識なりが、かへつて容易に把握することが出來る樣な氣がする。

民俗學的な鄉土研究が今後どういふ方向にすゝむべきかについては色々の議論もあらうが、本誌の如く最も我々の生活にありふれた社會經濟誌的な方面に進み、それから意識とか感情とかの精神的文化に進むのも、その一つの行き方であらう。さうした場合に本誌は一つの型を示してくれるものである。（村上）

○蕗原　二號

山犬（狼）の話　竹内利美
狼（山犬）の話　中村寅一
馬、屋根無盡　同
狐に化された話　同
天狗樣の話　同
傳說　畔柳稔
傳說　竹内利夫
糞を拭くもの　井上正文
便所の形態　同
古いまぶし折　同
手毬歌　竹内利美
雨乞　中村寅一
柿むき　井上正文
特別にあつかはれた人　井上正文
死神　中村寅一
火の玉　同
夢　同
天氣に關する俗信　長田尙夫
古記錄古文書目錄　黑河田重則
二十二夜樣の話　野澤虎雄
二十三夜樣の話　同
お美鬼樣と大姥樣・太子粥（上水内郡小田切）　竹内利美
昔噺（下伊那郡山本村）　井上正文
手毬歌　三澤弘
伊那富村附近子守唄　畔柳稔
傳記　同
金剛稻荷其の他（中箕輪村）　矢下邦猷
金神樣　松目邦之
地圖（元祿年間の食野村）　井上正文
蠶玉樣の話（竹内）　むじなの話（中村）　屋根板へぎの職人（中村）　杖の生長した話（中村）、爐邊笑話（竹内）　馬にほれられた話（井上）　下田のかち橋（井上）　作男について（中村）　神かくし（中村）　藥（長田）死（長田）

○蕗原　三號

川島村横川御料材伐採狀況　畔柳稔　竹内利美
屋根葺に就いて　竹内利美
魚の話　中村寅一
農事に關する俚諺　丸山幸次
たばこの話　同

學界消息

下伊那郡探訪記　長田尚夫
下辰野區所藏古記錄目錄　井上正文
天龍川のよし(中村)　盆に佛の來る話(井上)　黑河内重則

○蕗原　四號
境村探訪記　長田尚夫
下伊那郡探訪記　井上正文
西山探訪記　竹内利美
魚の話　中村寅一
古文書目錄　畔柳稔

○蕗原特輯號　黑河内重則
民俗學上より見たる山ノ神と田ノ神　池上隆祐
薬見を通して見たる關東地方の生活の今昔　有賀喜左衞門
村の家　同
ゆひ(共同勞作)の話　中村寅一

○人情地理　一ノ三目次抄
常民婚姻史料(二)　柳田國男
朝聟入・聟遁がしと膝直し・打明け・結納聟に關するもの
耳で聞いた話(二)
藥罐とぢい様　清水米次郎
泥棒問答　伊勢稻雄
(我等の求むるもの　柳田國男)

武士と共產村落—羽前の士族共產村—　小野武夫
融通念佛緣起に就て特に土俗研究資料として—　井川定慶
町家地方の色(一)—我都市に於ける傳統的町家形態の地方的特徵—　橡内吉胤
長野・松本・直江津・富山・高岡・三國・金澤・福井・敦賀・鳥取・山田・山形・米澤・郡山・福島・會津若松・北海道の所見二十六圖を附しての說明
最近の鄉土舞踊　小寺融吉
關東生粹の車人形　小田内通久
武藏野より見たる武士道の考察　鳥居龍藏
占ひ好きの日本人　小山龍之輔

○民俗月刊
序幕　子匡
引歌一曲(咸豐時兒歌)　清鄉旭且採
月光光歌謠一二七曲(採自浙江各縣)

○奧南新報(昭和八年一月分)
耳底隨筆　中道等
にたどりの觀音　菊川廣
誕生の祭　佐々木喜善
十道地藏の話　梅軒生
昔の道中　沼舘愛三
所謂「隱し念佛」とは何ぞや　喜田貞吉
盜みをさせる婆様の話　○生
とりどりの記　夏堀謹次郎
佐渡小木の婚禮風俗　青柳秀夫
鷄糞記
ばつた　白鳥一夫
三人兄弟の話
麻糸雜記(一)(二)(三)(四)　夏堀謹次郎
中野村の年中行事　鶴翁

一月號學界消息欄正誤

○正月風習目錄
×蘓民祭ハ○蘇民祭
×ももらもぢおどしハ○ももらもずおどし
○柳田先生もちの話(同)
×團子・餅ハ○團子・餅(へい)、

enutomom ma,	見つめて
ramma kane	いつもいつも
kat-kor kane	さうばかりして
an-an ruwe-ne.	居るのです
——sekor okaipe (1)	と
isepo-tono	兎の大將が
yaieyukar. (2)	身の上話をしました。

後序 (1) こゝに譯出した神謠は昨年の夏以來、私のところに來てゐる老媼エテノアの傳承で、全篇三百七句より成り、一句の終每に「タンネトー」といふ折返す囃詞を入れて謠はれるものである。

(2) この神謠は兎の第一人稱敍述による自敍傳で、童話的である點が面白い。「生膽を取らうとする」說話は、日本にも朝鮮にも枚擧に勝へない程、類型が多い。

或る人は三國史記卷四十一列傳第一、金庾信の條に載せてゐる說話に擴布の起原を置かうとしてゐる。

ともかく、丹念なアイヌの人々の傳承性に培はれて、すつかりアイヌ化されてゐる點は見逃せない。

(3) 神謠は文語の第一人稱敍述で謠はれるから、譯も文語ですべきではあるが、童話的內容を生かしたいために、口語譯を施した。辿々しい譯文となつたのは、譯者の拙いためで、傳承者の罪ではない。

(4) 譯出にあたつては、恩師金田一先生に御懇篤な御指導を戴いた。また友人知里眞志保君を煩はしたことも並々でなかつた。心から御禮を申上げて筆を擱く。(昭和八年二月二十一日夜)

註 (1) sekor (と) okai (ある) -pe (こと、もの)、「……」といふこと。

(2) yai (自身) e (それに就いて) yukar (まれて表現す)、自己の動作について物語る、自己の經歷談を物語る、自ら物語る。

o-tu-shi wempa	(1)	散々に惡口を
o-re-shiwempa	(2)	滅茶滅茶に惡口を
i-ko-shuye kor	(3)	つきくさつて
hoshipi shiri		歸つて行く樣子を
a-nukar kane kor,		眺めながら、
pet turashi	(4)	川について
ek-an aine		上つて
aun-chise ta		(私の)家へ
ek-an ruwe-ne.		歸つて來たのでした。
wei-yaikeu-kor	(5)	命からがら助かつたのを
wei-yaikeu-ehomshu	(6)	やれやれと小躍して
a-ki kane kor,		喜びながら
orowano shui		それからまた(例の通り)
shirka nuye		刀の鞘を彫り
tomika nuye		寶刀の鞘を刻み
tampe patek		そればつかりを
a-ki kane kor		事としながら
a-ko-shine-ani		一つ所を

註 (1) (2) o (幾つも重れる意) tu-,re- (二つも三つもの義より轉じて、幾多、澤山の意となる)。shi (大) wen (惡) -pa (口)。散々の惡口。

(3) i-(我に)—ko (向つて) -suye (振る、搖る)、我にぶちまける。

(4) pet (川) turashi (沿うて上る) 川沿ひに上る、川上に行く。pet-peshi, pet-esor はいづれも「川沿ひに下る」ことにいふ。

(5)(6) 二句難解の句。wen (もと「惡い」の意、こゝでは、「やつと」とか「危く」とかの意) yai (自身の) keu (骸、身體) kor (持つ)。金田一先生は「危く身を以て脱る」、「命からがら助かる」の意といはる。

(6) wen (危く、やつと) ya keu ((5) と同義) ehomshu (喜びの言擧をする、感謝の祈りをするの意)。明解を考へ得されど、兎も角、安堵して小躍りせんばかり喜ぶ樣にいへるならん。

pon repun-kamui		鯱神の子の
ashpe utur wa		背鰭の間から
a-ki hopita	(1)	身を躍らせて
san-ota kata		渚の砂の上に
a-tesh-kosanu.	(2)	ぱつと跳ね上つた。
a-emina hawe		(私は)嘲笑しながら
ene oka-hi :——		かういつてやつた：——
"a-shonno-sampe		「本物の生膽を
a-shino-sampe		正眞正銘の生肝を
a-tak——sekor		とつて來る——なんて
itak-an hike,		言ひはいつたが
ampe tashi	(3)	本當の話なんぞ
shonep tashi		本當のことなんぞ
a-ye hawe-		いつたもん
an nek" sekor	(4)	でもないのに」——と
itak-an awa,		いつてやつたら
pon repun-kamui		鯱の子奴

註 (1) a（我）-ki（する）ho（尻）pita（解く、放す、「尻を解く」意より轉じて、跳れる意となる。我パツと跳れ飛ぶ。
バチラー氏辭書に Hopita v.i. To run fast. とあり。

(2) a（我）tesh（反れる）—kosanu（一回態動詞語尾）、私はパツと飛んだ。
tesh-kosanu はパツと音もなく輕く迅く行動するにいふ語。

(3) ampe（事實、本當）tashi（强辭「こそ」）。

(4) nek（反意の助辭、「……でないのに」「のに……それに」といふ樣な氣持がある。

a-e-tura kusu—	(1)	一緒に行か
nē na" sekor		うぜ』と
itak-an aike,		私がいつたら
shonno ne ya ?	(2)	本當だらうか
ampe ne ya ?	(3)	僞(うそ)ぢやあるまいな(と)
i-kopish	(4)	私に聞いた
ki ruwe-ne.	(5)	のだつた。
ampe manuhi	(6)	(勿論)本當だと
a-ye ruwe-ne.	(7)	いつてやつた。
orowa kaiki		それから
hetopo horka		また引返して
yan ruwe-ne.		陸へ戻つた。
yap-an aine		陸をめざして(泳いで)行つて
tane ne-kusu		とうたう
yanke kaipe		磯波の
kaipe-ok kata	(8)	波頭の上に
yap-an kor		さしかゝつてから
orowa kaiki	(9)	そこで（してやつたりと）

註 (1) a（我）e（汝を）tura（伴ふ）kusu-ne（……せんとす）na（よ）、我汝と行かんとするよ。

(2)(3) 二句同義、shonno（本當）ne（である）ya（や、か）、本當なのか。ampe=an（ある）-pe（もの）、事實。

(4)(5) i-（我に）kopish（向つて訊ねる、問訊ねる）、ki（する）ruwe-ue（のである）。(2)(3)(4)(5) の四行は鯱の子の問ふ言葉を敍述せずに、兎が間接に敍述する語法。

(6) ampe（事實、本當）manuhi（由、次第）。

(7) a（我）ye（言ふ）ruwe-ne（のであつた）。(6)(7) の二句も間接敍法。

(8) kaipe-ok 波の穗、波頭。

(9) orowa（それより）ka'ki（語氣をゆるめる詞、「……も」）、それよりして（また）。

aun-chise ta (1)	(私の)家に
a-hoppa wa	置いて
a-shinot-sampehe	冗談膽と
a-shinot-ponehe	ふざけ骨を
a-kor kane wa,	持つて
shinot-an kusu	遊びに
pish-ta san͡an	濱へ出て
ki rok͡awa,	ゐたら、
i-(y)ashke-uk sekor (2)	汝が私を招待すると
e-hawe-an ma-kusu,	いつたものだから、
a-e-tura ruwe	一緒に來た
ne rok͡awa,	のだけれど、
i-ko-shunke hawe—	私をだました
ne rok oka chiki,	のだつたら、
hetopo iyante ; yakne (3)	後戻りして陸へ上げてお呉れ、そしたら
a-shonno-sampe	ほん物の肝を
a-shino-sampe	正眞正銘の膽を
a-tak yak or'a (4)	とつて來るから

註 (1) aun（我、我々の）chise（家に）、ta（に）、私の家に。

(2) i（私を）y（挿入音）ashke-uk（招待する。）sekor（と）。

(3) hetopo（あとに戻つて）i（私を）yante（陸へ上げる）、命令法 yakne（ならば）。

(4) a（我）tak（呼ぶ、招く、もち來る）yak（なら）or'a<orowa（から）、私が持つて來てから。

a-shino-sampe		本當の生肝を
a-e-shioka-tak	(1)	家へ戻つて取つて
ki yak pirka-p	(2)	來るんだつた
ne hike,		のになあ、
nep ne-kusu	(3)	何だつて
i-ko-shunke		虛言なんか
i-e-karkar	(4)	ついた
ene oka-hi		もの（次第なんだらうな）
nē nankor'a,	(5)	だらうなあ
a-shinot-sampe(-he)	(6)	冗談の肝を
a-shinot-pone(-he)	(7)	ふざけ骨を
a-kor kane wa		持つて
a-e-tura yakka		一緒に行つたつて
wen hawe-ne na.		駄目だらうよ、
hetopo-horka	(8)	（も一度）あと戻りして
i-yanke ; yakne	(9)	陸へ上げて呉れないか！そしたら
a-sonno-sampe(-he)		ほんたうの膽は
a-sonno-pone(-he)		本物の骨は

註 (1) a（我）e（それを sampe 指す）、shi（自身の）oka（後に）、自分の後に、tak（取る）。後に戻つて取る。バチラー氏辭典 Shioka adv. Behind. After. Hindermost.

(2) ki（……をする）yak（ならば）pirkap（よい事）、ne （である）hike（ところが）。したならばよかつたのだが。

(3) nep（何）ne（である）kusu（ゆゑ）、何のためか、何なる故にか。

(4) i（我を）e（汝）-karkar（…をする）、私をする、（私を欺く）。

(5) ne nanko'a <ne nankor ya. ne（である）naukor（ならん）ya（か、や）。……ならん。

(6)(7) a（我が）shinot（遊ぶ、たはむれる）sampe（生膽）、私の冗談膽、ふざけ肝。ponehe. pone（邦語「骨」）。

(8) hetopo（戻る、引返す）-horka（逆に、反對に）、あとに戻る。

(9) i-（我を）yante（陸に上らす）、こゝは命令形。yakne（ならば、然らば）。

an korachi		つゝみ隱さず
a-e-nure yakun		(汝に)きかせたら
i-tura kopan		一緒に來るのを拒む
ki kunihi		だらうと
a-ramu wa-kusu		思つたから
a-e-koshunke		虛言(うそ)をついて
a-e-tura hawe	(1)	(汝を)伴れて來た (譯(わけ)な)
a-e-tura shiri	(2)	(一緒に來た次第な)
nē na" ——sekor	(3)	のさ』と
pon repun-kamui		鯱神の子が
hawe-an ruwe-ne.		いつたのでした。
Tampe kusu	(4)	それで
itak͡-an hawe		私はかう
ene okahi :——		いひました。
"ene ne yakun	(5)	『そんな事だつたら
an korachi		ありのまゝを
i-nure yakne		聽かせて呉れゝば
a-shonno-sampe	(6)	私の眞物(ほんもの)の膽を

註 (1)(2)(3) a (我) e (汝を) tura (伴ふ、連だつ)、hawe-ne, shiri-ne (文法的には前者は聞說法、後者は見說法であるが、殆んど同意で、「……したところだ」位の意) na (よ)、私は汝と一緒に來たところだよ。

(4) tampe (このこと) kusu (故に)、かるが故に、そこで、そのため。

(5) ene (かう、さう) ne (である) yakne (ならば)、さうであるなら、そんな事なら。

(6) a (我が) shonno (本當の) sampe (心臟、肝、心)、私の本當の生膽、次頁の一行目の shino-sampe も同義。

hem-shiyeye	(1)	何のわづらひか
ki ruwe-ne.		わづらつてゐて
tane anakne		今ぢやあもう
isam kotom-no	(2)	絕え入るばかりに
rai kotom-no	(3)	死ぬばかりに（病重つて）
iki kor an ruwe-ne.		（わづらつて）いらつしやる
ki rok awa,		のだが、
‘isepo tono		「兎の大將の
sampehe		生膽を
a-ē yak eashir	(4)	私が食べたら、きつと
shiknu-an noine	(5)	助かりさうに
yainu-an ruwe-		思ふ
nē na’ sekor——		のですよ」と
hawe-an ma(wa) kusu,		（娘御が）いはれるので、
atui-kor-kamui		海の大神は
i-yante wa	(6)	私を（使として）陸へよこしたので
yan͡-an shiri—		（私は）やつて來た
ne a korka,	(7)	次第だが、

註 (1) -shiyeye（病氣、病み臥す）tashumi と同義。

(2) isam（無、死ぬ）kotom-no（……の如く、……の樣に）、死なんとする如し。

(3) も同義。

(4) a（我）e（食ふ）yak（ならば）eashir（初めて、それこそ、語勢的接續形）、食べたらそれこそ、初めて。

(5) shiknu（蘇生する、助かる）-an（一人稱動詞語尾）noine（の如く）、我助からんとするものゝ如く、我助かるであらう。

(6) i-（我を）yante（陸へあがらしむ）。

(7) ne（前行の shiri に續く、見認法……したところだ）a（完了態助辭「た」）korka（けれども）、（私は陸へやつて來た）ところだが。

motoho	(1)	その理由を
an korachi	(2)	ありのまゝに、ぶちまけて
a-e-nure yakun,		汝に聞かせて呉れたなら、
i-tura kopan	(3)	(俺と)一緒に來るのを嫌がる
ki kuni		だらうと
a-ramu wa-kusu,		思つたから、
a-e-ko-shunke hawe	(4)	うまくだまして
ne-hi tapan-na.		やつたのさ。
kusu-a-e-takpe		何故に呼んだか(その譯(わけ)を)
a-ye chiki		いはうなら
e-nu katuhu	(5)	かういふ次第だ
ene oka-hi,——	(6)	よく聽けよ、
atui-kor-ekashi		海の翁神
atui-kor-kamui		海主の神樣は
shine matnepo		一人娘を
kon ruwe-ne.		お持ちだ(が)
nea matnepo		その娘御は
hem-tashumi	(7)	何の病か

註 (1) moto (元、原因、理由、もと邦語ならん) -ho (名詞具體形語尾)、その理由、ことの起り。

(2) an (ある) korachi (如く)、ありのまゝに。

(3) i-(私に) tura (伴ふ、つれ立つ)、kopan (嫌がろ、拒む)、私と一緒に來るのを嫌がる。

(4) a (我) e (汝に) koshunke (……に虛言をいふ)。

(5) e (汝) nu (聞く) katuhu (樣)、汝聞かん樣は。

(6) ene (かく) okahi (oka「ある」の名詞法)、かくありけり。

(7) hem (何) tashumi (tashum「病」の具體形)、何の病か。

arpa ruwe-ne.		（泳いで）行くのでした。
tap-orowano		それから
paye-an aine		行つて行つて
tane ne-kusu		とうたう
repunkur-atui	(1)	沖の國の海と
yaunkur-atui	(2)	本州の海との
atui utur		（海の）境界に
a-e-paye kor,		ゆきましたら、
pon repun-kamui		鯱神の子の
ene itaki :——		いふことに、
"e-ashke a-uk kusu		『汝を招待に
yan-an——sekor		陸へ行つた——と
itak-an aike		いつたけれど
ampe hene	(3)	本當のことなんか
shonep hene	(4)	正直の話なんか
a-ye hawe ka		（俺が）云つたものでも
shomo tapan-na	(5)	ないんだぞ。
kusu-a-e-takpe anak	(6)	（汝を）呼びに行つた

註 (1) repunkur（沖の國人、外國人、北海道アイヌよりいへば樺太アイヌも repunkur である）atui（海）。

(2) yaunkur（本州人、我々の國人）atui（海）、北海道アイヌは自らを yaunkur といひ、北海道のことを yaun-moshir（本州）といふ。

(3)(4) ampe, shonep,（8 頁の註參照）hene（疑問の强き語法か、「でも」、「か」、「や」）。

(5) shomo（軟かい禁止。……しない）tapan（かくある）na（ぞ、よ、かうではないぞ。

(6) kusu（爲に）a（我）e（汝を）tak（呼ぶ）pe（もの）、ために汝を呼びに行つた（理由）のは。

"ampe hetap	(1)	「本當の話ですか
shonep hetap	(2)	僞言を
e-ye hawe-an ?"		いふのぢやないでせうね」と
itak-an awa,		いひました。
pon repun-kamui		鯱神の子は．
ampe manu-hi	(3)	虚言ではない（由を）と
ye ruwe-ne.		うけあひました。
Tampe kusu		それで
san-ota-ka wa	(4)	（私は）渚の砂の上から
a-ki hopuni		起ち上つて
pon repun-kamui		鯱神の子の
ashpe utur	(5)	背鰭の間に
a-kotuk ruwe-ne.	(6)	ぴたりと乘りました。
orowano		それから
(ar-herepash)	(7)	（すつと遙かの沖へ）
pon repun-kamui		鯱神の子は
ar-herepash	(8)	すつと遙かの沖へ

註 (1) an（ある）pe（もの）事實、眞實のこと。hetap（强い語氣にいふ疑問辭）。本當か。

(2) shone（まことの）p（こと、もの）、眞實のこと。(1)(2) 同義の語を重れていふ故、意譯せり。

(3) manuhi（由）、ye（いふ）ruwe-ne（のであつた）。この二行は兎が鯱の語を間接に敍述してゐる。

(4) san（下る、下の）ota（砂）、砂濱の乾いた部分。teine-ota（濡れ砂）はその下の波の洗ふ所をいふ。

(5) ashpe（背鰭）utur（間）。

(6) a（我）kotuk（……に附く）、我そこに乘る、ぴたりと乘る。

(7)(8) ar（全く）he（顔）rep（沖）ash（立つ）「顔を沖の方へ向けて立つ」の義より轉じて「沖の方へ」の意。すつと遙かの沖へ

(7)(8) の中一句は省略してよい。

pirka' ——sekor		いゝな」——と
atui-kor-kamui		海主の神樣が
i-utek wa		私にお傳言なされたので
yan͡-an ruwe-		陸へやつて來た
ne rok awa,		のですが、
kamui-renkaine	(1)	いゝあんばいに
i-ekari	(2)	出會ふやうに
isepo-tono		兎の大將は
e-san ruwe-		濱に出て居て
ne chiki,		吳れたから（好都合でした）。
i-ka-un terke; yakne	(3)	（さあ）私の背中にお乘りなさい、そしたら
atui-kor-kamui		海の大神樣の
ewakshir-orke	(4)	御屋形へ
a-e-o-rura	(5)	お同伴れ
ki kusu		致し
ne na" :——sekor		ませうよ」：——と
hawe-an hike		いつたので
itak͡-an hawe		私はかう
ene oka-hi :——		いひました。

註 (1) kamui（神）renkaine（意にて）、神の意のまゝに、天佑にも、お蔭で、運よく。

(2) i-（私に）ekari（まはる）、私の方へやつて來る、私に出會ふやうに向ふからまはつて來る、めぐりあふ樣に。

(3) i-（私の）ka-（上）un-（に）、terke（跳ぶ）、こゝでは命令形、私の背の上に跳れよ。

(4) ewakshir（住居）-orke（ところへ）、住んでゐるところへ。
我々の方の同型の說話では「龍宮」とあるところだ。

(5) a（我）e（汝を）o（そこへ）rura（送る）。

6

"inkar-kusu	(1)	『さあさあ
isepo-tono	(2)	兎の大將さん
itak-an chiki	(3)	私のいふことを
e-inu katu		よくきいて
ene oka-hi ;		下さいね ；
atui-kor-ekashi	(4)	海の翁神樣が
atui-kor-kamui	(5)	海主の神樣が
i-utek hawe	(6)	私においひつけなされた口上は
ene oka-hi——		かうなのです——
'wen-kashui-no		「あんまり
mishm-an kusu,		所在がないので
pon sakepo		少しばかり酒を
a-kan ruwe-ne.		釀(つく)つた
ki akusu		から
isepo-tono		兎の大將を
ashke a-uk kusu	(7)	御招待(まねき)に
e-yan yakne		（汝が）陸へ（使に）行つて吳れたら

註 (1) i（それを）nukar（見る）-kusu（爲に……するとて）、間投詞化して「あのれ」と呼び掛ける詞。

(2) isepo（兎）tono（<邦語「殿」和人の尊稱に用ひらるれど、また首領、大將の意にも用ひらる、傳承者いふ、「如何なるものにても首領あるものなり」と。isepo は兎の神としての名にして、普通は iwan-paro（六つ口—兎唇）といふと。

(3) 以下三行、直譯すれば「我がいはんに、汝聞かんは次の加し」の義。

(4)(5) 同意の語を重ねて莊重にした語法。
atui-kor-ekashi（海を領する翁）atui-kor-kamui（海を領らす神）、傳承者は echinke（海龜）のことをいふならんといふ。信仰上重き神なり。

(6) i-（我を）utek（使に遣はす）hawe（話、口上）。

(7) ashke（手）a（我）uk（執る、取る）、招待する。kusu（爲めに）。

ki kon neshi		跳ねたり躍つたりして
an͡-an awa,		ゐましたら、
rapokke-ta		その間に
pon repun-kamui		鯱神の子は
yanke kaipe		磯波の
kaipe-pok ta	(1)	波頭の下に
ratchi hetuku	(2)	靜かに浮かび
ratchi herori	(3)	靜かに沈み
ko-yai-shikurka-	(4)	身體を
omare kane		伸ばして（泳いで）
ki korka,		くるけれど、
a-nukar kane		それを見ながら（相變らず）
koshne terke		輕い足取で（ぴよんぴよん）
a-ko-yaishikurka-		身體も
omare kane		伸び伸びと跳ねたり躍つたり
ki kane kor		して
an͡-an awa,		ゐましたら
pon repun-kamui		鯱神の子は
ene itaki : ——	(5)	かういつたのです：——

註 (1) kaipe（折れ波、波）-pok（下）ta（に）、波の山背の下の斜面をいふ。波頭の下に。

(2) ratchi（靜かに）hetuku（首を出す）、靜かに浮上る。

(3) herori（首をさしこむ、首を沈める）、靜かに沈む。

(4) 以下三行、鯱の泳ぐ樣をいふ。ko-yaishikurka は兎の三人稱敍述なれば a-（我）といふ第一人稱接辭を落した。

(5) ene（かく、こんなに）itak（言ふ）-i（名詞法語尾）、かく言へり。

4

yaioterke	(1)	跳ねたり
echiu-an hine	(2)	飛んだり
ki kon neshi	(3)	して
an-an ruwe-		居ました
ne rok awa,	(4)	ところ、
rapokke-ta		その間に
pon repun-kamui		鯱神の子は
tane anakne		今はもう
yanke kaipe		磯波と
repun kaipe		沖の波との
shi-utur-ta	(5)	ちやうど間まで
yap ruwe-ne.		やつて來ました。
a-nukar kane kor		それを見ながら（やつぱり）
otaka ta		砂濱の上を
ekoipokun ma(wa)		西へ
ekoikaun ma(wa)		東へ
koshne terke		輕い足取で
a-ko-yaishikurka-		身體を
omare kane		伸ばし伸ばし

註 (1) yai（自身）o（そこに、砂の上を指す）terke（跳ねる）、自らはねる。

(2) echiu（する、to do の義）-an（一人稱動詞語尾）、自ら（砂の上で跳躍してゐた。

(3) ki（する）kor（つゝ、ながら）neshi（强辭「こそ」）。さうしつづける。

(4) ne（前句の ruwe に續く）rok（完了態「a」の複數）awa（ところが）、私がゐたところが。

(5) shi-（大きい、本當の、眞の、丁度）utur（間）-ta（に）、丁度あひだの所に。

koshne terke		足取り輕く、ぴよんぴよんと
a-ko-yaishikurka		身體を伸ばし
omare kane,		伸ばし
san-an aine		下り續けると
pish-ta san-an.	(1)	（やがて）濱へ出ました。
otaka peka	(2)	砂濱の上を
ekoipokun ma(wa)	(3)	西へ
ekoikaun ma(wa)		東へ
koshne terke		輕い足取で
a-koyaishikurka-		跳ね
omare kane		まはつて
an-an awa,		ゐましたら、
rapokke-ta	(4)	その中に
ar-horepash	(5)	ずつと沖の方から
pon repun-kamui	(6)	鯱神の子が
yan kor an shiri		陸をさして來るのでしたが、それを
a-nukar kane kor,		見ながら（なほ）
otaka peka		砂の上を

註 (1) pish（濱）ta（に）sau（下る）-an（一人稱動詞語尾）、我濱に下つた、pish 濱、海岸（廣い場所をさしていふが如し）。バチラー氏辭書に pishto とあるは恐らく誤なるべし。

(2) ota（砂）ka（上）peka（經由する、……を通る）。

(3) e-（方向をあらはす副詞の接辭，koipok（南、東）-un（へ、に）wa（より、へ、に）koipok なる語は場所により、南或は東を意味す。
koikaun も同樣にて、北或は西と譯せらる。

(4) r.pokke-ta（恰もその時、その間に）。

(5) ar（全く、すつかり）ho（尻）rep（沖）ash（立つ）、尻を沖の方へ向けて立つ、沖の方から、ずつと遙か沖の方から。

(6) pon（小さい）、repun（沖の）kamui（沖にゐます神の義にて鯱のこと）。pon repun-kamui は鯱の子のこと、この一篇に於いて、兎のシテ役に對してワキ役を演ずる。

a-kar wa ampe (1)	（今まで）彫つてゐた物を
mak-a-oraye, (2)	奥の方へ押しやつて、
orowa kaiki	それから
shipine-an hine	身仕度をして
shoine-an.	外へ出ました。
orowano	そして
pet-pesh kaiki (3)	川沿ひに
koshne terke (4)	輕い足取で（ぴよんぴよん）跳ねて
a-ko-yaishikurka- (5)	身體を
omare kane (6)	伸ばし伸ばし
apkash-an humi	（下つて）行く（私の）足音は
ene nepekor	こんな風に
a-nu-hi tashi (7)	きこえるのです
shuma-tom echashchashi,	石原の中をサラサラサツ
nitom echashchashi- (8)	木原の中をガサガサガサツ
sekon nepekor	こんな工合に
apkash-an humi	私の歩く（足）音を
a-nu kane kor	聞きながら
pet-pesh kaiki	川傳ひに

註 (1) a（我が）-kar（作る）wa（て）an（ゐる）-pe（もの）、私の作つてゐた物、彫刻してゐた物。

(2) mak（奥）-a（我）-o（そこに）raye（押してやる）、後に押してやる、奥に片付ける。

(3) pet-pesh（川筋に沿うて下る）、kaiki（語氣をゆるめる添へ辭）。

(4) koshne（輕き）terke（跳れる、跳躍）、輕い足取でぴよんぴよん跳れること。この句は輕き（足取の）跳躍といふ名詞形。

(5) a（我）-ko（それに向つて、前句を指す）yaishikurka（自分の身體の上に）。

(6) omare（入れる、……へやる）。(3)(4)(5)(6)の四行難解の句なれど直譯すれば、輕き跳躍の上に自分の身體を（伸ばして）やる義にて、重心を前にかけ身體をのばして飛ぶ兎の樣子うつし得て妙なる樣に思はる。

(7) a（我）nu（聞く）-hi（名詞法語尾）tashi（强辭）。

(8) echashchashi 擬聲ならん。兎の爪のひつかゝる音なりといふ。敍述の微細なる驚くべきものがある。

アイヌ敍事詩 KAMUI YUKAR 神謡

日高國沙流郡新平賀 エテノア 媼 傳承

久保寺 逸彦 採集並譯註

Isepo-tono yaieyukar（兎の自ら謡へる）

(Sakehe*:——Tanne tō)

Shirka nuye	(1)	刀の鞘を彫り
tomika nuye		寶刀の鞘を刻み
tampe patek	(2)	そればかりを
a-ki kane kor		しながら
a-ko-shineani	(3)	側目もふらず一所を
enutomom ma(wa)	(4)	見つめて
an-an ruwe,		暮してゐました。
ramma kane		何時も
katkor kane	(5)	變りなく
an-an ruwe-		暮してゐ
ne rok aine,	(6)	ましたら、
shineanto-ta		或る日のこと
wenkashui-no		あんまり
mishm-raike	(7)	退屈で淋し
a-ki kusu		かつたので

註 * Sakehe（折返す囃詞）、この神謡は一句毎に〔Tanne tō〕をrefrainとす。

(1) Shika（表面>顏、刀鞘）nuye（彫刻する、彫刻、こゝでは名詞）、刀鞘の彫刻。tomi（寶、特に寶刀「木を削りて刀狀に拵へしものにて、抜けず」）-ka（上）刀鞘。

(2) tampe（このこと）patek（ばかり、のみ）。

(3) a（我）-ko（接辭「へ」「に對して」）shine（一つの）-i（ところ）、一つところ（を）。

(4) enitomom ともいふ。凝視する、見つめる、wa（…して）。じつと見つめて。

(5) kat（常態）-kor（持つ）kane（つゝ）、いつもさうしてゐる。

(6) -ne（前句の ruwe に續く、「のである」）、rok（完了の意「…た」）、aine（動作の繼續をあらはす）、私が（さうして）ゐてゐて。

(7) mishm（淋しい、侘びしい、所在ない）-raike（もと、他動詞「殺す」なれど、語尾化して程度の甚だしきことをあらはすならん）。淋しすぎる、所在がなさすぎる。

○寄稿のお願ひ

○種目略記　民俗學に關係のある題目を取扱つたものなら何んでもよいのです。長さも御自由です。

(1)論文。民俗學に關する比較研究的なもの、理論的なもの、方法論的なもの。

(2)民間傳承に關聯した、又は未開民族の傳說、呪文、歌曲、方言、謎諺、年中行事、生活樣式、習慣法、民間藝術、造形物等の記錄。

(3)民間採集旅行記、挿話。

(4)民俗に關する質問。

(5)各地方の民俗研究に關係ある集會及び出版物の記事又は豫告。

○規略

(1)原稿には必ず住所氏名を明記して下さい。

(2)原稿掲載に關することは一切編輯者にお任かせ下さい

(3)締切は毎月二十日です。

編輯後記

行く日來る日に忽忙の生活を續けるうちにともすると大切な資料が、忘却の泉から、彼方の國へ流れ去つてしまひます。皆さまから、常々色々と、御援助を頂いて居ります。そこをつけ込んでと申しましては、甚だ失禮に當りますが皆さんのお手許にはもつともつと、心の故鄕へふれて來るものがあるのではないでせうか。例へば、昔話、語り物、ことわざ、とかいつたものです。ことにことわざは、心にふれ、生活に生きてゐるものがあるはずです。心に生きてゐるものほど、泯び易く、變り易いものはありません。子供の心は、青年の心に、そして青年の心は、すぐ老の道へ杖をひきたがります。また、御婦人の方々の心にあるもの〻は男等の頭には理解にがたく、男の魂が、御婦人の胸にぴつたりとしないところも多いのです。ことに昔から、家にあつて、細々としたことを處理される、御婦人は心の故鄕へたやすくふれられます。どうぞ、此上とも皆樣の御援助をお願ひ致します。また來月號からは「呼び寄せ塚」を復活致したいと存じます。問題の小さな、大きな幾多を、それは、幼くとも若くともかまひません。どしどしお送り下さいませ。では皆樣の御健康を祈つて筆を擱くことに致します。

△原稿、寄贈及交換雜誌類の御送附、入會退會の御申込會費の御拂込、等は總て左記學會宛に御願ひしたし。

△會費の御拂込には振替口座を御利用ありたし。

△會員御轉居の節は新舊御住所を御通知相成たし。

△御照會は通信料御添付ありたし。

△領收證の御請求に對しても同樣の事。

昭和八年二月一日印刷
昭和八年二月十日發行

定價金六拾錢

編輯兼發行者　小山榮三
東京市神田區表猿樂町二番地

印刷者　中村修二
東京市神田區表猿樂町二番地

印刷所　株式會社開明堂支店
東京市神田區駿河臺町一丁目八ノ四

發行所　民俗學會
振替東京七二九九〇番
電話神田二七七五番
東京市神田區駿河臺町一丁目八

取扱所　岡書院
振替東京六七六一九番

昭和五年十二月五日第三種郵便物認可（毎月一回十日發行）

東亞民俗學稀見文獻彙編・第二輯

MINZOKUGAKU

OR

THE JAPANESE JOURNAL OF FOLKLORE & ETHNOLOGY

Vol. V March 1933 No. 3

CONTENTS

Articles : Page

MATSUMURA Takeo, The Worshipers and the Worshiped. 1

HAYAKAWA Kotaro On the Usage of *Kodzumi*. 14

Short Notes :

MATSUMOTO Nobuhiro (1) The Pole of the Spring Feast among the Miao-tsu. 33

(2) A New Work by M. Jeanmaire : Le Conte d'Amour et Psyché. 33

Record of Folkloristic Materials. 37

KUBODERA Itsuhiko, Kamui Yukar, an Ainu Epic : Original Text and Translation. ....

Book Review :

N. MATSUMOTO, On Ancient Culture (FURUNO Kiyondo) 64

List of the Articles published in a Chinese Journal of Folklore "Min-su-chon-k'an 民俗 (II). 67

Recent Literature, News and Notes.

PUBLISHED MONTHLY BY

MINZOKU-GAKKAI

8, 1-chome, Surugadai, Kanda, Tokyo, Japan.

第五卷　第四號

昭和八年四月

民俗學會

民俗學會會則

第一條　本會を民俗學會と名づく

第二條　本會は民俗學に關する知識の普及並に研究者の交詢を目的とす

第三條　本會の目的を達成する爲めに左の事業を行ふ

イ　毎月一回雜誌「民俗學」を發行す

ロ　毎月一回例會として民俗學談話會を開催す

但春秋二回を大會とす

ハ　隨時講演會を開催することあるべし

第四條　本會の會員は本會の趣旨目的を賛成し（會費半年分參圓壹年分六圓）を前納するものとす

第五條　本會會員は例會並に大會に出席することを得るものとす講演會に就いても亦同じ

第六條　本會の會務を遂行する爲めに會員中より委員若干名を互選す

第七條　委員中より幹事一名、常務委員三名を互選し、幹事は事務を執行し、常務委員は編輯庶務會計の事を分擔す

第八條　本會の事務所を東京市神田區駿河臺町一ノ八に置く

附則

第一條　大會の決議によりて本會則を變更することを得

委員

石田幹之助　宇野圓空　折口信夫
金田一京助　小泉鐵　小山榮三
松村武雄　松本信廣（以上在京委員）
秋葉隆　移川子之藏　西田直二郎
（以上地方委員）

前號目次

祭る者と祭らるる者 ……松村武雄
こづみつむことから ……早川孝太郎
寄合咄
苗族の春の祭と杜 ……松本信廣
キユピドとサイキの説話に就ての一新説 ……松本信廣
尻切れニナの話 ……南方熊楠
資料・報告
紀州田邊の巫女の話 ……雜賀貞次郎
藝南の方言歌謠――吳市を中心として ……李家正文
しいかごめ（ひいらいぼつぼ） ……木内一夫
美濃國本巣郡根尾村樽見の年占 ……林魁一
紀北地方の童謠二つ ……與田左門
廣島高田船佐村地方の手毬歌 ……吉本一郎
カムイ・ユーカラ神謠（アイヌ敍事詩） ……久保寺逸彥
書評 ……
「古代文化論」 ……古野清人
支那の民俗學的雜誌目錄 ……東洋文庫
學會消息
餘白錄　疔の因る所・唐美人と馬通その他

昭和八年四月十日發行

民俗學

第五卷　第四號

民俗學

目次

祭る者と祭らるる者（中）……………………松村武雄…（一）
蘇塗考續補……………………孫晋泰…（三）
民俗學談話會（孫晋泰氏を圍む）の主旨……………………（二〇）

寄合咄

熊野のくり船……………………雜賀貞次郎…（三二）
早川氏のこづみつむことをよんで……………………櫻田勝德…（三五）
川柳と民俗……………………犂庭斜丘…（三五）

資料・報告

元八王子柳澤の念佛……………………村田鈴城…（三九）
横澤念佛講……………………箱山貴太郎…（四〇）

丹後舞鶴の手毬唄……淺井正男…（四九）
陸前高田町地方俗信……中川さだ子…（五〇）
讃岐丸龜地方の方言……立花正一…（五六）
小豆澤大日堂の祭堂補遺……本田安次…（五七）

呼寄せ塚

子作・ユイ・他所者……有賀喜左衛門…（七三）

書評

「日本民俗學論考」……鈴木太良 明石貞吉…（六六）
支那の民俗學的雜誌目錄……東洋文庫…（八一）
學界消息……
餘白錄　英國民俗學近狀・女ばかり・玉女と唖壺……（七一）（七三）（七五）

祭る者と祭らるる者（中）

松村武雄

二

司靈者は屢々靈格の代表者若くは incarnation であると信ぜられたが故に、はた時としては司靈者そのものが靈格の發生原體であつたが故に、祭る者と祭らるる者とは、さまざまの點で相互ひにもたれ合つてゐる。さうしたもたれ合ひの中で、先づ第一に目につくのは、形態・裝態・持物（アットリビューツ）などに於ける貸借關係である。靈格と司靈者との關係が、

(1)何等かの原因から、先づ或る特定の超自然的靈格の意識・表象が發生し、而して後これに奉仕する特定の司靈者が現れたといふ關係。（假りに聯關關係と呼ぶことにする。）

(2)司靈者そのものが昇華せられて、或る特定の超自然的靈格となつたといふ關係。（假りに因果關係と呼ぶことにする。）

のいづれであるにせよ、祭る者と祭らるる者とは、その形態・裝態・持物などに於て、自ら同似的である場合が、決して少くない。

這般の同似は、その發生の過程に於て二つの相反する動向を採つた。

(1)靈格の形態を司靈者が採り上げる動向。

(2)司靈者の形態を靈格が採擇する動向。

がこれである。

1

第一の動向は、動物神・トーテム神等と司靈者との關係に於て、最も鮮明に看取せられる。これは、自然民族の呪術・

宗教的實修にいくらでも實例があることで、誰でも知つてゐるところであるから、今更らしく說き立てるにも及ばぬ。文化民族に於ても、鮮明の度の多少こそあれ、少し注意すれば、可なりの程度にその形跡を認めることが出來る。アルカディアのアルテミス・ブラウローニア（Artemis Braurōnia）の女性司靈者たちは、熊の裝態をなして熊踊りをなした。而してブラウロンの稱呼を冠せられたアルテミスは、オリュンポス十二神の一としての人態神アルテミス・プロパーではなくて、本原的には一個のトーテムとしての牝熊であつた。（L. R. Farnell, the Cults of the Greek States, vol. II. Chap. XII; A. Lang, Myth, Ritual and Religion, vol. II. Chap. XVIII. 等參照）同じくアルカディアのリュカイオン山のゼウス・リュカイオス（Zeus Lukaios）もまた決して神々の王者としてのゼウスではなく、本原的には、トーテムとしての狼であつた。狼を族靈とし、狼を住地の名とした一部族が、古く崇拜の對象となした存在態で、その司祭は『狼』と呼ばれ、且つ狼の裝をして儀禮を執り行ふたのであつた。（Plutarchos, Caesar, 61; Dionysios, Halk, Antiquit. Rom., 1.80; Livius, 1.5; Ovidius, Metamorphoses, 1.216—239; Servius, on Virgilius, Aeneid, 1.731 等參照）大陸ケルト族及びブリテン・ケルト族が崇拜した豚神モッカス（Moccus）は、豚の繁殖を掌る人態神であるが、それは後期的進展の形相であつて、發生的には豚トーテムであつたらしい。ケルト族が豚を崇拜したのは古くからのことであり、若干のケルト部族はその肉を食ふことを嚴しい呪禁(タブー)としてゐた。そしてディアルミッド（Diarmid）の神話には、トーテム動物としての豚が現れてゐる。而してモッカス神を祭る司靈者は、豚の裝態をなしてゐた形跡が可なり歷然と見えてゐる。かくて祭るもののさうした裝態は、祭らるる者の人態神となる以前の形相に緣由してゐるとしなくてはならぬ。同じく大陸ケルト族及びブリテン・ケルト族が崇拜した馬の守護神エポナ（Epona）に奉仕する司祭は、部分的ではあるが馬の裝ひをなしたと推知せられる理由がある。エポナは現存する考古學的遺物及び文獻の闕する限りでは、人態神である。メーエンス（Mayence）地方で見出された一個の bas-relief にも、馬の脊に据した女人の姿に表現せられてゐる。しかしそれは宗教的表象の發達の後期の產物であつて、本原的には、『非古典的神話辭典』（M. Edwardes and L. Spence, A Dictionary of Non-Classical Mythology, P. 63.）の著者が言つたやうに、恐らく馬トーテムであつたらう。もしさうであつたとするなら、自分たちは、ここにも亦、祭る者が祭らるる者の形態をおのが裝態に採り上げた一例證を見出すわけである。動物神・トーテム神に奉仕する司靈者に於ける這般の動物的裝態は、靈威の宗教的表象の進展度に比例して萎縮衰退する。希臘のエリス地方に崇拜せられたアポルローン・サウロクトノス（Apollōn Sauroktonos ——『蜥蜴殺しのアポルローン』の義）は、シシリィ島カタナ地方の土民の蜥蜴トーテム崇拜がその基底をなして居り、從つてその司靈者は、儀禮に際して蜥蜴の裝態を採つてゐたらしいが、あとではその衣の一部にこの動物を表すに留つたらしい。エリスの豫言者族にして、アポルローンの裔とされるイアミダイ（Iamidai）の一人であるトラシュブーロス（Thrasuboulos）の像の肩に一匹の蜥蜴が這つてゐるのは、（Pausanias, Hellados Periēgēsis, VI. 2.）さうした裝態の衰退過程を示唆する。（このことに就ては、『宗教學論集』に收めた拙稿『アポロン宗教の一面——アポロン・サウロクトノスの研究』の參照を乞ふ。）

文化民族の說話にも、這般の關係が透けて見えるものが少くない。記・紀の神話に於て、豐玉姬が子を産むときに鰐の姿を採つたと云はれてゐるが如きこれである。日本民俗學の權威折口信夫氏は、この神話に關して、

(1)他の部落から來て人妻となつた女性は、夫のそれと異つた自己部落の神を祀りつづけること。

(2)女がさうした神を祀る期間は、嚴しい禁忌で、夫は之を窺ふことが出來ぬ。もしこの禁忌を破れば、夫婦の緣が絕えること。

の反映であるとなして居られる。まことに卓見であると思ふ。氏は豐玉姬が鰐の姿に變つたといふ傳承を解して、この女性が自己の神である鰐を祭つてゐたことの說話的歪曲となして居られる。ところで、鰐を祭るといふ意味は、祭る者自身が祭らるる者の裝態をなして祭つたのか、若くは自らは普通の姿で祭つたのか、自分は前者であるとしたい。切言すれば祭る者としての豐玉姬が、祭らるる者としての鰐の姿を裝うて祭儀を行うたと解したい。これは決して自分が今考察してゐる問題に都合のいいやうに、勝手な推測を逞しうするのではない。多くの說話がさうした推定へと自分たちを誘導する

4

からである。說話の研究者なら、誰でも知つてゐる通りに、

(1)或る一定の日に人妻なる女性が一室に閉ぢ籠ること。

(2)その室を窺ふことは、嚴しい禁忌であること。

(3)室內に籠つた女性は、或る動物に變じてゐること。

を共通契機として成り立つてゐる說話圈がある。バーリング・グールド氏が『中世紀の珍譚』(S.Baring-Gould, Curious Myths of the Middle Ages) で考察を試みたメルシナ (Melusina) の傳說の如き、その代表的なものである。『夷堅志』に、

丹陽縣外十里間。士人孫知縣娶同邑某氏女。女兄弟三人。孫妻居少。……容儀意態全如圖畫中人。但每澡浴時。必施重幃蔽障。不許婢妾輒至。雖揩背亦不假手。孫數扣其故。笑而不答。……孫一日因微醉伺其入浴。戲鑽隙窺之。止見大白蛇堆盤於盆內。……

とあり、學津討原本『捜神記』に、

漢靈帝時。江夏黃氏之母浴盤水中。久而不起。變爲黿矣。婢驚走告。比家人來。黿轉入深淵。其後時時出見。初浴簪一銀釵。猶在其首。於是黃氏累世不敢食黿肉。

とあり、また

魏黃初中。淸河宋士宗母。夏天於浴室裏浴。遣家中大小悉出。獨在室中良久。家人不解其意。於壁穿中窺之。不見人體。見盆水中有一大鼈。遂開戶。大小悉入。了不與人相承。嘗先著銀釵。猶在頭上。相與守之啼泣。無可奈何。意欲求去。永不可留。視之積日轉懈。自捉出戶外。其去甚駛。逐之不及。遂便入水。……

とある如きも、或る意味に於てこの型に屬すると云ふことが出來るであらう。而して若しこれ等の傳承が、或る女性が嚴しい呪禁(タブー)に人目を遠ざけて、自己部族の祖靈・族靈を祀つてゐたことの物語的扭歪であるとするなら、さうした女性は、

該儀禮執行の間は祖靈・族靈としての動物そのものの裝をしてゐたと考へざるを得ない。なぜならこれ等の說話は、主人公たる女性自身が或る動物に變化してゐることを說くに一致して居り、而してもし祭る者がおのれは日常の人間的裝態をなして儀禮を行うてゐたとしたら、さうした女性と動物との identification が生起するに頗る困難でなくてはならぬからである。

然し自分が考へて見たいと思ふのは、主として第二の動向——祭る者の形體・裝態などを祭らるる者が採り上げる動向である。この場合に於ては、祭らるるところの靈格は、人態的 (Anthropomorphic) であるといふことが當然豫定せられてゐる。祭る者が人間である以上、その形態をおのが形態とせんとする靈格が、非人態的であるといふことは、意味をなさぬからである。問題は人態的である神が、如何なる特殊の人間的形態を採るかといふことである。

第二の動向は、明かに靈格と司靈者との間に於ける二樣の關係——聯關關係と因果關係との兩者に通じて見出される。

先づ聯關關係に於ての第二動向を考へて見る。

印度吠陀の宗敎に於ける風特にあらしの神であり、降雨に關係の深い神として、『雨滴に滿てる者』(Purudrapsāḥ, Drapsinaḥ) と稱せられ、また壤穢を掌る神であり、治病の神であるマルツ (Maruts) は、

(1)常に一群をなすこと。

(2)金色の飾で胸を蔽ひ、金色の甲を戴き、槍を擔ふこと。

(3)かくして獅子の如く怒號し、颶風の如く疾走すること。

などを、その特色としてゐる。(Rig-Veda, I. 133. 6; VIII. 85. 8; V. 54. 11; I. 64. 8; X. 78. 3. 等參照) 同時にマルツは『梨俱吠陀』の到るところで、舞踊者として描き出されてゐる。『黃金に蔽はれたる舞踊者』と云ひ、『御身槍を持つマルツが舞踊する時』と云ひ、『讚歌を唱へつつマルツは泉のまはりを舞ひ踊りぬ』と云ふ如きこれである。あらしの神が獅子の如く怒號し、颶風の如く疾走するとされるのは、まことに自然である。しかしかうした神は、何故に常に卅一乃至百八十

の一群をなしてゐなくてはならぬであらうか。何故に金甲・金胸甲にして槍を手にしてゐなくてはならぬであらうか。はた何故に常に舞踊者でなくてはならなかつたらうか。かうしたことは、あらしの神であることの必然的な條件とは解し難い。かくてフォン・シュレーデル教授（Von Schroeder）は、マルツ神に於ける這般の特徴に『祭るもの』の裝態と行動とを見ようとしてゐる。同氏はその著『宗教劇と笑劇』（Mysterium und Mimus）に於て、靑年の一集團が、金色の胸甲をつけ、金色の甲を戴き、槍を手にして群舞することによつてあらしの神に奉仕したことを想定してゐる。そしてマルツとこれ等の若き舞踊者とを關係づけて、

"Dann haben wir unabweislich das Bild eines Waffentanzes vor unseren Augen."

と云ひ、

Kein Zweifel dass sie dabei von menschlichen resp. priesterlichen Personen dargestellt wurden".

と云つてゐる。(Mysterium und Mimus, S. 131.)

かうした關係を考へてゐる者の心に自ら浮び出るのは、さまざまの肉體的缺陷の持主としての神々の姿でなくてはならぬ。希臘の火神・鍛冶神ヘーファイストス（Hēphaistos）を始めとして、多くの半神的鍛冶職——たとへばウィーランド（Wieland, Wayland）の如き、みな跛足であつた。キシェ族の風の神フラカン（Hurakan）も、その名が示す通りに、『一本脚のもの』であつた。北歐の軍神ティル（Tyr）は隻手であつた。同じく北歐の神々の王者オーディンは隻眼であり、我が國の鍛冶神は所謂天目一箇神として一目であつた。

神に於ける這般の不具性を說明するために、多くの推原的說話が生れてゐることは、人のよく知るところである。しかしそれ等の說話はいづれも正しい狙ひを外してゐる。かくて多くの學徒はさうした說話を無視して、事の眞相を闡明すべく、さまざまの解釋を下してゐる。たとへば、跛足若くは隻脚の神に關しては、

(1)火焔の先が不揃ひであることの詮表。
(2)或る文化期に於ては、跛足のもの若くは隻脚のものは、有爲の業に自由に活動し得ないため、退いて鍛工となつた。
等の説明があり、一目の神に關しては、
(1)男性の生殖器の標徴。
(2)天空にかかる一個の發光體としての太陽の詮表。
等の説明があり、更に兩者を通して、神への犧牲者が一脚を切られ若くは一目を潰されたことの神の形態への反映であるとなす見方も存してゐる。

自分は、ここではこれ等の解釋の當不當を論ずることを差控へたい。さうした考察をなすには、自分の知識的準備が不充分であるばかりでなく、幾つかの相異る解釋がいづれも當つてゐる場合もあり得るからである。ただ自分が言ひたいのは、神に於ける這般の形態的不具性は、或る場合には、正しく司靈者の形態の摸寫であるといふ一事である。

しかしさうした摸寫そのものも、實は決してただ一筋の路を通して生起したものではないらしい。また神への犧牲となることに極つた者の肉體の一部に損傷を與へて、犧牲たることの指標とする行方もあつたらしい。犧牲となる人間は、犧牲者と定まつた時から神にささげられる時までの間に、普通は大いに優遇せられ、飲食・女色の慾に耽ることを許されたが、それでも命をとられる事を厭うて逃亡を試みる者があつたらしい。そしてさうした事變の對應策としても、犧牲者を肉體的に不具にして、發見の便を計つたと思はれる。更に考へなくてはならぬことは、呪者や司祭などが、呪術的若くは祭儀的實修を執り行ふに當り、呪術若くは祭儀の効果を確實ならしめるため、一眼を閉ぢ、或は一脚で立つといふ姿態を採つたことである。愛蘭の巫術者がその術を行ふとき、一眼となり、一手を擧げ、一脚で立つ如き、その一例證である。(P. W. Joyce, A Smaller History of Ancient Ireland, p. 103.) 一目の神や一脚若くは跛足の神を考へるとき、自分たちは犧牲者や司靈者に於ける姿態をも想ひ浮べなくてはならぬであらう。祭る者から祭らるる者への姿態の轉移關係は、かうしたところにも存し得ると思はれるからである。

かうした場合に於ける祭る者と祭らるる者との關係は、多くは、聯關關係であつて、因果關係ではない。たとへば、マルツ神は司靈者そのものから生れたのではない。從つて神と司靈者との間に於ける裝態・持物の上の同似は、祭らるる者が祭る者から發生したことにその因由を有するのではなくて、單に兩者が祭儀的に密接な聯繫を有したことからの自然の歸趨に過ぎない。

神と司靈者とに於ける形態・持物の同似は、かうした聯關關係として屢々現れる。一體、超自然的存在態の人格化・人態化といふ概念は、從來餘りに漠然と、餘りにイージー・ゴーイングに取扱はれ過ぎてゐる。非人格的な若くは定形無き靈能や精靈の人格化・人態化といふことが、實際に行はれた心理過程であることを認容するとしても、さうした過程はそもそも何を據りどころにして成り立つたのであるか。超自然的靈威への人間の self-projection といふやうな從來の解釋だけでは、殆んど意味をなさぬ。人の子の self-projection といふ心理過程は、なる程『人態神』の概念に必要であつたであらう。しかしかくして生するものは、概念としての人態神であつて、諸民族の實際的崇拜の對象としての個々の人態神ではあり得ない。實際に崇拜せられ祭祀せられる個々の人態神は、その表象形態に於て太だ多樣な個的特徵を有してゐる。概念としての人態神によつてかうした個人差の發生を說明することは、全く不可能でなくてはならぬ。個別的な實際の人態神は、超自然的靈格への漠然たる『一般人』・『抽象人』の projectoin から生れ得るものではない。人態化の心理そのものは、一の普遍的な心的活動たるに過ぎぬ。既に發生してゐる Animistic な靈威・daimon 等がそれぞれ人間的形態の下に觀ぜられるといふことは、如何なる人間的形態かといふ限定を豫定しなくてはならぬ。而してさうした限定に强い示唆を與ふるものとして、司靈者がある。

かくて、エドワード・カーペンター (Edward Carpenter) は、その著『異教的及び基督教的信仰』(Pagan and Christian Creeds: Their Origin and Meaning, p. 92 ff.) に於て、這般の消息を傳へて、

『一部族の各成員の心域に於ては、該部族のよく知られた戰士若くは司祭若くは賢明にして優雅な女性に關する多くの心像が避け難く結合して、遂には該部族の熱誠と尊崇とが集中される男神及び女神の形態を構成するに至つた。ハリソン女史は聰慧な示唆を與へて言ふ、過去の呪術的祭儀に於ける主要な人物たちは、すべての人々の眼の集中するところであり、且つその重要性はすべての人の心に銘ぜられてゐるが故に、かうした構成過程に寄與したと。……司祭若くは醫巫――いな寧ろ代々の司祭者たち若くは醫巫たちは、儀禮の指導者・制令者として繰り返し繰り返してその姿を見せるため、いつしか高貴化偉大化せられて、あらゆる呪力が集中される一個の神の複合心像となる。……吾人はまさしく、這般の過程によつて、神々の形態が、年々に古い祭儀に參與した老若男女の實際の形態から徐々に抽き出されたと推測し得る。五月女王若くは Father Christmas が、五月若くは十二月の無言劇に主要な役を演じて、我我の文學及び傳承に神聖視されるに至つた多くの幸福な乙女たち、若くは白髯の老人たちから抽き出された理想化形態であると同じやうに、疑もなく雷火電箭を持つゼウスは、司祭的な雨師及び雷師の天界への理想化であり、軍神アレスは、隣接した部族を襲うに先立つて行はれる祭儀的戰舞に於ける主導的戰士の同様な理想化であり、而してマーキュリ神は、蒸氣と電氣とを持たぬ時代に於て非常に大切な部族的持物であつた駿足を具へた使者の理想化であつた。』と云ひ、祭らるる者の形體・裝態・持物が、之に奉仕する司靈者のそれの模寫であることを指斥してゐる。

かくて、多くの學徒は、靈威と司靈者とに於ける形態・裝態・持物の類同の原因を、祭る者と祭らるる者との聯關關係から來てゐるばかりでなく、猶ほまた二者の因果關係から來てゐる。

もし人態的な靈格が、少くともその或る者に於ては、司靈者そのものの昇華・昂揚の產果であるとするなら、さうした Genesis を有する靈格が、おのれの發生原體である特定の司靈者にその裝態や持物を仰ぐことは、頗る自然の成り行でなくてはならぬ。さうした過程は、祭る者と祭らるる者とが單に聯關關係に立つ場合以上に、大きな必然性を持つからであ

と祭らるる者との聯關關係の上にのみ見出さんとしてゐる。しかしさうした見方は、明かに客觀的事實に裏切られてゐる。這般の類同は啻に祭る者

る。そして自分たちは、ダイモン (daimon) としてのコウレテス (Kouretes) 及びコリュバンテス (Korubantes) の裝態・持物に、かうした因果關係に基づく類同の最も明かな實例を見出す。ストラボーンによつて引かれたヘシオドスの記述に從へば、コウレテスは『生成豐饒の靈物(ダイモーン)』であり、プレラーはこれを『山の靈物』となし、(L. Preller, Griechische Mythologie, S. 654.) ロシャーはこれに elementare Urwesen を認めてゐる。(W. H. Roscher, Ausführliches Lexikon der Griechischen und Römischen Mythologie, Kureten の條) 然し發生的に云へば、多くの學徒が考へてゐるところとは異り、決して純然たる göttliche Abkunft ではなくて、或る司靈者群が昇華せられて靈威となつたものであつた。古くクリート島に成年式の呪的宗教的實修を掌る司靈者團體があり、『武裝し狂騷する舞踊者』(orkhēstēres aspidēphoroi) として、右手に劍、左手に楯を持ち、『若者入り』するものを繞つて騷舞するのであつた。(J. E. Harrison, Themis, A Study of the Social Origins of Greek Religion, p. 23 ff; J. L. Weston, From Ritual to Romance, Chap. VII 等參照) かうしたファン・ゲネプの所謂 Rite du Passage を掌るところの司靈者團が、人の子から靈格にまで昂揚したところに、ダイモン (daimon) としてのコウレテスが生れた。ダイモンとしてのコウレテスは、職能的に分化して、自然の生成力の一具象化として穀物・家畜の多產を掌る靈格となつたが、しかしその裝態は依然として『武裝し狂騷する舞踊者』としての司靈者のそれを繼承しつづけたのであつた。

靈格としてのコウレテスと司靈者としてのコウレテスとの關係に好個の對偶をなすものに、靈格としてのコリュバンテスと司靈者としてのコリュバンテスとの關係がある。靈格としてのコリュバンテスも一群の elementary daimons と考へられ、豐饒の靈物と信ぜられた。しかし彼等も本原的には司靈者の昇華の產物に他ならなかつた。フリギア地方を始め小亞細亞の諸地に崇拜せられたキュベレ女神を祀る司祭團としてのコリュバンテスがその原型である。これ等の司祭者たちは、手鼓を打ち、鐃鼓を鳴らし、笛を吹き、劍でわが肉を切り、狂呼して亂舞した。かうした集團運動が自然の生成力に對する力强い刺衝となると信ぜられたからである。低い文化階層の民衆にとつては、『舞踊』は文化民族に於ける『祈り』と等しい呪力を持つてゐた。中央亞米利加のタラフマラ印度人（Tarahumara Indians）の間にあつては、家族の全成員が田野で勞作する場合には、家族のうちの一人が家に留つて、間斷なく舞踊しつづけなくてはならぬ。もし踊りが途絶えると、勞作が無になると信ぜられたからである。舞踊に對する這般の觀念信仰は、低級文化民の間に廣く行き亙つてゐる。シュレーデルが、

『原始民族の信仰に從へば、舞踊は、人の子がより高い文化階層に於て熱烈な祈禱に歸するのと類同した勢能と意義とを有するらしいことは、充分注目に價する。』

と言つたのは、全く首肯せられる。（Mysterium und Mimus, p. 23.）靈威としてのコリュバンテスは、かうした舞踊に潜む勢能に對する民衆の集團情緒の具象化であつた。そしてかくして祭るものが祭らるるものへと昂揚したのである。しかし身分・性質の上には、人間より靈物への變化があつても、裝態や持物の上では、貸借關係が殘存した。コリュバンテスはダイモンの資格に於ても、依然として司靈者時代の手鼓・鑵鼓・笛などをおのが手から離すことが出來ないでゐる。

以上の二例にあつては、裝態・持物の類同が、祭る者と祭らるる者との間の因果關係にその發生因を有すること疑ひ無い。自分はこれを出發點として、より議論の餘地を有する Cases に踏み込んで見たい。それ等の Cases に對する見方は人によつて異なるであらう。自分は自分の見方に對して批正を與へる達識の士の現るることを樂しみにして、危險區域に足を入れるのである。

メキシコの宗教・神話に於けるフイチロポクトリ神——アズテック族によつて軍神として崇拜せられた靈格は、蛇と密接な關係を有してゐた。この神の母はコアトルアントナ（Coatlantona）と呼ばれ、而してコアトルアントナは實に『蛇の衣』を意味する。フイチロポクトリ神の像は、多くの蛇に圍繞せられてゐた。彼が凭りかかつてゐる臺座も蛇の形をしてゐるし、彼が手にする王笏も一頭の蛇であり、彼の持物としての太鼓も蛇の皮で張つてあつた。レウィス・スペンス氏（Lewis Spence）は、その著『メキシコ及びペルーの神話』（Myths of Mexico and Peru）に於て、フイチロポクトリ

神と蛇との關係の因由を繹ねて、亞米利加の多くの部族は、蛇を目して智慮と呪術との象徵となし、その意味で此の爬蟲類に最も深い尊崇をささげてゐる。而して智慮と呪術とは、戰鬪に成功する二つの大きな要素であるから、蛇と軍事との間にはおのづから密接な關係が生ぜざるを得ない。また蛇はその形の上から電光と結びつき易い。而して電光は投槍の象徵若くは戰鬪力の神聖化と考へられることが多いので、この意味からも蛇と軍事との間に深い交渉が起り得る。フイチロポクトリの、神としての本原的な槪念は、蛇の觀念――戰鬪的な智慮と力との象徵、戰士の投槍の象徵としての蛇の觀念から發生したと推斷してゐる。

自分はかうしたくどい、持つて廻つた象徵的解釋を好まない。且つまた好惡の問題を離れて考へても、這般の見方には蓋然率が乏しいやうに思はれる。同じくはより簡明な過程の下にフイチロポクトリ神及びその裝態の發生があつたと考へたい。アズテック族は、四隣に住息した他の民族・部族と頻繁な爭鬪をしなくてはならぬ運命の下に置かれてゐた。彼等にとつてはさうした爭鬪に克つといふことが、社會集團の生活過程を確實にし安固にするための一大事であつた。そこに軍事に長けた酋長の偉大化・高貴化が生起する機緣があつた。そしてさうした酋長がフイチロポクトリ神の發生原體であつたらしい。これは決して自恣的な推測ではない。メキシコの傳說には、實際にフイチロポクトリを目して一個の軍事に長けた呪人的酋長となしてゐるものが若干存してゐる。

戰鬪が單なる肉體的勇武の問題でなく、呪術の作用が重要な役割を演ずると信ぜられた文化期にあつては、軍事に長けてゐるといふことは、同時に呪術に長けてゐるといふことを意味した。イロクォイ族の戰士的王者であつたアタタルホ(Atatarho)は、生きた蛇を衣のやうに體に纏うてゐた。蛇が智慧と呪力とを高度に內存させてゐると信ぜられてゐたからである。アズテック族に於ける戰士的酋長も蛇の勢能にもたれかかることが强かつた。軍神フイチロポクトリが蛇と密接な關係を有してゐたのは、同神が戰士の昇華であり、而して戰士は蛇と深い交渉を有してゐたためではなからうか。フイチロポクトリといふ語辭は、『左の蜂鳥』を意味し、この神が母の胎內から出たときに左の脛に蜂鳥の羽根を纏うてゐたところから生れた名であると云はれる。而して或る神話學徒たちは、この傳承を基にして、フイチロボクトリ神を目してトーテムとしての蜂鳥から發達した存在態であらうと推測してゐるが、自分に云はせると、同神の大切な持物としての蛇皮鼓が、實際にアズテック族の戰鬪用呪具であつたやうに、蜂鳥の羽根を脛に着けることも、戰士に於ける一の呪術的裝飾であつたかも知れぬ。

同じくメキシコの宗教に現るシペ神（xipe）も、祭るものの祭られるものへの轉向現象の産物であつたらしい。シペはメキシコで廣く崇拜せられた人身御供の神である。『シペ』といふ語辭は、『皮を剝がれたる者』を意味する。アルベル・レヴィルは、その著『メキシコ及びペルーの土着宗敎』（The Native Religions of Mexico and Peru）に於て、『シペ』は『禿げたる者』若くは『皮を剝がれたる者』を意味するが、それは人間の皮を剝ぐことではなくて、或るものを磨き剝ぐことである。シペ神は人身御供の神ではなくて、金細工を掌る神である。『シペ』といふ語辭は、黄金に光輝を與へるために之を根氣よく磨き立てることに關してゐるとなしてゐるが、自分はかうした見解に贊同しかねる。シペ神は、人間の生皮と不可分離の關係を有したことは拒むべからざる事實である。この神は生剝にした人間の皮をおのれの着物にしてゐる。そしてその祭禮には、祭祀者たちが犧牲になる人間の皮を剝ぎとつて、二十日が間それを身に纏ひつづけたのであつた。これ等の事實は、

(1)『シペ』が文字通りに『皮を剝がれたる者』を意味すること。

(2)從つて犧牲者が一個の靈格にまで昇華したところに、シペ神の生誕があること。

を示唆する。而してシペの裝態――人間の生皮を纒うてゐる裝態は、畢竟するに祭るものの祭時に於ける服裝の複寫に過ぎないのであつた。

かうした意味に於て、『日本紀』一書が、猿田彥神の形態を述べて、

鼻長七咫脊長七尺餘。且口尻明耀。眼如二八咫鏡一。而赩然似二赤酸醬一也。

となしてゐる事實の如きは、頗る示唆的であるとしなくてはならぬ。この事實に關して、自分は嘗て、『外者(よそもの)としてのサルダヒコの神』の論考に於て、見なれぬ異族人の肉體的特徴が觀者に特別に強い印象・情感を與へ、その結果殆んど無意識的に該特徴が誇張せられたのではあるまいかと言つたが、今にして思へば、も少し異つた見方が許容せられさうである。猿田彥神の異様な形態は、呪的優人が或る儀禮を實修するに際して採つた扮裝を原型として生れ出たものであるかも知れぬといふ見方がこれである。低い文化階層に於ける民衆は、自分たちの住地域を一の纏つた世界と觀じ、他の住地域の民衆即ち外者(よそもの)を邪靈に支配せられ、且つ自らも邪力を具へたものとして太だしくこれを懼れ憚つた。かくて彼等は一面に於ては、さまざまの障塞神を住地域の境界若くはそこへの要路などに祀つて、さうした邪靈の侵入を防止することに努め、他面に於ては外者がおのれの住地域に入り來るときには、これを境界若くは要路に迎へて、或る特別の祭儀によつてその邪力を祓禳することに熱意した。我が上代文化に於ても這般の習俗があつた事は、ふなとの神、くなとの神、ちまたの神、さへの神などの存在によつて明かである。

猿田彥神が國神として、高天原から降りて來る天神たちに應接し、特殊の勢能を內存させたその眼によつて天神たちをして『目勝(まか)つ』能はざらしめたといふ傳承は、國神族から見ての外者である天神族に絡はるとされた或る力を撥無せんがためであつたと思ふ。猿田彥神が天神族を迎へた場所が、天八衢であつたといふ事實、及びこの神がちまたの神と稱せられた事實は、この推定を裏書するようである。かうした場合外者の邪力を祓禳する任に當るものは、實際の民俗に於ては固より一種の司靈者でなくてはならぬ。而してさうした司靈者が、邪力驅逐の儀禮を行うに當り、或る特別の扮裝をなすことによつて、該儀禮の効果を高めるに努めるであらうと考ふることは、強ち無理な推測ではないであらう。猿田彥神が呪覡的優人の昇華であつたらしいことは、既にこれを說いた。さうした優人が或る異様な扮裝の下に外者に接してその推定せられたる邪力を祓禳した行爲そのものが、猿田彥神の奇異なる形態と行爲との生みの親ではなかつたであらうか。推定が大分大膽になつて來たやうである。或ひは餘りに far-fetched な推斷であるといふ非難を受けるかも知れぬ。しかし自分としては、達識の士の教示を仰ぐために、一個の假說としてこれを擧げて置きたい。

三

祭る者と祭らるる者との間に見出される裝態・持物などの轉寫過程は、頗る複雜な樣態を有する。從つてさうした過程の存在そのものを認めただけでは、學的に不完全である。どうしても更に踏み込んで、該過程が呈示する樣式の種々相を考察しなくてはならぬ。

超自然的靈格は、さまざまの緣由に裝態や持物などを決定せられる運命を持つてゐる。自然神は、自然神であることからのおのづからなる歸趨として、自己の職能を標徵するための裝態・持物を背負ひ込む。而してそれ等の裝態・持物は、主として自然物である。埃及の太陽神ラー (Ra) が、solar disk を頭に戴き、また "typical of the bird which strains in its flight towards the sun" と云はれる Uræus を冠章とするが如き、ブリテン・ケルト族が崇仰した太陽神、ヌード (Nudd) 若くはルード (Ludd) が、その頭に華やかに輝く幾條かの光線を載せてゐる如き、ナイル河の神ハーピ (Hāpi 若くは Hāp) が、睡蓮(ロータス)や紙草(パピルス)を持物とするが如き、北歐の天空神オーディンが、雲の流れてゐる蒼空の標徵である灰色の斑點のついた靑色の外衣を纏うてゐるが如き、同じく北歐の海神ニオルド (Niord 若くは Njord) が、海を表す綠色の短衣を纏ひ、さまざまの貝類や海草をちりばめた冠を戴くが如き、これである。

或る種の靈威は、その性情に裝態や持物を決定せられてゐる。ブリテン・ケルト族の冥府神グーイン (Gwynn) が、その nocturnal Character を象徵するために梟を持物とするが如き、北歐の冥府神ヘル (Hel) が、その陰慘な性情を詮表するために、體の半が鉛のやうに蒼白く半が血のやうに眞赤であり、その食物を盛る皿が『フングル』(Hungr——英獨語の hunger に當り、『饑餓』を意味する) と呼ばれ、小刀が『スルト』(Sult——『貪慾』の義) と呼ばれ、寢床が『キョル』(Kör——『心配』若くは『疾病』の義) と呼ばれ、戸帳が『ブリキアンダ』(Blikianda——『烈しき苦惱』の義) と呼ばれる如き、同じく北歐の荒海の神エーギル(Aegir 若くは Aeger)が海を行く人の子の命を奪ふことに惡魔的な喜びを感ずる殘忍性を示す『鷲の爪のやうで、絕えず痙攣してゐる手の指』をしてゐる如き、希臘の美と愛との女神アフロディテー(Aphrodita)が、鏡と鴿などを主要な持物とするが如き、みなこれである。

更に或る神々は、實際に生起した宗教文化的現象に、その持物の幾分を決定せられてゐる。通俗には、始めからアポルローン神は月桂樹を、アテーネー神は橄欖樹を、おのおのその聖物とすると云はれるが、本原的には、アポルローンの宗教がデルファイの地で大地女神ガイア(Gaia)の宗教を呑噬したため、ガイアの豫言的祭儀に必須であつた月桂樹が、おのづからアポルローンの持物となつたのであり、またアテーネーの宗教が、雅典により古く行はれてゐたパンドロソスの崇拜を包攝した史的事實を因として、パンドロソスの聖樹であつた橄欖樹が、この地方神の手から國民神アテーネーの手に移つたのであつた。

しかし自分が當面の問體としてゐるところは、祭る者と祭らるる者との間に於ける裝態・持物などの轉寫關係であるが故に、かうした緣由からの發生物としての神々の裝態・持物等は、考察の範圍外に置かねばならぬ。靈威の裝態・持物などが人間のそれ等の轉寫であるといふことの意味は、可なり錯綜してゐる。

第一には、一般的轉寫と特殊的轉寫とがある。裝態・持物に關して、靈威は二つの源泉から採擇をなすことが出來る。一は社會集團の一般成員の裝態・持物を採り上げる場合であり、他は社會集團の特殊成員としての司靈者のそれ等を採り上げる場合である。假りに前者を一般的轉寫と呼び、後者を特殊的轉寫と呼ぶことにしよう。而して是等二つの何れにも屬せざる中間形式として、靈威の裝態・持物の採擇の範圍が、一般成員と特殊成員との兩者に亘る場合が存する。

第二には、單元的轉寫と複元的轉寫とがある。靈威がおのれの裝態・持物などの種本を仰ぐところが、社會集團に於ける一般普通の成員の世界であるにせよ、はた該集團に於ける特殊成員としての司靈者の世界であるにせよ、(1)或る一個の、若くは或る一定群の一般成員のみに、又は或る一個の、若くは或る一定群の特殊成員のみに、その模型を求める場合があると共に、(2)幾つかの相異る一般成員群若くは特殊成員群の裝態・持物に亘つて、或る成員からは或る一部を、他の成員からは他の一部を採擇し、かくして混合式な裝態若くは持物を構成し上げる場合がある。假りに前者を單元的轉寫と呼び、後者を複元的轉寫と呼ぶことにする。

ところで、今云つたやうに、自分が當面の問題としてゐるところは、聯關關係若くは因果關係に立つ『祭る者』と『祭らるる者』との間の裝服・持物などの交渉聯繫であるが故に、轉寫の問題に於ては、その考察は、當然の事として、

(1) 特殊的轉寫にして且つ單元的轉寫であるもの。
(2) 特殊的轉寫にして且つ複元的轉寫であるもの。
(3) 中間形式的な轉寫であるもの、

に限らるべきである。(つまり一般的轉寫は、それが單元的であらうと複元的であらうと、ここでは考察の埒外に落つる。即ちメキシコの旅行神ヤカテクトリ (Yacatecutli) の持物としての旅杖、リビア起源で、サイス地方を中心として埃及人に崇拜せられた家庭工業神ネイト (Neith 若くは Net) の持物としての絲卷竿の如きは、社會集團の普通成員の持物を手本としたものである故、問題外である。)

第一に特殊的轉寫にして且つ單元的轉寫であるものとしては、ダイモンとしてのコウレテス及びコリュバンテスの、また神としてのマルツの裝態・持物がある。これ等の靈威の場合にあつては、その裝態並びに持物は、

(1) 社會集團の普通成員から採られたのではなくて、司靈者そのものの裝態・持物の複寫である。
(2) 且つ各種の司靈者からの、寄せ集めの轉寫ではなくて、專らこれ等の靈威に奉仕する同一服裝の司靈者團からの轉寫である。

第二に特殊的轉寫にして且つ複元的轉寫であるものとしては、アテーネーの裝態・持物の一部を擧げることが出來るであらう。先に一言したやうに、この女神に附物の橄欖樹は、古く雅典に崇祀せられた大地女神パンドロソス(Pandrosos)

の聖樹であり、この女神に奉仕する司靈者が執り行ふ祭儀に缺くべからざるものであつた。（Apollodoros, Ⅲ, 14.1; Dionysios に引かれた Philochoros の言などによると、雅典所有の標としてのアクロポリスの橄欖樹は、古くからパンドロソスの社域内にあつた。希臘の一古詩も、

The holy bloom of the olive, where hoar leaf
High in the shadowy shrine of Pandrosos
Hath honour of us all.

と歌つてゐる。）然るに後代に至つて、アテーネーの宗教が雅典に占據し、アテーネー・ポリアスとして同市に勢力を得、パンドロソスその他の舊時代の神々を吸收するに及んで、橄欖樹も新來の女神の聖物となつたのである。ところでアテーテーの他の一つの附物として、怪女魔ゴルゴン（Gorgon）の頭を表した胸甲がある。この持物に關しては、『民俗學』第一卷第三號の『寄合咄』の中で一言したやうに、さまざまの解釋があり、或る學徒は、單なる空想的作爲となし、（T. Keightley, Mythology of Ancient Greece and Italy, p. 253.）或る學徒は、荒れ狂ふ海に對する人間の恐怖感の生態化となし、（J. G. J. Hermann, Opuscula, vol. Ⅱ, p. 180.）更に新しくは、人間の心に潛む性的錯綜の一つである『陰莖羨望』（Penisneid）の說話的表現であるといふ精神分析學的な解釋も出てゐるが、（Flügel, Polyphallischer Symbolismus und der Kastrationskomplex, Internationale Zeitschrift für Psychoanalyse, Bd. Ⅱ.）いづれも客觀的事實の裏書を缺いた獨斷說たるに過ぎぬ。ゴルゴンの頭とされるゴルゴネイオン（Gorgoneion）は、實は神話的存在たる女魔ゴルゴンよりもより古い存在である。それは祭儀用の呪面であつた。ぎらぎらと輝く眼をして、獸のやうな牙を突き出して、ぺろりと舌を吐いた形相に造られた假面であつた。ヘシオドス（Hesiodos, Aspis, 230 ff.）や、フェレキデス（Pherekydes, Schol. Apollonius Rhodius, Ⅳ. 1091, 1515.）などが現れて、女魔ゴルゴンに關する物語をものした遠い以前から、希臘の司靈者たちは、祭事の舞踊にかうした假面を被つて踊つてゐたし、一般民衆も亦邪靈を驅除するために、これを家の入口に吊したり、竈

の上に吊したり、楯の上に描いたりしてゐた。彼等は、さうした假面に prophylatic な呪力を信じたからである。アテーネー女神の大切な持物としての楯若くは胸甲に物凄じい顏面がついてゐたのは、即ち這般の呪面の轉寫に他ならなかつた。(J. Harrison, Epilegomena to the Study of Greek Religion, p. 3; Hastings, Encyclopaedia of Religion and Ethics, S. V. "Gorgoneion.")

アポルローン神の持物も、同じく相異る司靈者の宗教的用具からの複元的借用である。即ちこの神の特徴的なアットリビュートの一つである竪琴は、託宣神としてのアポルローンに奉仕した司靈者が、これを奏でて神懸りの心的狀態に入つた樂器の轉寫であり、之に對して同神の他の有名なアットリビュートである月桂樹は、先に一言したやうに、デルフィのガイア女神に奉仕した女性司祭が恍惚狀態に入つて、女神の豫言を吐くための聖樹の奪略である。ガイア女神に仕へる司祭は、月桂樹の枝を燒き、その煙を吸ふことによつて、エクスタシスの狀態になるのであつた。該司祭の通稱が『ダフネ』(Daphne――『月桂樹』の義)であつたのも、これがためである。さうした月桂樹が、アポルローンの宗教包攝によつて、アポルローンの持物に移つたのに他ならぬ。

第三に中間形式の轉寫過程――靈威の裝態・持物などが、一面に於ては社會集團の普通成員から採り上げられ、他面に於ては特殊成員としての司靈者から採り上げられる過程は、神々の裝態・持物發生史に於ける最も普通な現象である。

(1) 北歐の女性生活の保護者としてのフリッガ女神(Frigga 若くは Frigg)の持物である絲車及び數々の鍵は、北歐の一般家婦たちの日用品からの轉寫である。家婦たちは家庭の權力者として家內で使ふすべての鍵をおのが帶に結び下げてゐるのが習俗であつた。フリッガ女神がその黃金の帶から鍵の束を垂らしてゐる裝態をしてゐるのは、實に此の習俗の透き寫しである。然るに同女神の他の持物である『羽衣』――これを體に纏ふと忽ち鳥の姿となつて自由に大空を飛び廻ることの出來る『羽衣』は、司靈者が儀禮の折に身に着ける呪衣の、靈威への轉移に他ならぬ。

(2) 同じく北歐の光明の神・狩獵の神であるヴァリ(Vali)若くはヴァレ(Vale)は、熱心な狩の愛好者として、黃金

祭る者と祭らろ者（中）（松村）

の笴をその主要なアットリビュートとし、諾威の古い暦では、この神に神聖な月を弓の標徴で表してゐる。これは言ふまでもなく人間界の狩人の持物の轉寫であるが、裝態からすると、この神は司祭を思はしめる姿をしてゐる。Vali又は Vale の名は、女司祭を意味する Völva といふ語辭の男性形である Vala（『男性司祭』の義）から出たものであるらしい。さうするとこの神も亦『祭る者』の昇華から生れた靈威としなくてはならぬ。かくて同神の裝態は、つまるところ司靈者のそれの轉寫に他ならぬと云へる。

如きこれである。

祭る者と祭らるる者との形態・裝態・持物の關係の考察はこれくらゐにして、次には兩者の生活史（ライフ・ヒストリイ）の關係の問題を採り上げて見たい。（未完）

時。四月二十二日午後六時半より。會費（六十錢）

場所。日本橋千疋屋。（東京驛八重洲口下車。日本橋通り。市電通り三丁目）

孫晋泰氏を圍む『民族學談話會』（會則第三條ロ、例會の精神に依る）

孫晋泰氏は、朝鮮古歌謠集（刀江書院）朝鮮神歌遺篇（郷土研究社）朝鮮民譚集（郷土研究社）の著者として、又、民俗學、郷土研究、朝鮮民俗、郷土、旅と傳説、史觀、ドルメン等の寄稿家として皆樣の頭腦にくつきりとした印象をもたれてゐるひとてありませう。

今回、氏がわが民俗學會會員のために一夕の時間を惜しまれずこころよくお話しくださることになりました。なほこの夕、委員石田幹之助氏から皆樣へにぎやかなお話しもあることになつてをります。街上の春宵とは窓ガラスひとへの茶室に於て、うら悲しい朝鮮の山川の話、そこの人たちをみつめる孫氏の言葉に傾聽するをうるのを皆さまとともに喜びたいと存じます。まづは御案内まで頓首敬白。（編輯室より）

蘇塗考續補

孫晉泰

（一）原始祭壇としての蘇塗、神體としての蘇塗、厭勝具としての蘇塗、境界標としての蘇塗——滿洲に於ける索摩

——蘇塗の始源狀態——祠廟としての蘇塗

（二）西北部朝鮮の蘇塗並にその名稱——其語源

私は本誌四卷三號「蘇塗考」に於いて專ら「三國志」馬韓傳に見える蘇塗に關する記錄に就いてそれを如何に解讀すべきかといふ問題に就いてのみ愚見を陳べた。今はその續稿として蘇塗は民俗學的に如何なる性質のものであり、如何にその信仰形態が發生開展し、又朝鮮の蘇塗は近隣民族の神竿と如何なる關係を有するものであらうかといふ問題に就いて考へ、尙その後新たに得た資料をも併せて記るし置かうと思ふのである。

三國志の記事に據ると馬韓族は大木を建てゝ蘇塗と稱し、之に鈴鼓を懸けて鬼神を祀つた。然らば當時此の蘇塗は一種の祭壇としての性質をも有したこと略ぼ明かである。而して又今日の民俗に據れば蘇塗はそれ自體が神又は神の宿れるものであり、一邑一洞を厄病神の侵入より守護する厭勝具であり、且又境界標ともされてゐるのである。これらのことは「蘇塗考」に於いて旣に述べた通り何れも可なり古い時代よりの狀態であるやうである。けれども蘇塗が發生當初より斯くさまぐ〵な性質を備へてゐたものかどうか、これは頗る疑問でなければならぬ。そこで私は此の蘇塗を近隣民族の神竿と比較考究することによつて多少その發生開展の跡が臆測されはすまいかと思はれるところから次ぎに朝鮮と地理的に歷史的に又人種的に最も深密な關係を有する滿洲の神竿に就いて若干の考察を試みようと思ふのである。

莊親王允祿の「欽定滿洲祭神祭天典禮」註一）卷一に「至於祭天之禮、滿洲人等、於所至之地、皆可擧行、但尋潔淨之木、以爲神杆、或置祭斗、或縛草把、購猪灑米以祭、……」と見え、索寧安の「滿洲四禮集」總序の中に「滿洲人等、所至之處、遇有所禱、即尋潔淨之木、立爲神杆、以祭者云々」と見える等は滿洲の神竿に就いての極めて大ざつぱな記錄である。滿洲の神竿に就いては古代にその文獻を見出すこと能はず何れも清朝のもの許りである。それで私は文獻の年代に拘束されることなく、論旨に應じて自由に之を引用しようと思ふのである。楊賓の「柳邊紀略」（昭代叢書本）に「滿人有病必跳晋條神、亦有無病而跳神者、……未跳之先、樹丈餘細木于牆院南隅、置斗其上、謂之曰竿、祭時著肉斗中、心有鴉來啄食之、謂爲神享……」とあり、西淸の「黑龍江外記」（漸西村舍叢刻本）卷六に「佛滿洲家、立索摩竿、春秋二仲、行還愿・跳神・背燈・換索諸禮、與都下無異」とあるところを見れば舊滿洲（佛滿洲）族は種々なる神事に際し索摩竿といふ丈餘の細木を牆院の中に建て、此は恒時的のものではなく、滿洲祭神祭天典禮及び滿洲四禮集等が云ふやうに臨時的のものであるやうである。そしてその頂上には斗が置かれ、そこに供物をして祭壇として用ゐられてゐるやうでもある。方觀承が「卜魁風土記」（卜魁は黑龍江龍江縣治）に於いて「泥撲處人、禳病祈神、列植松樺於野、徧挂牛羊肉、羅拜其下」と云つてゐるのも臨時的祭壇として用ゐられる索摩のことであらうと思はれる。しかし乍ら滿洲族の神竿に對する信仰の心理狀態は決して上述の如き簡單なものに非ず、吳振臣の「寧古塔紀略」に據ると「凡大小人家庭前、立木一根、以此爲神、逢喜慶疾病、則還願、擇大猪、不與人爭價、宰割列於其下、請善誦者名叉馬、向之念誦、家主跪拜、畢用零星腸肉、懸于木竿頭、……如因病還願、病不能愈、即將此木、擲於郊外、以其不靈也、後再逢喜慶疾病、則另樹一木、……」とあり、方拱乾の「寧古塔志」（昭代叢書本）風俗の條には「尋常庭中、必有一竿、竿頭繫布片、曰先祖所憑依動之」と見え、又タウル族に就いて「黑龍江外記」卷六は「達呼爾、屋脊挿一小幟、院中樹高竿、無斗、而縛草一束、與滿洲家索摩小異」と云ひ、民國黃申甫の「呼蘭府志」卷十風俗習慣の條には「滿洲宅院東隅立杆一、高數丈、名曰索莫杆、又曰祖宗杆、上懸錫斗、貧者用木斗、杆採稜之器也、……或云立杆祀天也、以高爲貴、……」等と見えて、索摩竿を神として又は祖先として又或は祖

京城帝國大學社會學研究室秋葉隆教授所藏にして鳥居龍藏博士が江原道にて約二十年前撮影せるものである。
（蘇塗考參照）

先の憑依せるものとして扱ひ、尋常の家庭に恒時的に之が建てられてあつて喜慶疾病の際には之に向つて祈禱祓禳の儀式を行ふやうであり、索摩竿・索莫吉杆・祖宗杆等と名稱にも若干の相違があるし、竿上に錫斗を懸けるもの木斗を用ゐるもの又斗なくして一束の草を縛つて置くものなど、その形狀もさまぐ\のやうである。のみならず、此の神竿は前引「卜魁風土記」に見える松樺の外「欽定滿洲祭神祭天典禮」卷五「天咫偶聞」（下引）等に依ると柏楠その他の木をも用ゐるやうでその材料必ずしも一定せず、又清朝の王室に於いても此の神竿は最も重要なる信仰對象の一とされたやうである。

例へば徐珂の「清稗類鈔」（二四頁祭堂子）に「京諺有三不問、堂子祭典其一也」と云つてゐるやうに、此の堂子の本尊に就いては諸書にその記錄乏しくして實際を知ることは困難である（註二）。けれども、清朝が斯く嚴秘にし且つ最も重要なる祭典の一つとしてゐた堂子祭典に於いて神竿が主要なる役割を有してゐたことは、禮親王昭槤の「嘯亭雜錄」（卷八堂子）に「國家起自遼瀋、有設竿祭天之禮、又總祀社稷諸神祇於靜室、名曰堂子、實與古明堂會祀羣神之制相符、猶沿古禮也、旣定鼎中原、建堂子於長安左門外、建祭神殿於正中、卽彙祀諸神祇者南向、前爲拜天圜殿、殿南正中第一重、爲設大內致祭立杆石座、次稍後兩翼、分設各六行、行各六重、諸皇子致祭立杆石座、諸王貝勒公等、各依次序、列均北向、東南建上神殿南向、……歲正朔、皇上率宗室王公滿一品文武官、詣堂子行拜天禮」と云へること及び「天咫偶聞」卷二に「南城堂子在東長安門外翰林院之東、卽古之國社也、所以祀土穀而諸神祔焉、中植神桿、以爲社主、諸王亦皆有陪祭之位、神杆卽大社惟松・東社惟柏之制……」と云へること等を合せて參酌すればその大體が判るだらうと思ふ。滿洲人が彼等の舊習古俗を說明するに當つてそれらを凡て支那三代の遺禮として說かうとしたのは殆んど諸書共通の態度であつて之は別問題とするが、彼等が清朝を建設し漢民族古來の種々の典禮を繼守し乍らも尙ほ神竿を廢せず、時に應じて或は之を社主と爲し或はこれを祭天の聖竿と爲し或は又之を祭神の神竿と爲したことを我々は上引文によつて知ることが出來ると思ふ。又清朝は春秋二季立竿大祭を行ひ、堂子の牆外には滿洲人の爲めに松柏の林を有し以て神杆の材を供給したのである。卽ち「嘯亭雜錄」（卷八堂子）が「凡立杆祭神於堂子之禮、歲以季春季秋月朔日擧行、祭日懸黃幡繫采繩綴五色繒百縷楮帛二十有七、備陳香燈、司俎官於大內恭請神位……以贊祀致辭行禮……」と云ひ、「滿洲祭神祭天典禮」卷一彙記滿洲祭祀故事が「大內春秋二季立杆大祭……」と云ひ、「清稗類鈔」二七頁祭堂子が「春秋立竿大祭、豫於延慶州山、取徑五寸長二丈之松、梢留枝葉九節、製爲杆、立於圜殿前石上、懸神旛掛楮、圜殿杉柱亦掛楮、司祝於兩處、擎神刀誦神歌、致祝如儀」と云ひ、又「天咫偶聞」卷二に「堂子牆外、松柏成林、滿人欲請神杆者、具呈禮部、任擇其一、而仍以稚者補之」と云へるなどその例である。

さて然らば此の滿洲民族の索摩（註三）は清朝より現はれた信仰であらうかといふに、私は決してさやうと思はず、恐らく此は古代よりの民俗に相違ないと考へられるのである。それは、此の民俗が滿洲に於いて非常に普遍的であるのみならず、之に類した民俗は古今多數の民族の間にも存在し、又滿洲人等も之を大昔よりの遺俗と考へてゐるらしく「天咫偶聞」卷二などには此の神杆に就いて「滿洲地近朝鮮、此實三代之遺禮、箕子之所傳也」とさへ云つてゐるからである。箕子所傳の三代遺禮とは勿論取るに足らざる說であらうが此の民俗は恐らく古代より滿鮮共通のものであつたに相違なからうと思はれる。

果して然らば次ぎに起る問題は蘇塗・索摩（又は神竿）の最も始源的狀態はどうであつたかといふことである。即ち、如何なる必要と意識とを以てどういふ形で生じたものであつたかといふ問題である。これは決して容易に解き得られるべき事柄ではあるまいけれども、若干の臆測を次ぎに試みたいと思ふ。先づ私は、蘇塗は決して樹木崇拜より起つたものではないだらうといふことを斷はつて置かなければならない。若し之を樹木崇拜より起つたものとすれば蘇塗の材料となる木そのものに意味があり信仰が伴ひ且つその用ゐられる木は或る一定の樹木でなければならないのである。けれども、朝鮮に於いても又滿洲に於いてもさういふ形跡は少しも見當らず、直長の木ならば松柏樺楠孰れも適し、又外に潔淨之木ならば何木も宜いといふのである。これは、蘇塗の材料となる樹木そのものに最初から宗教的意味があるのではなく、それらの樹木が蘇塗として採用される事に由つて始めて神聖視されるやうになるといふことを物語るものでなければならぬ。松柏樺楠は到る處に存するものであるが、それら凡てが聖木視されることはない。偶々神木とされる者あるも、それは別な理由からである。即ちそれが非常な古木であるとか又は奇怪な形狀をしてゐるとか、山神祭壇として用ゐられたことがあるとか、といふやうな異常性に由つてである。然るに滿鮮民族は斯る異常木を蘇塗に用ゐるのではなく普通の松柏樺などを用ゐるのである。然らば我々は蘇塗となる物質の上からその始源狀態を考へることは出來ないのであるから、蘇塗の有する宗教的內在觀念に據つて之を究めるより外に途はないと思はれる。蘇塗は前述の如く朝鮮に於いては祭壇・神體（又は神の憑依せるもの）・境界標・厭勝具等と考へられ、滿洲に於いては祭壇・神主（神・祖上・社主）等と考へられてゐる。これらの中何れが最初の觀念であり、それよりして如何に他の諸觀念が展開されたかといふことを究めることに據つて我々は蘇塗の起源に就いて何者かを知ることは出來はすまいかと思はれるのである。蘇塗が境界標となり、村落の守護神（厭勝具）とされるのは信仰形態がもつと進んだ後の出來事でなければならぬ。といふのは、蘇塗が境界標とされたのは之が村邑の守護神としてその界口に建てられた以後の思想であり、又之が守護神として恒時的に村邑の界口に建られるに至る以前に於いて此は索摩に見る如く祭壇又は臨時的神主として建られる過程を有たなければならぬからである。であるから我々は祭壇としての蘇塗が本か、神主としての蘇塗が本かといふ問題に就いて論ずればよいのである。けれども此は頗る難問であつて、その最初に於いて神主として用ゐられ之に供物を懸けて獻じたために後ち祭壇と見做されるやうになつたとも、亦たその反對の見解も成立ち得るのである。不幸にして私は之に就いてその何れなるを斷ずべき確證を見出すことが出來ない。で、私はこゝに燥急な獨斷を避けなければならないのであるが、次ぎに若干の臆測を之に就いて試みることを許して頂きたい。

古代人が神々に犧牲や供物を獻げる方法は種々であつた。地神には之を埋めて獻じ、河海の神には之を沈めて獻じ、空の諸神には之を投上して獻じ、山神・樹神などには之を枝に懸け又は岩・石の上に置いて獻げる等々さま〴〵であつたに違ひない。然るに彼等が、投上したる獻物が再び地に落つるを不敬又は不淨と感じた時、及び高きより降り給ふ神々を有つに至つた時に於ける彼等の祭壇はどうであつたらうか。是に於て彼等は木を建てゝその上に獻物を懸け、石を積累ねてその上に献物を置くことを先づ考へ出したではあるまいか。石を累ねる祭壇のことは別問題として今こゝに立木祭壇に就いて數例を擧げるならば、火原潔の「元朝秘史」卷一には蒙古民族の主格黎を說明して「以竿懸肉祭天處」とあり、朝鮮の民俗にも慶尙道及び全羅道には二月風神を祭る際、長竿を立てゝその上に種々の供物を藁包にして懸ることがあり、又七月七夕には銀河に烏鵲橋を造る鵲達に喰はせるとて長竿に食物を懸けて之を庭中に建てることがある（註四）。（思想は新しいけれども方法は原始的である）。又「太平御覽」卷七八〇叙東夷の條に「戰得頭、着首還、於庭中建一大材、高十餘丈、以所得頭、差次挂之、歷年不下、彰示其功」と云へるが如き未開民族の間に屢々見出される斯る習俗も、その武功を示さんとするよりはそのやうにして敵の頭を神々に獻じたのが原始的な意味であつたのではあるまいか。即ち蘇塗（立木）は祭壇として用ゐられたのが最も始源的であつて同時に之は神聖視され、次ぎには之が神體とされたのがその心的開展の順序ではなかつたらうかといふのが私の臆測である。之が神視されてから更に村邑の守護神となり、村邑の守護神として界口に恒時的に建てられるやうになるや之が又境界神ともなり更に進んでは境界標とまでなつたのは專ら馬韓民族に於ける發展であつたらしい。果して然らば馬韓の蘇塗はその信仰狀態が決して始源的ではなく頗る發展を遂げたるもののやうに推測されるのである。又滿洲民族が之を祖先とするのは之が彼等の祖先崇拜と結合したためであらうし、彼等が竿上に斗を置くが如きも後世の出來事に相違なからうと思はれる。尙ほ、古代未だ祠廟を有しなかつた時代、蘇塗は、それが神の依棲せる處と考へられるやうになつてから自然とそれは祠廟としての觀念の萠芽をも有するやうになつたであらうと考へられ、朝鮮に於いても滿洲に於いてもそれを想像することが出來るのであるが、唐の段成式の「酉陽雜俎」卷四に「突厥事祆神、無祠廟、刻氈爲形、盛於皮袋、行動之處、以脂蘇塗之、或繫之竿上、四時祀之」（明の岷峨山人の「譯語」紀錄彙編本は此の文を引いて終りに「至今尙然」と云つてゐる）と見えるのはその著しい一例と見做すべきではあるまいか。

尙一言附記して置きたいことは蘇塗の分配狀態及びその名稱・語源等に就いてゞある。「蘇塗考」に於いて民俗としては私は主として全羅道及び慶尙南道のそれらを例擧したに過ぎなかつたが、昨夏私は慶尙・黃海・平安・京畿諸道を旅行し、到る處その地方の古老に就いて聞知したところに依れば、蘇塗は二十年前までは朝鮮の到る處にあつた。慶北大邱の金而郁老の話に據ると、慶北では蘇塗を華柱（ホツチユツテー）（彩華を施すに由る名稱であらう）と稱し、先達又は進士・及第者のみが之を建て得る特權を有し、通常自家の門前・祖先の山所（墓）の前又は洞口（村落の入口）に立てるものにして、村落が之を勝手に建てることはなかつた。といふのは、華柱は科擧出身の表示であるからである。善山郡林隱の許氏門中には往年實に四十三本の華柱が建てられてあつた。當時許氏門中に學問を修める者七十餘士があつて、その中四十三人までが登科したからである。華柱は松材を用ゐ、頂上には雌雄二匹の木鳥を坐らせ、俗には之を鴫（サリ）と云ふが、文科出身者の建る場合は之を鶴と謂ひ、武科出身者の建る場合は鳳と謂ふ。又木鳥の代りに木彫の龍を載せ、それに丹青を施す事もある。別神（部落共同で毎春又は三年毎巫に依つて行ふ大儀式）の際には華柱の下に祭物を供へて巫が之を祀ることになつてゐる。

開城その他京畿道の諸老に就いて聞いた話を綜合して見れば、こゝには華柱・標柱・ソ柱・街柱等の名稱は無く、專らスサル木（モク）又はスサリ竿（テー）等と稱せられ、而して登科者が之を建る場合と村落が共同して建る場合とがあり、登科者のそれは龍を、村落のそれは鳥をそれらの頂上に載せるものであつた。そこで思出されるのは Emile Bourdaret 氏の記錄である。氏は其著 'En Corée' (Paris, 1904, pp. 72—3.) に於いて五方將軍（大將軍長栍のこと）のことに次いで次の如く述べてゐる。

"Placés——comme nous l'avons dit——à l'entrée des villages et des vallées, ces fétiches sont souvent précédés d'une longue perche plantée en terre, et au sommet de laquelle est fixée une racine d'arbre grossièrment taillée en forme de canard. Cet oiseau est l'insigne des généraux. On leur offre des sacrifices au printemps et à l'automne. Ces images, appelées aussi *Tsou—sari* (rangée de soldats) sont grossièrement sculptées dans des poteaux en chêne ou en pin."

鳥が果して將軍を表はすものかどうかは容易な問題でないけれども餘の記述は信ずべきであること勿論に、特に氏がスサリを軍列と譯した點に興味を惹く。軍列とは恐く氏の聞き違ひであらう。これは國境守備兵の俗稱であつて、スは陲の音サリは生活又は暮しの朝鮮語である。蘇塗を中部朝鮮に於いて屢々スサル又はスサリと稱し、又平安・黃海道の處々に於いて、一見防風林の如く村落の前（土民の所謂る虛なる方位）に列植する林をもスサル木《モク》と謂ひ、又村落の虛なる方位（三方山に圍まれ一方が原野又は海になつてゐる場合、後者は虛なる方とされ、又村落の一方に恐怖感を與へる山谷などがあればその方にスサル木を列植して之を遮る）に立てるY字の木（蘇塗に似て頂上の鳥を有せず）をもスサル木と謂つてゐる、このスサルの意味がどうしても解けなかつたのであるが、Bourdaret 氏の rangée de soldats の解釋に由つて陲防《スサリ》を思附いたのである。今まで私は守殺《スサル》だらうか水殺《スサル》だらうかと迷ひ、又その何れにも滿足し得なかつたのであるが、陲防に至つて始めて稍々正解を得たやうに思はれる。Bourdaret 氏の見聞は京畿道に於ける蘇塗に就いてゞあらう。

平安道及び黃海道の蘇塗の第一の特色は、鳥を頂上に有する者無く、龍頭を有する科擧出身者の建てる者のみであることであつた（村落が建てる蘇塗なし）。前述Y字形のスサル木を蘇塗と見做すべきか否かは暫く疑問として置き、平安・黃海の蘇塗は、之が登科者に依つて建てられるやうになつて以後流入されたものと思はれる。即ち龍頭を蘇塗の頂上に飾ることは登科者がそれを建てるやうになつてから以後の現象であらうと思はれるからである。而してその第二の特色は、その名稱が今にソッテー（註五）と一般に謂はれ、江界ではソッテーと稱せられてゐることである。前稿に於いて既に述べた如く、南鮮に於いて蘇塗に近似した俗稱を遺してゐるのは全羅南道に於いて之をソ柱《チュー》又はソチュッテーと稱してゐるもののみであつて、私は僅かに咸鏡南道咸興の巫歌の中にソルテーといふのを見出したゞけであつた。然るに、昨夏調査旅行中私は、平安・黃海の諸地方に於いては蘇塗を專らソッテーとのみ稱してゐることを聞知して、その意外なることに且つ驚き且つ喜んだものである。私の聞知した平安・黃海道の蘇塗所在地は次ぎの如くであるが、今日は最早やそれら何れの地にも現存するものはなかつた。（私はそれらの實物を見るべく、まだ立つてゐるだらうと云はれる場所には必ず往つて見た）。江東郡江東面下里獐項洞《ノルメギ》では往年六將領を出した。故にそこには一村六本の蘇塗を有し（形は下述成川のものに同じ）、俗に蘇《ソッ》

蘇塗考續補（孫）

塗街(テーコルモク)と稱せられてゐた（江東邑安基鴻老談）。成川郡邑には四十年前某進士家の門前に建てられ、高さ數十尺の直長の柏材に繩形に丹靑を施し、頂上にはやはり柏材にて開口の龍頭を彫りその尾は恰も踏舂の如く二叉に分れ、全身彩色を爲し口には如意珠を含ませたものを載せ、建立當日は廣大（俳優）を招じて步絃戲を爲さしめたり盛大な宴を張つた。祖先の墓所に之を建てる人もあるが、その時は山神をも祖先と共に慰めるとて山神木（任意に適宜な一木を擇ぶ）に大皷を懸け、種々な戲を演ずるものである（成川郡邑內金信浩老談）。陽德郡東陽面水岩里（舊邑）の尹進士家の門前には松材の蘇塗が往年立つてゐた。又同郡溫泉面下淸里崔進士家にもあつた。建立當日廣大は龍頭に登つて舞踏する。形は成川のものに同じ（陽德郡新邑玉潤瀅老談）。孟山郡に於いては邑內の方進士家で建てたもの及び智德面德化里の安進士家で建てたものがあつて、何れも洞口（部落入口）にあつた。形は成川のものに同じである（孟山郡邑內方基元老談）。寧遠郡に於いては文谷里の韓進士が之を自家の門前に立て廣大を招じて盛宴を張つた（寧遠郡邑內金德俊氏談）。德川郡に於いては豐德面松亭里の吳進士がその門前に之を立てた（德川郡邑內吳承演氏談）。熙川郡に於いては俗に長洞(タンコル)と稱する舘洞の金進士が之を建て、廣大を招じて宴會を催し先山（祖先の墓所）及祀堂（祖先の廟）を祀つた。その蘇塗は黑朱二色を以て繩形に彩り龍にも彩色を施し、舘洞は金海金氏一族の據つてゐる部落なのでその蘇塗は部落の前に建てられた（熙川郡邑內崔熙洽老談）。江界郡にも昔年某進士家の山所前（墓前）に之が建てられてあつて、俗にパンア・ソルテーとも單にソルテーとも謂はれた。パンアとは踏舂のこと、ソルテーとは高竿の事である（江界郡邑內孫時屹・覌田明守談）。海州郡石潭には栗谷李珥の子孫が住んでゐて、往年その山所の前並に洞口に蘇塗(ソッテー)があつた。載寧邑にはつひ七八年前まで存してゐるのを見た（海州邑金永壽氏談）。以上平安南北道及び黃海道に於ける蘇塗は何れも同形のものであつた。

如上の資料に據つて蘇塗の變展過程を一應概述して見ると、（一）單木を祈禳に際して臨時的に個々人が用ゐ、（二）次に此の單木が部落的祭祀に用ゐられ、更に之が部落の入口に守護神として恒久的に建てられ、後に崇拜對象たる一種の鳥を彫つてその上に載せるやうになり、（三）支那思想の感化にて鳥（既に此鳥に對しては信仰意識が薄弱だつた時代）は鳳・鶴・龍と變り丹靑を施し登科者が之を建てる特權を享有するに至つたものであらう、この時代の蘇塗は祖先崇拜と結付き血族的のものとなつた。而してこれまで宗教的咒術的であつた蘇塗は殆んど此等元來の性能を失ひ、特權階級の一種の飾物となつてしまつたのである。

終りに臨み蘇塗の語源に就いて一言しよう。白鳥庫吉博士の御話に據ると、蘇塗は前稿に於いて既に述べた如く聳木又は高竿の意味であるが、その元語はソルテーであり、訛つてソッテーとなり、轉じて更に種々の名稱を生じたのであつて、江界のソルテー、全羅南道麗水のソルテー(竿登り藝人の用ゐる高竿)等は最も元語を保つてゐるものと見るべきである。聳木・高竿を意味する蒙古語の soro-moto・滿洲語の索摩・索莫 somo 等何れも朝鮮語のソルテーと同源の言葉で、soro, so, sor は何れも聳・高の意味であるとの御話である。

註一、「欽定滿洲祭神祭天典禮」の原文は清文にして乾隆四十五年七月初二日阿桂・于敏中等の手に依つて漢譯成り四庫全書に纂入せられたるものである。

註二、堂子に就いて「嘯亭雜錄」や「天咫偶聞」以外の記錄を擧ぐれば「大清通禮」卷三堂子の條には極めて漠然と「皇帝親祭堂子之禮、歲元日皇帝親詣堂子、行拜天禮……」と云つて以下には儀禮の形式だけを述べてあり、「清稗類鈔」(二五頁祭堂子)には「或謂堂子之神曰武篤、本貝子、或曰非也……」とあつて此亦た明かならず、「嘯亭雜錄」(卷八堂子)には尙ほ民間の傳說を記して「相傳爲祀明將鄧子龍位、蓋子龍與太祖有舊誼、故祔祀之……」と云ひ、「天咫偶聞」卷二も亦た「南城堂子在東長安門外翰林院之東、……滿洲地近朝鮮、此實三代之遺禮、箕子之所傳也、俗人不知、輒謂祀明鄧子龍、不知子龍蓋於太祖有舊、相傳開國初、太祖常微服至遼東、以覘其形勢、爲邏者所疑、子龍知非常人、陰送出境、太祖篤於舊誼、祔祀於社、亦崇德報功之令典、非專爲祀鄧而設也」と見えるのみで矢張り正體を知る能はず、天嘏の「滿清外史」(卷上首編第三章滿族之崇奉堂子)(滿淸稗史所收)に「崇奉堂子、爲愛親覺羅氏特有之習慣、凡遇戰必先祭之、其神何名、無知之者、且祭獻之禮絕詭秘、往往不肯宣布、世皆强解之爲祭天、謂卽古者天子出征、類乎上帝、宜乎社、造乎禰之意、其實不然」と云つてゐるまでは信ずべきであるが之に續いて「昔有范生者、遊滿洲之遼陽城、見一古刹、欲入觀之、門者不許、謂欲瞻禮祇、可在門外焚禱、不得闖入、范生欲窮其異、與門者商、强而後可、乃至剎內、見塑像二、長各數丈、一爲男子狀、向北植立、一爲女子狀、南面抱其頸、體皆赤、態甚褻、問之土人、皆以公佛母佛呼之、（見三岡識略）愛親覺羅氏所奉之堂子、蓋亦若是焉爾、是其特有之習慣、漢人見之、未有不發噱者也」と云へるは固より信を置くに足らず、尙ほ闕名氏の「所聞錄」（滿淸稗史所收）滿帝拜偶像條の中には「……然聞之故老傳言、尙有所謂拜堂子者、據云、堂子係一猙獰牛鬼蛇神偶像之廟、滿洲官書記載、其大論可汗出師出拜之、神作獸形、人身圓眼、頭有支角如鹿狀、口銜足踏皆人、項懸髑髏珠、腰纏髑髏帶、長約二丈餘、狀極可怖、華幔低垂、莊嚴無比、實邪教中壓勝術也、可汗往拜、致爲恭謹、嗣見風俗考記、多爾袞福臨尙拜之、誠化外蠻族、不可以禮語也」と見えるが果して信ずべきかどうか。

註三、「滿洲源流考」卷十八祭天の條にも「滿洲語稱神杆爲索摩」とある。

註四、秋葉隆敎授「巨濟島の立竿信仰」（朝鮮民俗第一號）參照。

註五、平安道及黃海道に於ける俗稱はソッテー或はパンア・ソッテーであるが、パンアとは臼素の意味であつて、恰も踏春のそれに似た二叉の木が龍頭の尾部に附いてゐるためパンアの語をくつ附けたに過ぎず、元の稱は單にソッテーである。

○此文は昭和七年度帝國學士院の學術研究費補助に依る「朝鮮民俗資料の蒐集並に其研究」の一部である。

寄合咄

熊野のぬり船

紀州の熊野地方では日露戰役の終るころ——即ち明治の末まで大型の漁船へは兩舷の外側へ畫を描いてゐた。田邊地方ではこれをぬり船といひ、太地浦ではセコフネ（勢子船）といふたらしい。私は幼少のころ、田邊の海濱でぬり船を見馴れ、漁船は畫を描いてゐるのが普通と思ふてゐたが、その後ぬり船は次第に廢れ、今は全く絕えて見るを得ぬ。田邊の和歌山縣立水產試驗場にぬり船の摸型があるので、せめてそのうちの二つを寫眞にとりこゝに揭ぐ（寫眞一、二）。田邊の廣畠喜之助老は明治三十年ころ、實兄亡廣畠岩吉老が畫工たりぬり船の畫を描いたので、その助手として屢ば描いたことがあるといふ。その話によると、舷へ白い顏料で下地を塗つて置いて、その上へ畫を描く。畫は松竹梅、牡丹、鳳凰、唐獅子などすべて目出度いものに限られた。ぬり船は鯨船、鰹船、イサバの漕ぎ船等漁船として第一位を占めるもので、太地の鯨船はすべてぬり船であつたと聞くとの事だ。まだまだ畫ではなく船主のしるしを書き入れたものもある。それはこゝに出す寫眞（寫眞三）の通りのものだ。これは鰹船である。（雜賀貞次郎）

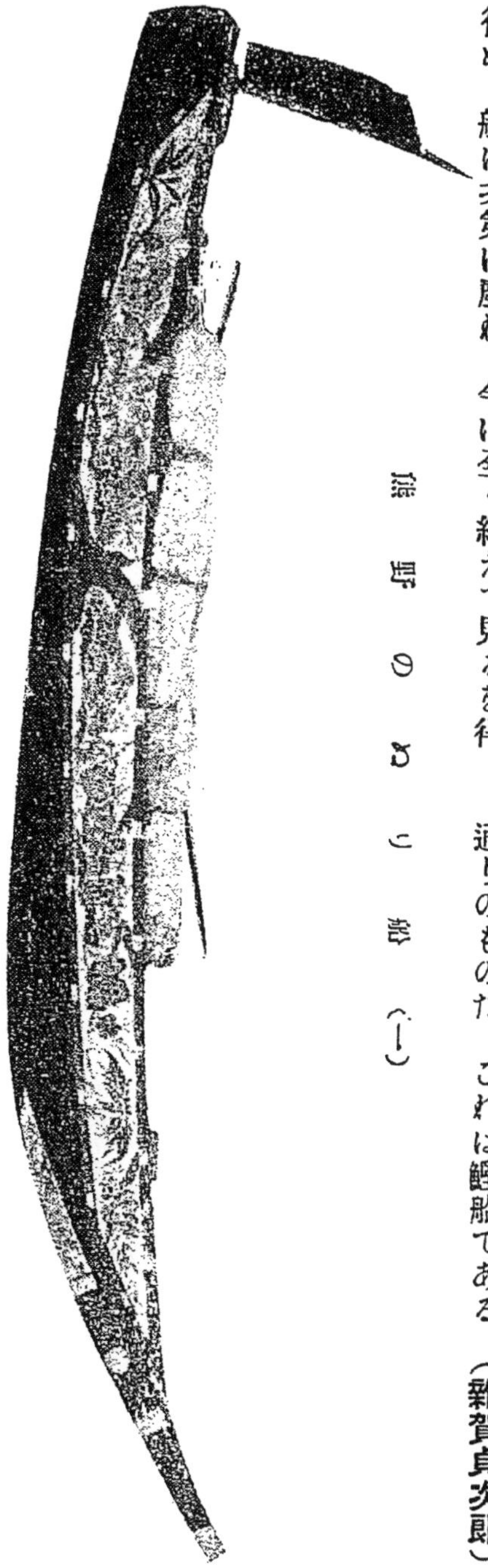

熊野のぬり船（一）

寄合咄

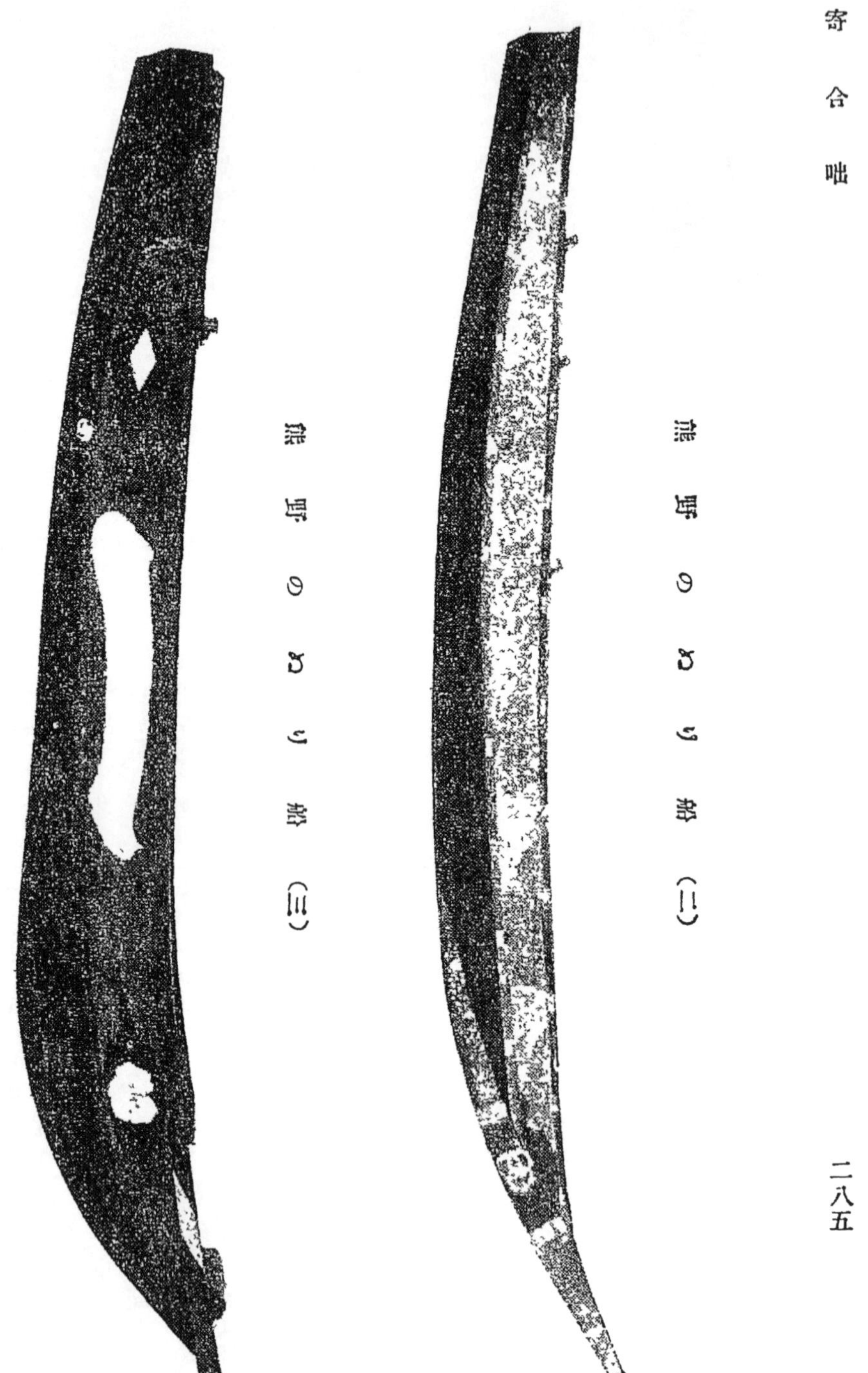

熊野のわり船（二）

熊野のわり船（三）

早川さんのこづみつむ事をよんで

九州本土では恐らく何處でもコヅムといふ語を使つてゐるだらう。仰せの如く藁を積むだけに、此語を用ゐてゐるのではない。石や薪をつむ事にも、また戸口から荒神柱（肥前の島のオトシノ柱の事）にかけて、庭に俵をつむ事も、コヅムといふ。糸島郡では多くは藁をつむ時に、コヅムと云ひ、コヅンだものをコヅミと云ふ由であるが、もつとよく聞いたならば、藁以外にも使用してゐるのだらうと思ふ。尤も壹岐や石見のやうに、トシヤクといふ語を、筑前地島で用ゐてゐるらしいが、此地方に於ける此例をよくしらぬ。

八女郡では稻を刈ると、家の周圍や田の中に、見た所二三十束位の藁を圖（一）の如くつんで、並べてゐる。之をワラトベといふ。圖（二）。トベとはその冠した圖（三）形の藁の事で、壹岐でいふトボシと同じものではないかと思ふ。薩摩の阿久根邊りでは、唐芋の蔓や薪をコヅンだ上にも、しきりに此トベを冠してゐた。之を以て雨露を防ぐといふ。海老のやうに腰の曲つたお婆さんに此名をたづねたら、トワラだと云つた。北松浦の田平では、之をオヒネリの如くトビといふ由、但しかの地でオヒネリを何と稱するかはしらぬ。下甑島では此コヅンだ上に冠する一束の藁をテイサクと稱してゐた。（櫻田勝德）

ワラトベの圖（二）

汽車の窓からみた玉石郡の枯田の中にあつたワラトベ、但し其名を知らぬ。

トベの圖（三）

八女郡のワラトベの圖（一）

川柳と民俗

川柳には民俗を題材として詠んだものが尠くない。然るにその民俗も世を代へ時を經るに隨ひ、泯びたり忘られたりして、今に殘つてゐるものは、數ふるほどになつてしまつた。私が讀んだり書いたりして氣の詰つた折に、拾ひ讀みした柳樽その他の川柳本から少し抽出して鷄肋を加へて見た。素人の藪睨み的に中らぬからとてお笑ひ草だけにはなると思ふ。

○

百合若の弓は潰しにふんで買ひ

上州の妙義神社には、今に百合若大臣が巨巖を射ぬいた折に用ゐたと云ふ鐵弓が、社寶として大切に保存してある。之は信州の寢覺ノ里の浦島太郎の釣竿と共に天下の珍とすべきものである。然るに此の句の弓は左樣なものではなく、江戸時代の開帳屋が拵へたものである。其頃は神佛の出開帳なるものが盛んに流行し、江戸市民を驅つて隨喜の涙を絞らせたものである。金儲けに油斷のない爪の長い連中は、此の出開帳にお賽錢の多く集るやう種々なる奇品異物を拵へ、それを損料で貸したものである。源賴朝おん十三歳の髑髏だとか、牛若丸に劍術を敎へた烏天狗の嘴だとか、曾我ノ十郎が大磯の虎の許に通ふ折に穿いた下駄とか云ふ、奇想天外から落つる底の物が續々と考案されたものである。そして是等を寶物と稱し貸付業を營んだのが開帳屋なのである。此の百合若の弓もそれであつて、開帳が終つてから古鐵買に拂ひ物に出した所が、これは潰しより外に仕方が

無いと安く踏まれたと云ふ句意である。出開帳が失敗して遠く本國から持參した神體や社寶まで典物にしたなど〻云ふ話も、當時としては決して珍しいものでは無かつた。

○

おんぞうは鐵漿を跨げとどうづかれ

おんぞうは武家の小者、どうづかれは叩たかれる意であるが、それでは何故に小者に鐵漿を跨せたか。私が覺えてまで婦人はお齒黑とて鐵漿で染めたが、鐵漿を拵へても花(泡の立つ事)が咲かぬと、その人は早く死ぬとて非常に嫌つたものである。それで花を咲かせる厭勝として紙に陽物の繪を描き、鐵漿壺の在る處へ張つて置いたものである。然るにそれでも花の咲かぬときは男子をして鐵漿壺を跨がせ、寶物を覗かせたものである。句意はこれで判然したが、さうした俗信が何から起つたかは判然せぬ。これには鐵漿の第一義である成女式の事から云はねばならぬが、今は態と觸れぬこと〻する。

○

釜拂ひ額で鈴をふり納め

町住居の下級の巫女が、毎月、日をきめて家々を廻り步き、荒神祭をしたの釜拂ひとも釜〆とも云ふた。句意には少しの變哲もないが、額で鈴を振り納める事で想ひ起されるのは梁塵秘抄に載せた『鈴はさや振る藤太巫、目より上

にぞ鈴は振る。ゆらゆらと振りあげて。目より下にて鈴振れば、懈怠なりとて神腹立給ふ』の雜歌である。私には藤太巫の意がよく判然せぬので、餘り口綺麗の事は云へぬけれども、鈴の振り方に就いては何か彼等の間に約束があつたものと見える。世間からは鈴振り神道の乞食神道のと賤められてゐたものに、却て古俗が殘つてゐたのかも知れぬ。

○

荒打を遠くへ寄つて目出たがり

家でも倉でも下地の壁を塗ることを荒打と云ふてゐる。そして此の荒打は大小にかゝはらず、必らず一日のうちに塗りあげてしまふ事になつてゐるので、大勢の左官職や手傳人が天窓から泥だらけになつて仕事を急ぐ、うつかり側へ寄らうものなら泥まみれにされる。仕事が濟むと祝宴が開かれる。私は三番目の倉庫の荒打の晩の、大酒盛りの最中に生れたので、よく此の話を母から聞かされたものである。

○

兄は譯を知らずに祝ふ小豆飯

女に初潮があると『花が咲た』と稱し、小豆飯を炊いて家庭で祝つたものである。そして此の事は土地により大仕掛に行はれ、家庭だけでなく村內、又は親族へまで披露したものである。讚岐の小豆郡や伊豆の八丈嶋などには、近年まで村披露があり、遠州の濱松地方では今に四隣の者は小豆を持つて祝儀に行くさうだ。村內への披露は一人前の女となつたから、何分ともよろしく賴むの意なのである。

○

事觸を夫の留守に持てあまし

昔は伊勢の鍬神とか鹿嶋の事觸とか稱し、物貰の徒が民間信仰を利用して鼻ノ下の空殿建立のために徘徊したものである。事觸に就いては西鶴の永代藏にある『これやこなたへ御免なりましよ、鹿嶋大明神さまの御託宣に、人の身代は動くともよもやぬけじの要石、商神のあらんかぎりはとの御詠歌の心は、惣じて產業の道、かせぐに追付く貧乏なし』と云ふやうな事を觸れて歩いたものらしい。そして男氣がなく女子ばかりだと、つけ込んで合力を乞ふたのであらう。併し双方とも伊勢や鹿嶋には全く關係の無いことは勿論である。

○

夜談義を半座で母は連れて逃げ

私の鄕里などでは、秋の取り入れが濟んだ夜長の頃に、旦那寺へ雲水が來て談義を遣る。有難い法談の方はほんの摘むほどしか講釋せずして、後は名主の非行、金持の不埒、殊に後家さんの亂倫、娘達の不身持に就いて、極端なる毒舌を弄したものである。それ故に此の談義僧の口の端に上つた娘は、往々にして婚期を失ふことさへある。句意はこれで明白であるが、昔は斯うした社會的の制裁が行はれたのである。雲水の種出しは村の若ィ衆であつた。

寄合咄

○

酢ださうなしんぜ申せと內儀起き

夜更になつて酒屋の戶を叩く、お買物なら明朝に願ひますと、小僧は夜具の中から首だけ出して寢惚聲で答へたまゝ起きようともせぬ。それを內儀が聞きつけ、酒ではない酢だそうな、早くおあげ申せと內儀が起きて來た。昔は姙婦が臨產に絕氣すると、酢を嗅がせ又は飲ましたものである。此の內儀も或は體驗家で特に思ひ遣りが深かつたのかも知れぬ。大和の奈良他方では姙婦が酢の湯に浴すると安產すると云ふのも、何か斯うしたひっかゝりがあるのかも知れぬ。

○

澁柿は年切しても憎まれず

小正月の夜に、果樹に對して千なれ萬なれ、たんとなれ、ならぬと枝を打切るとぞ、鉈や鋸でたゝきながら疵をつけると、後からなります御免くださいと云ひつゝ、小豆粥の汁を疵口へそゝいで往く、これが年切である。今ではこれを果樹責と云ふてゐる。併しいくら年切しても澁柿だけは憎むことが出來ぬとは、たんと實つてもらつたからとて、餘り有難くないためである。

○

裏口は出來そこないの削り掛

私が覺えて迄も正月の注連飾は年男の役で、外の者には一切手を出させなかつた。削り掛のことを花と稱してゐたが、これは常滑木（ニハトコ）に限られてゐて、秋口に伐つて枯して置きそれを削り掛たものである。これが素人には中々上手に出來ぬので、歲の市で買ふ家もあつたが、古風を尙ぶ家では上手下手にかゝはらず、緣喜ものだと云ふて宅で拵へたものである。削り掛にも大小の別があり、私の家では大きいのを二本だけ歲神の棚に供へて置き、それで十五日粥を攪きまはし、後に苗代の水口に立てることになつてゐた。

○

庚申を嫁のきくのは目立なり

昔は庚申の夜には夫婦同衾せぬ事になつてゐた。此の夜に懷胎して生れた子は、泥棒になるとて恐れたものである。今でも庚申の年に生れた子に、金に緣ある名を付けるのは此の故事に由ることである、然るに濱松地方の傳承に從ふと、昔は庚申の夜は性の解放が許されてゐて、目に餘るやうな事が多かつたので、或る物識が此の晩に孕んだ子は泥棒になると云ひ出し、後に同床せぬ習俗になつたのだと云ふてゐる。面白い話ではあるが、まだこれだけでは通說を覆す譯には往かぬ。

斯うした川柳なら、まだ幾らでもあるが、併しこんな話を編輯者や愛讀者が悅んでくれるかどうか甚だ心元ない。それゆえ自分だけいゝ氣になつて書きつゞけることは迷惑をかけるかも知れぬので、これで終りとする。（鑾庭斜丘）

資料・報告

元八王子柳澤の念佛

村田鈴城

八王子市を廻る南多摩郡の村々には大抵の部落に念佛講中と云ふ婦人の團體がある。普通十數戸乃至廿餘戸位で一團となつてゐる戸數の多き部落にては二組、又は、三組にも分れて講中を組織してゐる所も稀ではない。講中に死亡者がある時は出棺の當日夜に入りて、喪家に集り鉦を打て稱名念佛して追悼冥福を祈り、又每月既定の日ヤドに當れる家に會し念佛を爲す。前者と區別するため、後者を月次念佛と呼び、或は多く十六日に行ふ故、十六日念佛とも云ふ。近頃は各地とも此の月次念佛は漸次衰退の模樣で春秋彼岸の兩度、或は農繁期休止等々種々變更され、中には全く廢絶された所も少くないが、死亡者の出來た際には必ず行はれる。

左記は現在元八王子村二分方字柳澤に於て行はるる念佛の唱句であるが、元來目に文字なき農村婦女子の口授に依るもの故、訛言其の他誤れる點少なからざらんと思へ共、今は只聞きたるままに採錄する。此處の月次念佛は每月十九日老若の婦女子が各自夕食を濟まして、部落中央に在る觀音堂へ參集して行ふ。豫て定まれる當番の家にて所要の茶菓並に、夜食用の小豆粥などを準備し、時刻を見計らひ堂內へ運び、一同にて飲食し、夫れより雜話に耽り、果は嫁姑の噂やら、分娩の話やら、十二分に歡を盡して、夜半の頃散會する例にて、他部落に於ける狀況も、殆ど之と大同小異なるが如し。

元八王子柳澤の念佛（村田）

○

ありがたや　めぐりて救う觀世音　大慈大悲の南無阿彌だゝ佛　なむあみた。
ただたのめ　枯木に花もおくもの　誓ひのみぞろ法の山ぐち。
やなぎさわ　流れる水は淺くとも　ふかくも賴め深きせゐかせ。
若いとて　末をはるかに思ふなよ　無常の風は時をきらはぬ。
身は此處に　心は信濃の善光寺　みち引き給へ彌陀の淨土へ。

以上月次念佛、葬家にて行ふものは、先づ、南無阿彌陀佛を百遍程繰り返し、次に、南無不動釋迦文珠と所謂十三佛なるものを唱へ以下左の順序に唱へ最後にきようげさんと云ふ長文句のものを唱ふ。

○

とうのさまのおしよ様が、みづさのお山へおとびやる、妙見藥師のつな引きやる、つうをくお引きやれ極樂へ、
極樂淨土のまん中へ、南無阿彌陀佛南無阿彌陀〱。

○

はあこね詣りに赴いて、箱根がさきへあと見れば、おんおく和尙の聲もする、自身の親の聲もする、
旗や天蓋さしかけて、彌陀の淨土へおひきやる、南無阿彌陀佛南無阿彌陀〱。

○

親のみ墓のいとざくら、鷽がとまりて琴を彈く、ことの響にはなが散る、誠の花かと出て見れば、
花では御座らぬ皆六字、六じの花がふりつもる、なむあみだん佛なむあみだ〱。

○

しようづかのばあ様が、晝寢めされたところを、そうろり〳〵通うれば、後でだんこうこうだんこ、助けめえとのこうだんこ、はあちやあ心やあすいな、南無阿彌陀佛なむあみだ。

○

つゝつきつまづき辻の犬、吠へてくれるな辻の犬、つやになんびき辻の犬、吠へてくれるな辻の犬、南無阿彌陀佛なむあみだ〳〵。

○

きのふまでも今日までも、見上げ見おろし見た親を、朝日かがやく其の寺へ、今日の位牌と納め置く、南無阿彌陀佛なむあみだ〳〵。

○

奇妙てうらい天竺の、かあしが娘のかたびらは、した前かかりを見てやれば、春三月の梅のはな、梅の小枝にうぐいすが、とまりて初音を出す所、上前かゝりを見てやれば、秋八月の十五夜の、つる〳〵上るを染抜いて、肩にから松姫小松、後のかゝりを見てやれば、諸國大名が集りて、長崎煙草の新きざみ、やつぎの煙管でのむ所、裙のかゝりを見てやれば、兎波うつ波はしる、このみも好んだお仙女郎、染めも染めたよ紺屋さん、それほど好んだ惟子を、一度も着もせすきせもせす、寺へやるのが無念さよ、南無阿彌陀佛南むあみだ〳〵。

○

きめう頂禮あさ草の、はやりかんのんだが建てた、八萬長者がおたてやる、何を所願でおたてやる、何も所願はなけれども、花のやうな子をころし、其子の爲とてお立てやる、月のついたち十五日、參る道者も多けれど、札打つ道者も多けれど、我か兒に似たる人はなし、餘り我か兒の戀しさに、

元八王子柳澤の念佛　（村田）

花のお寺へ參られて、寺のしよゑんに腰をかけ、お坪の花をながむれば、ひらいた花が散りもせず、つぼみし花がちりかかる、よしや我か兒もあの如く、念佛申していざ歸える、南無あみ陀佛なむあみだ〳〵。

○

元八王子柳澤の念佛（村田）

五尺身分のきようがいは、人間はじまるそのときは、まアづは父のたぶさには、三ねんみ月の宿を借り、其の後母のたいないに、ここの月の宿をかり、まづひと月と申すには、水の泡の如くなり、さてふた月と申すには、月日の日數を表すなり、みつきと申せば有難い、三鈷の體とて形ち出來、よつきで四つの手足出來、さていつ月と申すには、五りん五體かすわりくる、むつきで物が知れてくる、さて七月と申すには、七曜九ようの目鼻出來、八月と申せば有難い、八萬四千の毛すじ出來、こうこの月のくるしみは、當る十月と申すには、五三の紐かやすとけて、佛の形ちと産れくる、つむりは如意の觀世音、ハァチはお山のシミなれば、髮の毛ぞうは大權現、額は八まん大ぼさつ、眉毛はいなりが作らるる、まなこは月日の光りなり、耳は彌勒のぼさつなり、鼻は文珠のさとりなり、口唇せいし大菩薩、齒ぐきは二十五のぼさつ、喉は法華經ハコなれば、舌は金胎屏風なり、いきくる風をあほぐなり、胸と腹との間には、彌陀の三尊おたちやる、右りのかいなは胎ぞ界、左の腕は金ごう界、指のうらまで尋れば、指はお釋迦の淨羅せつ、爪は蓮華の落は花、胴は大日如來さま、へそは藥師の瑠璃の壺、右りの足は不動そん、左の足は昆沙門で、足のうらまで尋れば、七めつぼさつを踏鎭め、さほど尊き身をもつて、身をば不精にもてなすな、生れてこの土へ參るには、大日樣のおん前で、五つの借物かりて來る、死んで冥土へ參るには、五つの借物みな返す、一つに借物かへすには、月日の御恩を返すなり、二つの借物かへすには、風のごおんを返すなり、三つの借物かへすには、水のごおんを返すなり、四つに借物かへすには、母のごおんを返すなり、母に御恩をかへすには、肉皮はいでも返すなり、五つに借物かへすには、父のごおんを返すなり、父に御恩を返へすには、筋骨抜いても返すなり、ふうるいけんぞく集りて、末期の水とてイサスレバ、胸三寸へせき上げて、我か境界へはおさまらず、クチセノクチノ寶には、たゞ念佛にしくはない、南むあみ陀佛なみあみだく。（以上）

因に記す此の柳澤は普化宗惣活派本山鈴法寺末なる光輝山澤水寺の所在地にして今尚歴然として寺趾あり　昭和八、二、一六、

アッカン氏著作目錄補遺

一九一一、Notes d'iconographie tibétaine (Mélanges Sylvain Lévi, pp. 313—328), paris, 1911.「チベット圖像學研究」（シルヴン・レビ氏紀念論文集所收）

一九二五、Mythologie Asiatique, Paris, 1925 數多の東洋學者と共同にてアジアの神話を畫像入にて說明せしもの、英譯あり。

一九三二、Bāmiyān（アフガニスタン）の佛敎藝術とその中央亞細亞との關係（東京帝國大學文學部に於ける講演要旨）

一九三三、L'œuvre de la Délégation Archéologique Française en Afghanistan (1922—1932) (I) Archéologie bouddhique (éd. Maison Franco-Japonaise) Tokyo, 1933. アフガニスタンに於けるフランス考古學委員の事業、その一、佛敎考古學（一九三二年十一月より一九三三年一月に至る日佛會館に於ける講演）

本書の中ハッダの發掘に就ての章は、吉川逸治氏に飜譯され、「美術研究」三月號に登載の豫定。

なほアッカン氏は目下 Recherches Sociologiques sur les tribus afghanes「アフガニスタン種族の社會學的調査」起稿中。中央アジア　シトロエン　横斷旅行に考古班として參加されし結果についても近くバリーの通俗雜誌に登載せらるゝ由。

横澤念佛講

箱山貴太郎

長村横澤に念佛講と言ふのがある。天保年間より今日迄引き續き毎年行はれてゐる。その記錄を先頃見せてもらつたのでこゝに書いて見る。多少なり參考になるところがあれば幸甚である。

一金拾五兩也　天保十二亥年四月東光院様白山寺江ヒ成候而眞田三ヶ村へ金五拾兩月々念佛爲修業之香華並たん子料として御下ヒ成壹兩貳分ハ其年のたん子料に御渡ヒ成候得ども元江加ひ元金拾壹兩貳分也

外合壹兩貳分

合金拾六兩貳分也

一金壹兩壹朱ト貳百五拾三文　亥五月より年中壹割利極月迄

内

三分ト四百七拾二文　東光院様御禮其外入用前年入用立替

四百拾四文　利息

差引金貳朱ト四百六拾五文不足

一金壹兩貳分貳朱ト百六拾七文　丑年利　立替六八兩替

内

貳朱ト四百六拾五、前年不足分引

香華　たん子料外入用

殘金壹兩壹分貳朱ト五百四拾七文　寅年分利

一金壹兩貳分貳朱ト百六拾三　卯年利分　兩　六二

香華料　團子料並入用

一金壹兩貳分貳朱ト百六拾三　辰年利分

前同所入用

一金壹兩貳分貳朱ト百六拾三　巳年利分

前同所入用　兩同所

一金壹兩貳分貳朱ト百五拾八　午年利分　兩替六四

内

貳分ト三百四拾八、出府ニ付自性院様へ土產入用

引殘　壹兩一朱ト貳百貳拾貳
前同所入所
一金壹兩貳分貳朱ト百五拾八
前同所入用
一金壹兩貳分貳朱ト
百六拾
前同所入用
一金壹兩貳分貳朱ト
百六拾
前同所入用
一金壹兩貳分貳朱ト
百六拾
前同所入用
一金壹兩貳分二朱ト
百五拾三
前同所入用
一金壹兩貳分貳朱ト
百五拾三
前同所入用
一金壹兩貳分貳朱ト
百五拾八
前同所入用

橫澤念佛講（箱山）

未年利足
申年利足
兩替六三
酉年利足
同　所
戌年利足
亥年利足
兩　六　貳
子年利足
同　所
丑年利足

一金壹兩貳分貳朱ト
百六拾
前同所入用
一金壹兩貳分貳朱ト
百六拾
前同所入用
一金壹兩貳分貳朱ト
百六拾
前同所入用
一金壹兩貳分貳朱ト
百六拾
前同所入用
一金壹兩貳分貳朱ト
百六拾
前同所入用
一金壹兩貳分貳朱ト
百六拾
前同所入用
一金壹兩貳分貳朱ト
百六拾
一金貳拾五兩也
一金拾五兩也

寅年利足
卯年利足
辰年利足
巳年利足
午年利足
未年利足
眞田村
橫澤村

横澤念佛講（箱山）

一金拾五兩也　　大日向村

右者自分事當白山寺從來有緣に付永代常念佛講爲供養料令寄附處也然ル上は當住之者村役衆且念佛講中時之世話人中立合ニ而月並念佛講の節御本尊前江燈明香華並菓子團子にても時宜に隨ひ前段金何程利分何程を十二月に割合供養可有之候尤耕作繁多之節は其月分引上候共又は致延引候共可相成丈斷絕無之樣當住村役人且世話人丹誠相勵可被下候、畢竟念佛講修行之儀は知不知信不信に不相拘修行致候得バ面々後生極樂之志願相遂候事は勿論念佛ニ現生の大利益と申事有之候間第一其所繁昌諸難滅除之現益ミ而譬は他領近鄉江惡病厄災致流行候事有之候而も其横難厄害を相遁れ申事ハ不申及依而は老若男女子供に至る迄善行の結緣にも念佛講江出勤可致候尤法門之興行には眞俗二諦と申事有之金銀資財を以ては法門ノ外護永續を助候を俗諦と申し又說法誦經念佛を以ては法門之內邊を修行致し候を眞諦と申候間前段自分念佛講供養金之義は既に先年元金貳拾兩拾五兩拾五兩寄附の節其年分利銀相添致寄附置候間每年春より暮迄諸入用明細勘定取調帳面貳冊に相認一帳は念佛講世話人預り一帳は寺元江預り右之金貸附方並利分仕拂勘定白山住持より右寫目錄自分方江相賜可被申候樣先年も右之趣申談置候得共今般尚又改而此段及示札候間兎角面々實意を以取計有之自他共冥加之利益を蒙候樣希事候萬々一念佛月並興行不屆行候儀も有之候節は一同評儀の上本金白山寺方永代祠堂料に加入可有之候其狀依而如件

前東光自證住

萬延元申十二月　　拾樂院　　諶眞

白山寺主

右村役人衆

講中世話人衆

請書

今般當所江御出相成候に付先年御寄附金每歲仕拂元金廻し方等念入永世懈怠無之可致執行候段精々御理解被仰聞御厚志之儀一同承知奉感心候然ル上は必御沙汰次第每歲之仕拂一紙目錄差上本帳二冊間違無之樣取調可申候萬一念佛講之月並講行不屆行候節は本金白山寺方永代祠堂料加入致し御厚志不致失却樣取計可申候此條一同申合候如件

白山寺

村役人

世話人

御預り申金子證文之事

一金拾五兩也　　元金

外金壹兩貳分也　但來ル三月迄利足分相添右者當村方百萬遍念佛講本尊香華等爲供養御寄附被下慥に御預り申候處實正明白ニ御座候

然ル上は年分壹ヶ月三拾兩ニ付金壹分之利息取立永代無懈怠村内老若念佛講可致執行候尤右金子取扱方之儀は別紙帳面ヲ以取引聊無間違樣仕分月次十五日勘定之通利分村方頭取世話人江相渡且又毎年白山寺御方大磐若之節三ヶ村役人立會相談相遂元利指引等相改御志願之條往々興隆いたし候樣可致出精爲後鑑預り證文依而如件

横澤村組頭　新左衛門

天保十巳亥三月　同　長左衛門

同　久保長左衛門

庄屋　久保專右衛門

江戸淺草
東光院主樣
右取次白山寺樣

萬延元申年極月

一元金拾五兩也　村役所より惣村中江清取

内

金六兩也　村百姓代　倉島　權助
同　久保茂右衛門
同　武者淺右衛門
右三人江預置候事

金九兩也　村判所中九組江預ヶ申候

外に金壹兩貳分也　前年送り分の利金

念佛講世話人　倉島安藏㊞
同　山口安左衛門
右兩人江預置候
此金酉年團子料仕金

一金壹兩此金ノ名所善慶畑年貢代不足分
同酉正月村之殘金貳分之内壹朱前申年
團子料不足之分安藏立替置此分遺し

酉正月十六日
一、團子料金壹朱　兩　六〆五百文
米四斗六升直

二月十日
一、團子料金壹朱　兩　六斗五百文
米四斗四升直

酉三月八日
一、團子料金貳朱也　兩　六〆四百文
白米四斗三升六合直

同
一金壹分也右者十樂院御法事之節香料上

七月十六日
一、團子料金一朱　兩　六〆五百文
白米三斗九升直

48

横澤念佛講（箱山）

八月彼岸中日
一、國子料金壹朱　兩　同
十月九日
一、國子料金壹朱　兩　六〆五百文
　米四斗二升五合直
差引而金壹分の不足　酉年利足金
一金壹兩貳分也　戌正月十六日に受取申候
戌正月十六日
一、國子料壹朱　兩　六貫四百文
　米四斗六升直
戌二月廿一日
一、國子料金壹朱　兩　六貫四百文
　米四斗二升五合直
三月八日
一、國子料　白米代金貳朱也
四月八日
一、國子料　白米代銀壹朱也
七月十六日
一、國子料　白米代銀壹朱也
八月
一、國子料　白米代銀壹朱
十月九日
一、國子料　米代銀壹朱也
十一月
一、國子料　米代銀壹朱
十二月朔日
一、國子料　白米代壹朱
戌年差引高
　金參分貳朱也殘り
　內壹分前酉年不足分遣
　殘金貳分貳朱有金也
一金壹兩貳分也　戌年利金
　亥正月十六日清取
亥正月十六日
一、國子料　白米代金壹朱
二月彼岸中日
一、國子料　米代金壹朱
三月八日
一、國子料　白米代金貳朱
四月
一、國子料　白米代壹朱也
一、國子料元金拾五兩の內金九兩右判所江預け之分當村小
宮山新吉殿ノ名所下中井田かい入之節田代金之內右九

二九九

兩村中相談の上代金之內遣し
判所當判望月善三郎久保清助兩人江金子相渡し申候事
丑年十二月廿日御座候
亥七月十六日
一、園子料　白米代壹朱也
八月十七日　同前
十月九日　同
十一月　同
十二月　同
亥年差引高殘金三分二朱有金

丹後舞鶴の手毬唄(一)

おふみや／＼何故まゝ食べん
腹が痛いか癪氣の虫か
虫でござらん今月今晩やゝ子ができて
もしやその子が男の子なら
寺へあづけて手習させて
寺の椽から突き落された
誰が落したおんばが落した
おんば憎い奴ちやぼんちかーはい
河の眞中で糸屑拾うて
何處でつなごか京都へつなごか
きよん／＼京橋橋の下
橋の下には何がある
金襴緞子が百六つ
百や六つに腰かけて
ほろり／＼と泣かしやんす
何が不足で泣かしやんす
おぢさん京へ上つて
京の土產に物もろた
赤い縮緬三尺と白い縮緬三尺と
合せて六尺もろたれば
隣の婆に盜まれて
大腹立ちや小腹立ち
そんなにお腹が立つならば
みゝず川に飛びこんで
つっつく／＼續いて
富士の山へ登つて
一本落ちては腰にさし
二本落ちては腰にさし
三本目には日が暮れた
姉のしようやへ泊らうか
妹のしようやへ泊らうか
姉のしようやに荷おいて
妹のしようやへ泊つて
朝起きて見たれば
大黒さんといふ人は
一で俵をふんまへて
二でニッコリ笑うて
三で酒作つて・四つ世の中良いように
五つ泉が湧くように　六つ無病息災に
七つ何事ないように　八つ屋敷ひろげて
九つ此處に藏たてて　十でとつくり納めた
まず／＼一こかしました。

(淺井正男報告)

陸前高田町地方俗信

中川さだ子

山と海とにかこまれて、ぽつゝりと世の中から忘れられたかの樣なこの町。平泉に藤原三代の夢華かなりし頃の金掘りと落武者を近き祖として、めぐまれきつた自然美の中に生えたつたといふこの町は、そのかみの日高見國もしのばるゝ程の古い生活樣式を見せてゐる。

その中から生徒の有志とともに簡單な俗信をひろつてみた。

(一) 蜘蛛に關するもの

(1) 朝蜘蛛は寶蜘蛛、よい事がある。又は金が入る。又それをその家の主人のふところに入れるとかねまうけするともいふ。

(2) 夜蜘蛛が下ると客がくる。夜でる蜘蛛はどろぼうぐも。

(二) 蛇に關するもの

(1) 春のながむしを夢にみると金がでる。

(2) 秋のながむしを夢にみると金が入る。

(3) 蛇や毛虫等をみてこれを指さしした時は、誰か相手の人にきる眞似をしてもらはぬと指がくさる。

(4) 蛇をさじた時は手がくさるから下駄のはにかけてきつくふむとよい。

(5) 蛇を殺すとたゝられる。

(6) 蛇の夢をみて三日間誰にも話さないでゐると金をみつける。

(7) 蛇が右の方からでて左に入ればふところに金が入る。

(8) 蛇を指さすと手がくされるから、手につばをつけて帶にはさむとよい。

(三) 天氣に關するもの

(1) 雀のなき方がおかしいと雨が降る。

(2) あづき御飯になにかかけて食べると嫁入りと、死ぬ時雨が降る。

(3) 朝やけすると雨が降る。

(4) かもめが海からたくさん上つてくると雨がふる。

(5) 秋夕燒すれば天氣がよい。

(6) ひびがいたければ風が吹く。

(7) 雷雨の時は桑葉をさすとよい。又火をたいてもよい。
(8) 雷雨の時はだかでゐるとへそをぬかれる。
(9) 雷のなるとき戸の間に桑の葉をさすと落雷しない。
(10) 人の生れた時雨が降ると、その人のお嫁にゆく時と死ぬ時も雨が降る。
(11) 太陽や月に輪がかゝると空模様がわるくなる。

（四） 死に關するもの

(1) 烏なきが悪いと人が死ぬ。
(2) 北向きは死人のみ、（かくするをきらふ。）
(3) 湯をぬるくするに、先に水を入れてあとから湯を入れるのは死人を洗ふ時ばかり。
(4) 葬式の時ころぶとあとをついて死ぬ。
(5) 人が死ぬ時はねむい。
(6) 上歯のぬけた夢をみれば目上の人下歯のぬけた夢をみれば目下の人が死ぬ。
(7) 二人死ねば三人死ぬ。それを防ぐにはわらうちする槌を後手にして川になげればよい。
(8) 死人の體がやはらかいとまた死人がでる。その時は棺の中に「かたくなれ」といつて石を入れてやればよい。
(9) 御飯に箸をたてるのは死んだ時ばかりだ。
(10) 歯のかけた夢を見ると人が死ぬ。それをさけるためには櫛を便所へ三晩とめればよい。

(11) 犬が頭をもちあげて變に吠えれば人が死ぬ。
(12) 便所へ行つて倒れた人は助からない。
(13) 夜爪をきると早く親に別れる。
(14) 身内の人が死ぬ時は知らせがある。
(15) 人が死ぬ時はその人の寫眞の色が變る。
(16) 三人で寫眞をとると眞中の人が死ぬ。又は一番年上の人が死ぬ。
(17) 足を洗ふ時足と足とでこすつて洗つてはいけない。それは人の死んだ時ばかりだ。
(18) お墓を先にたてれば長生きする。
(19) 子供が草花を頭にさすと親が死ぬ。
(20) シャツクリを千度すれば死ぬ。
(21) 人の死んだ時は下駄その他のはきものを座敷よりはき下す。（常にこれをする事をきらふ。）
(22) 水汲みをよびもどすは人の死んだ時。
(23) 葬式に位牌をもつた人は、式がすんで足を洗ふ時は足と足でこすつて手をつけすに洗へ。
(24) 葬式のすんだ時は鹽で身を清め水で口をすゝいで入れ
(25) 二つに割れた櫛をさすと片親にわかれる。
(26) 月のそばに星がでると人が死ぬ。
(27) 一枚の着物を二人して縫ふのは死んだ時ばかりだ。
(28) 餅を二人して引張り合つて食べ、又敷居に腰掛けて食べぬ。いづれも死んだ時ばかり。

(29) おひる過ぎに新しい下駄を下すのは死んだ時ばかり。（もし下す時はまづ便所にいつてこいと云ふ所もあり）

(30) 流しもとで歌を歌ひながら物を洗ふとその人が死んだ時もさうされる。

(31) 葬式の夢をみるとおふるまひがある。

(32) 人が死んで佛樣に上げただんごがくづれると續いて人が死ぬ。

(33) 泣くまねをすると早く母親に死なれる。

（五）結婚に關するもの

(1) 思ひだし笑ひをするとお嫁にいつて追ひだされる。

(2) 嫁して三年たゝぬうち變り事（火事、死）があれば一生不幸である。

(3) 雨の降る日に來た嫁は「泣く嫁」だ。

(4) 御飯をたべてゐてそつちにいつたり、こつちにきたりしてたべると何度も嫁にゆく。

(5) 男の人は嫁より一つ小さければ幸が來る。

(6) 結婚の時こわれものがあれば破婚となる。

（六）病に關するもの

(1) 家の裏にほほづきがなるとお母さんが病氣になる。

(2) むすびを火におとしたのをたべると遠道するときにけがをする。（この地方ではむすびを燒いてよくたべる）

(3) 惡い病氣を送りだす時には、あづき御飯をたき後手にしてなげ何樣かゞそれをたべればよい。

(4) めんどりがときをつくとその家にわざわひあり（死、病氣）

(5) どこかにでかける時御飯に汁や湯をかけてたべるとけがをする。

(6) 烏の口眞似をすると口のまはりにくさができる。

(7) 子供等の綿入れに糸屑等を入れると子供の病氣がたえない。

(8) 首掛けした時のなはをやいて灰にしてのめば中風にならない。

(9) 磐若經をもつて體をさすれば病氣をしない。

(10) びんどう樣の眼をさすり自分の眼をさすれば眼病がなほる。

(11) 柿の種をたべるとどす（らい病）になる。

(12) ねぎとうにをたべ合すとどすになる。

(13) 牛の日に着物をぬつたり糊つけしたりすると、病氣になつた時長い。

(14) 田植ゑの時の赤飯に汁をかけてたべると腹やみする。

(15) うすの上に腰掛けるとそこにおできができる。

(16) 眼にばが（眼にでる腫物）の出來た時は井戸に米粒を落し「あつたらばがおどした」といつて後をみず歸れば

なほる。

(17) 雷の時ころぶと大きな傷ができしかも血がでない。

(18) 手くびのいたい時は末子の男の子に糸で結へてもらへばなほる。

(19) 藥紙で鼻をかむと鼻血がでる。

(10) 髮や爪を火になげるとナリンボウ（らい病）になる。

(21) 弘法様の水を眼につければ眼病がなほる。

(22) 卵のからを女がふむと乳がでなくなる。

（七） 夢に關するもの

(1) 夢見がわるいと何事かできる。

(2) 水の夢をみると火があぶない。

(3) 火の夢をみると水があぶない。

(4) 夢は裏をみろ。

(5) 人の多く集つた夢をみると惡い事がある。

(6) 春馬の夢を見ると春駒といつてよい事がある。

（八） 出產に關するもの

(1) 口のすいたもので水を飲むとその物の様な子を生む。

(2) かますの上にねるとかますの様な口の子を生む。

(3) 姙娠中に葬式に出會ひ又は見れば母胎內の子供に大きなあざが出來る。

(4) 口のついたもので湯水をのむと上唇のさけた子供を生む。

(5) 袋のやうなもので鼻をかむと口の大きい子を生む。

(6) うすに女が入るとうすの様な子を生む。（口の大きな）

(7) 御飯のすんだ時すぐ釜に水を入れぬとひからびた様にやせた子を生む。

(8) 二つ栗をたべると双子を生む。

(9) 流しもとで歌を歌ふとおしを生む。

(10) 箒を女がふむと難產する。（それをこえても）

(11) 子供のない人が子供をほしいとおもつたら隣のおわんをぬすんでそれで食べると子供を生む。

（九） 食事に關するもの

(1) 神様におそなへしたものを女がたべるときかんぼうになる。

(2) 丸いものを二人で食べぬ事。（殊に兄弟は）

(3) 御飯を一へら盛るものでない。

(4) 客が茶を一ぱいだけ飲んで歸ると、家へゆく路を忘れる。

(5) 一ぱい茶は坊すばかり。（一ぱいだけのむと坊すになる）

(6) 茶柱がたてばよい事がある。

(7) 力士のにぎり飯をたべると力持ちになる。

(8) 御飯をたべてすぐねると牛になる。

(9) 一本ばしで食事すれば嫁して夫に早くわかれる。

(10) ばらにひつかゝれた時それをはなすには「ばら〳〵嫁

さんやるからはなせ」といひばよい。

(11) 一つのものを箸と箸とでつまぬこと。

(12) きのこの毒か否かは、にてねこに食べさしてみればよい。

陸前高田町地方俗信　（中川）

(13) 御飯に箸をつきたてるを不吉とてきらふ。

(14) 二人で一つ器にくんだ水をのむとけんくわをする。

(15) 御飯の時別々の箸でたべてはいけぬ。片親の人はよい。

(16) とろろをたべた茶碗でお湯をのまぬこと。

(17) 納豆をたべた茶碗でお湯をのむと、中風にかゝりやすい。（この地方では十六、七の事を非常に氣にする）

（十）　其の他

(1) 耳があたゝかくなると誰かその人の事を話してゐる。

(2) 人のかげ口をしてると必ずその人が現れる。

(3) 客が長居する時は箒にほゝかぶりさせてさかさにたてとくと早く歸る。

(4) マンジユシヤケをとると家を忘れる。

(5) 朝客がくると一日客がくる。

(6) 朝早く女客があればその日その家の賣り上げが多い。

(7) 障子に鳥影がうつればお客がくる。

(8) 左ひしやくを使はぬ事。

(9) 無盡のとりたい時は隣の釜のふたをぬすんでゆけばあたる。

(10) 神社に參拜して歸りにころぶと參拜した甲斐がない。

(11) お墓へいつてその日のうちに畑にいつてはいけない。

(12) 便所につばをすると罰があたる。

(13) 箒で人をたゝくと山犬に追はれる。

(14) 井戸等に入つてる魚を取ると神樣の罰があたる。

(15) ガマを殺すと夜ガマが床に入る。

(16) 生物を殺すと罰があたつてきつと何かある。

(17) 道をあるいてゐて鳥のふんをかけられると近い中に變り事がある。

(18) ねずみがゐなくなると火事がおこる。

(19) 家にかなへびが入ると繁昌する。

(20) 星のとんだ時「ほしがとんだ」〳〵と三度いつて朝おきてみると金がある。

(21) ほゝき星がでると戰爭がおこる。

(22) 馬のふんをふむと髮が長くなる。

(23) 牛のふんをふむと髮が短くなる。

(24) 夕方暗くなつた時、かくれんぼしないものだ。それはかくれんぼにだまされるから。「もういゝかい」「もういゝよ」といふ聲のする方にいつてみると誰もゐなくて白い煙がぼーつと立つといふ。

(25) 濱の方では「出船より入船」といつて入船の夢を見ると善い事があるといふ。

(26) メスのふくろうがなくと天氣になる。
(27) ヲスのふくろうがなくと嵐がある。
(28) 狐がなくと火があぶない。
(29) 爐のかぎに鐵瓶其の他の物をかけたまゝで夜を通すものでない。
(30) 申の日に着物をたつと火早い。
(31) 北にむいて着物を着たり仕事をしてはいけない。
(32) 新しい着物をきて葬式などに行くと、何時もさうなるから、先づ便所にいつておけばあとはどこにいつてもよい。（葬式にきそめでなくする。下駄等も同様）
(33) 羽織着物の衿等は半分貰つけ半分夜つけぬこと。
(34) 針はくれぬもの、くれる時は「石橋のくされるまでかす」といふ。
(35) 新しいはきものをはく時は、はにつばをつけてはく。
(36) 出針をするものでない。
(37) 便所に行く途中ころんだら、一度歸つて香物をたべてゆかぬと怪我をする。
(38) 火をいたづらすると寢小便する。
(39) 夜便所におきるをとめる法、夕方親がうすのかげにゐて子と話す、親「よぐそどのく\」子「ハィく\」親「ひるおきてもよいから夜間おきなんなよ」子「ハイく\」といへばよい。

陸前高田町地方俗信　（中川）

(40) 晝すぎ新しい下駄をはくと思ふ事がかなはない。
(41) 夜つめきると思ふ事がかなはない。
(42) 夜つめきると夜づめ（お通夜等）する。
(43) ざうりと下駄をはくと思ふ事がかなはない。
(44) 便所にゐた人をよばぬ事、昔おにばばになつてでてきたから。
(45) うどんげの花がさくとかはりごとがある。
(46) 一月一日に錢をひろふとその年は錢を拾ふ。
(47) 十五日と二十八日は洗濯するな。
(48) 月始めに面白くないとその月は面白くない。
(49) 其の家の主人や家人が用事で外出した時、その人の下駄又は使用物をみだりに使へば滿足に用事が出來ない。
(50) 年とりの晩やく年の人は白紙に錢をつゝみ四辻に投げ後をみずに歸れば其の年のやくよりのがれられる。
(51) 山で女の人がねると蛇が入る。
(52) 猫と一緒に寫眞をとらぬこと。
(53) シビレがきれた時は小さいワラをひたひにはつてゐればよい。又つばを三囘つけてもなほる。
(54) 火鉢に蜜柑のシブをもやすと肺病が喜ぶ。
(55) 紫陽花が咲けば豐年である。
(56) えぼをうつすときはその上をなでて「えぼく\せんばうの橋渡れ」といつてつけてやればよい。

陸前高田町地方俗信　（中川）

(57) はがぬけたら下ばは屋根に上ばは椽の下に投げ「ねずみのはは來年生えろ、おれのはは今年はえろ」といふ。

(58) くしを拾ふと苦をひろふ。故に一度ふんでからひろふ。

(59) おぼんには海に入らぬこと。

(60) 佛の前にねぬこと。

(61) 鐵瓶等の口を北にむけとかぬこと。

(62) 嫁御にならぬうちは額の毛をそらぬ事。

(63) ほゝきにて人をたゝかぬこと。

(64) 赤坊には鏡をみせぬこと。

(65) 七夕を大根畠にさすと虫がつかぬ。

(66) 月夜の晩にからすがなくと夫婦けんくわができる。

(67) 火事の時きたない腰卷をたてると火がうつらない。

（以上が高田町を中心とした氣仙郡内に行はれるものであるが、まだ〱ある事と思ふが手許のものだけあつめた。順序だてるつもりをしてかへつてゴチャ〱にしたかも知れない。）

讃岐丸龜地方の方言

方言	意味	方言	意味
ツバサ	燕	フルツク	梟
コウモリコ	蝙蝠	イツタチ	いたち
タノキ	狸	モクラモチ	むぐら
ガイル	蛙	クチナゴ	蛇
ハミ	毒蛇	オンビキ	がま
ドビンゴ	お玉杓子	メメンチョ	めだか
ガニ	蟹	メメズ	みみず
デンデンゴウ	蝸牛	マイマイツブレ	蝸牛
ヤンマ	とんぼ	ハタタ	ばつた
チヨウコ	蝶	エヒジヤコ	小ゑび
ブイブイ	ぶんぶん	ガアラ	河童
チチンコ	水面に小石を飛ばせる遊び		
ケンビ	木片を尖らせ地に突立てる遊び		
フリコ	めんこ	ゴマ	こま
イカ	たこ	ケンケン	片足飛び
ケツケ	じやんけん	カクレンゴク	隱鬼遊び
ハシリゴク	競走		
オツキヨイ	大きい	コンマイ	小さい
ガイナ	强い	マタイ	弱い
ヨーケ	澤山	チツト	少し

（立花正一報告）

小豆澤大日堂の祭 補遺

本田安次

昭和八年一月二日（舊十二月七日）早朝、思ひたつて鹿角の里を再び訪れ、大日堂に詣で、突然ではあつたが、別當家へお邪魔した。又わざ〳〵御案内を頂いて、長嶺・谷内を訪ひ、前の祭りに聞き落したことゞもを色々をお伺ひする。殊に谷内の五大尊舞に關しては、細しい記錄を得た。實はもう一ケ所、大里への心殘りがあるのであるが、一先づこれらを取りまとめておかうと思ふ。

×

○谷内五大尊舞の舞ひ方

谷内に傳ふる「大日堂故實傳記」五大尊舞の項に曰ふ。

「往古ハ五大尊ノ舞ハ大一番ニツトメタル由ナレトモ、參詣ノ群集ニ不淨ナル者此舞ヲ拜スレバ忽チ卒倒、鼻血正氣ヲ失ヒ人事ヲ顧ミサル也。是ヲ懈怠ト名付ク。是故ニヲソレテ五大尊舞ヲ末ニ出シヿナリ。今ニモ貴賤群集ノ參詣ノ中ニ、其年家內我身ニ凶事不淨是有モノハ、ケツシテ此尊像拜禮ノ時フシキノアラハル、ナリ。不精進ノ者ハ此舞ノ出ヌ先ニメイ〳〵御堂ノ內ヨリ門外エ引去

舞樂圖

ルナリ。……大博士舞臺ノ上ニテ、惡魔降伏ノ節用ル小板ワツカ一尺二三寸斗リノ薄板アリ。此小板ヲ、小豆澤大日堂迄背負行モノ精進潔齋、社人ト同斷ナリ。モシ其者其年ノ中ニ凶事アレハ、此板重サ盤石ノ如クニテ一歩モ進ム事叶ワズ。今以テ右ノ如シ。右小板ノギハ、大博士外ニ由來心得タルモノナシ。一子ノ外相傳叶ハサルノ秘密ノ祈禱ナレハ、サラニ知ル者ナシ。」

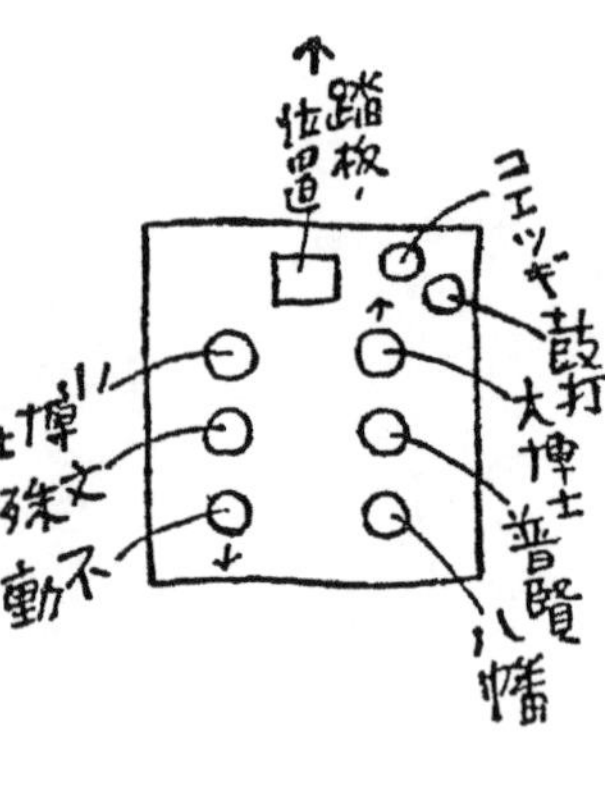

と。幸ひ、詞章と大體の型付とを誌した古帳が殘つてゐて、是が復興に際しては大いに役立つたらしい。次の記錄は、昭和五年一月十五日(舊十二月十六日)付、大博士阿部政治氏が、右古帳より寫しとつた「祭堂舞順序書」を土臺に、直接氏より說明を承つたものである。

▲はじめ**本舞**。圖の如く、舞臺北東の隅に、鼓打とこえつぎが坐す。正面に向つて右側に縱に、大博士(金剛界大日)普賢、八幡の順に正面向に並び、その左手には、小博士(胎藏界大日)文殊、不動が、それとは反對向に、即ち不動を先頭にしてお堂入口に向つて並ぶ。太刀を右肩にかつぎ、左手に鈴を採り、舞はじまると鈴振りつゝ、兩持物を前に合せ、開きする。鼓打は拍子とりつゝヨミコト又は聲明と稱してゐる次の唱へ言を、今は訛つて括弧內の如く言ふ。

東方降三世夜叉明王(東方コゴヤシヤミヨー)
南方軍多利夜叉明王(南方グダリヤシヤミヨー)
西方大威德夜叉明王(西方ダイホンイトクミヨー)
北方金剛夜叉明王(北方コゴヤシヤミヨー)
中央不動明王(中央ハーフドミヨーオーツテ)

次に兩列は各々反對に向を變へ、同じヨミコトにて同じく振あり、次にもう一度もとの向になほつて同じくある。こゝに大博士が短い秘文を唱へることあり。

次にも一度正、反、正と同樣舞ひ、大博士の唱へ言二度ある。以上を本舞と稱してゐる。

▲次に又、正、反、正と本舞同樣に一度舞ひ終つて、**貳人舞**。是は大博士と小博士が鈴振りつゝ舞ひ、四人は立つたまゝ。この時の鼓打のヨミコトは次の如くである。

ウンテーレーレー　ウラァローロエ　ウンドフロー　タタロー　イロロ

この時こえつぎが、踏板を舞臺正面に直し、大博士は是に上り、正面向に唱へ言三度ある。次に大博士はそのまゝにて、他の者が本舞一度(三度トモ)を舞ふ。踏板と稱するのは、長さ一尺二三寸、巾七八寸、厚さ一寸程のもので、今尙記錄に見えてゐる通り大へん重きを置かれ、舞臺の上ではこえつぎが持ち、必要な時だけ是を舞臺正面になほす。尙こえつぎは、鼓打の唱へ言を助ける役である。

▲次に大博士は板を下り、兩列が向ひ合になつた中を縱に往き來して舞ふ。是を**一人舞**といふ。これのヨミコトは二

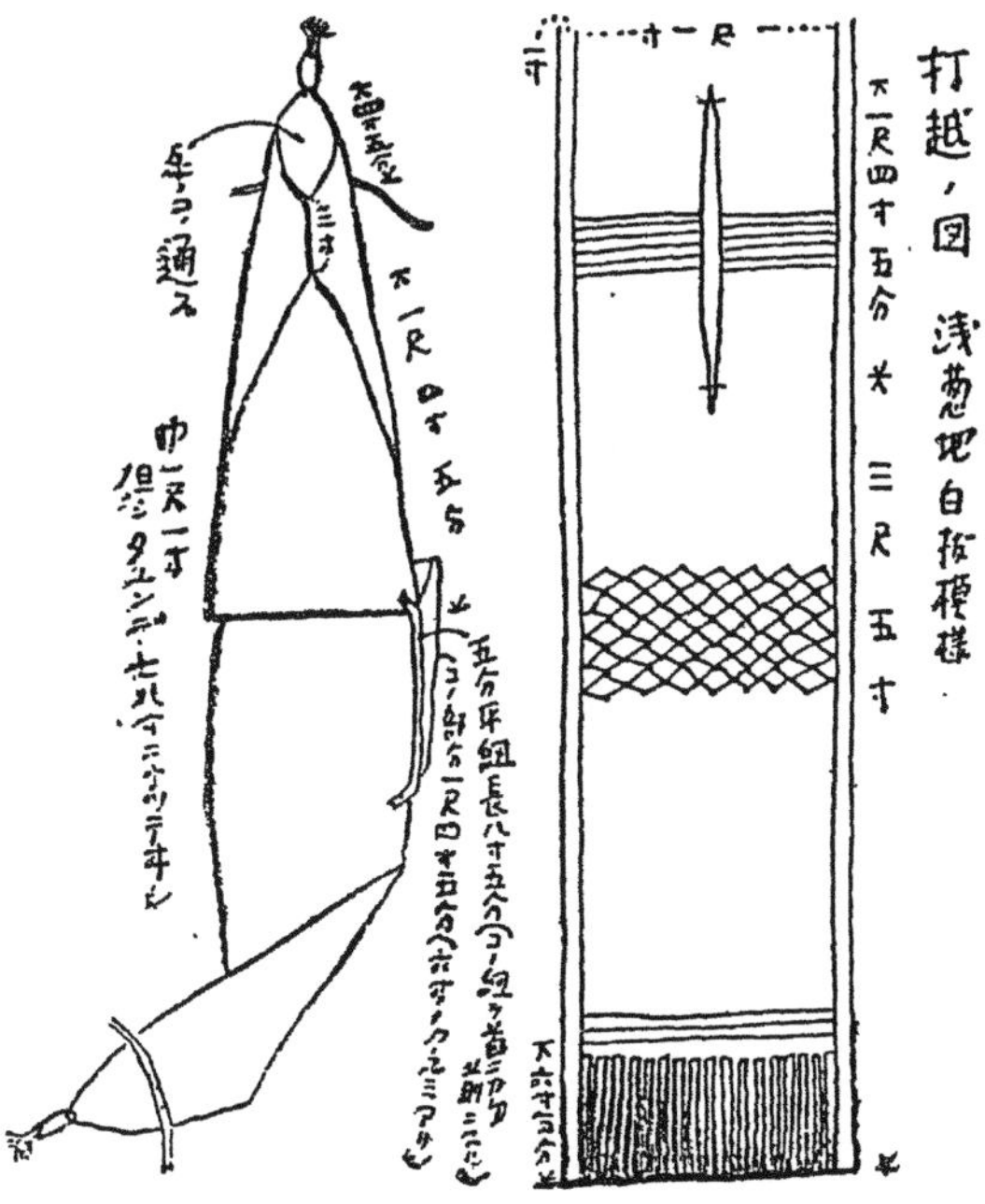

打越ノ図　浅葱地白段模樣

人舞の時と同じであるが、たゞそのあとに早クヅシ（早拍子のクヅシ）がついて、次の如く鼓打が歌ふ。

テレウラヤ　ロルイロ　タヾロルイロ　タヾロルイロ

▲次に**天竺震旦**、是は本舞同樣に舞ふ。鼓打のヨミコトは

次の如くである。

天竺震旦堂フセリ　サカムネホトケ　トキタモウ　モン〳〵サラリ　クニ〳〵ノ　ドンサツドンノ　ヒヤク　シユレンゲンノ　シユゴンゲンノ　ニギリノ〳〵ヒヤウ

（最後の一句は、ミギリノ〳〵シヨウ或はニギノ〳〵ソンともいふ）。

▲次に**熊野へ**。是も本舞同樣に舞ふ。はじめの向には言葉なく、かへつたときに左を誦む。

熊野へ　マイロ　ミチニコソ　カラ竹林　ヤツタ（ヤダとも）ヤクシ　トウザニコソ　イデヤヲ　ツクル　トウザニコソヒヤクノ金デ　今日ヒカル　ハギノ柱　大柱　ニギリノ　ニギリノヒヤウ

（次にはじめての向にかへつて）

出羽ノクニニコソ　月山羽山　シタカタヤクシ　トユドンノ　十一面ノ　クワシノカンノ、ニギリノ〳〵ヒヤウ

▲次に、**サケダマルイロウ**。これは刀かつぎ、鈴振りつゝその場めぐりに舞ひ、兩側が入代りになることとあつて、又もとにかへる。又その場めぐり等。この時鼓打は、

ルイロロ〳〵　サゲダマ〳〵

と言ふ。入れかはりになる事を對面といふ。サゲダマ〳〵は、この對面のとき。

▲次に**中サ**、（チウサか）是は六人中央向の輪になり、一歩

づゝ左におくつてまはる。浮沈しつゝ。
ハイウル（オロ）リヤーローロー ウンタダ ローアヤ ローア
ヤ ローロー
（次に大博士一人のみの振、これはその場で。）
ウルリヤロー タダ ロリヤロ〱〱

▲次にオサ打（ウチ）。是は二人宛向き合ひに舞ふ。
ウンテーレ テーレ イジルンダーハァ チルモ チー
ル イヅルンダー〱
（次に大博士二人が中央を行き來して舞ふ。その間他は立つてゐる。）
ウンテーレ テーレ テーレ

▲次にチウエ舞。刀を前一文字に兩手にとり、そのまゝ左右を切る。足は左右にひらく。次に刀下し、前に構へる等。是を、正、反、正と、本舞の時の如く三度する。
ハイチウエ（と右に）チウエ（と左に）テーレ ウラアロー
ウンローワア 〱ローローハー チールリヤー ウン
テーレ テーレ テーレーレーロ

▲次に六人立舞。此の時には六人が正面向の縦一列となる右足を半歩前にふんばり、浮沈しつゝ、正面向に三度振し反つて後向に三度、又正面向に三度振する。
ハーチール リヤー ウンテーレ テーレ テーレ、テ
ーェ レーレーレロ

▲次にカジキルイロウ ツララルイロウとも）是は刀をかついで入れかはり三度してなほる。
ルイロロ〱
對面のときは、
ツラァラ〱ルイロロ

▲次に花コ摘ミ。六人輪になり、刀かつぎ、鈴振り、浮き沈みしつゝ、一歩づゝ左に、右足は送り足して舞ふ。
（鈴を上に振り、下にトンと振る。）
ハイオローリヤーローロ ウンタダ ローアヤ ローア
ヤローロー（と三回ヨム）
ハイイザアーロー 子供ラ ン花ツミニ アレサ トー
ヲドート 何花ツミニ ボタン カラヲエ アヲイ キ
クノ花 アーナ ハイネローネロー子供ラ ソテタレニ
ネロ オクジヨードハココニ ワレト ネーロ ネーロ
ハイオローリヤーローロー ウンタダローアヤ ロー
アヤローロー
オロリヤロータダ ロリヤロ〱〱〱

右は寫本の文字であるが、今實際には次の如く唱へてゐる。
ハイオローレーローロ ンタダローエ ローエ ローエ
ハイ エザロー 子供ラ ン花ツムニ アレサヘ ト
ーヲトード ハイ何花ラツムニ 牡丹（ボタン） 唐藍（カラオイ） 葵（アヲイ） 菊ノ
ハーアアナ ハイオロレーローロ ンタダローエ ロー

エローロー　ハイネローネロー子供ラ　ンコゞハオグ淨土ハ　コゞニワレトネロ　ネーレネーロ　ハイオロウレローロ　ンタダローエ　ローエローロ

▲次に六人立舞。鈴振り、太刀を前に出し、わきにつけ等して舞ふ。

ハァ一萬ゴーゲン(コンゲン)　テーレ　テーレ　五大尊(ゴーダイソン)　八萬ゴーゲン　テーレ　テーレ　五大尊　五大明王　テーレ　テーレ　五大明王尊

最後に大博士は、持物を前に合せ、左右に開いて、九字を切ることとあつて終る。

以上約一時間近くかゝるといふ。ヨミコトは一切鼓打がやり、こえつぎがこれをたすけ、舞子は何も言はない。たゞ大博士の秘文だけが別である。この秘文は、一子相傳であつたため、今は不明になつたらしい。現在はたゞ「ワォー」といふ風に聞えるといふ。

尚、尚明治二十六年に、悦人氏が當時不動を務めて居られたらしい阿部徳助氏をして書かしめた五大尊舞の型付(表紙とも半紙六葉。表紙に「大同舞ノ事」と書く)が別當家に保存されてゐたが、是によると細部に前者と少しく異るところがある。次にそのまゝを寫しておく。尚これは方言そのまゝで誌されてゐる。(括弧内は私の註、句讀は本のまゝ)

大同舞ノ事(大同はザイドウのことゝ云ふ。)

一始リハ三五舞(今はかく云はぬ。前記の如く本舞と云ふ。或は散供舞、四方拜の意であつたらうか。)
一　トーホコゴ三舞レバトナエナリ
一　トーホコゴ二舞レバトナエナリ
一　トーホコゴ二舞レバトナエナリ
一此次ハ二人舞ナリ
一　此間マスマエヒツ　トナエアリ(踏板の條)
一次ハトーホコゴ一ナリ
一次ハ壹人舞ナリ
一次ハ天ツクシナリ
一次ハサゲタマルエロヨナリ
一次ハ長サナリ(中サニ當ル)
一次ハオサウツナリ
一次ハツヱナリ
一次ハ六人立ナリ
一次ハカツギルヱロヨナリ
一次ハ六人立ナリ
一次ハ花積ナリ
一六人立舞レバ　クツオキルベシ
一スツ舞(神子舞)ハ右之手ニ持ツ、右サ三メクリニテ手ヲアセ、左ヘ三メクリニテ、手ヲアセ、右ヘ三メクリニテ手ヲアセテ納上。

小豆澤大日堂の祭堂 補遺 （本田）

一トヘアリ（神名手舞）ハ、ムゴガ、左ヘヒサヲ、オリテ、右ヘ、スデヲタナギテ、ウスロニムギテ、マエニムギテ納上。

一掛申シテ六人立、カダナヲカツギテ、メクリテ、六人森アツバリテ、ヒザヲ右ヲ立、左ヲカガメデ、三ゴエ、キデ、立ベシ、右ノ足ヲダシデマルベシ。

一トーホゴゴノ、コエハ、トーホコゴ、ヤシヤメヨ、ナボクダリ中ヲ、ハフドメヨオテ、コレバガリ。

一天シユクシダンハ、サギニ舞レバ、熊ノリ、此次ハ出羽ナリ。

一サゲダマルエロヨハ、カタナヲサゲデ、ム子バ、モゴニムゲデ、ウラバ下ニムケルベシ、テマエノ場ニテ、三メクリニテ、モコサヨゴニ行キテ三メクリ、ミクリテ、又テマエノ場ニテミメクリテ、又モコサエテ三メクリ、メクリテ、又テマエノ場ニテ三メクリメクリテ、又モコデ三メグリメクリテ納上ルベシ

一オサウツハ、右之足ヲノベ、三ガヘリ手ヲアセデ、足ヲノベ又ミガヘリ手ヲアセテ、足ヲノベ、又ミガヘリ手ヲアセデ足ヲノベルベシ、三カエリ足ノベダラ、カエテ、又ミガリ足ヲノベタラカエテ、又ミガエリ足ヲノベダラカエテ舞ルベシ

一スエハカダノウラヲウエニムゲテ舞ルベシ

一カツギルエロヨハ、カダナヲカツグバリブンダ前ノサゲタマドヒドツナルベシ。

一花積ムハカダナヲカツクベシ、此ノウツシハサトスルベシ

一天シクシノコエハ
天ツクシダンドンヒセデ、サガム子ホドケハトキタモヲモ、モン、ザヤラリ。クニクミノドンサクドンノヒヤク、シユ、コンゲノ、シユレゲノ、カシノカノ右ノ右ノスヲ、

一熊ノリマエルモミツニコソ、カラダケ林ヤダヤクシモトサンコソ、ヒヤクノカ子デ、今日ヒカリ、萩ノハスラヲハスラ右ノ右ノスヲ

一出羽ノ國ニコソツキ山ハヤマスタカタヤクシモ、トユドノ十一面ノカシノカノ右ノ右ノスヲ

明治二拾六年

一穐田縣鹿角郡宮川村字谷内村百三拾一番地　平民　農

阿部徳助（歳二十二歳）

○五大尊舞の經歷

大正七年三月より昭和六年三月まで、十三年間　、谷内の長谷川小學校に校長をされてゐた大槻惠藏氏が、曾て五大尊舞に就て種々調査され、ノートに書誌しておかれたものがあつたのを、此度幸ひ借覽し得た。貴重な記錄と思ふので、次にそのまゝを轉載させて頂く。

（中に二三缺字があるが、若し調査がとゞくやうなら補つておいて頂きたいと思ふ。）

一、五大尊舞經歷之事

養老の祭り以來、後陽成天皇（紀元二二五〇年代）御代に至るまで、大博士勤行は、澁谷美代吉の祖先代々繼承せりと雖、其次第明かならず、而して何の頃よりなりしか、百六代後水尾天皇の御宇以前、大博士は六大神を奉じて家族を引纒め、仙北の地へ移り去れりとて、後大博士の舞を勤むる者なく、此間幾歲なりしか、谷內六大神の舞樂中絕せりきと云ふ。然るに恰も、一老婆の、大博士の舞を心得たる者ありて、關係舞人と協議研究し、素面の儘舞樂を行ひたりきと云ひ傳ふ。仙北に引き去りたる大博士一家は、故鄕戀慕の念止み難かりしか、偖ても六大神の御宣託によりてか、谷內へ舞ひ戾りて、後水尾帝（紀元二二七五）元和元年（昭和二年ヨリ三一三年前）舞樂中興し、夫れより代々營み來れり。今元和元年より代々大博士勤行の次第を擧ぐれば左の如し。

一、澁谷氏大博士系圖の事

[1]巳伊之助—[2]五郎兵衞—[3]兵五助—[4]五郎兵衞—[5]近吉—[6]百助—[7]左仲太—[8]小平—[9]權吉—[10]權七—[11]長之助—[12]平學—[13]貞馬—[14]美代吉

安永八年九代權吉年十五歲、淸水又の利右エ門勤むとあり。

小豆澤大日堂の祭堂　補遺　（本田）

一、舞人の事

舞人は大博士結緣の家柄にて、澁谷の姓を名乘りし者多く、舞田と稱して舞人に扶持したる田地ありたりと雖、今は其經過明かならず、只現在より溯りて知れる丈尋ぬれば舞人に奉仕せる人左の如し。（大正十四年末調）

……（缺字）

一、胎藏界大日盜難のこと

（私註、盜難にかゝつたのは大博士の面であるが、是は胎藏界でなく、金剛界であると安倍氏は言はれてゐる。）

明治卅七年舊曆七月七日、古例により六大神を御櫃より正面に奉遷して參詣し、且つ裝束の虫干せんとて、關係ある者ども相寄りて恭しく拜すればこは如何に、探せど求むれど胎藏界大日神の御姿見えず、上を下への騷動となり、衆皆困惑しける。此に於て、事重大なるを以て、谷內有力家阿部藤右衞門氏、阿部吉之助氏、外數氏と協議の上、直ちに花輪警察署に其旨を訴へ出で、探索のことを請ふ。後數年其筋に於ても銳意諸方面に亘りて警戒活動せられたれども、今にして何の手懸りとなることなし。想ふに神面の額に、天然水晶の物せられたるを尊き寶石と思ひ誤りしより惡意を生じ遂に盜み出したるなるべしと思はる。

胎藏界大日を失ひし後は、六大神揃はざる故を以て、舞樂を行ふことなく、其後明治の御代は其儘に過しけり。

小豆澤大日堂の祭堂 補遺 (本田)

明治四十五年七月三十日明治天皇崩御御遊ばされ、大正と改元せられ、大正天皇御即位あらせらる。大正二年舊暦正月二日古例の舞樂の狀況を其筋へ報告せんとて、郡長より宮川村へ照會ありし爲、四ヶ村の舞樂及行事を型の如く行ひ之を撮影せり。此日大博士は、金剛界大日の神面をかけ、小博士のみ素面にて勤行せり。(寫眞師花輪町小田嶋源太郎)

(私註、この寫眞は一部別當家に殘つてゐたのを、數年前、大日堂縣社昇格願提出の際、他の書類と共に內務省に送つたまゝ、かへらずに居るといふ。)

翌年より舞樂のこと止みたるに、搗てゝ加へて大正三年舊一月十三日、大博士澁谷美代吉病死しければ、相續者もなく、此所に至りて、谷內五大尊舞のことも憐れ悲しき境遇に陷り將に亡ばんとせり。

是より先、相續人正治は、父美代吉に先ちて病死し、正治の嫡子義一は又相續の意なく、祖先傳來の財産さへ失ひて、行衞不明となれり。

一、胎藏界大日假神面彫刻寄進の事

大正七年、尾去澤村西道口、權現別當黑澤谷內、阿部義六氏を介して、胎藏界大日を彫刻して寄進せんことを申入らる。議未だ定らずして徒らに時日を經過する內、彫刻品を箱に藏めて持參したれば、阿部義六氏は、自ら工賃拾五圓を仕拂ひて、之を胎藏界大日として寄進し、以後六大神の御唐櫃へ同藏したり。

右之奉迎の式を兼ね、大正九年舊正月二日、古例の通り、未明より、谷內神明社內六大神へ參詣し、型の如く舞樂相濟み、途中參詣も古式に依り、小豆澤大日堂へ參りて、四ヶ村共々古例の通り祈禱及舞の行事を首尾よく結了せり。當年の役割左の如し。

大博士 阿部米松 普賢 義六 八幡 龜藏
小博士 阿部與七 文殊 文吉 不動 德助
各係、 フエフキ 久松、巳之助
世話係 寅藏、權四郎

(私註、フエフキとあるのは、鼓打及こえつぎのことか。)

翌大正〇年〇月、前年大博士を勤めたる、阿部米松病を得て復起たず、舞樂のこと復止む。

一、胎藏界大日を新たに奉迎の事

大正十四年、花輪町出身、當代彫刻の大家在東京、相川善一郎氏(彫刻家朝倉文夫高弟)谷內重寶六大神の內胎藏界大日の盜難に會ひしこと、今尙は在所不明にして而も名僧行基菩薩の作なるを聽き、以て記念として、實費にて之を彫刻し奉納せんと、當村阿部藤助氏に就き希望を申入れたれば、同氏は百方斡旋の勞を儘し、後日奉迎尊祀することを得たり。

相川氏は、阿部藤助氏を訪問し、同氏並に舞樂關係者數人と共に、殘る五大尊神を參詣して、參列面々の記憶を參考とし、其型の據るべき所を調査せらる。而して用材として、阿部周助氏所有の桐樹の根本一尺二寸のもの貳箇を東京相川氏へ送る。

傳説に曰く、舊來の六大神も、阿部周助氏祖先の宅地と、阿部藤助氏宅地との境界に在りしを伐りて行基菩薩の作れるなりと。

如何せん現在我全國に、胎藏界大日の型の據るべきもの無しとて、彫刻師も苦心酸膽大に努められ、石膏にて型を採りて再三谷內迄送り、舞樂に關係ある者の批評を求められ、訂正に訂正を加へられ、斯くして愈々作成り、大正十四年舊曆七月七日より、他の五大神と並べ祀りて尊崇信仰することゝなれり。工賃實費　　圓也

一、舞樂近代再興隆の事

是より前、當時宮川村村長にして、谷內有志家なる阿部藤助氏、古例の舞樂は、國粹保存として永く世に傳ふべきものなることを主唱したれば、村內には之に共鳴唱和するもの多く、遂に大正十四年舊曆十二月中、義六長男阿部政治、外舞樂關係者十數名、阿部藤助氏宅に協議し、阿部政治を大博士に推薦して、將來年々舞樂奉仕勤行のことを決議し、且つ舞樂經費の內へ、谷內部落より年々卅五圓を支出して、以て永く維持記念せんことを請願して成れり。

由來其土地の祭神の祭禮は、産土の氏子の直營たるべきは本躰なるべきも、往古領主の命に依り、大博士が首として之を經營せるものなるを以て、自然村、又は部落と交渉を絶つの狀態となりしものなるべしと雖、時代の進運と、行政の完備に伴ひ、部落の直營に屬すべきものなるを想はしむ。

大博士の役を引き請けたる阿部政治氏は、特に其勤行の次第を傳授せられたるにもあらざれば、幼時兒戯に見覺えしことを基礎として、古老に糺し、關係者と研究し、或は記錄等を參考して、艱苦辛酸、能く大博士の舞を納得して舞人の首領に立ち、大正十四年舊曆十二月十五日夜より每夜舞人の私宅及特志寄進者の宅を廻りて練習を積み、舊曆廿五、六兩夜は古例に依りて神明社內六大神前にて正式の舞樂を營みたり。——大博士一人舞の事は、畠山新太郎之れをよく知り居りて、大いに參考となりたり。

一、大正十五年舊曆正月二日、古式の通り、未明より參集し、神明社內にて一通りの型を濟み、大日堂へ參り、四箇村共に古式の如く舞樂を勤む。

大博士　阿部政治　普賢　嘉三　八幡　米太郎
小博士　阿部與七　文珠　吉五郎　不動　覺治

小豆澤大日堂の祭堂 補遺（本田）

各係及其他奉仕……

經費……

一、大正十五年十二月二十五日、大正天皇崩御遊されたるに付、「昭和」と改元せらる。

昭和元年舊曆十二月〇〇日より、昨年の例により舞樂の練習をなす。

二十五、六兩夜は、古例に依りて神明社內六大神前にて正式の舞樂を營みたり。

昭和二年舊曆正月二日、古式の如く神明社內にて一通りの舞樂濟み、途中參詣の箇所も型の如く、大日堂へ着し、四箇村共首尾よく舞樂を了せり。

大博士　阿部政治　普賢　阿部嘉三　八幡　阿部米太郎

小博士　阿部與七　文殊　澁谷文吉　不動　阿部覺治

各係其他奉仕……

經費……

〇長嶺烏遍舞補遺

はじめ、舞臺に並んだ六人が右手を開くとき、大博士が「オンゴウォ」と言ふと、其他の舞子が「オー」と應ずる。この唱へ言三回にして最後に大博士が「オンゴウォ、オーニ、（と皆々刀を收め、次に鈴振りつゝ）ジャイモン〱」と言ふ。寫本に謂ふ聲明といふのは、是のことをいふ。前記錄に鼓打が言ふ如く聞きとつたのは誤りであつた。

長嶺が面から下げる白帶のことを、ビンゴノタナと言ふ。白木綿並巾を四つに疊んだもので、長さ八尺。舊十二月二十七日に、每年大博士自身で是を洗濯し、若し一日で是が干せれば世中はよいと言つてゐる。昔、大博士が、當日例の如く洗濯して日當りに干しておいたところ、どうしたはずみか紛失してゐた。然し騷ぎ出せば氣の毒と、何か間に合せて知らぬ振をしてゐた。ところが四月八日に五の宮に詣つたところ、向ふの山毛欅の木にこのタナがかゝつて居り、其日、此の大博士はどうしてか急に死んでしまつたといふ。槽で洗ひ、女どもの手にかゝらぬ所に干す。尙、直垂や袴等も總て此日に洗つて干す習ひである。

（以上、大博士阿部孫太氏談）

こゝの舞子がもと舞ふときはいた履物を、げんぎうと稱したが、是は別當家より、六足と片方出た。この片方は、鼓打の腰を下すためのものである。尙大里の駒舞にも、二足と片方出だが、この片方も鼓打の腰掛であつた。

（安倍氏談）

〇修法のとき。

修法の際、別當は、千石格式の行列をつくつて、籠に乘り、別當家の門を出、槍、挾箱等十二人の從者を從へた。舞臺に於ては長嶺の太鼓に腰を掛け、それよりも少し長く高い小豆澤の太鼓を机にし、その上で讀經した。修法が濟

御上樂圖

めばすぐ又同じ行列で歸つた。是は先代の嘉津馬といふお祖父さままでやつたことゝ言ふ。（安倍氏談）

○南部家へ奉る餅のこと。

南部家に運ぶ餅は一斗二升、閏有る年には一斗三升であつた。これを麻繩に縛つて運び、南部家の柳の間に於て、柳の枝につけたお札と共に奉つた。お使には、大博士、一の庭、篩屋が年々交替に行つたもので、このときお供へは無賃の傳馬で運んだ。十一日に出かけ、十五日に收め、歸つてくるのは緣日に當る十八日頃であつた。

お供へを縛つた麻繩を腹にあてると、お産が輕いとて、南部家では、武士の婦人達が爭つて少しづゝ是を戴いたものといふ。

○大綱のこと。

昔は大綱は、年々造へた。十八日の朝、是をほぐして、希望者に頒け與へたものであるが、貰つたものは是を馬に食はせた。馬が達者になると言はれてゐた。

○小豆澤の笛と大里の太鼓

小豆澤の笛はもと竹製であつたが、割れ易いといふので、最近は朴の木のものを用ひてゐる。太いのと、やゝ細いのと大小二本ある。割れ易いといふのは、強い音を出すと割れるので、又附きものであつた喧嘩の際是が格好な持物でもあつた故といふ。笛役の家には、今古い竹笛の割れたのが數本殘つてゐる。朴の木は、割れ難い點はよろしいが、乾き易いので、豫め水か酒に通さねば吹けない缺點がある。

小豆澤大日堂の祭堂　補遺　（本田）

近頃京都の宮島に十五圓を投じて竹笛を注文して出來て來たが、元笛の通り造へてもらつたにかゝはらず合はない。更に京都三條に、約二十圓をかけて造り直してもらつたところ、大體合ふが、たゞ神子舞の大事なある一節だけがどうしても出ない。即ちもう半音高かるべき音が出ないのである。然しも少し吹きならしたら出るだらうと言はれてゐる。以前の笛は樂人自らが造へたか、或は仙臺邊に注文したらしいといふ。

笛があるのは小豆澤と大里だけで、大里の笛は鳥舞には合ふが、神子舞に合はない。それで時折小豆澤のを拜借に及ぶといふ。（長嶺、谷内が神子舞、神名手舞を舞ふときは、小豆澤の笛による。）

太鼓には何れも熊の皮が張つてあるが、たゞ大里のだけは馬の皮である。これが又かへつて駒舞には調子が合ふといふ。

○小豆澤の正月行事（舊暦）

小豆澤外三ヶ村の正月は、殆ど大日堂祭りが中心である。

十二月一日　別當宅では此日から門口に注連を張り、潔齋する。

十二月十五日　直接神事に携る者は、此日より門口に注連を張る。

十二月十八日　年終りの大日堂緣日、笛、太鼓を出し、調べの練習にかゝる。

十二月二十日　輕い役を務める者は此日より行に入る。

十二月二十五日　もと神屋があつた頃には、此の日川部から年男が來て煤掃をした。年男の田といふのが別にあつた。

十二月二十六日　別當宅の煤掃、この煤掃が濟むと、お宮から權現樣がお下りになり、神屋にお入りになつた。

（今神屋がなくなつてゐるので、別當宅の煤掃を二十五日にし、權現樣も同日、別當宅にお守り申す。）

此日より神屋で祭堂の稽古がはじまつた。（むしろ此の日よりざいどうであつたらしい。）今はお堂内でやる。（尙他部落では、夫々の舞臺元に集る。）

大晦日　お堂に神酒を供へる。年越の蕎麥を頂く。又年男が、「福は內鬼は外」と囃して炒豆をまく。尤も節分にする家もある。

（因に九戶郡の葛卷でも、十二月二十七日の煤掃に豆をまく。）

正月元旦　若水を汲む。身固めの舞。

正月二日　前晩より祭堂。（前稿參照）

此の日が濟めば子供達は、息されるまで、祭堂の眞似をする。

するといふ。

小正月十五日　晩に神棚の上にみつ木を一本打つけ、是の枝々に澤山の小さい饅重位の餅をつけ、眞中に、上方を一つ縄に綯つた小藁束を下げる。この藁の先に、藁二本位に一つ宛、小豆餅と米の餅の團子を交ぜて小さく付ける。これを平常は十二本、閏には十三本、つくつたらしい。（旅と傳説六巻二號、七七頁、「してん坊の物語」の中に、「ひげさ團子をつつつあした」とあるのは、妙なことを言つたものだと思つたが、或はこのことを言つてゐるのかも知れない。）

前者の一つ一つの餅を粟棒と言ひ、後者の藁に下げたものを米棒といふ。これは小正月中飾り、二十日が濟めばとり、干しておく。而して六月一日に、歯がためとて、神前に備へ、後戴て。

又、門口にて苗を植える眞似（雪の上に、藁或は粟殻をさす）をしたり、又是を刈り取る眞似などした。又米糠様ののや、豆殻などを雪の上に播いた。このとき、「かめのかほが〱、長者どの倉から、錢や寶やとんで來い」と囃して歩いた。これらは皆、家々の年男が、十五日の晩つとめたものといふ。以上は今、何れも廢れた。

正月十七日　大日堂のお籠り。

正月十八日　朝、東西にあげた大小龍旗を下し、綱を下す。別當家の後行も今日で濟む。（以上安倍氏談）

小豆澤大日堂の祭堂　補遺　（本田）

○田斗り神事別傳

田斗り神事には、次の様な別傳があつた。昔、長者夫婦が此處を立たれるとき、酒を醸し、酒糟と鹽とを以て一夜漬の香々をつくり、大根汁に蕨や燒豆腐を入れ、別に燒豆腐を南蠻で煮、粉南蠻でくるみ、これらを肴にして里人達に振舞つた。人々が醉ひしれたのを見て忍んでこゝを立つた。即ち人々をたばかつて出たといふのである。昔は一週間の行をして神酒（濁酒）を醸した。（安倍氏談）

又、谷内に傳ふる「故實傳記」には次の如くある。

當時堂院住田計り酒の由來

當時別當妙光院先祖安倍刑部左衞門守綱と云ふ者にて、奥郡一戸の郷士なりしが、文明年中津輕に用事ありて當地に來り、小豆澤の入口一の渡の川を越え、大日堂へ参詣致し休息せしが、人馬共俄に病氣さし起り、小豆澤村大日堂住院吉祥院へ止宿せしが、病氣も全快せしによつて、出立しければ、病氣復々起り、不思議に思ひ、大日堂役員大博士大日如來に祈り御湯立を捧げければ平癒す。別當院住、タバカリとて、十一月十六日、近郷の者を不殘招ぎ、燒豆腐の串穴へ粉南蠻を詰め、之を一切づゝ肴にはさみ酒を振舞ひ、此度大日如來別當院たるべき御託宣には、斷絶の後我に仕ふる者なく、汝此所に止まり、我に仕へよ、若し神託に背き汝が下知に隨はざる者は忽ち

小豆澤大日堂の祭堂 補遺（本田）

罰を蒙るべしとの正しき託宣なり、如何と問ひつめければ、紛南蠻にむせ返り、彼是の返答もなく、皆一様に得心承知致しければ、早速國司三戸城主南部十五代の大守膳太夫政盛公へ言上しければ、則堂務別當職を相蒙り、如古例祭禮怠慢なく相勤めける。是より年々十一月十六日古例となり、タバカリ酒と云ふ。鄉中の者を招ぎて南蠻豆腐一切づつ肴に挾み、大椀にて酒七杯宛振舞ふ舊例とはなりけるなり。中頃より後には祭地の田より計りて神酒を造りたる故、田計り酒と是亦面白き恐しき說なるや、何れ實說不詳。

○大日堂お堂內、向つて右手の板壁に、誰の仕業か不明であるといふが、次の如く誌した板牌が打つけてあつた。

　五之宮岳參詣者ニ

一產火又ハ四足二足ヲ食スタル時ハ、七拾五日之後ニ參詣ヲスベス

一死火又ハ婚禮火ヲ食スタル時ハ、五拾日ニ參詣ヲスベス若ス不注意之節、風雨ノヲソレ有ル事ヲ敎事アリ、參詣者注意スベス

　大正四年舊四月八日

○小豆澤村名の由來

「故實傳記」に左の如くあり。

　鹿角郡小豆澤村由來之事

此郡ヲ高山ヨリ見レハ川ノ流レ鹿ノ角ニ似タルユヘ名付タリト云ナリ。又京郡トハ、昔國郡御改巡ノ公卿左少辨御下向ノ時、山川ノ風景民ノ情ノ和厚ナルコト都ニ似タリト有テ名付玉ラト云。大日堂ノ鰐口ノ銘ニ、奧州京郡大日堂トアリ。又挾布ノ里トハ、往古ハ諸國ヨリ金銀珠玉米粟五穀ヲ先トシテ、其所其里ヨリ土產ノ品ヲ何品ニテモ禁中エ貢物ニ奉ルヿナリ。鹿角郡ヨリハ幅ノ挾キ布ヲ國司ニ貢物ニ奉ル古例殘レリ。

小豆澤トハ、大日堂ヨリ二丁斗リ南ニ當テ、田地ト小屋場ト申所ノ澤ノ名ナリ。小豆粒ノ如キ小石流レニ有ユヘ名付タルヲ村ノ名トセリ。小屋場ト云ハ、大日堂御造營ノ時普請小屋カケタル所ノ由ナリ。今ハ百姓屋鋪ニテ、小山ト云此所畑續ノ平地ナリ。小屋場ト云ハ實ナルベシト云。

○村で一番の舊家は、やはり別當安倍氏で、その系圖書といふのによると、現戶主悅人氏は、第四十七代に當る。庭園には數百年を經たかと思はれる大枷羅樹あり、この樹を問うて訪れる者も少くないといふ。次に當家の畧系圖書を掲載させて頂く。

　安倍氏系統畧圖

大彥命—義顯（初代）大彥命末孫ニシテ繼體天皇御宇大日尊祠官タルヘキ宣旨アリ、善記二年下レリ—義丸（二）—

義直（三）—義政（四）—義高（五）—義祖（六）—義光（七）—義守（八）元正天皇御宇養老二年天台僧形タルベキ宣旨

アリ、養老山喜德寺顯壽院トナリ、大日社ヲ如來ト言奉ル 義照[九]—義澄[十]—義綱[十一]—義綏[十二]—義久[十三]—義廣[十四]—義晴[十五]—義盈[十六]—義敬[十七]—義勝[十八]—義青[十九]—義友[二十]—義懲[二十一]—義輝[二十二] 鎭守府將軍藤原秀衡命ニ依テ奉行錦戸太郞國衡大日堂ヲ壽永二年巳卯八月十六日再興ス —義昌[二十三]—義盛[二十四]—義賢[二十五]—義穡[二十六]—義典[二十七]—義幸[二十八]—義重[二十九] 元中二年南部守行朝臣從來ノ社領ヲ改メ百石ヲ賜フ。北畠顯家大日堂修覆シ給フ—義良[三十]—義謙[三十一]—淨通[三十二] 文安四年義謙ノ跡ヲ繼ク。同年比叡山ニ登リ天台祕傳ヲ極メ、師ノ命ニ依リ淨通トナル(後二十年大日堂祠官斷ゆ) —義安[三十三] 文明二年南部政盛朝臣トナリ安倍刑部左工門ト言フ。高四百石ヲ賜フ。陸奥ノ國二戸郡小枝村居住ス、同十二年大日堂ヲ參詣サレタルニ、汝チ留メ永ク勤仕スベキ旨神託アリ、其旨政盛朝臣ニ言上ス、社務職ヲ命セラレ、社領八十石ヲ給フ。(安倍家中興の祖とす。)—義倍[三十四]—義貞[三十五]—秀貞[三十六]—秀安[三十七] 永錄十一年南部信直朝臣鹿角戰ノ時戰功ニ依リ鎧一筋ヲ賜フ。—守榮[三十八] 元和元年南部利直朝臣御檢地御改同二年高八十石黑印ヲ賜フ。—義榮[三十九] 慶安二年南部重信朝臣ヨリ嶺樂師山ヲ大日社付ニ寄進シ賜フ。妙光院ト呼ブ。—良榮[四十]—典榮[四十一]—典徹[四十二]—諶長[四十三]—高照[四十四]—義行[四十五]—嘉津馬[四十六] 兄義行ノ跡ヲ繼キテ四十六代トナル(安政二年ナリ。) 明治四年社領八十五石及社付山沒收サル。明治六年大日社ハ村社ニ列セラル、同時祠掌拜命ス—悅人[四十七] 現戶主

悅人氏は、安政五年の生れ、明治十七年より五年間及び明治二十六年より十年間宮川村長をつとめられ、四十四年より今日までは、宮川郵便局長を兼務されてゐる。義惠氏はその嫡子で、明治三十八年十二月より八年間宮川村長をされた。大日堂祠官としてのみならず、村治にも功勞多く、村人達の人望も殊に厚い。

(宮川鄕土讀本卷一による)(八・二・八)

附記　安倍氏よりの消息によれば、今年は谷內との了解もついて、目出度く四ヶ村の舞樂が打揃つて大日堂に奉納になつたといふ。尙挿入の寫眞は、今年の祭りに特に手配を頂いて實況を撮影してもらつたものである。(やはり小笠原定吉氏を煩した。)大綱の下には折角水引幕をかけて下すつたのであるが、もうよれ〳〵になつてしまつて、もとの形がない。綱の中程に見えてゐるのが大幣とさつ幣である。

英國人類學派の民族學研究の一特色

英國人類學派の重鎭の一人マレットが昨年「未開宗教に於ける信仰、希望及び仁愛」と云ふ公演を行つた。(オックスフォード大學より出版)。これを見ると、英國の民族學研究の主流をなす心理學的傾向が極端に明示されてゐる。彼れは文化の發達してない民族は生活するために宗教の力を貸りることが最も多いと云ふ假定を認める。ここに於て、然らば宗教は思惟の方面から生活を助けるか、行爲の方面から生活を助けるか、感情の方面から生活を助けるか、を吟味し、彼れは感情こそこの中心となるものであるとなし、希望恐怖色情仁愛などの情緖生活を主として宗教生活を見てゐる。これは同じく英國の心理學的研究に屬するマリノフスキー一派のやうに性慾と部族生活、飢餓と勞働など云ふ生理學的研究とは違つて思辯的傾向が强い。然しこれは又佛蘭西社會學派などの企て及ばない點を明かにするに役立つのである。(**杉浦健一**)

女ばかり

（明石貞吉報告）

中山太郎氏は女護島の觀念が八丈島に附會されしは（一）後漢書東沃沮傳（二）慈恩傳（三）文獻通考（四）三才圖會（五）本草綱目の五條の記事によつて示唆されて女子のみの國が扶桑國の東海にありといふことから、之が八丈島に附會されたとみてゐる。支那の文獻にて女子國、丈夫國は古く漢代の文獻、山海經に見られる。又前漢に道士を集めて書かせたといふ淮南子の墜形訓には丈夫民、女子民とあり、漢の高誘注には『其狀皆如丈夫衣黃衣冠帶劍』とか、『其貌無有須皆如女子也』などある。そして女子國には、『兩女子居。水周之。一曰居一門中。』（山海經海外西經）とあり、又、『五彩之鳥仰天。名曰鳴鳥。爰有百樂歌舞之風。』といはれる丈夫之國、並びに女子國が、同じ山海經大荒西經にも述べてある。そして晉の郭璞注には之に東沃沮傳の純女無男國が女子國だとしてある。

かうした女の國の記述は古く山海經にある。日本の女護島の觀念もやはりかうした女ばかりの國といふ感じをもつてゐたのではなからうか。少くとも、世之助が行つた國だもの。自分には南風に裸身を露じて孕むといふこと水に入つて孕む（山海經郭璞注に見ゆ）といふことなど興味あることだと思はれる。この意味の女護島のことをも考へていただきたいと思ふ。八丈島をこれは女護島だと感じるまへに、日本人の頭の中にゐがかれてゐたはずの女護島。野郎もゐる女護島へいつたとしたら、世之助も思はぬ野暮であつたでせう。

呼寄せ塚

子作・ユイ・他所者

○社會經濟史を專攻する人々などでも今迄小作といふ言葉に何等の疑問を持たずにゐたといふ事は不思議である。私は小作は寧ろ子作を意味するものである事を、法律新聞三五〇八號以下九回に亘つて連載した「捨子の話」の中で觸れておいたが、村の生活史を明かにしやうと志す人々にとつて大きな問題と云はねばならない。

小作關係の古い觀念を知るには、先づ地主と小作人との名稱を方言で何と表はしてゐるかを見なければならない。例へば陸奥九戸郡で地主をジドーといふに對して小作をナゴといふこと、武藏ではジョーヤに對してコメーノモノ、信濃でジョーヤに對してコブンなどいふ類である。地主をオヤカタ、ゴホンケ、オホヤなど云ひ、小作人をサクゴ、ツクリゴ、ニワゴなどいふ例もある。この關係は即ち親方子方の關係であるが、之を單純に身分的觀念と見てはならない。といふのはかういふ身分關係には必然にそれに對應する經濟關係が附隨して來るからである。そこで親方子方關係に於ける經濟的な互助行爲が土地の普通の賃貸借以外に行はれてゐるかどうか。或は耕作を中心にして勞力に即いての廣い互助關係があるかどうかといふ事を注意せねばならない。

小作地の性質を知る一つの方法として小作させる、小作するといふ言葉の古い觀念を訪ねて見なければならぬから「小作させる、小作するといふ事を方言が何と表はしてゐるかを知る事が大切である。地主から言ふ場合と小作人から言ふ場合と二色あるわけであるが、地主側からは例へば越中、能登加賀方面ではオロスと言ひ、信濃でアヅケルと言ひ、下野でエレル又はエレサクと言ふ（高橋勝利氏）などがそれである。之に對して小作人から言ふ場合はウケル、アヅカルなどゝ表現されてゐるのである。之等の言葉には土地の賃貸借の意味はない。之とまじつてカセル、カリルといふ言葉も亦行はれてゐるが、之には既に土地に關する經濟關係の變化が反映してゐるのは、丁度ユイといふ言葉に對するヨイカス、ヨイカリルの言葉との關係と同樣であつて、兎に角小作關係の古い意味を考へる上に大切な資料となることは明かである。農林省の「本邦小作慣行」などもその調査の上に於ける勞力は非常なものであつたが、調査方針が深い根據に立つておらない爲めに必ずしもその要點に觸れてゐないのは遺憾であつた。所謂小作關係といふものは村の組織に於てその土地に關する表はれに過ぎないので、それのみを見て小作關係の性質を明かにしやうとしても駄目なのである。所謂小作關係のみを取り出すといふ事が既に無理なのであつて、村の成立の根本問題である親方子方關係に對する深い配慮がない限り根據ある理解を得ることは出來ないであらう。呼び寄せ塚欄の復活を機會に小作關係に關する方言の採集を一つの課題として諸賢の注意を喚起したい。

○ユイといふ言葉は全國を通じて比較的變化の少い言葉とされてゐる。この方は方言書でも相當多く拾はれてゐることは周知のことであるが、おかしな事に之に對しても非常に懷疑心の少いのはどうしたわけか。ユイの言葉は色々あるが、その註には勞力交換、共働勞作等とされ、特に勞力交換の方が多數である。併しユイといふ語には結合の意はあるが、決して交換の意味はない。それが各地で交換の意にとられてゐるといふのは、この言葉が生じた環境と今日との間に變遷があるからである。だからこの交換を意味する語が多く生じてゐる。即ち前述のヨイカリル、ヨイカス(秋田縣)もヨイは貸借するものでないのに、貸借交換と結合してゐる。ユイアンマの如く按摩を仕合ふことになると、ユイが貸借交換そのものを意味するに至つてゐる。かうして今日ではユイの本來の姿を指し示す方言は殆どなくなつてゐるが、信州で親類をユイショといふのはユイの仲間を意味することであるし、何か仕事を共同にする時ユイニスルといふ用法も行はれてゐる。柳田先生の何かの論文に武藏でイードーナカといふとあつたのも親類を指してゐたかと思ふが、ユイにとつて第一次的な古い用法を探して見たいものだ。かうして幾段にも變化して行く事を見て行くのが方言研究の重大なねらひ所の一つではないかと思ふ。

○もう一つは他所者の村に土着する場合に村の人を親方として立てる風習があつたかどうかを聞いて見たい。これは村に外部から勞働力が入る場合の一つの形である。年季奉公などの場合は雇主が親方となるが、これとは稍違つた場合で廻り職人や行商の土着もあれば季節による移動勞働者の住込むこともある。それ等の場合他所者が村の人として受容れられることが如何なる形で行はれたかといふ問題である。かうして住み込むことを方言で何といふか、その場合立てる親方を何といふか、村住み後親方との關係は如何であるかといふことは中々面白い問題だと思ふ。その類例を云ふならば日向では住込むことをヌレワラジヲトクと云ひ、親方をヌレワラジといふ(日向の言葉二)。信濃ではワラジヲヌグ、カサヲオク等云ひ、親方をワラジオヤ、その家をワラジヲヌイダ家、カサヲオイタ家など云ふ。下野では兩者共ワラジヌキといひ（箕和田良彌氏）、親方との關係は普通の親方子方關係の如く密接であるらしい。村が純粹に血屬的な集團でない限りその發達の過程に於ては外部の勞力を收容せねばならないから、他所者をいろ〳〵な形で取容れねばならず、その場合外來人に對して如何なる心持を抱いたか、そしてそれを村人として遇する爲めにはどんな態度を取らねばならなかつたか、それが如何に生活意識に表現されてゐるかに、注意が拂はれねばならない。方言がその意識を端的に表現するものであることは愼重なる方言研究者の夙に注意する所である。だから方言研究の重要なるは論なしとするも、今日の如く無撰擇に採集事業が行はれても、採集者自身に何等の利益を齎らすことはないのであるから、共通の題目を撰擇してそれに協力して行く方が遙かに効果もあり張合ひもある。何等說明もなく解答もない採集は疲れ許りを結果するであらう。斯學の先輩諸賢が後進の爲めに自己の持つ題目を披瀝されるならば、それに向つて資料を持ち寄り、その可否を論議することは愉快なことである。お上品に賞め合つて許り居たでは進步もなければ面白くもない。（有賀喜左衛門）

玉女と唾壺

娥眉朱脣佻々たる美女の多くは鳥となつて去つてしまふのは今昔ともに同じことであらうが、道敎の玉女はその名殘に莸夫の媚欒又は玉燕釵をこの世に留めた（洞冥記卷二、述異記下）。洞冥記卷四に、之も同じく鳥として去る可きものの、名を巨靈といつて漢の武帝に愛悅せられた一女人があつた。帝の傍に青琨唾壺があり、靈は乍らその中より出入する如く、巨靈は帝前に戲笑しつゞけた。しかし一日、東方朔にみやぶられ青雀となつて飛去した。のち帝は青雀臺を起したのである。又拾遺記卷七に常山の美女靈芸が帝に召され京師に上る時、父母と別離するを悲しみ、涙を玉唾壺に承けて來たが、京師に至る頃、壺中の涙が凝つて血の如かつたとある。いかなれば玉女と唾壺とがつきものであらうか。玉方指要に赤松子の所謂玉漿とは舌液であり、これを唾するをのめば湯藥の如く渇を愈すといひ、玄女經には九氣の初めいたるは「女之大息而咽唾者肺氣來至。鳴而吮人者心氣來至……」とあり、玉女を得て恍惚する時の記述なのである。支那人は或はかうしたことから、玉脣の神女の表現に唾壺をそなへ設け記述することを憚らなかつたのかもしれない。君子諸卿の御叱正をまつものである。

（明石　貞吉）

書評

日本民俗學論考

（中山太郎著 一誠社出刊）

○囃詞の研究（民俗藝術第五號第三號）

奥州ねぶた祭の「えつぺだせ、えつぺだせ」を、現在解釋してゐる水を出せといふ意味でなく、情所の方言えつぺだせの意であつて、沖繩に背て行はれたばみるの類の行事があつたのではないかといふ、ねふすきい氏の説の旁證として、武藏國橘樹郡鶴見村杉山神社田遊の神壽歌の囃し詞、「ねれ〳〵、ねれ〳〵や、我まへをねれよ、とうねれ、はかまのや、すあろかさ、ねれよ、世の中がよければ、ほながのぢやうも、まいたり〳〵」を、奥州各地の婚禮の夜、囃しながら餅を搗くことから、解釋してある。この類の習俗は和歌山附近にもあり、信州新野の盆踊り歌、「歌のあいまにいちよいと出せ、をなご」の下句にも思ひおこすことが出來るが（『民俗藝術』五ノ三）更に神輿の起原・變遷から、其交渉する所を考へねばならぬ。

囃し詞の新古について、上總の國振りとして秋祭毎に神輿をいさめる詞、「おさき、みさき」と、枕草子の蹕の聲、「おほさき、こさき」とをあげて、『みさき考』のかれ言がしてある。蹕の意味、神又は天子を思ひ浮べさせる歴史的内容を持つた語であつた其聲の變遷など、攷すべきものである。

此處に擧げられた下總東葛郡富勢村大字宿連寺の須賀神社の例祭に於ける、神輿渡御・還幸の際の、「こむきりほつしやもう」「あほやきこめほつしやもう」の囃し詞は、呪言に近いものである。このことに就いては、美作勝山町大字神代の神代神社の注連曳祭りの囃し詞、「この神代と申するは、なが〴〵もそろや、かさかさもそろや」「なが〴〵もそろや、かさ〳〵もそろや」の神人・氏子間の問答をあげて、其文句の昔各地で節分の夜に行はれた「蟲の口燒」に用ゐたものであることを記し、下野足利郡の村々に於ける、雨乞の神輿洗ひの折の囃し詞、「雨ふれ、たいしやくばう」の呪言としての佛名帝釋天の訛つて囃し詞化したものとの考へが出てゐる。

場合は別だが、囃し詞の新古に就いては、最近一つの例示があつた。其は、呪歌としてのある理由から、はりなる語とあせとを含んだ歌があつて、其が次弟に分岐し變化して後も、棒といへばあせをと囃す習慣があり、其が後に、棒に限らず色々な植物の場合にも、融通せられて行つた、といふ雄略紀の葛城山の舍人の物語の棒が枝の歌と景行記の一つ松の歌とのあせを、萬葉集卷一の井戸王の三輪山に對した短歌の野榛とわがせ、の解釋である。――（折口信夫先生、「宮廷儀禮の民俗學的考察」第八）――此は殊に小前張（コサイバリ）のあいそといふ囃し詞が「吾兄」を殘したもの、と見られることに於いて强められるし、又前張と一つものだつた筈の、催馬樂の北陸歌（コシウタ）とも言ふべき一續きの囃しが、さきんだちやであるのは、あせなが、時代的に妥當性を持つて、「さ公子たら」と飜譯せられたものと見られるからである。更にはぎとはりとの混同を考へに入れて見ると、其「更衣」の歌に、一番其俤が窺はれる。

尙、出羽庄內の木曳の「さんようどん」と三要和尙と、近江蒲生郡玉緒村大字上大森の八坂神社例祭に於ける氏子の唱和「さんよれ〳〵」と其と、京大阪の神事の「ようさや、ちようさ」と榮西長首座といつた合理附の報告がある。

又、遠隔の地で口拍子とは思はれない同じ囃し詞を用ゐてゐるのを、(一)祭神が同じか、(二)祭儀が同じか、(三)囃し詞だけを眞似たか、といふ問題を、數個の資料をあげて、提出してある。

尙、ねふすきい氏の、ろしあの古い神々の名のつゞられた囃し詞の話から、信州福島町の水無神社の神輿莵の囃し詞「そうすけこうすけ」に及んでゐる。此社の飛騨の國幣社水無神社の分祠といふのは、同じ社名から出た傳承であつて、此は信州に於ける鮭に由緣ある神の存在や、常陸風土記・魚鳥平家の記載や庄內地方其他の方言から、所謂氣多神と交渉のあるものといふ推定が下されてゐる。此は、又『みさき考』に俟つべき問題である。

此論文は、以上の如く、神輿を舁ぐ折や、物を運ぶ時に唱へる囃し詞について、先生の地誌類つぎ讀みの際に得られた資料から成された、斷篇的なものではあるが、研究すべきものゝ多い神事舞や民間舞踊、及び民謠などの囃し詞の研究の緒口を示されたものとして感謝せねばならぬ。

（鈴木太良）

〇農業曆　（民俗學第四卷第一號）

この論文は中山氏の大好きの魏志倭人傳に「其俗不知正歳四節但記春耕秋收爲年紀」とあるより說き出し、天象、草木果實、動物によつて曆とした古代について記述したものである。

氏が支那曆術に關して「冬至を以つて立春となし、これのある月を正月としたのは、支那でも春秋前後からのことである」とはいかなる論據を有するか知らないが既に詩經以下諸文獻に月日をかぞへること知られる以上、詩の作成が春秋に近しとするも、遂に支那に於て、月を以つてかぞへることなしとする時代は不可知であり、又、建子建丑建寅月の說は、三代之禮の變遷をとく支那人の常套的手段であつてみれば、これの不統一を以つて、古代に於ける律曆の不一定をいふことはならぬ。かつ、こゝに律曆の思想と月令的思想との關聯を知られねばならないであらう。律曆月令が朔を以つて重要な要素とするを知るとき、論語以下殆どすべての支那文獻には朔の記事がある。かつ、氏の最も重大な缺點は、曆術を以つて正しきものと信じてゐられる點である。漢書、後漢書の後代に下るもその記事は殆ど自然のそれとは錯誤を來してゐること、たとへば眼に見えたはずの日食の記事の誤謬によつても知られ(これは推定されたから誤つた)かへつて曆術の幼稚なりし春秋の記事に誤記少なきを知れば、曆道なるものゝ目的の奈邊にあつたかを知られようか。又新城氏の文を引きて農業と曆との接密な關係を陳べてゐるが、支那にあつて曆はどこまでも天官としての巫の本質を有するものであり、天象の運行に基くとなす數

書　評

概念から發する。

この季節への知的人爲的な作用行爲が月令思想であり、人爲的に廻轉さする農業暦でもある。それは季節に對して農業暦の受動的なのに對して、暦は人爲的な數概念の作用であつた。

じぶんは、ただここには、農業暦が農業にとつて現今に於ても支配的なものであり、それは、天文の律暦をさへ歪曲さしてをるとみたい。けれども、いつの頃から立春冬至を知つたかについて多くの推論を必要とす可く、(文獻は一應はでそろつてをるはず)先生が、「春王正月が、立春正月ではなかつた」とのお言葉に、少くとも春王正月(春秋經)の言葉あれば、朔のあつたことを知られてゐたのではないかとお問ひいたしたい。ちなみに、暦は農業からではなく、暦は天文からと申しあげたい。

○繪馬源流考(旅と傳説第三卷第十號)

一、まづ播磨國風土記の船丘のはなしをとつて、馬の殉葬が繪馬の源流となるといふ。が馬人と采女との關係を說かずにこの文獻をとるのは危險であり、先生の大好きな魏志の注魏略には、馬と犬との殉葬の目的が記してあり、その火焔をめぐる儀式の型式から、靈魂をおくることの意識を知られれば、禮記等にみゆる賓客となるとき犬馬を獻ずるに、堂に上らずといふことの說明も、又圭節を奉るに馬又は獸皮を庭實とするといふ(周禮)ことの說明もつきさうである。しかしともかくも殉葬馬はあつたのである。

二、埴馬が陵にあつたことから殉葬馬の事實を推定してゐるが、金馬門の故事を引くまでもなく、君子閑馬(詩經)國門に牲を繫ぐこと(周禮)繫馬(管子)や、國門に龍(馬か)を殺すこと(墨子)又、電雷が驢馬をとること(春秋繁露)危險な川を渉るにまづ驢馬を渡していそぎわたること(孫眞人千金要方卷八十三養性)死者の尸に獸皮をかけて天に向ひ鬼神をよぶこと(隋書西域傳)等が、大陸の方にあれば、一般に獸(馬)への意識をみぬうちは石馬、埴馬から殉葬を以てとき、その名殘の匂ひをかぐことは逆論理ではなからうか。この研究から感ずるわれわれ少年の不足感は、その社會の集團的な觀察の必要である。即ち采女馬人のことが說かれてゐない。

三。馬の殉葬の意味は、幽界の乘用のためではなくて、幽靈の旅行荷物を運ぶためであるといふ。

四、ここでは馬が幣物(奉納する財物)となつたことをのべる、そしてこれに白馬と黑馬とのことを以て陰陽道からみてゐるが支那でいふ彪、卽ち黑白の雜色のものが用えられることをいふ。又馬の毛染の話があり、漢書輿服志では馬の鬣尾をわざわざ朱に塗つてをる。道敎にても斑馬が神の乘物となつてをること、又犧牲として牢された牲には文を生じるといふ事などをつけ加へたい。日本にもさうしたことがあらうと思はれるからである。

五、馬を犧牲とするに樹につないだといふことを云ふ。駒繫ぎ松はそれだといふ。

六、名馬が池から生れることをのべ、それは雨を請祈するに池に馬を切りすてて投じた呪術的方法によるといふ。支那の龍馬のことであらうが、少くともその池中に馬を孕ませるに足る力がかんじられればならぬのであるが、柳田氏の山島民譚集には、馬のやぶ入りからこのことを說いてゐたと感じられるが、これは又呪術方法からみてゐる。

七、これは、馬の形を藁などにてつくり神社に繫ぐことを「出駒入駒のそれと、本質的に關係があるか否かを、何ともいふことが出來ぬが」といひつつ、之も亦馬犧牲の民俗としてみてをる。

八、にては埴馬石馬が更に簡略にされて遂に板を以て馬形を造ることを、北山抄の板立の御馬から說かれた。これが繪馬の源流であつたとなすのである。

凡そ皆馬の犧牲の意味を荷負ふものであるとなすのであるが、馬の浮沈（彌稚）瘞埋からとくとすれば、祭祀といふものの觀念を殺戮からのみ見てをり芻の方面から見てゐない。犧牲はまづ養つて、これをかへすことの意味に、おくり送られる馬の興味ある問題があり、祥瑞、象としての繪馬の意味もおめでたいのではなからうか。と考へられる。

○埴輪の原始形態と民俗（旅と傳說第五卷第一號）

著者はまづ殉葬のことをのべ、その事實の存在を斷定し、之と埴輪の脚部が土中にあり、腰より上が土上に出でゝをるのを、殉死者の埋められ方より說明したものである。

それでまづ供御が代用物によつて代られることをのべ、次に殉死者は生きながら墳墓の周りに上半身を出し、下半身を埋め立てられるといふ考察をいたし、古く我國には屍體を上半身だけ出して埋葬する習俗が在つたのではないかと考へられた。奧津棄戸、屍體を取扱ふ祠職の名の祝（ハフリ）（投ふるの意）などから、次の變遷として起つた屍體の埋め方が、靈魂のかへることを信ずることから屍體の保存となつたことをいひ、地上に屍體を置き、その上に土を盛る方法をのべ、次に屍體の半身を埋めることをのべられた。

それを沖繩島の民俗等から、生前の親しかつたものが死人の顏を覘いてみ充分に踊り狂ふことをのべ、葬法に棺を半分だけ地上に出して埋めることをいび「秦山集」卷二十の葬法によつて、これを確め、要するに殉死者の埋められ方そのまゝの葬法のあることから、これは死者の面を覘いて神あそびすることに之を歸してをる。

支那では古くから葬禮に用ふる俑（偶人）を殉死者に考へてをる。禮記檀弓下に、塗車芻靈自古有之。明器之道也。孔子謂爲芻靈者善。謂爲俑者不仁。殆於用人乎哉。とあるから、古くからの明器に關する一說が再び新しい見方から復活してきたのである。

顏を覘きみて踊り狂ふといふことにつき、史記卅二齊世家。壯公六年の條に、壯公欺かれて崔杼の家に於て弑殺された時。

晏嬰立崔杼門外。曰君爲社稷死則死之。爲社稷亡則亡之。若爲己死己亡。非其私暱誰敢任之。門開而入。枕公尸而哭三踊而出。人謂崔杼必殺之。崔杼曰民之望也。舍之得民。

卽ち「枕公尸而哭三踊」は禮として考へられてをり左傳には門啓而入枕尸股而哭興三踊而出とある。また支那の漢以前からの死者を祭るしかたであつた。又靈魂の一部が骨やその死人の持物に殘ると考へ、棺へ竹管をさして死人の口と外氣とを通じる葬法が、Marind-anim にあり、このことは山の傳說（青木純二氏）公安さまに、これと同じ仕方で生きたひとを葬つた話のはなしがある。

これは又日本の石棺の上部の孔の在ることとも關聯して考へられるであらう。靈魂へのさうした祀祭の一つとして考へられる行きし靈魂と殘る靈魂との合一は、然しながら、埴輪についても考へられるであらうか。殉死は、死の場合に於ける人命の破却として葬式の間中、恐らくは他の物品の破却的な饗宴と共に行はれたであらう。支那の禮として王侯の死から埋葬までは永い間があり、氷を以つて之を保存したらしい。氷の文化は詩經國風七月流火に既にみられる。その使用の目的も恐らくは尸の保存にあつたのではなからうか。著者の好んで引用される三國志注魏略に其俗停喪五月。以久爲榮。其祭亡者有生有熟。喪主不欲速而他人强之常諍引。以此爲節。とある。魏志の本文には其死、夏月皆用冰。殺人徇葬。多者百數。厚葬有棺無槨。と、葬式の間中が、人命物貨の破却がつゞけられたとみられる。此の顔を覗き神あそびすることもまたこの間中であらう。が殉死者の處置がそれによつて祀られたもの死者の立場になぜ立つに至つたかわけがわからない。

殉死者の處置もまたそれによつて送られる死者の處置としての葬法だつたのだらうか。重ねて先生の御高見をおきゝしたいものである。この疑問は、先生のいはれる如く圓筒埴輪と偶人との關係が明かにせられぬうちは、なほ疑問である。

かうした、もどき書評をいたします理由は先生の御研究を、從來よりもつと多く頂きたいためであり、論文欄に寫眞を用ふることも、寧ろよろこんでいたしますことになつてをりますので、敢て少年の、あまのじやくを縱橫にふり立てゝみました。

○女護島（改造第十四卷第一號）

西鶴の一代男世之助が、この世の女にあきて伊豆の國より船出したといはれる女護島のことを言葉面白く説き出し、江戸の頃八丈島が女護島であつたことをいひ、そこにあつた古き『母權』の制度に觸れて説き及んでゐる。しかし必ずしも母權制度の全般をいふのではなく、主として來賓に對してその婦女を御むることを説くのであつた。

この論文は、主として女子の國が、扶桑國の東海にありといふことが八丈島が女護島といはれたことのその經路の歷史的考證となつてをり精密な考證である。

（以上四篇、明石貞吉編輯室にて）

編輯室からのお願ひ

○新しいお願ひの一つは、短い言葉ながら話しかけたいとお思ひのお言葉をも誌してお送りくださること。

○新しいお願ひの二つは、民俗學の推論方法の理論的考察、資料の取捨の範圍の限界、比較可能とそれを許される可きときの自覺などにつき、もつともつと論議されてほしいこと。われらの隣人は、哲學者、自然科學者、そして歷史家である。そして、悉ゆる意味の宗教家である。釜をぬすまれてはならぬ。

「民俗學」所藏

支那の民俗學界的雜誌目錄（第四回分載）

——東洋文庫閲覧室に保管——

第八十期（民國十八年〔一九二九〕十月二日發行）

福建幾種特異的民族　翁國梁
類似女櫃中心的鄞縣婚姻談　Z. K. F.
燒豬　劉萬章
陸豐民間孟姜女傳說之一　郭堅
莆俗瑣記　葉國慶
淮守舊俗　葉德均
宋湘的故事　清水
踏跛相配（長汀故事）　李紹芙
牛郎織女的故事　王弼橋
盤歌　聞每
湖南新寧童歌十首　Z. K. F.
瓊崖兒歌二首　黃有琚
東莞兒歌　袁洪銘
本刊通訊　清水・肇祖

第八十一期（民國十八年〔一九二九〕十月九日發行）

楊成志君喬裝畝民姑娘照片（插圖）
關于民俗的平常話（評論）　羅香林
七夕漫談（研究）　清水
楊柳街（重慶的故事）　干飛
紹興民間故事三篇　婁子匡
一、九曲望娘灣
二、懊惱
三、仙人脚的故事
懊惱子菜（紹興民間故事）　葉鏡銘
田螺精（富陽民間故事）　葉鏡銘
三同年　清水
失雞的故事（民間童話）　鐘敬文
陸豐客音情歌七首　郭堅
翁源兒歌五首　官世科
與容元胎　羅香林
關于二郎神的誕日　葉德均

第八十二期（民國十八年〔一九二九〕十月十六日發行）

斡巴歌雜記四則　干飛
一、城市與鄉間歌謠的比較
二、農諺——重慶占驗氣候的歌謠
三、私塾兒童的歌謠
四、一首幾省相同的歌謠
廣州市卜筮星相巫覡堪輿統計表　黃偉夫
談談富陽的「接煞」和「做七」　葉鏡銘
東莞生產風俗談　袁洪銘
蘇神童的故事　方書秋

支那の民俗學的雜誌目錄

倫文敘的故事　招勉之
翁源兒歌　清水
討論歌謠的比較（通訊）　千飛
第八十三期（民國十八年［一九二九］十月二十三日發行）
昆明西鄉白夷「白毛」李森先生及其夫人的相（插圖）
昆明南鄉西庄鄉的「白毛」畢進仙先生（插圖）
韶郡古昔的命名觀（研究）　清水
海壇島產有水仙花　翁國梁
張邋遢　許也殘
得天財（紹興的民間故事）　葉鏡銘
人鬼雜處的地方（紹興民間傳說）　同
從母親懷裏聽到的幾個怪鬼　李次民
馬桑長不高　徐匀
爹爹苦（鳥的故事）　屠介如
兩兄弟（民間趣事）　清水
瓊崖歌謠——十二時的兩種　黃有琚
瓊崖童歌二首　同
淮安農諺　葉德均
關於命名的信仰（通訊）　黃有琚
別來無恙的一封書（通訊）　鐘敬文
第八十四期（民國十八年［一九二九］十二年三十日發行）
雲南昆明南鄉大耳村「子君」人的初等小學員生（插圖）
雲南昆明大板橋「散民」族的初等小學員生（插圖）
關於民俗的平常話（評論）
海龍王的女兒　羅香林
輯巴歌雜記之五（研究）　千飛
手巾詩與思妻歌　招勉之
文昌林世卓的故事　林猷補
宋湘故事再補　張靈端
出米寺　同
犬與稻——民間傳說之二　徐匀
關於一個奇怪少年的傳說　陳士彥
富陽歌謠　葉鏡銘
淮安地名謎　同
關於歇後語與歌謠的研究（通訊）　于飛
第八十五期（民國十八年［一九二九］十一月六日發行）
一產三男有賞（研究）　王成竹
關於再醮婦　千飛
重慶的道士與壇門　千飛
再談重慶的道士與壇門　千飛
斷蛙池的故事　許作新
文昌故事三則　黃有琚
一、蜈蚣報恩
二、蟾蜍報讐
三、山老鼠和市老鼠
中秋切餅故事　王萌橋
昭通兒歌　張連楙
雲南歌謠一束　李崧英

關於民俗學的消息種々（通訊） 清水
關於民俗（附錄） 鐘敬文
爲西湖博覽會一部分的出品寫幾句說明（附錄） 鐘敬文

第八十六至八十九期（**神的專號四**）（民國十八年十一月四日發行）

唐三彩鎮墓飛虎獸（插圖）
六朝造象（插圖）
水井神（插圖）
日月神名又爲古官名的討論（研究） 容肇祖
關於雷公電母（安溪民俗雜談）（研究） 王成竹
關於石敢當（研究） 同
金華的三佛五侯（研究） 曹松葉
金華城的神（調查） 同
金華一部分神廟一個簡單的統計（調查） 同
水井神（調查） 翁國梁
淮安東岳廟（調查） 葉德均
海山神廟（調查） 翁國梁
厦門南普陀寺福州人的盂蘭會（調查） 梅痕
普渡（調查） 王成竹
連平的神廟與壇祠（材料） 清水
永鬼陞城隍的故事（潮州民間神話之五）（材料） 黃昌祚
關於研究天后資料書目（材料） 謝雲聲
鑄鼎餘聞（材料） 黃仲琴
曲牌上的二郎神（材料） 錢南陽
定光佛的故事（材料） 李紹芙
灶君（材料） 雪白
答茅盾先生關於楚辭神話的討論（通訊） 鐘敬文
自跋天后（附錄） 容肇祖

第九十期（民國十八年〔一九二九〕十二月十一日發行）

巴歌雜記之六（研究） 干飛
　月亮歌的研究
民俗雜談（評論） 葉德均
爲甚麼猴子屁股是紅的（重慶民間傳說）（材料） 徐匀
一女許三婿（文昌故事）（材料） 王萬橋
天對先生脚的故事（文昌故事）（材料） 同
頑童（民間趣事）（材料） 愚民
教書先生（材料） C. F. P.
三朋友（民間趣事）（材料） 清水・世科
巴歌（材料） 干飛
當皮襖（材料） 朱揚善
關于張獻忠的材料（通訊） 干飛
關于歌謠的比較問題（通訊） 丘峻
關于牛奶娘故事的問題（通訊） 衛聚賢

第九十一期（民國十八年〔一九二九〕十二月十八日發行）

滇池西岸的「民家」婦女圖二幅（插圖）
談談兩部俚曲（評論） 葉德均
民俗雜談——寧波歌謠（評論） 同
輯巴歌雜記之七（研究） 干飛
宇通仙的故事（海豐民間故事）（材料） 林其珍

支那の民俗學的雜誌目錄

金龍和玉鳳（民間故事） 益堅
嫁蛇精二篇（富陽民間故事） 葉鏡銘
淮安的民間故事 陶鈎
紹興民間寓言三則 葉鏡銘
一、甜瓜和苦瓜
二、鵝鴨的脚板
三、金元寶和兒子
棋子石（翁源的地方傳說） 官世科
算命先生（翁源民間趣事） 同
四子嫂（同） 同
妻妾吟詩（淮安民間趣事） 葉兆洪
翁源兒歌 清水
語病與標音（通訊）

第九十二期（民國十九年〔一九三〇〕一月二十五日發行）

關於收集祝英臺故事的材料和徵求（研究） 錢南揚
對于閩歌甲集貢獻幾點小意見（評論） 薛澄清
安賭的迷信（材料） 葉德均
文昌民間的醫藥學 黃有璟
連平的山川和古蹟 清水
重慶道士做齋的一部分 于飛
淘金的由來（重慶民間傳說） 徐匀
一句話考倒了秀才（同） 同
海龍王的兒子 經才・淸水
鬼谷子的故事 葉鏡銘
川東情歌五十首（附讀歌襍記） 樊樊
山海經神話研究的討論及其他（通訊） 鍾敬文
自述對于民俗學的志願 趙簡子

第九十三、九十四、九十五期（祝英臺故事專號）
民國十九年〔一九三〇〕二月十二日發行）

祝英臺故事集序 容肇祖
祝英臺故事敍論 錢南揚
寧波歷代志乘中之祝英台故事 馮貞羣
寧波梁祝廟墓的現狀 錢南揚
宜興志乘中的祝英臺故事 馬太玄
華山畿與祝英臺 顧頡剛
清水縣志中的祝英臺故事 馬太玄
海陸豐戲劇中之梁祝 劉萬章
祝英臺的歌 沃君
祝英臺與秦雪梅 黃樸
詞曲中的祝英臺牌名 錢南揚
關于祝英臺故事的戲曲 顧頡剛・錢南揚
祝英臺非上虞人考 謝雲聲
閩南傳說的梁山伯與祝英臺 同
梁山伯與祝英臺 袁洪銘
祝英臺唱本敍錄 錢南揚

第九十六至九十九期　謎語專號（民國十九年〔一九三〇〕二月十二日發行）

刊首 編者

謎語的修辭（研究） 曹松葉
字謎（研究） 劉萬章
謎語的取材（研究） 曹松葉
黃河長江珠江三大流域謎語一個單簡的比較（研究） 曹松葉
寧波謎語序（研究） 王鞠侯
福州謎語用集自序（研究） 魏應麒
廣州謎語四十三則（材料） 袁洪銘
杭州謎語二十則（材料） 趙佾甫
重慶謎語（材料） 于飛
潮州謎語（材料） 黃唱祚
閩南謎語（材料） 張文煥
富陽謎語十五則（材料） 趙佾甫
東莞謎語十六則（材料） 袁洪銘
東莞謎語七則（材料） 徐麥狄
雲南滇中道的謎語（材料） 李崧英
瓊崖謎語（材料） 黃有琚
文昌謎語七則（材料） 同
翁源謎語（材料） 官世科
坊本「謎語」譚（書評） 葉德均
謎史的錯誤（轉載） 錢南揚
第百期 欠號（記念號）
第百一期（民國十九〔一九三〇〕年二月十六日發行）
本刊今後的話 編者
嶺東客族人民來源的傳說（研究） 李次民
輯巴歌雜記之九（研究） 于飛
輯巴歌雜記之十（研究） 于飛
李九我父親的故事（材料） 劉萬章
瓊崖民間傳說裡頭的名人逸事（材料） 黃有琚
何仙姑的故事（材料） 張志毅
姜太公的故事（材料） 楊文蔚
教書先生（材料） 官世科
翁源兒歌六首（材料） 河
龍王上天去了（材料） 蔣康信
「海龍王的女兒」（書評） 李經才
關於石敢當及其他（通訊） 王成竹
關于制錢 于飛
民俗學消息
第百二期（民國十九〔一九三〇〕年三月五日發行）
自寫在水滴滴之前（研究） 袁洪銘
瀘州謎語序（研究） 伍玉璋
瀧口孽龍的故事（材料） 綠蘿
堀尾龍拜山（材料） 溫仇史
堀尾龍出狀元（材料） 陳文治
東莞兒歌一束（材料） 徐麥狄
佛山兒歌（材料） 溫仇史
南海九江兒歌（材料） 丘峻
粵南民間故事集（書評） 清水

支那の民俗學的雜誌目錄

民間故事分析的幾種方法（通訊）　顧正均・清水
民間民俗學普通的問題　衞聚賢

第百三期（民國十九〔一九三〇〕年三月十二日發行）

中國的洪水傳說與臘希神話（研究）　徐匀
四子嫂（材料）　清水
講鼓（材料）　官世科
窮女婿（材料）　官世科
東莞流行的呆女婿（材料）　袁洪銘
告佬阿貴（材料）　張志毅
海瑞和他的鳥猿母親（材料）　溫仇史
趙匡胤的故事（材料）　張立吾
朱元璋與楊公（材料）　清水
在「廣州民間故事」裏（書評）　溫仇史
關於民俗（通訊）　葉鏡銘
關於民俗學（通訊）　衞聚賢

第百四期（民國十九〔一九三〇〕年三月十九日發行）

關于民俗的平常話（研究）　羅香林
蛇郎故事（材料）　方懷民
兩兄弟（材料）　葉鏡銘
「爬灰佬」的故事（材料）　葉鏡銘
史家壩（材料）　徐匀
兩同年（材料）　清水
海水無波故事（材料）　陳文治
呆子（材料）　世料
富陽歲時舊俗（材料）　葉鏡銘
猫鼠的故事（材料）　同
鼠牛爭頭背（材料）　同
富陽謎語（材料）　同
紹興謎語（材料）　同
關于廢曆年（材料）　楊文蔚
關于民俗（通訊）　葉德均

第百五・百六期（民國十九〔一九三〇〕年四月二日發行）

輯巴歌雜記之十一（研究）　于飛
關于死的種々（材料）　葉鏡銘
太康舊式的結婚（材料）　飛馨
了哥復仇（材料）　溫仇史
山西河東民謠（材料）　朱揚善
正月正（河東民歌）（材料）　同
託妻（河東民謠）（材料）　同
巴歌（材料）　于飛
舞牛歌（材料）　清水・經歲
寧波歌謠一束（材料）　王鞠侯
關于陸豐歌謠（通訊）　郭堅

第百七期（民國十九〔一九三〇〕年四月九日發行）

輯巴歌雜記之十二（研究）　于飛
三兄弟（材料）　葉鏡銘
靠天靠地靠自己（材料）　同
石獅嘴裏有血（材料）　同

紹興的諺語(材料) 同
關雲長是龍血變成的(材料) 葉鏡銘
雲崗石佛的故事(材料) 楊文蔚
蚌殼中之女郎(材料) 袁洪銘
伯公抱(材料) 阮新俊
〇〇婦暨乖(材料) 鞠侯
巴歌(材料) 于飛
杭州歌謠(材料) 趙肖甫
富陽和蕭山交界地方最通行歌謠(材料) 葉桐封
鈔好了葉桐封先生歌謠巴後拉雜談幾句廢話(材料) 趙肖甫

第百八期(民國十九〔一九三〇〕年四月十六日發行)

泥水木匠故事探討(研究) 曹松葉
巴歌(材料) 于飛
車夫人廟的故事(材料) 陳文洽
東莞「手」的迷信(材料) 袁洪銘
關于婦女生活的歌謠 材料) 同
蛇郎(材料) 同
關于梁祝故事(通訊) 郭堅
關于歌謠的比較的研究(通訊) 于飛

第百九期(民國十九〔一九三〇〕年四月二十三日發行)

孟加拉民間故事研究(研究)(轉載) 許地山
謎史的新材料(材料) 錢南陽
爲什麼猴子紅屁股(材料) 招勉之
梁柱的故事(材料) 同
巴歌(材料) 于飛
關于本刊(通訊) 清水

第百十期、民國十九〔一九三〇〕年四月三十日發行)

河南民歌中的匪災與兵災(破究) 經庵
山西河東一帶之歌謠集自序(研究) 崔盈科
粗謎與細猜(研究) 白壽彝
包公鎖蛟龍(材料) 錢徵
翁源兒歌(材料) 清水
富陽歌謠(材料) 葉鏡銘
湖南安化歌謠(材料) 何觀州
謎史補(材料) 謝雲聲
民俗學組通函一則(特載) 何思敬
本刊結束的話(特載) 劉萬章
關于潮州民俗材料(通訊) 林培廬
廈門民俗學會四則(民俗學會消息)
福州民俗學會一則(同)
鄞縣民俗學會一則(同)

學界消息

○第七回郷土舞踊民謠大會が、來たる四月十四日より三日間、日本青年館に於いて、催される。十四日夜を除いて一般に公開されるが、(入場料三十錢)晝は一時から、夜は六時からで、曲目は毎回變更される由。

一、野大坪萬歲(福井縣今立郡)
二、田植踊(宮城縣名取郡)
三、こをどり・お薩踊(大阪府泉北郡)
四、知多萬歲(愛知縣知多郡)
五、人形淨瑠璃(徳島縣勝浦郡)
六、雨乞踊(滋賀縣阪田郡)
七、草地村盆踊(大分縣西國東部)

尙、(三)については、大阪發行の郷土研究雜誌『上方』第二十七號(最近號)に、藤里好古氏の「こをどり」採訪報告、小谷方明氏の「お薩踊」解説が、載つてゐる。

○柳田國男氏「常民婚姻史料」(三)(『人情地理』一ノ四所載)

今回は、(A)手締めの酒、(B)見合ひ、(C)歸り聟、(D)仲人親、(E)嫁の食物、(F)水盛と酒盛、に關するものが載つてゐる。

A、話し掛け、酒入れ、酒をする、酒立て、(樽立て)、茶入れ、(樽入れ、飲食ひ、——飯食ひ、)茶祝儀、きめ茶、(きわめ、だつたて、投入、たのみ、抑へ、おうさん、(樽立て)、しきり、きめ酒、(すみ酒、)口極、口極め、(樽入れ、)固めの酒、かなめ酒、拳固め、口因めの酒、(袂酒 口結び、口合せ酒、口割酒、口首尾、(返事、飯食ひ、)さだめ酒、手締めの酒、〆酒、手打酒、手入酒、(固めの酒、)根切酒、袂酒、瓢酒、徳利酒、一杯酒、小樽、正錫、樽濟み、(濟樽、禮、)濟酒、釘酒、こんば、内酒祝、おみきを入れる、さきむい、あらいでさき、なかだちぬさき、親の禮、悦び、(女一見、)重持ち、げんぞう、(現像、見參、)

B、お方見、見合ひ、おちやのみ、内所聞き、

C、儲けた人、歸り聟、(けありむこ、)三年聟、(年季聟、)てまとり聟、(出歸り聟)、聟取天井無し、聟の御器、

D、引付仲人、行燈切、盃仲人、座敷仲人、御指南樣、指揮者、給仕人、(麹人、)おちやく、(御客、)さいのかみ、(どうろくじん、)とうにん、(當人、頭人、)下づくろひ、橋掛け、草結び、太鼓叩き、(お太鼓、橋かけ、橋渡し、)入割、腰がゝへ、兩仲人、仲人親、仲人親、親分、銕漿親(——烏帽子親・へこ親、)羽根親、仲人免、鳶の羽、臍温め、節供禮。

E、落付雜煮、(落付の吸物、落付の餅、)居りの吸物、突掛膳、ぶつつけ餅、嫁の飯、(御高盃、)高盛飯、押付飯、鼻突飯、ふみつけ飯・ふんづけ盛り、(姑の强盛り、)かさわけ、かじりわけ、

F、逢盃・水盃・いろ直し、ふるまひ、かんし、おもらひさま、引合、引受、一見ぶるまひ、送り一元、女一見、本客、上せ盃・ずたうち、(おしようくんの儀、)びんそ餅、(びんしゆ餅、)聟の初唄、嫁の立ち酌、夜明けの餅、門送り、草鞋酒・ねびき酒・あとふき、男招ばれ、勝手入、こがらえ、姐酒・女踐酒、姐叩き、姐洗ひ、役付振舞、

此資料が、先生の「聟入り考」を育てるものでなることは言を俟たないが、多くの尙育つべき問題を含み、又含まうとしてゐる。今回のでいつても、見合ひの第三番目の所で問題にされてゐる妻問ひ方法や、歸り聟に於ける「聟取天井無し」の諺の所以など、民俗學に與へられた宿題のひとつびとつだ。

○新築の高島屋では、京都の大店らしく、祇園會の月鉾を屋上に据ゑて、三月二十日から向ふ一週間、「京都祇園祭展覽會」を催した。

二階の會場には、葵祭・時代祭のと共に、其寫眞を掲げ、各山鉾の全景なり各部なりが示され、船鉾・岩戸山・放下鉾・鶏鉾・月鉾

函谷鉾・長刀鉾（脊山）傘鉾・神輿の模型を陳列し、月鉾の「見送り」其他の本飾り實物、稚兒社參に關する飾り物實物を並べて、山鉾の全貌を伺はせた。尚、月鉾町出品の鉾立神事古文書の「祇園會地之口覺」其他一札の類、山口謬洲氏の肝入りからなる、寫本「祇園御靈會馬長記」刊本「山鉾出來記」「山鉾之次第」の寶曆期から大正期のもの迄の山鉾刊行物、祇園ばやし譜帳等の特別出品があつた。「山鉾由來記」は寶曆七年刊の二冊本で、民俗藝術の會で昨年六月に小田內通久さんの紹介された「都祇園會圖繪」とは又別らしく、月鉾の次第でみると、繪は墨刷りであるが、此方が説明が詳しい。「山鉾之次第」は、七日の分で一卷、十四日の分の後に「御祭禮御行列」の三段繪を沿へて一卷と裝幀されてゐて、寶曆年間刊行「行列番付」とあり、全部色刷りだが、圖柄・形態等の上で、『民俗藝術』に轉載されたものの原版かと思はれた。祇園ばやしの譜圖は、事情はわからぬが、地ばやし・揚げから打上げまで、戻り鉾囃子も寫されてゐた。

屋上の月鉾は、飾りは常用のものであつたが、祭りの當日町家の二階から通ふ橋掛りも設けられて、日に數度、祇園囃し、が奏せられた。どんな客人が、この山臺に據り給うたことか。

○小場瀨新一氏「能と曲舞との關係について」（『國語と國文學』十ノ二所載）

曲舞は、唱門師（聲聞身）の徒を中心とした千秋萬歲の、其ことほぎを輕く見て、演藝を重く見た方の者であつて、其に對する正舞は寺方の雅樂である。氏が斑山翁の説をひいた、正舞白拍子に對する曲舞（キョクブ）曲舞としての、白拍子舞の時勢粧なることは、藝能として又否めないが、白拍子舞は既に寺方雅樂の曲舞（キヨクブ）である。

呪師猿樂は又曲舞をも演じた。田樂は呪師猿樂の田遊び化してなつたものである。猿樂能の役者は、田樂能の脇方である。其が其先輩藝を凌いで世間から重要視せられて來る緒口をなしたのは、（內容的にではなく）其翁及其複演出の藝能が、田樂に先立つて行はれたからであつて、猿樂種々の曲目は、此翁の複演出である神能から出發してゐる。其神能の演藝化に於いて、曲舞を習合して來た一つが、「白髭」だ。既に翁は、ことほぎの言ひ立て・語りを輕く見て、此曲舞の分流から出て反閇藝を重くした傾きがある。故事語りに曲舞の曲節をとりこんで、猿樂のおどけ言ひ立てを現實化したのが、猿樂の表藝を進展させた譯である。さうして能藝にあつては、曲舞・田樂能は共に先輩藝道として、猿樂に習合されて行つたのである。今氏によつて具體的に示された諸例「白髭」・「舞車」・「山姥」・「百萬」・「東岸居士」・「自然居士」は、又此考へを育てるものであり、此事は、種々の藝人皆寺奴社奴出自でないものはないことを中心として考へたい。そこで初めて「猿樂傳記」の妄說再吟味は、當を得たものといひ得る。

尙曲舞詞曲に伴つて劇的舞踊になつた所の「山姥」・「百萬」・「歌占」等の、物狂ひの緣つて來たる所以については、柳田國男先生の『女性と民間傳承』の中に詳しく、內容的に育つべき猿樂種々の曲目の、發生を考へる上に於いての暗示が多い。

○折口信夫氏は、俳句講座史的研究篇に、「連歌俳諧發生史」を寄せられた。これは、先生の「國文學の發生」論の一展開であり、又「女房文學から隱者文學へ」の一部として、其「後期王朝文學史」の一班を成すものでもある。

此文學は、今迄其てくにつくの內容の推移が考へられなかつた爲に、其文壇精神史は、數多い勞作にかゝはらず、中斷した處から起つてゐるに過ぎなかつた。俳諧味とこめ題とが、短歌形式の二句ぎれの音律意識から、男女贈答と歌論義との一つの繫りにかゝつて、謎々物語や俳諧歌を徑て來た、此國文學の大系に結び付けられた連歌史及び俳諧史の第一章は、民俗學的方法によつて最正しい效果をあげてゐるのである。

民俗學からする文學的方法の序として、片歌と旋頭歌と、相聞、問答歌、唱和の動機、を讀み來たつて、歌合せ・謎物語、連歌意識の出發、賦し物の展開、俳諧の古義、物名、連歌俳諧の關係、連歌成立の近因、の筋道を辿つて來るならば、對象自身が民俗的であるだけに、自分の技術がいけない爲にその方法に危惧の念を抱かせるかも知れぬといふ先生の謙讓の、却つて其方法の正しさを納得させるものゝあるに打たれると同時に、此を外にして、實の所、發生も展開も譯る譯のない事に氣付くであらう。（以上、鈴木）

○『鄕土研究』七ノ三。神の去られた後は昔もやはり問題であつたらう。「案山子のことから」早川孝太郎氏の勞作は、色々の問題をこれからも提出して下さる。表題は、やがて、神を祭る者と、その器具の話へ、行き、約束のしるしを殘すものどむすばれてゐる。串、より、棒、更に、手形足形より、論じゐられるが、結局は、神の殘すものと、その威力について述られてゐる。そして、幾多の豐富な材料とともに、多角的な角度から見てゐられるが、それだけに、幾多、もつと一つ一つをとりあげて、見てゐたい氣がする。そのときに神の殘して行つたものの全貌はやがて明かになるのではないか。果かない私の頭に問題として殘されたものは、魔除けの人形とスピリツトの在所のこと、殘されたものが性的呪術に用ひられること、そして全體を通じて、串、棒（大小共あるがともに）に關しての色々の問題と、約束串とである。早川氏から與へられた問題がどう展開し解決するかは面白いことと思ふ。とにかく、問題を與へて下さる點、若き我々の爲に書いて下さつたとさへ思はれる。（今井）

案山子のことから　早川孝太郎
猿尾考　知里眞志保
肥後阿蘇郡年中行事と俗信　八木三二
會津の俗信二三　坂內龜彦
陸中山村遺俗　田中喜多美
飛驒の山の講　伊藤兵三
信州諏訪の狸と狢　有賀恭一
盛岡地方の民譚　岡田幸一
肥後天草島の民譚　濱田隆一
饅頭と豌豆　村田鈴城
鹿島の要石　石井勘次郎
紀州の農村に傳はる俚諺　關戶義雄
南總の俚諺二三　內田青楓
若狹の地藏盆　中平悅磨
備前今村の民話　今村勝彥

島の生活　山本靖民
鎭足について　山崎里雨
サンゲイシとサギアシと　櫻田勝德
寺を燒いた狸の話　立花正一

○『中國民俗研究』一の四（岡山市內山下十八番地中國民俗學會發行　非賣品）

繪姿女房說話の研究　桂又三郎
岡山方言の語法（三）　島村知章
粥釣りの奇習　小林久磨雄
人體人事に關する俗信　島村知章
御津郡今村兒童遊戲言葉（二）　今村勝彥
人柱のお玉　花田一重
讃岐佛生山町の土俗　島村知章
民謠　桂又三郎
赤磐郡萬富村行事　藤原保夫
備中北部傳說　桂又三郎
むかしの聚落　島村・武田
猫山の猫　桂又三郎
八日待　桂又三郎

○『土のいろ』（靜岡縣濱名郡曳馬村高林六二土のいろ社發行　價二十五錢）

鵲の松、春日神社の元宮様、乘合船
類題和歌飯玉集管見
—主としてその發生及び外部について—　近藤用一

「還魂志料遠州雜記」中の一二　岳洋　莊主
內山眞龍の濱松歌　岡部　讓
　附引馬地名考
富山縣伏木町方言　佐藤秀太郎
その他、

○先に村上さんの御紹介があつたことなのだが、柳田國男先生編輯の雜誌『島』の計畫が具體的に發表され、愈々此四月初旬發刊されることになつた。

　この『島』は日本をより詳かに知らうとする人々、殊に旅行者の話相手となる以外に、又島の住民をして互ひに知り合はしめる仲介機關であつて、從つて論文の類は、よほど平易に書き改められたものが、揭載されるが、時がたつ程づゝ其價値の加はつて來る所の、將來の研究者の爲に參考となるべき事實の、集錄・保存されること『民俗學』の一班の與る所と何等變りがない。

　其第一次計畫に於ける揭載記事は、

イ、各島生活誌記述。
ロ、島の地理的生物學的研究。
ハ、交通の現狀と新しい紀行。
ニ、水産農林其他の産業實狀。
ホ、島の沿革と口碑。
ヘ、習俗及び諸制度。
ト、言語事實の調査。
チ、古記錄類の搜索及び紹介。
リ、諸島に關する文獻の索引目錄。
ヌ、特色ある寫眞スケッチ等。
ル、旅行案內その他。

である。是は追々に範圍を擴張されるであらう。第一號の目次の主なるものは、

　△長門六島見聞記(櫻田勝德)△御藏島遊記(佐々木彥一郞)△八百萬島の帝國(ポンソンビ・リチャド)△陸前江の島雜記(中道等)△甑島記事(宮良當壯)△各島文獻索引目錄(金城朝永)△島の傳説(柳田國男)△漁村語彙(柳田國男)△翁長雜記(比嘉春潮)△南島談話會記錄等である。

　尙、編輯事務所を、東京市杉並區高圓寺一丁目四五八に置き、月刊で、(定價參拾錢)發行所は一誠社(振替東京七五九七六番)である。

○宇野圓空氏日本學士院代表として國際學士院聯合會議へ出席さる。

　東大助教授宇野圓空氏は日本學士院代表としてブリユッセルに於ける第十四回國際學士院聯合會議へ出席されるため、四月上旬シベリヤ經由にて渡歐される。日本代表としての仕事は日本が國際學士院聯合會議に於て分擔してゐる、インドネシヤの研究、日本とオランダとの交涉、支那の錬金術その他一二の研究に對する報告及び日本學士院の事情を外國に說明することである。

　尙ほ歸路には米國にまわつて、フイリツピンを調査する學會に行つてその研究狀態を見、これに關する資料を蒐集して九月歸朝される由なり。(杉浦)

○西田直二郎博士南洋へ、

　京都帝國大學文學部敎授西田直二郎博士は去る三月二十一日クライド丸にて蘭領印度諸島へ向け神戸出帆、來る五月上旬歸朝の豫定である。

○鄕土文化時報　第一報　癸酉二月號。相州鵠沼鄕土研究會同志會發行、資料篇　東京市の塚名一覽。研究誌篇　奧州南部、糠部順禮次第、外近刊の鄕土、民俗關係の刊行物二十一種の紹介。『鄕土民俗研究團體一覽』北海道の小樽史談會より始めて、熊本縣球磨鄕土研究會、伊豫史談會に至るまで約五十四の鄕土研究諸團體の名稱をかゝげ、その責任者、目的刊行物事業等について簡にして要を得たる紹介をなす。編輯者も專ら本號に於て意をこゝに用ゐてゐる樣である。本誌は一面には各地の鄕土研究の情報に關する一種の研究ニュースの交詢臺として、大いに各地々々に在る鄕

學界消息

土研究家並に團體の相互的研究の便宜と連絡の促進を目的として生れたものであるといふが、上記の『郷土、民俗研究團體一覽』の如きはそうした意途にもよく叶つた誠に重寶なものである。謄寫版八十頁。（村上）

○奧南新報　二月、三月

村の話

狐と農夫　震　助
弘法大師と女中　同
正月行事聞書（一、二、三）　夏堀謹二郎
「かづぼう、かづぼう」　山道はつゑ
短い昔噺　夏堀謹二郎
「江んぶり」餘談　權　兵　衛
姑禮の話　溪　水
昔噺片々錄　夏堀謹二郎
神社の話　一　郎

○東京人類學會二月例會は二月二十五日午後一時半より東大人類學教室に於て開會され、杉浦健一氏の『民族學の歴史的研究』といふ講演があつた。氏は民族學の歴史を三期に分つて說明した。第一期。この期に於て、人類學の中、文化歴史に關する研究分野が、人類學が其體質方面を專一する樣になつたため、獨立して甫めて民族學といふ一個の科學たらんとする。この期の終りに、民族學のクロノロジイを考學的徵證によつて定めんとする歴史的な研究態度があらはれたのであつたが、進化論の擡頭が之を拒止した。第二期は十九世紀に入り、ダーウインの生物進化論の思想が、民族學にも採用され、民族學が學として獨立するとともに、文化の歴史的研究といふことよりは、むしろ文化の段階的發展といふことが問題の中心となつて來た。例へばタイラーはアニミスムを中心に宗教進化論をとなへ、演繹的に宗教發展の段階をつくつた。尙注意すべきは、かうした段階の設定は文明中に於ける文化殘存の問題と省視せしめ、ゴムの如く科學的なフオクローアの破究に着手する人が出て來た。しかしこの文化の歴史性を無視して段階的に文化の發展を考へる進化論的傾向は段々にゆきづまつて二十世紀に入つてからは反進化論的な傾向が之に代る。これを第三期とする。さて民族學が人類學より分立したのは主としてその心理的部面をとりあつかふといふにあつた。其故この考へが推しすゝめられてついに人間の心性の問題に到り各民族の文化が一定段階を經て發達するといふのは、人類が共通の心性の進化を有し、文化がそれに對應してまた發達するといふにあるとした。かくて文化の進化要因を人類に共通的な心理學的個人的なものに求めようとしたが、民族學の取扱ふ文化といふものは言語とか宗教とかいふ集團的な所產であるから、さうした個人的心理的なものを以てそのすべての發展を說明することは出來ない。かくて文化現象の發展の理由を他に求めようとし、いふことをむしろ變化と考へて、この變化に意義をみとめ、變化の理由の說明を以て發展の理由の說明に代へようとして來た。これを最初に試みたのは地理學者のラッエルであつた。時恰も唯物史觀による精神史に對する物質の發達といふの考へが起り、又これを學的に證明すべき民族學の物的資料も漸く數多くなり、その地理的諸條件も明かにされて來て、彼が地理的史觀を定立せしむる外的條件の備つた時に當つて居た。彼は交通の阻害によつて孤立を餘儀なくせしめられた未開人が進化にとりのこされて居る事實に着目し、かゝる文化孤立を地理的人文的な文化接觸の關係から說明しようとした。特に彼がマテリアルな資料の比較により、その傳播、借用の諸相を明かにし、かゝる文化借用のプロセスを歴史的にはやく研究して、文化の接觸複合を中心に、進化發展を問題にせぬ史的地理的人文史觀をたてた。かくて進化論に對し文化を史的に文化複合體としてアキユラテーヴにみんとする反進化論的な民族學が確立され今日の民族學の基が礎かれた。（村上）

a-kar wa ampe	(1)	（今まで）彫つてゐた物を
mak-a-oraye,	(2)	奥の方へ押しやつて、
orowa kaiki		それから
shipine-an hine		身仕度をして
shoine-an.		外へ出ました。
orowano		そして
pet-pesh kaiki	(3)	川沿ひに
koshne terke	(4)	輕い足取で（ぴよんぴよん）跳ねて
a-ko-yaishikurka-	(5)	身體を
omare kane	(6)	伸ばし伸ばし
apkash-an humi		（下つて）行く（私の）足音は
ene nepekor		こんな風に
a-nu-hi tashi	(7)	きこえるのです
shuma-tom echashchashi,		石原の中をサラサラサツ
nitom echashchashi-	(8)	木原の中をガサガサガサツ
sekon nepekor		こんな工合に
apkash-an humi		私の歩く（足）音を
a-nu kane kor		聞きながら
pet-pesh kaiki		川傳ひに

註 (1) a（我が）-kar（作る）wa（て）an（ゐる）-pe（もの）、私の作つてゐた物、彫刻してゐた物。

(2) mak（奥）-a（我）-o（そこに）raye（押してやる）、後に押してやる、奥に片付ける。

(3) pet-pesh（川筋に沿うて下る）、kaiki（語氣をゆるめる添へ辭）。

(4) koshne（輕き）terke（跳れる、跳躍）、輕い足取でぴよんぴよん跳れること。この句は輕き（足取の）跳躍といふ名詞形。

(5) a（我）-ko（それに向つて、前句を指す）yaishikurka（自分の身體の上に）。

(6) omare（入れる、……へやる）。(3)(4)(5)(6)の四行難解の句なれど直譯すれば、輕き跳躍の上に自分の身體を（伸ばして）やる義にて、重心を前にかけ身體をのばして飛ぶ兎の樣子うつし得て妙なる樣に思はる。

(7) a（我）nu（聞く）-hi（名詞法語尾）tashi（强辭）。

(8) echashchashi 擬聲ならん。兎の爪のひつかゝる音なりといふ。敍述の微細なる驚くべきものがある。

koshne terke		足取り輕く、ぴよんぴよんと
a-ko-yaishikurka		身體を伸ばし
omare kane,		伸ばし
san-an aine		下り續けると
pish-ta san-an.	(1)	（やがて）濱へ出ました。
otaka peka	(2)	砂濱の上を
ekoipokun ma(wa)	(3)	西へ
ekoikaun ma(wa)		東へ
koshne terke		輕い足取で
a-koyaishikurka-		跳ね
omare kane		まはつて
an-an awa,		ゐましたら、
rapokke-ta	(4)	その中に
ar-horepash	(5)	ずつと沖の方から
pon repun-kamui	(6)	鯱神の子が
yan kor an shiri		陸をさして來るのでしたが、それを
a-nukar kane kor,		見ながら（なほ）
otaka peka		砂の上を

註 (1) pish（濱）ta（に）san（下る）-an（一人稱動詞語尾）、我濱に下つた、pish 濱、海岸（廣い場所をさしていふが如し）。バチラー氏辭書に pishto とあるは恐らく誤なるべし。

(2) ota（砂）ka（上）peka（經由する、……を通る）。

(3) e-(方向をあらはす副詞の接辭, koipok(南、東)-un（へ、に）wa（より、へ、に）koipok なる語は場所により、南或は東を意味す。
ko'kaun も同樣にて、北或は西と譯せらる。

(4) r.pokke-ta（恰もその時、その間に）。

(5) ar（全く、すつかり）ho（尻）rep（沖）ash（立つ）、尻を沖の方へ向けて立つ、沖の方から、ずつと遙か沖の方から。

(6) pon（小さい）、repun（沖の）kamui（沖にゐます神の義にて鯱のこと）。pon repun-kamui は鯱の子のこと、この一篇に於いて、兎のシテ役に對してワキ役を演ずる。

e-ne-a he-ki,	(1)	で（汝は）あらうか（さうでない）と、
yainu-an kusu,		思つたので
a-sem-kottannu	(2)	聞こえないふりを、
a-ki ruwe-ne.		してゐたのであつた。
tap͡-orowano		それから又
kemeiki patek		刺繡ばかりして
a-ko-shine-an͡-i-		一所を
enutomom ma		たゞ見つめて
ramma kane		いつも
katkor kane		變りなく
an͡-an ruwe-		暮して
ne rok͡ aine,		ゐたところ、
shine-an-to ta		（又）ある日
kamui yan hum		神の寄せ來る音が
oroneampe		おびたゞしく
turimimse	(3)	なりとよみ
keurototke	(4)	鳴動して
ki rok aine,		ゐたが、
a-un-chisehe		私の家の

註 (1) e（汝）ne（である）-a（完了態「た」）he-ki（反語形助辭）、汝にてありやはする（我はいみじき神ならずや）。

(2) 語原的には未だ考へ得ず。akoshomotashnu（息をひそめて默つてゐる）。傳承者は nepka shomo ayeno anan（何も言はずに私はゐた）shomo nepka ayeno anan（前と同じ意味）等と同義だといふ。

(3)(4) 一頁註參照。神が shinta（神駕）に乘つて天空をはせる音。shinta 木にて橇形に造りそれに紙鳶の絲目の樣に均衡をとつて隅々處々に綱をつけて、一本の太綱に統べ合せられてゐるもので、アイヌの人々の家で稀に今も使用してハンモックの樣に嬰兒の搖籃とする。神もこれに乘つて天空をかけると考へ、その綱に風があたり唸りを生じて雷鳴となつてひびくと考へられる。從つて雷鳴も我々の恐怖ではなく、神々への敬虔の心を催さしめるものである。美しい想像と言はねばならぬ。（金田一先生――アイヌ聖典 p. 130 參照）

enkashike	上に
o-shinta atte	神駕を懸けて
kamui itak hau	神の物言ふ聲は
nai-kosanu : ——	錚然としてひゞいた——
"shunke itak	『虚言を
a-ye hawe ka (1)	(私が)言つたのでも
shomo ne rok awa,	なかつたのに、
pase kamui	重い（蜘蛛）神は
chi-kounpip-ka (2)	それを信じ
i-e karkar wa he (3)	ないからか
ko-shomo-tashnu (4)	物もいはず（默つて）
e-ki wa e-an ma,	ゐたが、
poro nitne-kamui	(あの)大禍神は
yap kor oka,	寄せて來てゐるのです。
tampe kusu	だから
a-e-pirma kusu (5)	(私は)汝に知らせる爲にやつ
yan-an hawe-	て來たの
ne na" —— sekor	だよ』——と
hawash kusu,	いつたので、
hosari-an aike	(私が)振りかへつて見たら

註 (1) a（我）ye（言ふ）hawe（話、こと）ka（でも）shomo（否定助辭）ne（である）rok（完了態助辭「た」）awa（ところが）、私は言つたのでもなかつたのに。

(2) chi-（不定稱接辭）kounpipka（に對して不信任する、……を信用しない）3 頁註（4）と文法的構造が同じ語と思はれる。

(3) i（我を）e（それついて）karkar（する）。金田一先生は e-ekarkar（汝我を何々する）とあるべきではないかと教へられた。wa（語勢をゆるめてゐる）he（疑問辭「か」、「や」）。

(4) ko（に對して）shomo（否定辭）tash（息）nu 豐富の義より轉じて、充分にの意味をあらはす形容語尾となれるか）息も充分のびのびせざる意より沈默する意となれるならん。バチラー氏辭書 koshomo-tashnu. v. i. To be silent. Not to speak.

(5) a-e-nure（我それを聞かす）kusu（爲に）と同義といふ。

shonno poka	(1)	ほんたうに
poro nitne-kamui		大魔神は
yap kor oka.	(2)	(既に)寄せて來つゞあつたのだつた
tampe kusu		それがため
a-a-ushkehe ta	(3)	(私は)私の座席に
ane kem-okkayo	(4)	細い針男を
a-yokore ruwe-ne.	(5)	仕掛け立て、
hoka noshki ta		爐火の中に
yam okkayo		栗男を
a-yokore ruwe-ne.		(埋め)仕かけ、
puyar otta	(6)	窓のところには
shi-soya-okkayo	(7)	大黄蜂（くまはち）男を
a-yokore ruwe-ne.		仕掛け忍ばせ、
ontaro otta	(8)	水樽の中には
tokkoni-okkayo		蛇男を
a-yokore ruwe-ne.		仕掛けひそませ
apa enka-ta	(9)	內戶の上には

註 (1) shonno（眞實、本當）poka（さへ、でも）實にも、まことや等の意の感動詞。

(2) yap（yan の複數「上る」こゝでは沖から陸へ來る意）kor（進行態助詞「つつ」）an（あり）、陸をさして沖から寄せ來りつゝあり。

(3) a（我が）a（坐る）ushkehe（場所、所）ta（に）、蜘蛛の女神の座席は婦人なれば爐の右座にてやゝ火尻によつたところ。

(4) ane（細い）kem（針）okkayo（男）、細い針男。

(5) a（我）yokore（仕掛け設ける、ねらひ仕掛ける等の意か、バチラー氏辭書に Yokore. To set, as a trap）ruwe-ne（確說法、のである）

(6) puyar（窓、こゝでは rorun puyar（橫座の窓、神窓）のこと）otta（に於て、の處に）、神窓のところに。

(7) shi（大）soya（蜂）大黃蜂、くま蜂。

(8) ontaro 金田一先生は邦語の大樽の轉訛と說かる。小樽 pon taro に對して、二斗樽、四斗樽等をさす。

(9) apa（戶）enka-ta（上に）、こゝの apa は母屋の土間と小屋 sem との間にある戶で、sem-apa（外戶）に對して內戶と譯した。

iyutani-okkayo	(1)	杵男を
a-yokore ruwe-ne.		仕掛けのせ、
sem-apa enka-ta	(2)	外戸の上には
nishu-okkayo		木臼男を
a-yokore ruwe-ne.		のせて置いた。
pakno-nekor	(3)	それからさて
shine ki-nit ne	(4)	一本の茅幹に
yai-kar-an hine	(5)	(私の)身體を變へて
an-an ruwe-ne.		ゐたのでした。
rapokke-ta		その時丁度
esoine wa	(6)	外から
hawash hawashi		物音がして
heyoki-sakno		畏れ憚かる氣勢もなく
ine-hemanta	(7)	誰か
hutne apa		狹い戸口に
ko-shi-topotopo	(8)	(身體を)つかへつかへ
ahup ruwe-ne.		入つて來た。
a-ye rok kuni	(9)	かねて聞き及んだ

註 (1) i-（それをと事物を指示する接頭辭）uta（搗く、舂く）ni（木）、杵。

(2) sem（主屋に附屬して建てられた小屋で土間になつてゐて、物置と玄關とを兼ねたもので、臼・杵・箕などが置いてある）apa（戸）。戸外から sem-apa（semへの入口の戸）を通つて、内戸を明けて主屋の土間に入る樣になつてゐる。

(3) pakno（そこまで）-ne（である）-kor（つゝ、……と）、前向を承けて次句を起す接續辭、そこまでなつてゐて、そこで、それからさて。

(4) shine（一つの、一本の）ki（茅）-nit（串、棒）、一本の茅幹。

(5) yai（自身を）kar（なす）、身を變ずる。(4)(5)は、家の壁腦をなせる茅幹の一本と身を化して、その中にひそみて大魔神を避けることをいふ。

(6) e（方向をあらはす接辭）soine（外、戸外）wa（より）、戸外から。

(7) ine（如何に、どう）hemanta（疑問代名詞「何者」）、ine が無くとも意味はかはらないが、强められる。ine-hunak (-ta) 何處。

(8) ko（に向つて）shi（自身）topotopo（topo の反復形「つかへつかへする」）、自身をつかへつかへ。

(9) a（我）ye（言ふ）の義より轉じて所相となり「我いはる」の義となる。rok（完了態）kuni（べき、筈の）。我いはれてありし、かねて聞き及んだ。

nish͡-o-shitchiu-i		雲の闢の
imakakehe		彼方に
e-kotan-korpe	(1)	村を領してゐる
poro nitne-kamui	(2)	大魔神と
a-ar-kotomka-p		思はれるものが
ahup ruwe-ne.		入つて來たのである。
shiso neshi	(3)	右座に
ure-kushte	(4)	歩み寄り
o-shisho- un ma		右座なる
a-a-ushkehe-ta		私の座席に
rok ruwe-ne.	(5)	坐つた。
chi-una ape		埋み火を
pushpa tuika	(3)	かき起しながら、
itak͡-o hawe	(7)	いつたのは
ene okahi :——		かうであつた——
"tap tashi		『今の今まで
tapan-teoro		此處に
ewak kamui		（蜘蛛）神が坐つて

註 (1) e（そこに、前句を承く）kotan（村）kor（持つ、領有する）pe（もの、者）、そこに村長として領治する者。傳承者はその村の名は聞かずといふ。

(2) poro（大）nitne-kamui（惡魔、魔神、禍神）。nitne kamui に對しては peker-kamui（光明神）を考へてゐる。

(3) shi（右）so（座）右座。爐の入口より向つて右側の座席にして主人夫妻の座席なり。

(4) ure（足）kush e（通らす、行かす）、歩をうつす、足を運ぶ。

(5) rok（a「坐る」の複數）ruwe-ne（のである）、坐つたのであつた。

(6) pushpa（pusu「あばき出す」の複數）tuika（「上に」の元義であるが、轉じて「最中」、「何々しながら」の樣な意に使はれる）、かきおこしながら。

(7) itak（言葉）-o（入れる）言ふ、hawe（口上）、ene（かく）okahi（ありけること）、直譯すれば「言へる口上はかくありけり」となる。

oka pekor	(1)	ゐたやうに
yainu-an ma		思つて
ek͡-an rokpe,	(2)	來たのだつたのに、
neun paye wa	(3)	何處へ行つたか
isam ruwe-	(4)	ゐやがらぬ
oka ya"—— sekor		なあ』——と
itak kane kor,		いひながら、
ape pushpa		火をかき起こ
ki rok awa,		したところが、
hoka noshki		爐の中(で)
pat-kosanu	(5)	パツと裂けはねる音がして
yam-okkayo		栗男が
poro nitne-kamui		大魔神の
oar shikihi		片方の眼へ
o-push ruwe-ne.	(6)	爆ね入つた。
ki rok awa,		そしたら
hai ku-shiki	(7)	(大魔神め)あゝ、眼が痛い!
itak kane kor		といひながら
ho-mak͡-o-chiwe	(8)	後に身體を退

註 (1) oka (an「ある」の複數) pekor (の樣に)、居た樣に。

(2) ek-an (我來る) rok (完了態助辭「た」) pe (もの)、我來りしに。

(3) neun (何處へ) paye (arpa「行く」の複數) wa (て)、何處へ行つて。

(4) isam (無い、居ない) ruwe-oka (ruwe-an の複數、何か訊れる時か又は感嘆の心持で使はれる、こゝでは後者の意) ya (疑問「や、か」であるが、感動的の意にも使はれる)、まあ、ゐないことなんだな。

(5) pat (パツと音がしてはれる音)-kosanu (一回態動詞語尾)、パツと裂けはれた。

(6) o (そこへ、眼の中を指す) push (爆發する、裂けはれる)、ruwe-ne (のである)。

(7) hai (痛い) ku (私の) shiki (眼「shik」の具體形 、直譯すればあゝ痛いッ私の眼(が)。

(8) ho (尻) mak (後に) -o (そこへ) chiwe (やる、おし退ける) 身を後に退く。バチラー氏辭書 ochiwe. v t. To drive away.

ki rok awa,		けたところが、
osor-kamihi		お臀の肉を
kem-okkayo		針男が
otke ruwe-ne.	(1)	突き刺した。
ki rok awa,		さうしたら、
hai ku-shiki !		（あゝ）眼がいたい
hai ku-osor !		（あゝ）お臀が痛い！
itak kane kor,		といひながら
hopumpa hine	(2)	起ちあがつて
puyar͡ orun		窓ぎはへ
arpa wa,		行つたら
shi-soya-okkayo		大黃蜂男が
oar shikihi		片方の眼を
chotcha ruwe-ne.	(3)	ちくりと螫した。
tap͡ orowano	(4)	そこで
"hai ku-shiki !		（あゝ）眼が痛い！
hai ku-osor ! "		お臀が痛いよ！（と）
itak kane kor	(5)	いひながら

註 (1) otke（つき刺す）ruwe-ne（のである）。バチラー氏辭書 otke v. t. To pierce To prick.

(2) hopumpa（hopuni「起きる」「起つ」の複數）hine（經過接續助辭、國語の連用助詞「て」の如き意がある)、立ち上つて。

(3) chotcha（射す、刺す、螫す)。バチラー氏辭書 chotcha. v. t. To shoot and hit. To sting.

(4) tap（これ、斯く）orowano（より、から)、これよりして、それよりして。

(5) itak（言ふ）kane（情態を受ける接續助辭）kor（進行態助辭「つゝ」)、言ひつづけつゝ、言ひながら。

ontaro otta	(1)	水桶のところへ
arpa rok wa,		行つたら、
poro nitne-kamui		大魔神の
cat tekehe		片手に
tokkoni-okkayo		蛇男が
kupapa ruwe-ne.	(2)	嚙みついた。
ki rok awa		さうしたら
poro nitne-kamui		大魔神め
"hai ku-teke!	(3)	(あゝ)手が痛い!
hai ku-shiki!		眼が痛い!
hai ku-osor!"		お尻が痛いよ!(と)
itak kane kor		いひながら
soyempa awa,	(4)	戸外へ出ようとしたら、
poro nitne-kamui		大魔神の
sapa-kashi-un		頭上めがけて
iyutani-okkayo		杵男が
hachir rok awa,		落ちたので
poro nitne-kamui		大魔神め

註 (1) ontaro (6 頁の註(8)參照) は「流し」p:osan のところにある水桶のことなりと傳承者いふ。

(2) kupapa (kupa「嚙む」の反復形、嚙みに嚙む。語の終りの音節 -pa だけをくりかへして動作の反復をあらはす一例。(金田一先生——ユーカラ研究、第一册文法篇 p. 160 參照)。

(3) hai kuteke 以下のところが面白いから、皆でこの神謠を歌つては興じ笑ふのだと傳承者がいつた。

(4) soyempa (soyene. 複數「外へ出る」) awa (半反意接續形「……したところが」)、外へ出て行つたら。

iyunin hawe	(1)	苦しみもがいて
ene okahi : ——	(2)	かういつた。
"hai ku-shiki !		(あゝ)眼が痛い
hai ku-teke !		手が痛い！
hai ku-osoro !		お尻が痛い！
hai ku-sapa ! "		頭が疼く！
itak kane kor,		(と)いひながら、
shoyempa rok awa		外へ出ようとして
sem-apa otta	(3)	外戸のところへ
soine kor,		出て行つたら、
sapa-kashi-un		頭上に
nishu-okkayo		木臼男が
hachir ruwe-ne.		墜ちて來た。
e-epakke wa		それと同時に
poro nitne-kamui		大魔神の
rai-e-arpa humi	(4)	死んで行く物音が
turimimse	(5)	なりひびき
keurototke.		鳴りわたつた。

註 (1) iyunin (苦悶する、苦痛する) hawe (いふこと)。

(2) ene (かく) oka (ある) -hi (名詞法語尾)、かくあること、かくありけり云々。

(3) sem (母屋に附屬した小屋) apa (戸)、外戸、この戸を出ればもう戸外の庭である。sem は段々アイヌの家屋が和人風になつて行くと共に、なくならうとしてゐる。平取あたりでも sem のある家は一軒位となつた。

(4) rai (死ぬ) e (以て、もて) arpa (行く)、死んで行く、死に離り行く。(この e の用法については、金田一先生の語法摘要 p135. 136 參照)

(5) 傳承者曰く「この死靈が身體を、遊離して轟き行く物音は、大魔神が雲の闕の彼方の故郷の村へ歸りゆく音なり」と。

kashi-okakehe	(1)	その後は
chak-kosanu	(2)	音もなく靜まりかへつた。
orowa neshi	(3)	そこで(また)
ape teksam		爐端に
a-o-san ma,	(4)	(私は)下りて來て
kemeiki patek		刺繡ばかりして
a-ko-shine-an-i		わき目も
enutomom ma,		ふらず
ramma kane		何時も
katkor kane		變りなく
an-an ruwe-ne.		暮してゐるのです。

註 (1) kashi (の上に) okakehe (後)、すぐその後、忽ち。

(2) chak (ひらける、霽れる) -kosanu (一回態動詞語尾)。雷鳴、暴風などが止んで空が明るくなることにもいふ。こゝは音が止んで妖氣が去つたことをいふ。

(3) orowa (それより) neshi (强辭)、それよりして。

(4) a (我) o (そこに、爐端をさす) san (下りる)、chise-tumam (家の壁牆) の茅の一本となつて身をかくしてゐた蜘蛛媛は、また爐端に下りて來て坐つたのである。

譯者追記 (1) この神謠も民俗學三月號に揭載した神謠と同樣に、老媼**エテノア**の傳承で〔nōpe〕といふ囃詞 Sakehe を一句毎に繰返して謠はれるものである。

(2) この神謠は蜘蛛の媛神の第一人稱叙述である。蜘蛛の女神などといへば一寸妙に思はれるかも知れないが、信仰上、なかなか重い神とされてゐる。普通の言葉では蜘蛛のことを yaushkep 或は yaoshkep といふ。ya-ushkep は「網がついてゐるもの」(金田一先生說)、yaoshkep は「網を編むもの」といふ意かと考へられる。丁寧にはこれに kamui(神) といふ語をつけてもいふ。神として崇める名は ka-e-rikin-kur (絲もて騰る人)、ka-e-rikin-mat (絲もて騰る媛)、ka-e-ran-kur) 絲もて降る人)、ka-e-ran-mat (絲もて降る媛) 等と呼ばれるといふ。どこやら希臘

神話の Arachne と Athene との物語を思ひ出させる。

(3) 蜘蛛の女神が針・栗・蜂・蛇・杵・木臼の力によつて雲の闕の彼方に棲む巨魔を却けるといふ一篇の構想は「智力勝利」型にあてはまるであらうが、「猿蟹合戰」の說話に著しい類似を持つてゐはしまいか。「猿蟹合戰」では子蟹は蜂・卵・臼・杵の助太刀で親の仇である猿を討つのである。よし、從來の說の如く、「猿蟹合戰」の說話が、其の前半は、南洋インドネシアの「猿と龜とがバナナを植ゑた話」に類似し、後半は、「首狩の話」の後半に類似して居り、更に擴布の起原が印度にあるとしても、我が國の任俠的武士道思想が多分に含まれてゐることは否まれまいと思ふ。

だが、この神謠は果して「猿蟹合戰」が傳播してアイヌ化されて發達したものであらうか。口傳への「猿蟹合戰」の說話が、お伽草紙などの影響を受けて「赤本」などに書かれて、婦女童幼のための寓話となつて固定する前の古い形を止めて居るかも知れぬ。針・栗・木臼・杵・蛇・蜂などは、アイヌの人々にとつては、日常ありふれたものであるだけ、必ずしも他民族の說話の影響をうけなくても、發生しさうなモーチフはありさうに思へる。

ともかく、從來南洋或は印度說話に結附けて考へられ勝であつた、「猿蟹合戰」說話の考察を助ける一資料ともなれば、譯者の望外の喜びである。

(4) 譯出にあたつては、また、恩師金田一先生に再三再四御指導を仰いだ。友人知里眞志保君にも御力添を戴いたことは一方でなかつた。厚く御禮を申上げます。(昭和八年三月二十三日記)

アイヌ敍事詩 KAMUI YUKAR 神謠

日高國沙流郡新平賀 エテノア 媼 傳承

久保寺 逸彥 採集並譯註

Yaushkep-kamui yaieyukar (蜘蛛の女神の自ら謠へる)

(Sakehe* :——Nōpə)

Kemeiki patek	(1)	刺繡ばかりして
a-ko-shine-an-i-	(2)	一所を(側目もふらず)
enutomom ma		見つめて
an-an ruwe-	(3)	暮してゐた。
ramma kane		常日頃
ne rok aine,		さうして過してゐたが、
shine-an-to ta		或る日のこと
ar-horep-ash	(4)	遙かの沖から
kamui ek hum		神の來る音が
keurototke	(5)	なりとよもし
turimimse	(6)	鳴りひゞいて
ki rok aine,		居たが、
a-un-chisehe		私の家の
enkashike		上に
o-shinta atte	(7)	神駕を懸け註めて

註 * Sakehe (折返す囃詞)、この神謠は一句毎に〔nōpe〕をくりかへし謠ふ。

(1) kem (針) -e (にて、以て) -iki (……をする)、針仕事、刺繡;patek (ばかり)。針仕事、刺繡に幼時よりいそしむは婦德の修養で、男子が彫刻に專念するのに對する。

(2) a (我) -ko (へ、に對して) shine-an (一つの) -i (ところ), enutomom (凝視する、見つめる), ma (< wa, ……して);一つ所をぢつと見守つて。

(3) anan ruwe- は一句へだてて、-ne rok aine に續く。ramma kane は副詞句として中に挿入されてゐる。
an-an (我在り) ruwe-ne (のである) rok (完了態助動詞「a」の複數「……た」) aine (經過接續助辭、「つつ」「ながら」。此の詩の二行以下六行目まで直譯すれば「一所をたゞに目守りて我ありしは何時もかくありありて」。

(4) ar (全く、ずつと)、ho (尻) rep (沖) ash (立つ)、尻を沖の方へ向けて立つの義より沖の方から陸への動作にいふ、ずうつと遙かの沖から。

(5)(6) keu (轟々といふ音) rototke (繼起態動詞語尾), 轟々となりひゞく、鳴動し鳴動する。turimimse も同義。

(6) o- (そこに、前句をさす) shinta (搖籃、神駕) atte (懸ける)。

○寄稿のお願ひ

○種目略記 民俗學に關係のある題目を取扱つたものなら何んでもよいのです。長さも御自由です。

(1)論文。民俗學に關する比較研究的なもの、理論的なもの、方法論的なもの。

(2)民間傳承に關聯した、又は未開民族の傳說、呪文、歌曲、方言、謎諺、年中行事、生活樣式、習慣法、民間藝術、造形物等の記錄。

(3)民間採集旅行記、挿話。

(4)民俗に關する質問。

(5)各地方の民俗硏究に關係ある集會及び出版物の記事又は豫告。

○規略

(1)原稿には必ず住所氏名を明記して下さい。

(2)原稿掲載に關することは一切編輯者にお任かせ下さい

(3)締切は毎月二十日です。

編輯後記

先づ何よりも、爲事のはかの、順調に進んでゐないことを、お詫びいたします。

今度久々で、談話會を開くことになりました。孫さんのお話は勿論、石田先生もお見えになりますから、皆樣の澤山問題を持つて、おいでになることを、期してをります。

久保寺さんには、あいぬ神謠を、今後續けて載くことになつて居ります。

アッカン氏著作目錄補遺は先月號に載せる所、手違ひから今月に廻つたことを、松本先生並びに皆樣にお詫びいたします。

柳田先生の『島』も發刊の運びに到りました。私等は、採訪記錄の數にあまえることなく、常民常時の、人生への細かい感考察を、心から續ければなりませぬ。

今月の書評はわたくしどもがからつぽなあまのじやくをして目的は論文を先生たちから頂くためであることご承了下さいまし。叱られてゐるうちに何かわかりさうで、そんな氣から書きました。

明石貞吉
今井晋
杉浦健一
鈴木太良
村上淸文

△原稿、寄贈及交換雜誌類の御送附、入會退會の御申込會費の御拂込、等は總て左記學會宛に御願ひしたし。

△會費の御拂込には振替口座を御利用ありたし。

△會員御轉居の節は新舊御住所を御通知相成たし。

△御照會は通信料御添付ありたし。

△領收證の御請求に對しても同樣の事。

昭和八年四月一日印刷
昭和八年四月十日發行

定價金六拾錢

編輯發行者 小山榮三
東京市神田區表猿樂町二番地

印刷者 中村修二
東京市神田區表猿樂町二番地

印刷所 株式會社 開明堂支店

發行所 民俗學會
東京市神田區駿河臺町一丁目八ノ四
振替東京七二九九〇番
電話神田二七七五番

取扱所 岡書院
東京市神田區駿河臺町一丁目八
振替東京六七六一九番

MINZOKUGAKU

OR

THE JAPANESE JOURNAL
OF
FOLKLORE & ETHNOLOGY

東亞民俗學稀見文獻彙編・第二輯

ol. V April 1933 No. 4

CONTENTS

cles : Page

MATSUMURA Takeo, The Worshippers and the Worshipped (II). 1

Son Shintai, The sacred Pole in Korea and Manchuria : Its Origin and Growth. 21

ort Notes :

Zōga Teijiro, The Lacquered Vessels at Kumano. 33

Sakurada Shōtoku, On mr. Hayakawa's Article about the Usage of *Kodzumi*. 35

Aiba Shakyu *Senryū* and Folklore. 35

ecord of Folkloristic Materials. 39

KUBODERA Itsuhiko, Kamui Yukar, an Ainu Epic : Original Text and Translation. (II) ......

ook Review :

T. Nakayama, *On the gapanese Folklore* (Suzuki Tarō and Akashi Teikichi). 76

List of the Articles published in a Chinese Journal of Folklore *Min-su-chou-k'an* 民俗 (IV). 81

Recent Literature, News and Notes.

PUBLISHED MONTHLY BY

MINZOKU-GAKKAI

8, 1-chome, Surugadai, Kanda, Tokyo, Japan.